交通运输行业高层次人才培养项目著作书系

"一带一路"亚欧国际铁路货物联运法律规范研究

崔艳萍 编著

人民交通出版社

北京

内容提要

为更好促进"一带一路"国际规则软连通,构建更加开放的国际铁路货物联运合作体系,特编写本书。本书分上下两篇,上篇详述了亚欧区域内国际铁路货物联运的造法者——各铁路国际组织的背景及发展情况,重点分析了铁路合作组织、国际铁路运输政府间组织、国际铁路运输委员会、大湄公河区域铁路联盟等国际组织或合作机制的组织架构、成员情况、运作机制和发展前景;下篇从国际铁路运输公约、单一运输方式和多式联运运输合同、国际运输便利化法律制度、国际联运新实践与法律规范发展、海关服务中欧班列法律机制等方面展开论述,主要采用归纳法、演绎法以及对比分析等研究方法,对不同国际组织框架下的联运规章进行剖析,并阐述了统一铁路法、统一运单、电子运单、运单物权化等新实践背景下法律规范的发展趋势。

本书由交通运输行业高层次人才培养项目资助,可作为物流行业培训资料,还可作为相关企业和公司的从业人员的工具书。

图书在版编目(CIP)数据

"一带一路"亚欧国际铁路货物联运法律规范研究/崔艳萍编著. — 北京：人民交通出版社股份有限公司,2024.12. — ISBN 978-7-114-19638-6

Ⅰ.D996.1

中国国家版本馆 CIP 数据核字第 2024AW3016 号

"Yi Dai Yi Lu" Ya-Ou Guoji Tielu Huowu Lianyun Falü Guifan Yanjiu

书　　名：	"一带一路"亚欧国际铁路货物联运法律规范研究
著　作　者：	崔艳萍
责任编辑：	周佳楠　朱伟康
责任校对：	赵媛媛　刘　璇
责任印制：	刘高彤
出版发行：	人民交通出版社
地　　址：	(100011)北京市朝阳区安定门外外馆斜街 3 号
网　　址：	http://www.ccpcl.com.cn
销售电话：	(010)85285857
总　经　销：	人民交通出版社发行部
经　　销：	各地新华书店
印　　刷：	北京市密东印刷有限公司
开　　本：	787×1092　1/16
印　　张：	26
字　　数：	475 千
版　　次：	2024 年 12 月　第 1 版
印　　次：	2024 年 12 月　第 1 次印刷
书　　号：	ISBN 978-7-114-19638-6
定　　价：	160.00 元

(有印刷、装订质量问题的图书,由本社负责调换)

交通运输行业
高层次人才培养项目著作书系

编审委员会

主　任：杨传堂

副主任：戴东昌　周海涛　徐　光　王金付
　　　　陈瑞生(常务)

委　员：李良生　李作敏　韩　敏　王先进
　　　　石宝林　关昌余　沙爱民　吴　澎
　　　　杨万枫　张劲泉　张喜刚　郑健龙
　　　　唐伯明　蒋树屏　潘新祥　魏庆朝
　　　　孙　海

书系前言
PREFACE OF SERIES

　　进入21世纪以来,党中央、国务院高度重视人才工作,提出人才资源是第一资源的战略思想,先后两次召开全国人才工作会议,围绕人才强国战略实施做出一系列重大决策部署。党的十八大着眼于全面建成小康社会的奋斗目标,提出要进一步深入实践人才强国战略,加快推动我国由人才大国迈向人才强国,将人才工作作为"全面提高党的建设科学化水平"八项任务之一。十八届三中全会强调指出,全面深化改革,需要有力的组织保证和人才支撑。要建立集聚人才体制机制,择天下英才而用之。这些都充分体现了党中央、国务院对人才工作的高度重视,为人才成长发展进一步营造出良好的政策和舆论环境,极大激发了人才干事创业的积极性。

　　国以才立,业以才兴。面对风云变幻的国际形势,综合国力竞争日趋激烈,我国在全面建成社会主义小康社会的历史进程中机遇和挑战并存,人才作为第一资源的特征和作用日益凸显。只有深入实施人才强国战略,确立国家人才竞争优势,充分发挥人才对国民经济和社会发展的重要支撑作用,才能在国际形势、国内条件深刻变化中赢得主动、赢得优势、赢得未来。

　　近年来,交通运输行业深入贯彻落实人才强交战略,围绕建设综合交通、智慧交通、绿色交通、平安交通的战略部署和中心任务,加大人才发展体制机制改革与政策创新力度,行业人才工作不断取得新进展,逐步形成了一支专业结构日趋合理、整体素质基本适应的人才队伍,为交通运输事业全面、协调、可持续发展提供了有力的人才保障与智力支持。

　　"交通青年科技英才"是交通运输行业优秀青年科技人才的代表群体,培养选拔"交通青年科技英才"是交通运输行业实施人才强交战略的"品牌工程"之一,1999年至今已培养选拔282人。他们活跃在科研、生产、教学一线,奋发有为、锐意进取,取得了突出业绩,创造了显著效益,形成了一系列较高水平的科研成果。为加大行业高层次人才培养力度,"十二五"期间,交通运输部设立人才培养专项经费,重点资助包含"交通青年科技英才"在内的高层次人才。

人民交通出版社以服务交通运输行业改革创新、促进交通科技成果推广应用、支持交通行业高端人才发展为目的,配合人才强交战略设立"交通运输行业高层次人才培养项目著作书系"(以下简称"著作书系")。该书系面向包括"交通青年科技英才"在内的交通运输行业高层次人才,旨在为行业人才培养搭建一个学术交流、成果展示和技术积累的平台,是推动加强交通运输人才队伍建设的重要载体,在推动科技创新、技术交流、加强高层次人才培养力度等方面均将起到积极作用。凡在"交通青年科技英才培养项目"和"交通运输部新世纪十百千人才培养项目"申请中获得资助的出版项目,均可列入"著作书系"。对于虽然未列入培养项目,但同样能代表行业水平的著作,经申请、评审后,也可酌情纳入"著作书系"。

高层次人才是创新驱动的核心要素,创新驱动是推动科学发展的不懈动力。希望"著作书系"能够充分发挥服务行业、服务社会、服务国家的积极作用,助力科技创新步伐,促进行业高层次人才特别是中青年人才健康快速成长,为建设综合交通、智慧交通、绿色交通、平安交通做出不懈努力和突出贡献。

交通运输行业高层次人才培养项目
著作书系编审委员会
2014年3月

作者简介
AUTHOR INTRODUCTION

崔艳萍，2006年毕业于北京交通大学交通运输学院，工学博士，研究员，国家铁路局市场监测评价中心副主任，研究领域为多式联运和国际铁路联运，目前主要从事铁路国际组织、国际联运运输法以及中欧班列运输通道研究工作。国务院政府特殊津贴专家，交通运输科技英才，詹天佑铁道科技人才。出版中外文专著6部、发表学术论文50篇以上，多次获省部级奖励。

前 言
FOREWORD

"一带一路"倡议的合作基础是设施联通,通过"路"的联通支撑起物流、人流、资金流和信息流的联通,从而带动起各个国家和地区人民沿"路"而行的交流与亲近。对于如何加强互联互通,国家主席习近平在2017年5月4日出席"一带一路"国际合作高峰论坛时发表主旨演讲,对推动"一带一路"建设提出五点意见,在第二点"我们要将'一带一路'建成繁荣之路"中提出:"我们也要促进政策、规则、标准三位一体的联通,为互联互通提供机制保障"。因此,加强规则、标准先行是加快推进"一带一路"互联互通的基础和关键因素。

2013年提出"一带一路"倡议十一年来,沿线各国遵循共商共建共享原则携手努力,共建"一带一路"逐渐从理念、倡议、愿景变为现实,已成为开放包容、互利互惠、合作共赢、深受欢迎的国际公共产品和国际合作平台,对全球经济治理机制和规则产生了深刻影响。此时,从全球经济治理和国际规则视角来探讨"一带一路"倡议,具有十分重要的理论和政策意义。

站在新的起点上,为深入贯彻落实习近平主席在第三届"一带一路"国际合作高峰论坛上的主旨演讲精神,以习近平主席宣布的中国支持高质量共建"一带一路"的八项行动为指引,全面落实第三届"一带一路"国际合作高峰论坛各方达成的重要合作共识和重大合作成果,规则标准"软联通"仍为重要支撑,要善于引入各方普遍支持的规则标准,倡导对接国际规则标准,"硬联通""软联通""心联通"统筹推进、走深走实,健康、绿色、数字、创新丝绸之路建设取得新突破。

随着高质量共建"一带一路"不断推进,中欧班列作为"一带一路"的旗舰项目,开辟了亚欧陆路运输新通道,成为各国文化交流、和平发展、互利共赢的象征。然而无论国内还是国际,对于各国共建亚欧国际铁路货物联运规则缺乏全面、系统和创新的研究,甚至有些领域存在空白,不能为共建"一带一路"

亚欧国际铁路货物联运规则提供完整、系统的思路和指导。为更快推动"一带一路"倡议，更好地促进中欧班列在国际规则"软联通"方面的发展，构建更加开放的国际合作体系，特编写《"一带一路"亚欧国际铁路货物联运法律规范研究》一书。

本书广泛参阅国内外有关文献资料，结合工作实践，翔实、系统地研究了亚欧国际铁路货物联运法律规范体系。本书从总体结构上分为两部分，第一部分为国际组织。研究亚欧区域内国际铁路联运的造法者——国际组织的背景及发展情况，主要包括铁路合作组织、国际铁路运输政府间组织、国际铁路运输委员会、大湄公河区域铁路联盟等。第二部分为国际公约。对比分析国际铁路运输公约、单一方式和多式联运运输合同、国际联运新实践与法律规范发展、海关服务中欧班列法律机制等。

为了弥补作者法律专业知识的不足，本书的撰写过程中特邀三位专业法律从业人员收集资料、参与撰写、审核把关。长期从事铁路领域法律问题研究与实践的中国政法大学法学博士刘东刚律师参与了本书第五章、第六章、第七章部分内容的撰写，专注企业法律服务的执业律师郭伟、乔嘉参与了本书材料收集和部分章节撰写、审核工作。

本书在编写过程中，参考、吸收、采用了有关专家和学者的研究成果，在此向这些专家和学者表示衷心感谢。对于本书的相关建议请发至邮箱：cuiyanp@sina.com。

编　者

2024 年 10 月

目 录
CONTENTS

上篇 国际组织

第一章 铁路国际组织与"一带一路" …… 003

第一节 国际组织概述 …… 003
第二节 相关国际组织发展 …… 008
第三节 铁路国际合作机制的现状 …… 039
第四节 铁路国际组织发展构想 …… 055

第二章 铁路合作组织 …… 058

第一节 概况 …… 058
第二节 铁组成立的历史背景及经过 …… 060
第三节 铁组成员、观察员、加入企业及其变化情况 …… 061
第四节 铁组的机构和运作机制 …… 063
第五节 国际铁路直通联运公约 …… 070

第三章 国际铁路运输政府间组织和国际铁路运输委员会 …… 076

第一节 国际铁路运输政府间组织 …… 076
第二节 国际铁路运输委员会 …… 082

第四章 大湄公河区域铁路联盟 ··· 091

第一节 大湄公河次区域经济合作（GMS）研究 ························· 091
第二节 成立大湄公河区域铁路联盟（GMRA）的意义和定位 ··········· 102
第三节 GMRA 发展概况 ··· 106

下篇 国际公约

第五章 国际铁路运输公约 ··· 111

第一节 国际公约对比 ·· 111
第二节 国际铁路联运法律规范 ·· 119
第三节 OTIF 法律框架 ··· 131
第四节 《国际货协》《国际货约》对比 ································· 132

第六章 单一方式和多式联运运输合同对比研究 ···················· 141

第一节 概况 ··· 141
第二节 单一运输方式运输单证的规定 ································· 142
第三节 多式联运运输单证的规定 ······································· 158

第七章 国际运输便利化法律制度 ····································· 170

第一节 "一带一路"倡议背景下推动国际运输便利化的研究 ········ 170
第二节 《大湄公河次区域便利货物及人员跨境运输协定》对铁路
便利化运输合作的启示 ·· 177

第八章 国际联运新实践与法律规范发展 ……………………………… 187

第一节 统一铁路法 ……………………………………………… 187
第二节 统一运单 ………………………………………………… 188
第三节 电子运单 ………………………………………………… 192
第四节 中欧班列物权化实践 …………………………………… 204

第九章 海关服务中欧班列法律机制 …………………………………… 212

第一节 "一带一路"海关合作现状 …………………………… 212
第二节 "一带一路"倡议下海关国际合作法律机制的基本框架 ……… 215
第三节 集装箱班列的海关国际合作 …………………………… 225
第四节 通关便利化 ……………………………………………… 231

附 录

附录1 《国际货约》 ……………………………………………………… 243

附录2 《国际货协》和《国际货约》条文对比 ……………………… 263

附录3 统一铁路法的法律规定 …………………………………………… 298

附录4 统一铁路法与其他法律条文的对比 …………………………… 311

附录5 联合国贸易和发展会议/国际商会多式联运单证规则及FIATA多式联运文件 ……………………………………………… 330

附录6　部分国家关于多式联运单证的法律规定 ········· 353

附录7　海关总署出台十条措施力助中欧班列发展 ········· 397

参考文献 ········· 399

上篇

国际组织

第一章　铁路国际组织与"一带一路"

第一节　国际组织概述

一、国际组织的地位和作用

国际组织发端于19世纪而兴盛于第二次世界大战后,为全球化的兴起准备了组织上的条件。国际组织是国际社会政治经济发展到一定阶段的产物,是国家间多边关系发展的产物。国际组织,广义上包括政府间国际组织与非政府间国际组织,狭义上仅指政府间国际组织。政府间国际组织,是若干国家为了特定目的以条约建立的一种常设组织;非政府间国际组织,是不同国家的个人或民间团体组成的组织。政府间组织与非政府组织在国际法上的地位有所不同。

国际组织按照职能范围可以划分为一般性国际组织(同时具有政治、经济、文化、军事等职能)和专门性国际组织(只以推进某一专业领域的国际合作为主要职能),按照成员性质可以划分为政府间国际组织(成员是主权国家)和非政府间国际组织(非官方的民间团体或经济、宗教等团体的国际组合),按照地理范围可以划分为世界性国际组织(对全世界所有国家开放)和区域性国际组织(仅对某一地区国家开放、职权仅限于该地区事务)。

目前全世界大约有六万多个国际组织,其中政府间国际组织大约有七八千个。这些国际组织情形复杂,差异很大,其中相当一部分很难称为国际法意义上的国际组织。就其组织形态而言,大致可分为协定性组织、论坛性组织、协定性组织的辅助机构和内部机构、国际多边条约的执行机构,以及其他形式的组织或机构五大类。

(1)协定性组织,特指经由政府间条约或协议而成立的国际组织,是组织机构完善并有实际运作能力的组织,也是在国际法上享有主体资格的组织。尽管这类组织的数量不足300个,但这类政府间组织是国际法研究的重点,也是在国际事务中发挥作用最大的一类组织。铁路领域内的协定性组织有铁路合作组织(OSJD)、国际铁路运输政府间组织(OTIF)等。

(2)论坛性组织,在很大意义上也是政府间组织的一种类型。与协定性组织不同的是,这类组织主要表现为以国家间定期会议的论坛形式协调成员国的立场、制定共同的规则或政策,但通常不具备操作能力,一般也缺乏条约性的组织章程。这类组织在铁路领域内有大湄公河区域铁路联盟(GMRA)、上合组织铁路部门领导人会议等。

(3)协定性组织的辅助机构和内部机构,严格地讲,并非国际法意义上的政府间组织,而只是组织内的辅助机构。但是它们具有广泛的对外职能,经常与其他国际组织或机构协调合作,共同行动,具有某种相对独立性,如联合国贸易与发展会议、联合国开发计划署等。一些研究机构在考察政府间组织的数目时,往往把它们作为独立个体计算进来。据统计,该类机构有1300~2000个。铁路领域内这类组织有联合国欧洲经济委员会(UNECE)、联合国亚太经社会(ESCAP)等。

(4)国际多边条约的执行机构。这类机构并非独立的政府间组织,但却是有实际运作能力的国际机构。它们不具有国际法主体地位,而是派生于某个国际多边条约,即附属于某一条约或协定,执行或监督实施多边条约在某一方面的规定。据统计,这类机构有2000多个,如从属于《联合国海洋法公约》的国际海洋法法庭、从属于《公民权利和政治权利国际公约》的人权事务委员会等。铁路领域内几乎没有此类机构。

本质上而言,现代国际组织体现了国家间多边合作的法律形式,是一种机制化、组织化的国家合作。国家间合作是国际组织基本的和首要的作用。具体地说,其地位和作用表现在以下几方面:

1. 国际社会的论坛和谈判场所

主权并存的各国之间需要有共同交流、议事的渠道,国际组织就是一种法定形式的国际论坛,是一种常设的、固定的国际会议制度,是各成员国联结、沟通的场所。经由这一平等参与的国际议事机构,各成员国可自由表达本国的立场观点,充分商讨共同关注的国际问题,有利于形成、宣示国际共识和舆论,有利于协调成员国的政策和行动,在某种意义上相当于国际议会,如联合国大会。国际组织同时也有着多边外交、多边谈判的机制,为成员国之间正式或非正式的交流提供便利的实践机会和场所。国际规则的制定、国际争端的解决,往往都是从国际组织的谈判桌上开始的。

2. 国际立法的组织者和推动者

国际社会没有统一的凌驾于各国之上的立法机构。国际法的编纂、国际规则的制定就是一定意义上的国际立法。自第二次世界大战结束以来，涉及各个领域的国际公约和多边条约的发起、起草和通过，适应国际社会需要的各项国际法原则、规则、制度的修订，几乎都是由国际组织来完成的。联合国及有关专门机构就承担着发展和编纂国际法的使命，组织和推动成员国通过了一大批造法性国际公约。可以说，正是国际组织的兴起促进了现代国际法的大发展，国际社会越来越重视借助国际组织在国际立法上的作用。

3. 国际事务的管理者和组织协调者

国际社会固然不存在世界政府，但是对全球性或区域性共同事务的管理和协调却是不可缺少的，而国际组织正是这样的管理者和组织协调者。特别是在那些专门性或技术性领域，国际组织正越来越多地承继成员国政府转移的职能性权力，在一定意义上行使着国际社会的政府性行政职权，规范、监督成员国的行为，组织协调全球性或区域性经济、社会、文化的整体发展。在一定意义上，国际社会的现行秩序系于国际组织一身。国际治理者角色，是国际组织合作职能的主要体现。

4. 国际资源的分配者

从世界范围来看，不论是自然资源或特定产品的生产、开发和销售，还是资金的融集、借贷和投放，除纯属于各国内政权限范围内的事项，还存在着一个在各有关国家之间公平、合理配置的问题，这种国际资源分配者的职能非国际组织莫属。例如世界范围内石油、矿产、农牧产品的生产、销售的数额和价格，进出口比例，国际金融市场资金的分配、借贷方案的制定、实施和监督机制，有赖于相关的国际经济、金融组织和商品协定组织。石油输出国组织就是一个代表性的例子。在某种意义上，公正合理的国际经济秩序的建立和完善，取决于现有国际组织分配职能的改革和强化。

5. 和平解决国际争端的机构

和平解决国际争端是现代国际法的一项基本原则，其的实施已经不仅依赖争端当事国本身，而在很大程度上有赖于国际组织的相关机制。多数国际组织都把和平解决成员国之间的争端明确规定为自己的职能，建立起政治解决或司法解决程序，有效地促成争端的和平解决。

二、国际社会中的非政府组织

1. 非政府组织的活动方式和作用

国际非政府组织不同于政府间组织,它们不是由国家根据政府间协议成立的,而是由各国的自然人或法人根据国内法订立协议而自愿成立或加入的,属民间性质,在政治上、经济上独立于各国政府。它们的构成是国际性的,活动范围是跨国的,设有总部与常设机构;它们是非营利的社会组织,自主经营,以服务于国际社会的公共利益为宗旨。在许多情况下,各国政府或政府机构也可以参加非政府国际组织,成为其会员,但不得在组织内行使政府权力。

如同这类组织形态的多样性一样,非政府组织参与国际事务的活动方式和作用也是多种多样、五彩纷呈的。

(1) 向国家及政府间组织提供咨询和信息,为国际社会提供智力服务

国际非政府组织的一项经常性业务就是收集资料,研究、起草文件,制度性或非制度性地向国家和政府间组织提供咨询和信息,在国际舞台表达和宣传自己的观点。在联合国及其他国际会议场所,为非政府组织服务的专家、学者、义工,向有关国家政府提供特定专业领域的技术、法律及政治方面的信息、知识和建议,这对那些缺乏必要专家和专门知识的发展中国家是莫大的帮助。一些机构,如难民事务高级专员公署、世界银行等,自20世纪80年代以来同非政府组织建立起常设性咨询机制。通过这些方式,非政府组织不但为国际社会提供了智力服务,更重要的是,在此同时表达和宣传了自己的理念、要求和建议,影响着国际舆论和国际决策过程。

(2) 影响各国政府和政府间组织的决策过程

尽管迄今为止尚缺乏非政府组织直接参与国际决策的机制,但非政府组织通过咨询、建议等方式,在国际会议的准备阶段和会议当中,能对各国政府及政府间组织施加重要影响,力图使自己的理念和要求反映在官方决策过程和法律文件中,从而间接地参与国际决策。

(3) 监督国家及政府间组织实施国际义务

非政府组织通过信息收集和传播,严密跟踪、监督各国政府履行条约义务和国际承诺的实施情况,监督政府间组织的决议及计划、项目的落实情况,客观上提高了政府行为的透明度,有利于培养民众的国际参与意识和民主意识。

（4）参与实施政府间组织的项目，为国际经济社会发展提供特定服务

非政府组织除本身独立组织并实施各种国际援助和发展项目外，还积极参与实施政府间组织主持的各类开发项目。它们通过订立合同，从政府间组织承接了开发项目的操作性责任，提供特定的产品或服务，如提供技术指导和培训，从事能源、交通等基础设施的建设、设计、实施各种扶贫计划，采取环保措施、防治污染，以及提供卫生、保健方面的服务等。非政府组织技术力量强，贴近民众、操作灵活、服务效率高，是促进国际经济、社会发展的一股重要力量。20世纪90年代，世界银行在发展中国家的许多开发项目，从其发起、设计到工程的实施、管理，直至项目评估的全过程，非政府组织都参与其间。近十年来联合国各机构都一直鼓励非政府组织参与各种开发项目的实施。

（5）国际争端和平解决的非正式协调者

国际争端的和平解决，不但有赖于争端当事国之间的谈判协商，有赖于他们所属国际组织的政治或司法的解决机制，同时也可以借助非政府组织这一"民间中介"。非政府组织以其民间的中立身份，在当事国政府间斡旋、调停，促使双方对话和谈判，推动问题的和平解决。

2. 非政府组织的性质和地位

国际非政府组织通常享有总部所在国的法人资格，不具备国际法主体地位，其活动主要受国内法的约束，但也不得超出国际法所允许的范围。非政府组织的非官方性和非政治性，能够使它们在决策、行事时无须经过繁复的法律程序，可以及时灵活地对国际事务做出反应，有很大的自由裁量权，对风险和失败的承受力也远胜于政府间组织，有利于它们积极开展民间的国际合作。

非政府组织是国际社会日益活跃、日益重要的非国家行为体，但是它们至今不具有国际法上的主体资格，不能直接承担国际法上的权利义务，而且现代国际法也尚缺乏专门规范非政府组织的原则、规则和制度，不得不说，这是对国际社会的一个重大挑战。

三、中国与国际组织

诚如前述，政府间国际组织是国家间多边合作的法律形式和组织形态，是国家对外关系与对外政策的延伸与扩展，是一种必须善加利用的国际资源和国际交往工具。从狭义上看，国家借助国际组织中的多边外交合作机制，不但有助于自己构建全方位、多层次的国际关系，为本国的建设与发展谋求一个和平稳定的国际环境，而且可以为本国谋求

更多、更新、更广泛的资金、技术和市场，促进与成员国之间的经济贸易关系。从广义上看，国家通过参与国际组织的活动，可同其他国家一道共同维护世界与地区的和平、安全，参与国际规则的制定，促进国际社会整体的发展与繁荣，有利于建立一个多极化世界和公正、合理的国际政治经济新秩序；而且可借助国际组织扩大国家的影响力，提高本国的国际地位。总之，积极参与和借助国际组织，与国家利益息息相关，是现代国家的国际权利和义务。当今世界，衡量一个国家的对外政策是否成熟、明智，衡量其国际参与能力是否强大有力，一个非常重要的标志就是视其对国际组织的理解程度、重视程度和参与程度。

中国是一个发展中国家，尤其需要借助国际组织扩大对外交往与合作，争取和维护国家利益，促进现代化建设；中国又是一个大国，既有必要也有可能借助国际组织发挥更大的影响力，履行自己的国际义务。改革开放政策使中国更多地融入国际社会，中国以前所未有的积极态度参与了各种国际组织的活动，并在其中发挥日益显赫的作用。据统计，中国成为正式成员的政府间国际组织数量，1977年为21个，1993年为47个，1998年为52个，2020年达130多个。事实表明，中国已将参与国际组织活动纳入自己全方位对外交往的战略部署之中。

第二节 相关国际组织发展

一、交通领域国际组织

从交通领域来看，民航、海运、邮政、铁路各行业均成立了国际组织。交通领域国际组织属于专门性国际组织，按照成员性质既有政府间组织又有非政府组织。深入研究典型交通国际组织的发展经验，能够为交通行业有效利用国际组织展开各种层次对话与合作、解决国际性公共问题、组织本领域的国际活动提供借鉴，从实体机构建设上务实推进我国"一带一路"倡议。

广义的交通是指从事旅客和货物运输及语言和图文传递的行业，是各种运输方式（航空、公路、铁路、水运、管道）和邮电事业（邮政、电信）的总称。随着商品交换从区域化走向全球化，加强国际范围的交通合作已经成为世界经济发展的必然趋势。在上述定义的交通范畴内，航空、水运、邮政均成立了全球国际组织，极大地促进了国际交往合作和行业的整体发展。铁路国际组织也在各个方面展开了积极合作,但与以上国际组织相比仍有差距。其中,海运、航空、邮政行业的政府间国际组织多为世界性国际组织,而非政府国际组织中既有对全世界所有国家开放的,也有区域性的国际组织。交通领域内典型的政府间国际组织主要有国际民用航空组织、国际海事组织和万国邮政联盟。

(一)国际民用航空组织(ICAO)

1. 概况

国际性民航运输,无论是旅客运输或货物运输,其涉及的权益关系非常复杂。就人而言,承运人与乘客未必为同一国籍;就物而言,航空器与运送物所有权人的国籍也未必相同;就地而言,损害发生地与赔偿请求地往往又不在同一国家。因此,双方的权益因关系国彼此适用的法律不同,往往处于不确定的状态,引发纠纷。国际民航组织的成立,正是为了民航事业的迅速发展,保障各方的合作协调。

国际民用航空组织(ICAO),简称国际民航组织,是联合国的一个专门机构,为促进全世界民用航空安全、有序地发展,于1944年签订《国际民用航空公约》(《芝加哥公约》)后成立。国际民航组织总部设在加拿大蒙特利尔,与《芝加哥公约》191个签字国和全球业界及航空机构携手工作,制定国际标准和建议措施(SARPs),各国随后以此来制定具有法律约束力的国家民用航空规章。

目前,《芝加哥公约》19个附件中有10000多条标准和建议措施由国际民航组织监督,而正是通过这些标准和建议措施以及国际民航组织的补充政策建设活动,当今的全球航空运输网络才得以在世界每个地区以安全、高效的方式每天运行着100000多个航班。

2. 主要职责

国际民航组织的宗旨和目的在于发展国际航行的原则和技术,促进国际航空运输的规划和发展,以便实现下列各项目标:

(1)确保全世界国际民用航空安全和有秩序地发展。
(2)鼓励和平用途的航空器的设计和操作技术发展。
(3)鼓励发展国际民用航空应用的航路、机场和航行设施。
(4)满足世界人民对安全、正常、有效和经济的航空运输的需要。

(5)防止因不合理的竞争而造成经济上的浪费。

(6)保证缔约各国的权利充分受到尊重,每一缔约国均有经营国际空运企业的公平的机会。

(7)避免缔约各国之间的差别待遇。

(8)促进国际航行的飞行安全。

(9)普遍促进国际民用航空在各方面的发展。

以上九条涉及国际航行和国际航空运输两个方面问题。前者为技术问题,主要是为了安全;后者为经济和法律问题,主要是为了保证公平合理、尊重主权。两者的共同目的是保证国际民航安全、正常、有效和有序地发展。

国际民航组织按照《芝加哥公约》的授权,发展国际航行的原则和技术。由于各种新技术飞速发展,全球经济和环境也在发生变化,为加强工作效率和针对性,继续保持对国际民用航空的主导地位,国际民航组织制定了战略工作计划(Strategic Action Plan),重新确定了工作重点,由其理事会批准实施。

1)法规(Constitutional Affairs)

修订现行国际民航法规条款并制定新的法律文书。主要项目有:

(1)敦促更多的国家加入关于不对民用航空器使用武力的《芝加哥公约》第3分条和在包用、租用和换用航空器时由该航空器登记国向使用国移交某些安全职责的第83分条。

(2)敦促更多的国家加入《国际航班过境协定》。

(3)起草关于统一承运人赔偿责任制度的"新华沙公约"。

(4)起草关于导航卫星服务的国际法律框架。

2)航行(Air Navigation)

制定并刷新关于航行的国际技术标准和建议措施是国际民航组织最主要的工作。战略工作计划要求这一工作跟上国际民用航空的发展速度,保持这些标准和建议措施的适用性。

规划各地区的国际航路网络、授权有关国家对国际航行提供助航设施和空中交通与气象服务、对各国在其本国领土之内的航行设施和服务提出建议,是国际民航组织"地区规划(Regional Air Navigation Planning)"的职责,由7个地区办事处负责运作。由于各国越来越追求自己在国际航行中的利益,冲突和纠纷日益增多,致使国际民航组织的统一航行规划难以得到完全实施。战略工作计划要求加强地区规划机制的有效性,更好地协调各国的不同要求。

3) 安全监察(Safety Oversight Program)

全球民航重大事故率平均为 1.44 架次/百万架次,随着航空运输量的增长,如果这一比率不降下来,事故的绝对次数也将上升到不可接受的程度。国际民航组织从 20 世纪 90 年代初开始实施安全监察规划,主要内容为各国在自愿的基础上接受国际民航组织对其航空当局安全规章的完善程度以及航空公司的运行安全水平进行评估。这一规划将在第 32 届大会上发展成为强制性的"航空安全审计计划(Safety Audit Program)",要求所有的缔约国必须接受国际民航组织的安全评估。

安全问题不仅在航空器运行中存在,在航行领域的其他方面也存在,例如空中交通管制和机场运行等。为涵盖安全监察规划所未涉及的方面,国际民航组织还发起了"在航行域寻找安全缺陷(Program for Identifying Safety Shortcomings in the Air Navigation Field)"计划。作为航空安全的理论研究,实施的项目有"人类因素(Human Factors)"和"防止有控飞行撞地(Prevention of Controlled Flight into Terrain)"。

4) 制止非法干扰(Aviation Security)

制止非法干扰即中国通称的安全保卫或空防安全。这项工作的重点为敦促各缔约国按照《芝加哥公约》附件 17"安全保卫"规定的标准和建议措施,特别加强机场的安全保卫工作,同时大力开展国际民航组织的安全保卫培训规划。

5) 实施新航行系统(ICAO CNS/ATM Systems)

新航行系统即"国际民航组织通信、导航、监视/空中交通管制系统"(ICAO CNS/ATM Systems),是集计算机网络技术、卫星导航和通信技术以及高速数字数据通信技术为一体的革命性导航系统,将替换现行的陆基导航系统,大大提高航行效率。20 世纪 80 年代末期由国际民航组织提出概念,90 年代初完成全球规划,21 世纪初已进入过渡实施阶段。这种新系统要达到全球普遍适用的程度,尚有许多非技术问题要解决。战略工作计划要求攻克的难题包括:卫星导航服务(GNSS)的法律框架、运行机构、全球、各地区和各国实施进度的协调与合作,融资与成本回收等。

6) 航空运输服务管理制度(Air Transport Services Regulation)

国际民航组织在航空运输领域的重点工作为"简化手续(Facilitation)",即"消除障碍以促进航空器及其旅客、机组、行李、货物和邮件自由地、畅通无阻地跨越国际边界"。19 个附件中唯一不涉及航行技术问题的就是对简化手续制定标准的建议措施的附件 9——"简化手续"。

在航空运输管理制度方面,1944 年的国际民航会议曾试图制订一个关于商业航空权的多边协定来取代大量的双边协定,但未获多数代表同意。因此,国家之间商业航空权的交换仍然由双边谈判来决定。国际民航组织在这方面的职责为,研究全球经济大环境变化对航空运输管理制度的影响,为各国提供分析报告和建议,为航空运输中的某些业务制订规范。

战略工作计划要求国际民航组织开展的工作有:修订计算机订座系统营运行为规范、研究服务贸易总协定对航空运输管理制度的影响。

7) 统计(Statistics)

《芝加哥公约》第54条规定,理事会必须要求收集、审议和公布统计资料,各成员国有义务报送这些资料。这不仅对指导国际民航组织的审议工作是必要的,而且对协助各国民航当局根据现实情况制订民航政策也是必不可少的。这些统计资料主要包括:承运人运输量、分航段运输量、飞行始发地和目的地、承运人财务、机队和人员、机场业务和财务、航路设施业务和财务、各国注册的航空器、安全、通用航空以及飞行员执照等。

国际民航组织的统计工作还包括经济预测和协助各国规划民航发展。

8) 技术合作

20世纪90年代以前,联合国发展规划署援助资金中5%用于发展中国家的民航项目,由国际民航组织技术合作局实施。此后,该署改变援助重点,基本不给民航项目拨款。鉴于不少发展中国家引进民航新技术主要依靠外来资金,国际民航组织强调必须继续维持其技术合作机制,资金的来源,一是靠发达国家捐款,二是靠受援助国自筹资金,由国际民航组织技术合作局实施。不少发达国家认为国际民航组织技术合作机制效率低,还要从项目资金中提取13%管理费,故很少向其捐款,主要选择以双边的方式直接同受援国实施项目。

9) 培训

国际民航组织向各国和各地区的民航训练学院提供援助,使其能向各国人员提供民航各专业领域的在职培训和国外训练。战略工作计划要求,今后培训方面的工作重点是加强课程的标准化和针对性。

3. 组织架构及运作机制

国际民航组织由大会、理事会和秘书处三级框架组成。大会为决策机构,理事会和秘书处为负责日常工作的常设机构。

(1) 大会

大会为国际民航组织的最高权力机构,由全体成员国组成,每3年举行一次,遇有特别情况时或经五分之一以上成员国向秘书长提出要求,可以召开特别会议。大会由理事会召集,在大会期间详尽审查民航组织在技术、经济、法律和技术援助领域中的全面工作,并向民航组织的其他部门提供未来工作的指导。大会通过制定和修改《芝加哥公约》的18个技术附件,以确定各国应采用的统一的民航技术业务标准;通过对各国航空运输政策和业务活动的调研(包括对各成员国航空协定进行登记汇集,统计运输业务数据,跟踪运力、运价市场变化等),并通过协调、简化机场联检手续等一系列活动,促进国际航空运输业务有效而经济地发展,力避不公平的竞争,管理在冰岛和丹麦设立的公海联营导航设施,充任联合国开发计划署向缔约国提供的民航技术援助项目的执行机构。

大会决议一般以超过半数通过。参加大会的每一个成员国只有一票表决权。但在某些情况下,如《芝加哥公约》的任何修正案,则需三分之二多数票通过。

大会的主要职能为:选举理事会成员国,审查理事会各项报告,提出未来三年的工作计划,表决年度财政预算,授权理事会必要的权力以履行职责,并可随时撤回或改变这种权力,审议关于修改《芝加哥公约》的提案,审议提交大会的其他提案,执行与国际组织签订的协议,处理其他事项等。

大会召开期间,一般分为大会、行政、技术、法律、经济五个委员会对各项事宜进行讨论和决定,然后交大会审议。

(2)理事会

理事会是向大会负责的常设机构,由36个理事国组成,每届大会选举产生。理事会每年召开三次会议,每次会议会期约为两个月。理事会下设财务、技术合作、非法干扰、航行、新航行系统、航空运输、联营导航、爱德华奖八个委员会。每次理事会开会前,各委员会先分别开会,以便将文件、报告或问题提交理事会。理事会应选举出主席1人,副主席1人或数人。主席任期3年,可以连任,无表决权;副主席有表决权。主席的职责是召集理事会,航空运输委员会及航行委员会的会议;充任理事会的代表;以理事会的名义执行理事会委派给他的任务。理事国分为三类,其比例分配为11∶12∶13。

①第一类是在航空运输领域居特别重要地位的成员国,分别为:澳大利亚、巴西、加拿大、中国、法国、德国、意大利、日本、俄罗斯、英国和美国。

②第二类是对提供国际航空运输的发展有突出贡献的成员国,分别为:阿根廷、埃及、印度、墨西哥、尼日利亚、挪威、葡萄牙、沙特阿拉伯、新加坡、南非、西班牙和委内瑞拉。

③第三类是区域代表成员国,分别为:玻利维亚、布基纳法索、喀麦隆、智利、多米尼加、肯尼亚、利比亚、马来西亚、尼加拉瓜、波兰、韩国、阿联酋和坦桑尼亚。

理事会的主要职责包括:执行大会授予的权力并向大会报告本组织及各国执行公约

的情况;管理本组织财务;领导属下各机构工作;通过公约附件;向缔约各国通报有关情况,以及设立运输委员会,研究、参与国际航空运输发展和经营有关的问题并通报成员国,对争端和违反《芝加哥公约》的行为进行裁决等。

(3)秘书处

秘书处是国际民航组织的常设行政机构,由秘书长负责保证国际民航组织各项工作的顺利进行。秘书长由理事会任命,秘书处下设航行局、航空运输局、法律局、技术合作局、行政局5个局以及财务处、外事处。此外,秘书处有1个地区事务处和7个地区办事处,分设在曼谷、开罗、达喀尔、利马、墨西哥城、内罗毕和巴黎,地区办事处直接由秘书长领导,主要任务是建立和帮助缔约各国实行国际民航组织制定的国际标准和建设措施以及地区规划。

4. 秘书处选址

因为不同地区的业务和技术问题差异很大,这就要求地面服务的规划和实施应以一个地区或区域为基础。在1944年12月国际民用航空组织成立后不久,临时理事会就认识到需要细分世界空中航行地区。空中航行设施和服务规划是经过少数国家协商完成的,而不以全球范围为基础。这些磋商一般针对当地地理和气候条件,通过地区空中航行会议完成。

临时理事会于1945年同意建立10个空中航行地区,包括非洲-印度洋、加勒比海、欧洲-地中海、中东、北大西洋、北太平洋、南美、南大西洋、南太平洋和东南亚地区。到1952年,将南太平洋、北太平洋地区合并为太平洋地区,南美和南大西洋地区合并为南美地区,由此地区的数量减少到8个。1964年依据理事会决议消除区域之间的重叠,将欧洲-地中海地区合并为欧洲地区,并扩大了北美地区:涵盖加拿大、美国和相关的极地区域。1980年,理事会还将东南亚地区更名为亚太地区。当前七个区域秘书处为:

(1)曼谷:亚太(APAC)办事处。

(2)开罗:中东(MID)办事处。

(3)达喀尔:西部和中部非洲(WACAF)办公室。

(4)利马:南美(SAM)办事处。

(5)墨西哥城:北美、中美和加勒比(NACC)办事处。

(6)内罗毕:东部和南部非洲(ESAF)办事处。

(7)巴黎:欧洲和北大西洋(EUR/NAT)办事处。

5. 组织成员

（1）成员资格

各国通过批准和加入《芝加哥公约》获得国际民航组织成员资格。《芝加哥公约》规定，公约自26个国家批准后生效。因此，最初批准公约的26个国家成为国际民航组织的创始成员国。创始成员国不具备任何特权，与随后加入的成员所享有的权利和承担的义务是完全相同的。公约生效后，即开放加入，但范围限于联合国成员国、与联合国成员国联合的国家或第二次世界大战中的中立国。同时，公约也准许其他国家加入，但需得到联合国的许可并经大会五分之四的票数通过。如果该国在第二次世界大战中侵入或者攻击了别国，那么必须在得到受到侵入或者攻击的国家的同意后，由国际民航组织把申请书转交联合国大会。若联合国大会在接到第一次申请后的第一次会议上没有提出拒绝这一申请的建议，国际民航组织才可以按照公约规定批准该申请国加入国际民航组织。

（2）中止或暂停表决权

根据《芝加哥公约》的规定，任何成员国在合理的期限内，不能履行其财政上的义务或者违反了该公约关于争端和违约规定时，将被中止或暂停其在大会和理事会的表决权。如果联合国大会建议拒绝一国政府参加联合国建立或与联合国有关系的国际机构，则该国即自动丧失国际民航组织成员国的资格。但经该国申请，由理事会多数通过，并得到联合国大会批准后，可重新恢复其成员国资格。

（3）退出公约

任何缔约国都可以在声明退出《芝加哥公约》的通知书送达之日起一年之后退出公约，同时退出国际民航组织。如果有关公约的修正案决议中规定，任何国家在该修正案生效后的规定时期内未予批准，即丧失其国际民航组织成员的资格。对于没有履行这一义务的缔约国而言，就被剥夺了成员资格。

（二）国际海事组织（IMO）

国际海事组织（International Maritime Organization，IMO）成立于1982年5月，总部设在英国伦敦，是联合国负责海上航行安全和防止船舶造成海洋污染的一个专门机构，更是一个促进各国政府和各国航运业界改进海上安全、防止海洋污染以及进行海事技术合作的国际组织。该组织的前身为成立于1959年1月6日的"政府间海事协商组织"。

国际海事组织有175个正式成员和3个联系会员,中国于1973年恢复在国际海事组织中的成员国地位。1989年第16届大会上,中国当选为A类理事国并连任至今。

国际海事组织的作用是创建一个公平、有效、普遍采用和普遍实施的航运业的监管框架。涵盖船舶设计、施工、设备、人员配备、操作和处理等方面,确保这些方面的安全、环保、节能。负责航运的安全和防止船舶造成海洋污染。

1. 主要职责

IMO的宗旨为:
(1)促进各国的航运技术合作;
(2)鼓励并促进海上安全;
(3)提高船舶航行效率;
(4)处理有关的法律问题;
(5)在防止和控制船舶对海洋污染方面采用统一的标准。

IMO的使命为:作为联合国专门机构,国际海事组织(IMO)的使命是通过合作促进安全、环保、高效和可持续运输。国际海事组织将采用最高的海上安全可行标准来确保航行安全,进行效率导航和进行船舶污染的预防和控制,通过考虑相关法律问题,有效落实海事组织的决议,以期得到普遍和统一的应用。

IMO的主要活动有:
(1)制定和修改有关海上安全、防止海洋受船舶污染、便利海上运输、提高航行效率及与之有关的海事责任方面的公约;
(2)交流上述有关方面的实际经验和海事报告;
(3)为会员国提供本组织所研究问题的情报和科技报告;
(4)用联合国开发计划署等国际组织提供的经费和捐助国提供的捐款,为发展中国家提供一定的技术援助。

2. 组织架构

国际海事组织由国际海事组织大会、国际海事理事会、委员会及秘书处组成。大会是其最高决策机构,理事会是决策执行机关。此外,国际海事组织下设了5个委员会和1个秘书处,委员会分别为海上环境保护委员会、海上安全委员会、便利运输委员会、法律委员会、技术合作委员会,该5个委员会下又设立多个分委员会辅助其工作。其主要组织架构如图1.1所示。

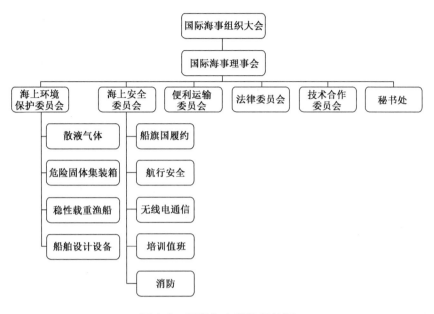

图1.1　国际海事组织架构图

3. 运作机制及议事规则

1) 国际海事组织大会

国际海事组织大会是国际海事组织最高的决策机关,由所有成员国参加,每2年举行1次常会,表决制度为"特定多数"制,即经出席大会及投票的成员国的三分之二多数同意才能通过。其主要负责组织未来的工作计划、预算计划的投票,决定财政安排以及选举国际海事理事会成员,审议并通过各委员会提出的有关海上安全、防止海洋污染及其他有关规则的建议案。

(1) 会议

在国际海事理事会认为必要时或经联系会员以外的至少三分之一的成员向秘书长提出要求时,须召开大会的特别会议,秘书长须至少提前60天将各届会议的开幕日期通知各个成员。

(2) 代表团

大会的每一成员须任命一位代表,并可任命多位副代表和所需的顾问和专家。经代表要求,主席可以允许其代表团的任何其他成员在大会的任何会议上就任何特定问题发言。

(3) 代表证书

每一会员须在不迟于大会开幕之日向秘书长递交其代表和副代表(如果有的话)的

证书、代表团的证书及其代表团其他成员的姓名。代表证书须由国家元首或政府首脑或外交部部长或他们中的任何人为此目的的正式指定的适当当局签发。

在大会的每届会议开始时须任命一个证书委员会。它由大会根据主席的提议而任命的五个成员组成。证书委员会须审查各个代表团的证书并及时做出报告。

(4)议程

大会各届会议的暂定议程由秘书长拟定并在公布前交理事会审核。大会各届会议的暂定议程包括：

①大会的上一届会议要求加入的一切事项；

②理事会有关本组织自大会上一届会议以来的工作报告以及理事会要求加入的一切事项；

③海上安全委员会、法律委员会、海上环境保护委员会、技术合作委员会或便利运输委员会的所有报告和建议案以及其中任何委员会要求列入的一切事项；

④本组织的成员提出的任何事项；

⑤根据《国际海事组织公约》第十六条和第十七条规定,选举理事会成员；

⑥临时预算以及与本组织的账目和财务安排有关的一切问题；

⑦联合国或其任何专门机构提出的事项,但须经必要的初步磋商。

秘书长通常须在每届会议开幕前至少两个月将会议的暂定议程连同会议的有关文件一起发给相关委员会。除非大会另有决定,否则大会会议议程中的任何事项,如在某一届会议上未能完成对它的审议,则自动被列入下一届会议的议程中。

(5)主席和副主席

大会须在每届会议的第一次会议上从除联系会员以外的其他成员的代表中选举一位主席、一位第一副主席和一位第二副主席。

在大会的每届会议开幕时,由从中选出上届会议主席的代表团的代表主持会议,直至大会选出本届会议的主席。

如果主席缺席某次会议或其任何部分,或者因故不能将其职责履行至任期终止之时,由其中一位副主席代主席。

主席或代主席的副主席不得参加表决,但是他可以指定其代表团中的另一成员在全体会议中代为其政府的代表。

(6)下属机构

大会可以设立其认为必要的临时下属机构,或者,经理事会建议,设立其认为必要的常设下属机构。这种下属机构须遵守议事规则中一切适用规定。在每一届会议上,大会须审查任何下属机构继续存在的必要性。

(7) 表决

在符合《国际海事组织公约》有关规定的前提下,由到会并投票的会员(不包括联系会员在内)的多数作出大会及其下属机构的决定、裁定选举和通过报告、决议和建议案。

除联系会员外的每一会员均有一票,通常须以举手方式进行表决;但是任何会员均可要求唱名表决。唱名须按会员英文名称的首字母顺序进行,从大会主席以抽签方式拿到其国名的会员开始;参加任何唱名表决的每一会员的投票均须在有关会议的摘要记录中加以记载;如果在该次表决中票数仍然相等,提案须被视为遭到否决。

所有选举均须以无记名投票的方式决定;在无记名投票中,大会须根据主席的提议从到会的代表团中指定两位监票人,由监票人负责监票并向大会报告投出的所有无效票。

当使用电子计票时,秘书长须制备选票。候选人名单须按照英文首字母顺序列出;如果一张选票上所含票数多于有待选出的候选人数,须被视为无效。对选票做出任何更改,将使该选票无效。

2) 国际海事理事会

国际海事理事会是国际海事组织的决策执行机关并且监督组织活动,由大会每两年选举的 40 名成员国组成,成员国可以连选连任。其主要职能是在大会闭会期间履行除了《国际海事组织公约》第 15 条 j 款的有关规定的大会的职能外的职能,另外理事会的职能还包括:

①协调组织机关活动;

②考虑组织文件起草工作以及预算的评估,并且将其提交给大会;

③接受委员会以及其他机关的报告和建议,并附以适当的建议和意见提交给大会;

④经大会同意,任命秘书长;

⑤经大会同意,签订有关该组织和其他组织关系的协议和安排。

(1) 会议

经理事会主席召集或在不少于四个理事国向秘书长提出要求后,理事会须举行会议,次数不限,视需而定。秘书长须根据主席指示,至少提前一个月将召开会议一事通知理事国。

理事会的各届会议,除经理事会决定在其他地方召开外,均须在本组织的总部举行。

(2) 代表团

理事会由大会选出的 40 个理事国组成,理事国成员任期两年,由大会选举产生,各类理事国的权利相当,可连选连任。

理事国成员分为 A、B、C 三类,2023 年 11 月 27 日—12 月 6 日在伦敦召开的国际海事组织第 33 届大会选举出 2024—2025 两年期理事会成员。

A 类:提供国际航运服务方面具有最大利害关系的 10 个国家。

中国、希腊、意大利、日本、利比里亚、挪威、巴拿马、韩国、英国、美国。

B 类:在国际海上贸易方面具有最大利害关系的 10 个国家。

澳大利亚、巴西、加拿大、法国、德国、印度、荷兰、西班牙、瑞典、阿联酋。

C 类:作为地区代表当选的 20 个国家。

巴哈马、孟加拉国、智利、塞浦路斯、丹麦、埃及、芬兰、印度尼西亚、牙买加、肯尼亚、马来西亚、马耳他、墨西哥、摩洛哥、秘鲁、菲律宾、卡塔尔、沙特阿拉伯、新加坡、土耳其。

每一理事国均须任命一名代表,并可任命副代表和所需的顾问和专家。经代表要求,主席可允许其代表团的任何其他成员在理事会的任何会议上就任何特定问题做发言。

(3)代表证书

每一理事国须在不迟于理事会会议开幕之日向秘书长递交其代表和副代表(如果有)的证书及其代表团任何其他成员的姓名。代表证书须由国家元首或政府首脑或外交部部长或他们中的任何人为此目的的正式指定的适当当局签发。秘书长须审查代表团的证书并及时向理事会作出报告。

任何代表,如果有会员反对其与会的话,在秘书长对代表证书作出报告、理事会作出决定之前,可临时与会并享有与其他代表相同的权利。

(4)议程

理事会各届会议的暂定议程由秘书长拟定并经主席核准。理事会各届会议的暂定议程包括:

①大会要求列入的一切事项;

②理事会在上一届会议上要求列入的一切事项;

③海上安全委员会、法律委员会、海上环境保护委员会、技术合作委员会或便利运输委员会要求列入的一切事项;

④本组织的成员提出的任何事项;

⑤与概算有关的事项(如果有的话)和本组织的财务报表;

⑥与理事会准备提交大会的本组织工作报告有关的事项;

⑦联合国或其任何专门机构或国际原子能机构提出的任何事项,但须经必要的初步

磋商；

⑧秘书长提出的任何事项。

秘书长通常须在每届会议前至少一个月将该届会议的暂定议程连同有关文件一起送发各理事国。

除非理事会另有决定，否则理事会某届会议的任何议事事项，如当届会议没有能够完成对它的审议，则自动被列入下一届会议的议程中。

（5）主席和副主席

理事会须从理事国的代表中选举一位主席和一位副主席。选举须在大会各届会议之后的特别会议上进行。

如果主席缺席某届会议或任何部分会议，会议须由副主席主持。

如果主席因故不能将其职责履行至其任期终止之时，在选出新的主席之前，须由副主席代主席。

如果主席和副主席均不能在某届会议上主持会议，理事会须选举一位第二副主席，在主席和第一副主席不能主持会议期间主持会议并代主席。

主席或代主席的副主席不得参加表决，但可以指定其代表团的另一成员在理事会上代为其政府的代表。

（6）下属机构

理事会可以设立其认为必要的下属机构。这种下属机构须遵守议事规则中一切适用的规定。理事会可由到会并投票的理事国的多数票中止或修改适用于这种下属机构的任何规则。对于任何下属机构继续存在的必要性，理事会每年至少要做一次审查。

（7）表决

由到会并投票的理事国的多数做出理事会及其下属机构的决定、裁定选举和通过报告、决议、建议案。

每一理事国有一票，理事会通常须以举手方式进行表决。但是任何理事国均可要求唱名表决；唱名须按理事国英文国名的首字母顺序进行，从主席以抽签方式拿到其国名的理事国开始；参加任何唱名表决的每一理事国的投票均须在有关会议的摘要记录中加以记载；如果在该次表决中正反票数相等，提案须被视为遭到否决。

所有选举和裁决均须以无记名投票的方式决定；在无记名投票中，理事会须根据主席的提议从到会的代表团中指定两位监票人，由监票人负责监票并向理事会报告投出的所有无效票。

当使用电子计票时，秘书长须制备选票。候选人名单须按照英文首字母顺序列出；

如果一张选票上所含票数多于有待选出的候选人数,须被视为无效。对选票做出任何更改,将使该选票无效。

3)委员会

委员会由海上安全委员会、海上环境保护委员会、法律委员会、技术合作委员会和便利运输委员会 5 个委员会组成。

海事安全委员会是组织的最高技术机构,由所有成员国组成。该委员会的主要职能为:①考虑在组织职责范围内的有关航标、船舶建设和设备、安全船舶的配备、避碰规则、危险货物处置、海事安全程序和要求、水文信息、航海日志和航行记录、海上事故调查、救助打捞和其他直接与海上安全有关的事项;②该委员会还负责为履行由国际海事组织公约分配的责任以及任何为其他国际性文件赋予并被国际海事组织接收的责任提供机构设备;③其有责任考虑并提交建议和指导方针给可能由国际海事组织大会通过的有关安全方面文件;④被扩大的海事安全委员会可以通过例如海上人命安全公约等公约的修正案,该委员会可以包括此公约的成员国,即使其不是国际海事组织的成员。

海洋环境保护委员会初期是作为大会的附属机关,1985 年才获得独立的法律地位,由所有成员国组成,每年至少召开一次会议。该委员会的主要职能为考虑组织职权范围内有关船舶污染的防治和控制的事项,特别是有关公约、其他规范性文件以及确保其实行的措施的通过和修订。

技术合作委员会在 1969 年作为理事会的一个附属机构存在,以 1984 年生效的国际海事组织公约修订案的方式成为组织下属委员会。其由国际海事组织所有成员国组成,职能为考虑组织职责范围内有关共同合作项目的实施的事项(组织作为技术合作项目的执行者以及合作机构)以及在技术合作领域有关组织活动的事项。

法律委员会在 1967 年以一个附属机构的名义存在,去处理由"托里坎荣"号海难所引发的法律问题。其由国际海事组织所有成员组成,每年至少召开一届会议,职能是处理组织职责之内的所有法律问题以及履行任何其他法律文书规定或授权并为组织接受的其他职责。

便利运输委员会在 1972 年 5 月作为理事会的附属机构存在,在理事会认为必要时召开会议。在 1991 年召开的第 17 届大会上通过了对国际海事组织公约的一项修正案,使便利运输委员会的地位与其他几个委员会的地位相当。该修正案生效后,便利运输委员会由全体成员国的代表组成,每年至少召开一届会议。2008 年 12 月国际海事组织公约修正案通过后,其转化成一个具有独立地位的委员会。其职能为通过各方面实施

1965年便利国际海上运输公约,消除不必要的手续和国际航运的繁文缛节,以及处理组织职责范围内有关国际海上交通便利的事项。最近几年该委员会的工作主要是确保海事安全和国际海事贸易便利两者之间的权利平衡。

(1)会议

委员会每年须至少举行一届会议。经至少15个成员向秘书长提出书面要求,委员会可举行特别会议。委员会的各届会议,除非根据委员会的决定并得到大会或理事会的批准而在其他地方召开,否则均须在本组织的总部举行。

秘书长须根据主席的指示,至少提前60天将举行会议一事通知成员。

(2)代表团

每一成员或与会国须任命一名代表,并可任命副代表或所需的顾问和专家。

(3)代表证书

每一成员或有权与会的政府须在不迟于会议开幕之时向秘书长递交其代表和副代表(如果有)的证书以及其代表团其他成员的姓名。代表证书须由国家元首或政府首脑或外交部部长或由他们中的任何人为此目的正式指定的适当当局签发。每一代表或副代表的证书须由秘书长加以审查并向委员会做出报告。

(4)议程

各届会议的暂定议程须由秘书长拟定并经主席核准;秘书长通常须在各届会议开幕前六十天将暂定议程连同有关基本文件一起分发给成员和有权与会的其他与会国。

每届会议暂定议程的第一个事项为通过议程。委员会各届会议的暂定议程须包括:

①大会要求列入的一切事项;

②理事会要求列入的一切事项;

③委员会在上一届会议上要求列入的一切事项;

④本组织的成员提出的任何事项;

⑤联合国或其任何专门机构或国际原子能机构提出的任何事项,但须经必要的初步磋商;

⑥秘书长提出的任何事项。

除非经与秘书长磋商,主席认为有此必要,否则,如果委员会在任何一年中举行一届以上的会议,在该年第一届会议议程中列入的事项(不包括程序性事项)不得列入该年第二届会议的议程中。

(5)主席和副主席

海上安全委员会须从其成员中选举出一位主席和一位副主席,其任期为一个日历年,他们可以在随后的三个任期中连选连任;法律委员会须从成员的代表中选出一位主席和至多两位副主席,选举每年进行一次;海上环境保护委员会须从其成员中选举一位主席和一位副主席,选举须每年进行一次,两者均可连选连任;技术合作委员会须从成员的代表中选出一位主席和一位副主席,主席和副主席的任期为一日历年,选举须在每一日历年进行一次,主席和副主席可连任连选,最多可连任三届;便利运输委员会须从成员的代表中选出一位主席和一位副主席,选举须在每一日历年进行一次,主席和副主席可连任连选。

主席或代主席的副主席不得参加表决,但是他可以指定其代表团中的另一成员在委员会中代为其政府的代表。

如果主席缺席某届会议或其任何部分,会议须由副主席主持。

主席和副主席须在每一日历年最后一届会议结束时选举。当选的主席和副主席须在下一个日历年开始时担负其职责。

如果主席因故不能将职责履行至任期终止之时,在选出新的主席之前,须由副主席代主席。

(6)下属机构

委员会可以设立其认为必要的下属机构,这种下属机构须遵守议事规则中一切适用的规定。委员会每年至少审查一次各下属机构继续存在的必要性。

(7)表决

只有成员才有表决权,但是当委员会履行由条约或其他国际文书赋予它的职能时,对这种条约或其他文书的修正案的表决权须根据有关条约或其他文书中的适用规定来决定。

每一成员或有表决权的其他与会国均有一票。

除非赋予委员会职能的任何公约或国际文书另有规定,否则须由到会并投票的成员或有表决权的其他与会国的多数委员会及其下属机构的决定,通过其报告、决议和建议案。

委员会通常须以举手方式进行表决。但是任何成员或有表决权的其他与会国均可要求唱名表决;唱名须按成员或有表决权的其他与会国英文名称的首字母顺序进行,从主席以抽签方式拿到其国名的成员或有表决权的其他与会国开始;每一成员或其他与会国在任何唱名表决的投票均须载入有关会议的报告中。如果在表决中正反票数相等,须在下一次会议上进行第二次表决。如果再次出现相等的正反票数,提案须被视为遭到否决。

委员会负责人的选举须以无记名投票方式进行;在无记名投票中,委员会须根据主席的提议从到会的代表团中指定两位监票人,由监票人负责监票并向委员会报告投出的所有无效票。如果仅选举一人而在第一轮无记名投票中没有任何候选人获得多数选票,须进行第二轮无记名投票,通常须限于获得最多选票的两位候选人。如果在第二轮无记名投票中两位候选人的票数仍然相等,选举须推迟到同一届会议的下一次会议上举行;如果票数仍然相等,则由主席以抽签方式决定两位候选人中谁当选。

如果在一次选举中有两个或更多的席位要在相同的条件下同时填补,在第一轮无记名投票中获得多数选票的那些候选人须被宣布为当选。如果获得多数选票的候选人的数目少于要选出的人员或成员的数目,须视情况再举行一轮或多轮无记名投票以填补余下的席位,选举仅限于在上一轮无记名投票中获得最多选票的候选人;候选人的数目通常不得超过有待填补的席位数目的一倍。

4) 分委会

9个分委会分别为:散装液体和气体分委会(BLG),危险品、固体货物和集装箱运输分委会(DSC),消防分委会(FP),无线电通信与搜救分委会(COMSAR),航行安全分委会(NAV),船舶设计和设备分委会(DE),稳性、载重线和渔船安全分委会(SLF),培训和值班标准分委会(STW),船旗国履约分委会(FSI)。

5) 秘书处

负责保存国际海事组织制定的公约、规则、议定书、建议案和会议的记录及会议文件,并负责处理日常事务的常设机构。设有海上安全司、海上环境保护司、法律事务和对外关系司、行政司、会议司和技术合作司,共有职员300余人。

4. 成员加入

只有国家有资格成为国际海事组织成员,新加入国需签署国际海事组织与其他成员国商议的合作协议。

而有能力对国际海事组织作出贡献的非政府组织,经过国际海事组织大会批准,可由理事会认证其有协商地位。任何组织想要获得国际海事组织的协商地位都需具有相当的专业知识以及能力,并在其领域内具有竞争力,这些非政府组织也必须表明它不会通过其他成员推荐加入组织。申请方式为由非政府组织的行政首脑(或负责人)向国际海事组织秘书长发送正式申请,表达想要获得协商地位的意愿,并且妥善填写问卷和其他相关资料,通过邮寄或电子邮件方式发送给秘书处。

非政府国际组织一年有一次对于协商地位的申请机会,申请信和其他相关文件必须在每年3月31日之前递交到国际海事组织秘书处才能被提交给6月举行的年度理事会会议,逾期递交的申请信和其他相关文件将在下一年提交给理事会。

(三)万国邮政联盟(UPU)

1. 概况

万国邮政联盟(Universal Postal Union,UPU),简称"万国邮联"或"邮联"。在万国邮政联盟成立以前,国家需要逐一与其他愿意互相通邮的国家制订个别的邮务协议。美国于1863年要求举行国际邮政大会,并促成了万国邮政联盟的成立。万国邮联是世界上第二古老的国际组织,仅次于1865年成立的国际电信联盟。1874年9月15日至10月9日,德国、法国、英国、罗马尼亚、瑞士、美国等22个国家的代表在瑞士伯尔尼举行全权代表大会,签署了第一个国际性的邮政公约,即《伯尔尼条约》,成立邮政总联盟。1878年5月,邮政总联盟在巴黎举行第二届代表大会,修订了《伯尔尼条约》,改名为《万国邮政公约》,并将邮政总联盟改名为万国邮政联盟。

万国邮政联盟规定了国际邮件转运自由的原则,统一了国际邮件处理手续和资费标准,简化了国际邮政账务结算办法,确立了各国邮政部门争讼的仲裁程序。万国邮联的成立,使各会员国组成了一个邮政领域,沟通了各国之间的邮政联系,促进了邮政业务和技术的发展。

截至2024年7月,万国邮政联盟共有192个成员国。1972年4月中国与该组织关系开始正常化。同年11月,中国作为邮政研究咨询理事会理事国,派代表参加了在伯尔尼举行的该理事会的年会。从此,中国执行了接受邮联有关法规的手续,参加了1974年至1994年历届邮联大会,并4次当选为大会副主席和历届邮政经营理事会的理事国。中国在1994年8月22日至9月14日在汉城举行的第21届大会上当选为该组织行政理事会和经营理事会的理事国。1997年5月9日,中国全国人大常委会批准了《万国邮政联盟组织法第五附加议定书》。1999年8月23日至9月15日,万国邮联第22届大会在北京举行。2004年9月,中国政府推荐的候选人黄国忠在罗马尼亚首都布加勒斯特举行的第23届万国邮政联盟大会上当选为万国邮政联盟国际局副总局长。这是中国候选人首次当选这一联合国专门机构的高层领导职务。

2. 主要职责

万国邮政联盟的宗旨是组织和改善国际邮政业务,促进此领域的国际合作与发展。通过邮政业务的有效工作,推进各国人民之间的联系,以实现在文化、社会与经济领域促进国际合作的崇高目标。

2012年多哈的万国邮政联盟大会(以下简称邮联大会)的邮政战略强调了邮政网络的三个维度:网络、电子和金融,互联互通,治理和发展。强调加强全球的邮政服务。该战略的目标为通过更好的网络连接和服务创新,更有效地应对市场变化,即:

①提高国际邮政网络的互操作性。
②提供与邮政部门的技术知识和专业技能。
③推进创新型产品和服务。
④促进邮政部门可持续发展。

万国邮政联盟的主要活动有:

(1)金融服务

提供基本的邮政金融服务,有利于全球经济和社会发展,对提高人民生活水平起着重要的作用。根据万国邮联邮政运营商的研究,万国邮联提供了全球公民均可享有的金融服务(支付、转账、储蓄)。

万国邮联建立了全球电子邮政支付网络,开发出了邮政支付服务协议和法规形式的法律框架,通过邮政技术中心和国际金融系统(IFS)确保全世界的公民获得高效、可靠、安全和廉价的电子支付服务。与多家国际机构进行合作,建立了农发基金项目,使非洲国家的农村邮局连接到万国邮联的电子支付网络。之后,又与世界银行开展合作,使非洲也可应用世界银行的支付系统进行方便快捷的转汇业务,并打击了非法融资的行为。

(2)邮政包裹运输

国际包裹快递市场正经历着快速的发展并拥有良好的扩展潜力,可以为电子商务的发展提供更多的机遇。贸易壁垒的减少和商贸业务的全球化正驱动着国际包裹产品需求的增加。

(3)技术合作

技术合作是实现万国邮联的战略目标的重要工具。它有助于减少"邮政鸿沟",使工业化国家和发展中国家之间的技术转移顺利进行。

万国邮联的发展合作理事会负责管理和实施技术合作和参与欧盟政策的设计与开发。其在邮政经营理事会(POC)和万国邮政联盟行政理事会(CA)的管理下实现邮政联盟大会决议有关的技术合作。

(4) 可持续发展

可持续发展已成为邮政发展的一个重要因素。它有助于改善客户关系、开拓市场、满足客户的期望、促进员工的个人发展以及提高社会和环境问题的公众意识。可持续发展的三大支柱为：

经济：实施道德采购政策，发展有社会效益的金融产品，如小额信贷和农民负担得起的安全、高效的汇款服务。

环境：监督和激励经营者减少温室气体排放，促进和优化对自然资源的管理和可再生能源的利用。

社会发展与合作：进行全球艾滋病防治的宣传活动，减少人与人之间的排斥和歧视，促进职业多样性和性别平等，促进社会交流。

3. 组织架构

万国邮联由邮联大会、执行理事会、邮政研究咨询理事会和国际局组成。其主要常设机构及合作对象如图1.2所示。

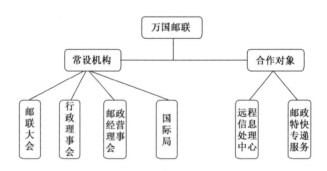

图 1.2　万国邮联常设机构及合作对象

4. 运作机制

(1) 邮联大会

邮联大会是万国邮联的最高机构。自上届邮联大会所订法规实施之日起，万国邮联各成员国代表至少应在5年内举行1次大会。每个成员国派出由本国政府授予必要权力的全权代表1名或数名出席邮联大会，每个会员国只有1票表决权。原则上，每届邮联大会应确定举行下届大会的所在地国家，邀请国政府在商得国际局同意后，决定大会召开的确切日期和地点。在没有邀请国政府而又必须召开邮联大会时，则由国际局在取得执行理事会同意并与瑞士联邦政府商妥后,采取必要措施,以便在邮联总部所在国组织和召开邮联大会。在这种情况下,国际局行使邀请国政府的职能,大会举行的地点,由发起召开这次大会的会员国与国际局协商同意后确定。

(2)行政理事会

行政理事会(CA,原称执行和联络委员会)由1个主席国和39个理事国组成,在前后衔接的两届邮联大会之间的时期内行使职权,主要任务是修订邮联各项法规,审批工作计划和预算,选举行政理事会和邮政研究咨询理事会的理事国,选举国际局正、副局长等。邮联大会东道国为当然主席,理事国由邮联大会按区域合理分配的原则选出,每届邮联大会至少更换理事国中的半数,不得连选3次。行政理事会各理事国的代表,由本国邮政主管部门指派。行政理事会在由邮联大会主席召集的第一次会议上,从理事中选出4名副主席,并制定议事规则。执行理事会由主席召集,原则上每年在邮联所在地开会1次。

(3)邮政经营理事会

邮政经营理事会(POC)由35个理事国组成,在前后衔接的两届邮联大会期间行使其职权。POC理事国由邮联大会尽可能广泛地按照地区分配的原则进行选举。POC各理事国的代表,由本国邮政主管部门指派。POC的活动经费由邮联负担。POC在由邮联大会主席召集并主持开幕的第一次会议上,应从理事中选出1名主席、1名副主席和各委员会主席。POC制定自己的议事规则。POC原则上每年在邮联总部举行会议,会议地点和日期,由主席商得执行理事会主席和国际局总局长同意后决定。POC主席、副主席和各委员会主席组成指导委员会。指导委员会负责筹备和领导每次咨询理事会会议的工作,并承担POC决定委托它的一切工作。其主要任务是帮助提升邮政技术现代化和提升邮政产品和服务的质量。它涉及的是邮政业务的运营,经济和商业方面,一般每年举行会议一次。

(4)国际局

国际局是邮联的办事机构,由国际局总局领导并受瑞士政府的监督。国际局总部设在瑞士伯尔尼,作为联盟的秘书处,拥有大约250名员工,在对外关系中代表邮政联盟,负责与各邮政主管部门的联络、情报和咨询工作。国际局设总局长和副总局长各一人,由邮政联盟的最高权力机构——各成员国政府全权代表大会选举产生,任期4年,连任不得超过两届。

①总局长。

总局长作为国际局的法定代表,组织、管理和领导该机构的工作。他有权安排G1至D1级的职位,并任命和晋升这些等级中的官员。他在任命P1到D1级官员时,应审查各会员国邮政所推荐的具有推荐国国籍的候选人的业务专长证书,同时要考虑地区的合理分配、语言和一切其他有关因素,并尊重国际局内部的晋级制度。他还要考虑到原则上担任 D2、D1 和 P5 级职位的人员应来自邮联各不同的会员国。总局长每年一次在邮联工作报告中将 P4 至 D1 级的任命和晋级情况告知执行理事会。

总局长应按邮联所需经费的最低水平,编制邮联的年度预算草案,及时并同时提交行政理事会和监督当局审查,在得到执行理事会批准后,即将预算通知邮联各会员国。总局长担任邮联各机构秘书长的职务,并以此名义考虑到现行的总规则的专门规定,对以下几点进行特别关注:邮联各机构会议的筹备和组织,文件、报告和记录的草拟、印制和分发,在邮联各机构会议期间承担秘书处的工作。总局长参加邮联各机构的会议并参与讨论,但无表决权,也可以派代表参加。

②秘书处

邮联各机构的秘书处工作由国际局承担并由总局长负责。秘书处将每次会议所发表的文件寄送给各机构的成员国邮政主管部门,以及协助进行研究的非成员国邮政主管部门、区域邮联以及向它提出这方面要求的其他会员国邮政主管部门。

③其他

国际局负责编制邮联会员国名册并随时加以修订,名册内应注明各会员国会费分摊的等级,它们所属的地区组以及它们参加万国邮联各项法规的情况。根据行政理事会、邮政经营理事会和各邮政主管部门的需要,随时提供有关邮政业务问题的各种必要资料。在国际技术合作范围内,负责开展各种形式的邮政技术援助。国际局负责印制用邮身份证、国际回信券、邮政旅行支票和支票簿簿面,并按成本供应给需求的各邮政主管部门。国际局也利用其所有的资料,编辑一种以德、英、阿拉伯、中、西班牙、法、俄文出版的期刊。国际局也负责就邮联的各项工作,作成年度报告,经执行理事会批准后,分送各会员国邮政主管部门、区域邮联和联合国组织。

5. 议事规则

提案程序有提出提案、审议提案、决定通知、仲裁程序。

(1) 提出提案

各会员国邮政主管部门向大会提出的任何性质的提案,除特殊情况外,均按以下规定办理:

①最迟在大会召开 6 个月以前送至国际局的提案,均可接受。

②在大会召开前 6 个月以内提出的任何文字性修改提案,不予接受。

③大会召开前 4~6 个月以内送至国际局的实质性提案,至少需有 2 个会员国邮政主管部门附议,方可接受。

④大会召开前 4 个月以内送至国际局的实质性提案,至少需有 8 个会员国邮政主管部门附议,方可接受。

⑤附议的声明,应该和有关提案在同一期限内送至国际局。

(2) 审议提案

各会员国邮政主管部门对于国际局用通函分发的提案,应在 2 个月内加以审议,如有意见应在同一期限内向国际局提出,但不能提出修正案。国际局将收到的答复汇总后通知各会员国邮政主管部门并请它们对提案表示赞同或反对。凡在 2 个月期限内不作表示者,即以弃权论。上述期限从国际局通函上注明的日期算起。

(3) 决定通知

对公约、各项协定和它们的最后议定书所作的修改,应由瑞士联邦政府根据国际局的请求,拟就外交声明并转达各会员国政府。

(4) 仲裁程序

需要通过仲裁解决争议时,当事会员国邮政主管部门应各推举一个同争议事项没有直接关系的会员国邮政主管部门为仲裁人。如几个会员国邮政主管部门同为当事人之一方,在引用本项规定时,只算作一个会员国邮政主管部门。如果当事会员国邮政主管部门中的某一方对进行仲裁的建议在 6 个月内不予答复,国际局接到请求后应催促该会员国邮政主管部门指定仲裁人或由国际局自行指定。当事会员国邮政主管部门双方可以协商公推一个仲裁人,这个仲裁人可以由国际局充任。仲裁人的裁决,须经他们中多数票同意。同意票和反对票票数相等时,由各仲裁人共同推选另外一个同争议无关的邮政主管部门参加仲裁,以便解决争议。如对仲裁人的人选不能取得一致意见时,由国际局在未经仲裁人提名的各会员国邮政主管部门中指定一个会员国邮政主管部门担任。如果争议事项涉及某项协定,没有参加该项协定的会员国邮政主管部门,不得被推举为仲裁人。

6. 会员国加入

联合国的所有成员国都有资格成为万国邮联的会员国。不是联合国成员国的任何主权国家,可以申请准予加入邮联,取得会员国资格。加入或申请准予加入邮联,应正式声明加入邮联组织法和具有约束力的各项法规。该项声明应通过有关国家政府向国际局总局长提出,并由国际局总局长根据情况通知邮联各会员国,或就申请问题与它们协商。不是联合国成员国的国家,如果它的申请得到至少三分之二邮联会员国的同意,即被认为取得会员国资格。如会员国在 4 个月内未答复是否同意,当以弃权论。该国加入或准予加入邮联成为会员国一事,由国际局总局长通知各会员国政府;会员国资格自通知之日起生效。邮联会员国准入的办法经历了以下几个阶段:

1948 年 6 月以前在接收会员国上采取自由参加的办法。

1948 年 7 月改为只有主权国家可以提出申请,并须获得至少三分之二会员国的同意,才能取得会员国资格。

1966 年又改为:联合国成员国只要正式声明承认《万国邮政联盟组织法》和具有约束力的各项法规,即可成为万国邮联的会员国;非联合国成员的主权国家提出申请,仍须得到至少三分之二会员国的同意,才能被接纳。

7. 财务情况

20 世纪 60 年代以来,万国邮联利用联合国开发计划署资金以及万国邮联本身的特别基金和预算支出,承办和实施了邮政通信方面的援助项目,开展了邮政技术合作活动。万国邮联的经费,包括各机构的活动经费和国际局官员的报酬,由会员国以交纳会费的方式分摊。

行政理事会每年有权根据瑞士消费价格指数调整除有关人员以外的经费数额。行政理事会,或在非常紧急时,总局长可批准超过所确定的经费限额,以便对国际局驻地进行在预料之外的规模较大的修理,但此项超支款额每年不得超过 65000 瑞士法郎。如果经费不足以保证邮联工作的顺利进行,经邮联会员国多数同意,可超过经费限额。

加入或准予参加邮联的国家以及退出邮联的国家,应该支付它们实际参加或退出邮联那一年全年所应分摊的经费。

各会员国根据行政理事会决定的预算预交会费以分摊邮联的年度经费。为弥补邮联资金的不足,设立储备金,其数额由行政理事会规定。在资金暂时不足时,瑞士联邦政府按共同商定的条件提供必要的短期垫款。该政府无偿地监督财务账册的编造,并根据大会所确定的经费限额监督国际局的账务。

各会员国根据其所属分摊等级分摊邮联的经费。分摊等级如下:50 个单位的等级,25 个单位的等级,20 个单位的等级,15 个单位的等级,10 个单位的等级,5 个单位的等级,3 个单位的等级,1 个单位的等级。0.5 个单位的等级(为最不发达国家保留)。目前有 5 个国家是 50 个单位的最大分摊等级。

自 1992 年以来,万国邮联一直秉承"零增长"的做法,维持其年度预算不变或以低于通胀的水平增长。该组织在联合国系统中年度预算总额最小约为 37 亿瑞士法郎。

(四)国际民用航空组织、国际海事组织和万国邮政联盟的对比

国际民用航空组织(ICAO)、国际海事组织(IMO)和万国邮政联盟(UPU)具有以下共同特征:

(1)联合国的专门机构。ICAO、IMO和UPU的前身分别是根据1919年《巴黎公约》成立的空中航行国际委员会,成立于1959年的政府间海事协商组织,以及1874年成立的邮政总联盟。这3个国际组织后期均根据特别协定与联合国建立了法律关系,成为对某一特定业务领域(如经济、社会、文化、教育、卫生等)负有"广泛国际责任"的政府间专门性国际组织,但它们并不是联合国的附属机构,而是在整个联合国体系中享有自主地位、寻求协调一致的专门机构。联合国承认这些组织在其职权范围内的职能;这些组织承认联合国有权提出建议并协调其活动,同时定期向联合国提出工作报告。双方相互派代表出席彼此的会议,但无表决权。ICAO、IMO和UPU的对比如表1.1所示。

ICAO、IMO和UPU的对比　　　　　　　　　　　表1.1

项目	ICAO	IMO	UPU
成立宗旨	保证国际民航安全、正常、有效和有序地发展,着眼于解决国际航运中技术、经济、法律问题	在清洁的海洋上安全和高效开展航运	组织和改善国际邮政业务,发展邮政方面的国际合作,向成员提供邮政技术援助
成立时间	1947年	1982年	1878年
机构性质	负责为联合国处理国际民航事务的专门机构	负责为联合国处理航运安全和防止海洋污染事务的专门机构	负责为联合国处理国际邮政事务的专门机构
正式成员数	192	170	192
工作任务	制定民航国际标准,研究国际民航问题,保证航运安全、简化办理手续	起草公约或协议等,工作重心正在逐步转向促进公约生效和监督公约执行上	统一国际邮件转运原则、处理流程和标准,简化结算办法,确立各国间争议的仲裁程序
遵循的公约	《国际民用航空公约》(简称《芝加哥公约》)	《国际海事组织公约》	《万国邮政公约》
法律地位	国际法主体,在《芝加哥公约》中规定	国际法主体	国际法主体

续上表

项目	ICAO	IMO	UPU
权利能力和行为能力	协调国际民航关系,解决国际民航争议,缔结国际条约、享受外交特权和豁免权,参与国际航空法的制定	享受外交特权与豁免权	派遣和接受外交代表,缔结条约,享受外交特权与豁免权
成员类型	成员国、观察员	成员国、联系会员	成员国、观察员、合作伙伴
组织架构	大会、理事会和秘书处	国际海事组织大会、国际海事理事会、委员会、秘书处	邮政联盟大会、行政理事会、邮政经营理事会和国际局
总部设址	加拿大蒙特利尔	英国伦敦	瑞士伯尔尼

(2)法律关系由同一个公约规定。联合国大会在1947年通过的《专门机构的特权和豁免权总公约》以多边条约的形式对联合国专门机构享有的特权和豁免问题进行了较为明确和系统的界定,规定这3个国际组织的法律地位,统一了各国际组织自身和国际组织职员及成员国代表享有的特权和豁免,这在某种程度上也成为很长一段时间内国际组织缔结特权和豁免问题有关协定的基本模式。

(3)组织结构类似。ICAO、IMO和UPU的组织结构具有类似的形式:均为全体成员大会、执行机构、工作机构3级。第一,全体成员大会为最高权力机关,负责通过方针政策、审核预算、选举下层机构的成员、制订或修改约章,但大会召开时间不统一。第二,各专门机构都有一个执行机关,称为理事会或执行局,每年开会数次,其职责为执行大会的决议,提出建议、计划和工作方案,并付诸实施。执行机关的成员多由大会选举,但也有由成员国按定额委派的。第三,各机构都有一个常设秘书处,负责协调并处理日常事务,是现代专门性国际组织的核心。上述3种机关,是专门机构典型体制的3级结构。除这3个主要机关外,专门机构还可能设有执行其职能所必需的其他辅助机关。

(4)最终目的均为实现各国间的互联互通。互联互通是各种交通方式发展的重点和根本任务。交通方式的互联互通包括以下4个方面并依次递进:基础设施物理联通、运输或运营联通、法律文件和标准联通及信息联通。从表1.1各国际组织的成立宗旨看,都是以通过起草标准、公约或协议方式提高行业运行效率并保证安全运营,重点在互联互通的后3个方面。

(五)其他国际机构

交通领域除政府间全球性国际组织以外,民间团体或企业间还相互协作组成协会或联盟,并成立了大量专业性的非政府国际机构。

1. 民航

专职监管和推进飞机安全的国际组织除 ICAO 外,世界性的民航国际组织还包括国际航空运输协会(IATA)、国际机场理事会(ACI)及民用空中航行服务组织(CANSO)三大组织,此外还有一些次地区性组织机构和独立的飞机事故调查组织等。IATA 成立于 1919 年,成员为 240 家航空公司,主要负责制定关键的航空产业和管理政策,协调票价、行业服务、危险品运输问题;ACI 成立于 1991 年,为全世界所有机场的行业协会,宗旨是加强各成员与各国政府部门、航空公司、飞机制造商等各个组织和机构的合作,促进建立安全、有效与环境和谐的航空运输体系;CANSO 成员为 164 家全球空中导航服务提供商,主要职责是帮助成员提高航空安全。此外,在航空企业的运输联盟层面,多家航空公司出于降低成本的目的,相互达成运输合作协议,组成全球性航空联盟,共享运力资源、节约成本、拓展市场。目前全球最大的 3 个航空联盟共占据全球客运市场约 62% 的份额。

2. 航运

航运联盟是班轮公司之间在运输服务领域航线和挂靠港口互补、船期协调、舱位互租,以及在运输辅助服务领域内信息共享、共建公用码头和堆场、共用内陆物流体系而结成的各种联盟。联盟成员通过联合派船和互租舱位的方式,在航线设置、资源优化、成本调整等方面实现优化。班轮行业有三大联盟,分别是马士基、地中海和达飞海运联合组建的 P3 联盟,美国总统轮船、商船三井、赫伯罗特、日本邮船、东方海外和现代商船联合组建的 G6 联盟,中远集运、川崎汽船、阳明海运、韩进海运和长荣海运联合组建的 CKYHE 联盟。

二、海关国际组织

世界海关组织(World Customs Organization,WCO)的前身是 1952 年成立的海关合作理事会(Customs Co-operation Council,CCC,该组织的正式名称)。1994 年,为了更明确地表明该组织的世界性地位,海关合作理事会年会通过了一项有关为该组织命名一个工作名称的议案。因此,该组织获得了一个工作名称,即"世界海关组织(WCO)",从而使该组织与"世界贸易组织(WTO)"相对应。

WCO 是唯一世界范围的专门研究海关事务的国际政府间组织,它的使命是:加强各成员海关工作效益和提高海关工作效率,促进各成员在海关执法领域的合作。

(一)发展概况

1. 发展历史

从20世纪初以来,国际上就一直在不断努力促进海关制度标准化和协调化,便利国际贸易发展。早在1923年,国际联盟在日内瓦签订了一个《关于简化海关手续的国际公约》,1947年缔结的《关税及贸易总协定》(GATT)也列入了一些涉及海关的问题(如海关估价)。但是,那时候还没有一个专门机构,负责审查海关手续或对其提出简化和协调的建议。

1947年9月12日,在遭受了第二次世界大战战火的欧洲,有13个国家在巴黎签署了一项联合声明,同意为实现促进海关制度标准化和协调化及便利国际贸易发展的目标,研究在布鲁塞尔建立一个负责研究协调海关制度的专门机构的可能性。此后,欧洲关税联盟成立了一个专门小组,负责此项研究工作。

1948年,这个研究小组又成立了一个经济委员会和一个海关委员会。海关委员会主要负责三个方面的工作,包括对一些国家的海关技术问题进行比较研究,使这些国家的海关制度协调化和标准化;制订一个统一的商品分类目录和采用一个统一的海关估价的价格定义;同时研究其他方面的海关法规。这三方面的工作为后来于1950年12月15日在布鲁塞尔签订的三个公约奠定了基础。这三个公约分别是:

(1)《关于建立海关合作理事会的公约》(1952年11月4日生效);

(2)《关于海关货物估价的公约》(1953年7月28日生效);

(3)《关于海关税则商品分类目录的公约》(1959年9月11日生效)。

海关合作理事会因此于1952年在比利时首都布鲁塞尔诞生。该组织的第一次理事会全体会议于1953年1月26日举行,共有17个成员的代表团参加会议。目前,WCO总共有161个成员,每个成员都拥有同样的权利和义务。中国于1983年成为该组织的正式成员。中国香港和中国澳门分别于1987年和1993年作为单独关境区(非主权国家的身份)加入WCO。

2. 主要职责

WCO是唯一在世界范围内专门研究海关事务的政府间国际组织,承担以下职责:

(1)负责制订、维护、支持和推广有关其制定的国际性文件,以协调和统一各成员采用协调和简化的海关制度和手续,对货物、人员和运输工具的进出境活动进行监管,促进各国的经济贸易发展和社会安定。

(2)加强对各成员的工作,使各成员通过有效的监管和执法保证各国的法律得到遵守,特别是通过努力,最大程度地提高各成员之间及各成员与其他国际组织之间的合作水平和成效,打击各种违犯海关法规的行为。

(3)通过促进成员之间及其与其他国际组织之间的交流和合作,注重人力资源的开发,改善海关的管理、工作方法和交流好的做法,帮助各成员努力应对现代环境的挑战和适应新形势的变化。

WCO使用两种正式语言,即英语和法语。但是,西班牙语也被作为一种工作语言,在估价技术委员会上用于讨论《GATT/WTO估价协议》所涉及的估价问题;西班牙语和俄语还被用于涉及有关《1972年集装箱海关公约》方面的工作。西班牙语又被作为在原产地规则技术委员会中使用的正式工作语言。

WCO的年度财政预算主要来源于各成员缴纳的会费,基本是按照联合国会费分摊方法计算。最低会费为预算额度的0.15%。中国缴纳的会费约为400万比利时法郎,占会费总额的0.76%。

(二)组织机构

1. 理事会

它是WCO的最高权力机构,每年举行一次全体代表会议,来自所有成员的海关署长或署长代表参加理事会会议。理事会主要由财政委员会(17个成员)和政策委员会(24个成员)协助工作。理事会根据政策委员会和各技术委员会提出的建议作出各项决定,确定未来活动的方向,并根据秘书长和政策委员会提出的建议解决有关预算和人事问题。

2. 政策委员会

政策委员会按照要求,负责对所有重要的政策问题进行研究和向理事会提供咨询性意见或建议,在该组织中起着政策导向作用。政策委员会还负责为理事会年会进行准备,并在理事会主席的主持下,一年召开两次会议。政策委员会中的六名成员除了在委员会中担任副主席外,还分别代表理事会六个地区的所有成员海关参加政策委员会会议和有关活动,以反映各地区的利益和需要。WCO划分的六个地区是:北非及中近东地区、西非及中部非洲地区、东部及南部非洲地区、远东、南亚和东南亚、大洋洲和太平洋群岛地区(简称亚太地区)、南美、北美、中美和加勒比海地区、欧洲地区。

中国是亚太地区的成员,曾于1993年7月至1995年6月当选WCO政策委员会成员,同时也是WCO亚太地区的地区代表。

3. 技术委员会

WCO主要通过各个技术委员会对涉及海关专业领域的技术性问题进行研究,这些技术委员会可按海关专业领域划分为:协调制度委员会、估价技术委员会、常设技术委员会、执法委员会、原产地规则技术委员会。

4. 秘书处

理事会的日常工作主要是通过秘书处完成的。秘书处设在布鲁塞尔,总共有115个职员。此外,各成员还可在一定时期内派遣官员到秘书处工作,这些官员被称为技术随员,由各成员自己支付工资。秘书处与各技术委员会密切合作,秘书处通过各技术司为各技术委员会准备会议提案和草案、组织技术会议、讲座和研讨会。秘书处还负责起草公约文本和文件、提供信息以及完成一些专项工作。秘书处下设几个司和分司:关税及贸易事务司、守法及便利司(包括执法/守法分司和手续/便利分司)。

(三)国际海关公约

海关合作理事会成立以来,先后制定了《关于设立海关合作理事会公约》《海关商品估价公约》《海关税则商品分类目录公约》《关于包装用品暂准进口海关公约》《关于专业设备暂准进口海关公约》《关于货物凭ATA报关单证册暂准进口海关公约》《关于海员福利用品海关公约》《关于科学设备暂准进口海关公约》《关于教学用品暂准进口海关公约》《关于在展览会、交易会、会议等事项中便利展出和需用货物进口海关公约》《关于简化和协调海关业务制度国际公约》(简称《京都公约》)、《关于协调商品名称及编码制度国际公约》(简称《HS公约》)《关于防止、调查和惩处违反海关法行为的行政互助国际公约》(简称《内罗毕公约》)、《海关暂准进口公约》等14个国际海关公约。1971年指定的《关于货物实行国际转运或过境运输海关公约》因未达到法定缔约方数目而尚未生效。

第三节 铁路国际合作机制的现状

一、铁路国际合作机制纵览

欧洲的工业技术革命发展较早,需要国际铁路的互联互通,因此从19世纪起,欧洲国家在国际联运上就展开了积极合作。随后,东南亚、非洲、阿拉伯、北美地区各国之间的合作也开始启动,铁路国际合作机制基本情况如表1.2所示。从铁路国际合作情况看,既包括有正式协定和严格制度的基于国际组织的合作机制,也包括开放式、松散型的主要依托会议或委员会展开合作的"软制度",既有以政府间组织形式出现的运输协调机构,也有以学术性、技术标准性为主的协会。铁路合作组织和国际铁路运输政府间组织在第二章和第三章分别介绍,本节仅对其他典型铁路国际合作机制略加说明。

铁路国际合作机制基本情况　　　　表1.2

铁路国际合作名称	主要协定	成立时间	机构性质	成立宗旨	成员情况
铁路合作组织	《国际铁路货物联运协定》《国际旅客联运协定》	1956年	政府间国际组织	促进铁路联运,对国际铁路客货运输问题进行研究	成员共30个国家,其中积极成员27个
国际铁路运输政府间组织	《国际铁路货物运输公约》《国际铁路旅客运输合同的统一规则》	1890年	政府间国际组织	制定推动欧洲国家之间货物联运的规章、制度和组织机构	51个正式成员国,其中13个国家既参加铁组也参加本组织
国际铁路联盟	—	1922年	非政府性铁路联合组织	实现铁路建筑物、设备的技术标准的统一	200多个成员,有81个活跃成员、80个协助成员、35个附属成员
国际铁路协会	—	1884年	非政府间组织	促进铁路运输业的发展及其技术进步,改进运输部门的科学研究工作	79个铁路管理机构、29个政府组织、16个国际组织

续上表

铁路国际合作名称	主要协定	成立时间	机构性质	成立宗旨	成员情况
联合国欧洲经济委员会	—	1947年	无实体组织,依附于联合国经济及社会理事会	按区域负责联合国范围内欧洲区域的铁路规章、技术标准等事务	56个成员,成员为东欧、西欧参加联合国的国家
联合国亚太经社会	《泛亚铁路网政府间协定》	1947年	无实体组织,依附于联合国经济及社会理事会	分析亚太地区铁路形势,向亚太经社会理事会提交关于铁路的报告	成员为亚太经社会理事会成员国铁路
北美铁路协会	—	1934年	非营利性技术协会	建立北美地区铁路货运行业标准,公司间的运输协调,铁路基础性、耐久性和有效性研究	美国、加拿大、墨西哥的铁路货运公司及美国客运公司
非洲铁路联盟	—	1972年	非洲统一组织的专门机构	制定铁路设备的标准化指南,加强各国铁路的国际合作	成员为非洲4个区域的29个铁路组织
阿拉伯铁路联盟	—	1979年	—	促进阿拉伯各国铁路间合作,协调各国铁路之间活动以及与国际铁路的联系	成员为亚洲和北非的19个阿拉伯国家
独联体铁路运输委员会	《独联体铁路运输协调机构协议》	1992年	独联体铁路运输协调机构	协调各个国家之间的铁路运输工作,并制定国际联运、运输收入及费用清算、运价协调等铁路业务活动协调原则	独联体各国铁路当局

续上表

铁路国际合作名称	主要协定	成立时间	机构性质	成立宗旨	成员情况
欧洲铁路署	—	2004年	欧委会和各成员国的咨询机构	促进欧洲各国铁路管理机构间的交流与合作,具有协调成员国关系的权力	欧洲各国铁路
西伯利亚大铁路运输协调委员会	—	—	—	通过协调国际成员间的各项活动,维系欧亚运输通道,吸引货源,为承运商、经营者和货运代理商创造合适的经营条件	来自60多个国家的铁路公司、货代协会、海关、港口和船运公司代表

二、典型国际合作机制

(一)国际铁路联盟

国际铁路联盟(International Union of Railways,UIC 是法文全称的缩写,中文简称铁盟)是欧洲一些国家的铁路机构以及其他洲的铁路机构和有关组织参加的非政府性铁路联合组织,后来扩大了一些非欧洲国家的组织进来。其宗旨是推动国际铁路运输的发展,促进国际合作,改进铁路技术装备和运营方法,开展有关问题的科学研究,实现铁路建筑物、设备的技术标准的统一。

1. 概况

国际铁路联盟成立于1922年,总部设在法国巴黎,迄今已有5大洲的200多个成员,目前是在联合国唯一具有观察员资格的国际铁路合作组织。UIC 的使命是代表和促进全球水平的铁路运输的利益,倡导世界不同组织间协作发展铁路运输,以应对流动性和可持续发展的挑战。目前,UIC 有81个活跃成员、80个协作成员、35个附属成员。其宗旨是推动国际铁路运输的发展,促进国际合作,改进铁路技术装备和运营方法,开展有关问题的科学研究,实现铁路建筑物、设备的技术标准的统一。

2. 主要职责

国际铁路联盟(UIC)的目标为"使世界水平的国际铁路合作,代表和促进全球水平的铁路运输的利益,倡导世界不同组织间的协作发展铁路运输"。国际铁路联盟为实现这些目标,将下述内容作为工作重点:

(1)促进技术合作和成员间的信息、知识和经验交换;

(2)协助解决成员具体的技术和业务问题;

(3)发展全球水平铁路系统的整体一致性,巩固其互操作性,继续关注欧洲整体水平;

(4)制定战略和措施,以改善经营业绩,增加铁路运输投资;

(5)执行和管理非商业问题的项目/活动,包括研究相关技术问题;

(6)发展具有全球水平的政府间组织、其他贸易组织和其他交通模式协作与合作;

(7)创建一个全面的铁路资料库,并预测行业发展趋势;

(8)起草面向成员的通用技术现状及建议;

(9)支持建立非商业标准和规范,通过自主投入和提供服务,使其达到更广泛的法律适用范围;

(10)在不同的组织层面,开展铁路管理方面的创新和优化活动和项目;

(11)通过创建团结基金,方便有经济困难的成员国参与 UIC 的各种活动,从而促进世界各地的可持续发展。该基金应得到成员的支持,遵循当地的国家法律并适用每个成员。

3. 组织架构及运作机制

铁盟从其组织结构看,可分为3个层次,第1层给成员提供共同的战略方向,所有的事情以铁路系统作为全球范围的世界运输模式为出发点;第2层是应专门区域需求和要求建立的不同特别区域小组的技术工作;第3层以铁盟总部作为支持部门和服务共享中心,为成员履行一般的行政服务。铁盟通过提供供应商和客户关系方面的服务的技术部门、工作机构(论坛、平台、工作组)和专业组、永久性的小组(通信、文件、法律、统计等),为成员提供必要的设施、帮助和基础性工作。其组织架构如图1.3所示。

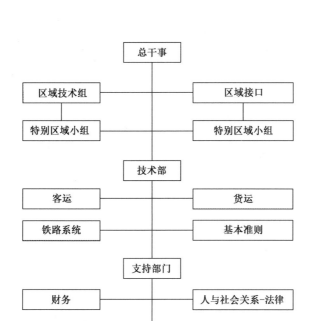

图 1.3 铁盟组织架构

全体成员铁路的代表大会是铁盟的领导机构,由 200 名成员组成。铁盟的主席由代表大会选举产生,任期 2 年。代表大会每年召开 1 次。代表大会闭幕期间,由 18 个成员组成的管理委员会负责日常管理工作。管理委员会设秘书长主持日常管理工作。铁盟的执行委员会有 21 名成员,分别为非洲 4 名、亚洲 5 名、欧洲 4 名、中东地区 3 名、北美洲 2 名、南美洲 1 名、大洋洲 1 名、俄罗斯 1 名。铁盟下设计划、运输、财务、运营、机车车辆、线路设备、经济问题、物资供应、人事、法律问题等 10 个专门委员会,研究解决成员铁路向铁盟提出的问题,也可根据一定的问题组成工作小组或临时的分委员会。另设试验研究所(见国际铁路联盟研究试验所)、公共关系中心、所有权取得中心、国际铁路文献资料局、中央清算局、国际影片局、统计局等专业机构,分散置于有关国家内,分别研究处理各专门委员会不能承担的问题。根据需要还可由管理委员会组成常设的或临时的专题组,研究各委员会提出的问题,例如工程控制论和信息传输的利用问题,以及乘车的最佳舒适度问题等。

4. 议事规则

铁盟的活动包括 6 个区域大会、7 个论坛和交流平台、30 多个专家工作小组及 180 个项目。

铁盟成员可参加每年举办 2 次的全体成员大会,参加欧洲、亚洲、北美、南美、非洲或中东区域成员会议,参加铁盟协商会和研讨会等主要活动,获得铁盟的核心信息。

全体成员铁路的代表大会每年召开 1 次,或至少每 2 年召开 1 次,每个成员铁路须由 1 名决策者参加会议或将自己的决策权委托给其他的同种类成员铁路。会议日程由铁路主席根据总干事处、委员会和成员的情况制定。非正常会议需各成员向总部办公室提交书面申请,并由成员铁路对会议是否召开进行投票,赞成票超过出席成员数的 1/5 则需在提交申请的 6 周内召开。

5. 成员加入

成员分为总部成员、区域成员和多区域成员。总部成员直接将申请递交给总干事;区域成员将申请交给区域小组,而后由区域小组递交总干事;多区域成员将申请交给特别区域小组。准成员铁路以传真和邮件的方式将申请内容及各种细节问题提交给主管部门。之后管理委员会、总干事和区域工作组将相关信息告知准成员铁路,代表大会将讨论成员是否准入,并在会议召开后的 5 天内以挂号信的形式寄给准成员铁路。

6. 会费缴纳

铁盟对会费的缴纳分为两种:一种为主要费用,支付所有国际铁路联盟操作成本,用来保证铁盟的正常工作;另一种为区域事务费用,用来支持区域工作组的工作。每个成员都需同时缴纳两种费用,每一种会费都是独立的。主要费用每年向总干事上缴 1 次;区域事务费用每年向区域工作组上缴 1 次。每年由代表大会修改主要费用,由各个地区的地区大会修改区域事务费用。

铁盟有 3 种类别的成员:活跃成员、协作成员和附属成员,其缴费规则并不相同。活跃成员需要参照总干事与区域工作组给的建议,同时结合自身参加活动的情况缴费。活跃成员活动经费主要来源于成员会费,组织的总预算分为六部分:固定费用 25%、基础设施费用 25%、客运量 15%、客运收入 15%、货运量 10%、货运收入 10%。固定费用主要用于组织召开会议及保证日常工作,这部分费用由所有活跃成员按统一比例承担;剩余的各部分费用由每个活跃成员根据自己的线路里程、客货运量及客货运收入按比例分摊相应的会费。协作成员和附属成员的会费在加入之初就已设定,每年的会费对这类成员而言没有差别。

作为一种过渡手段,非欧洲活跃成员的会费应是一次总付。会费计算方法在 2010 年底开始逐步地作为判断这些成员参与国际铁路联盟程度的一种方式,应用于非欧洲活跃成员。协作成员和附属成员的会费是一次总付。每年代表大会都要决定一次付款的变化,一次付款的变化方式同会费的变化方式一样。

7. 秘书处选址

国际铁路联盟的总部设在法国巴黎,成立于 1922 年 12 月 1 日。其选址原因在于当时欧洲的铁路正在迅猛地发展,为了适应当时铁路的发展需要在欧洲搭建起这样一个行业组织。联盟创立初期的影响范围主要在欧洲,参加该组织的有欧洲 27 个国家的 41 个铁路组织,随后其影响逐步扩展到全球。

8. 欧洲铁路研究所

1950 年 11 月国际铁路联盟在荷兰乌德勒支成立了国际铁路联盟试验研究所,是国际权威的铁路研究机构。该研究所主要从事铁路基础研究,促进机车车辆与固定设备的性能改善与技术改造,推广科研成果,承担制定国际铁路联盟规程的前期试验及验证工作。我国在 1981 年 1 月加入国际铁路联盟试验研究所(中国铁道科学研究院)。1991 年 12 月,UIC 管理委员会通过决议,将国际铁路联盟试验研究所(ORE)更名为欧洲铁路研究所(European Rail Research Institute,ERRI)。其原因是欧盟国家铁路运输一体化的进程发展所致。ERRI 将在欧洲铁路的协调方面起到更积极的作用。其现在的工作成果有两类:①研究报告(RP);②技术条件(DT)。这些报告中提出的特征参数、计算方法、结构形式统一化、标准化建议及试验数据等,都可为制定 UIC 规程提供技术依据。

(二)联合国欧洲经济委员会

1. 发展沿革

联合国欧洲经济委员会(简称欧经委,the United Nations Economic Commission for Europe,即 UNECE 或 ECE),建于 1947 年,是联合国经济及社会理事会下属的五个地区委员会之一,主要职责是促进成员国之间的经济合作。委员会目前有 56 个成员,除了欧洲国家外,还包括美国、加拿大、以色列和中亚国家。委员会总部位于瑞士日内瓦。

欧经委是来自北美洲、西欧、中欧和东欧的国家以及中亚各国聚会的论坛,共同探讨如何强化经济合作手段。欧经委的主要活动领域包括经济分析、环境和人类住区、统计、可持续能源、贸易、工业和企业发展、木材和运输。欧经委的核心职能是制订公约、条例和标准。这些公约、条例和标准的作用是消除障碍或简化手续、为消费者提供安全和质量保证、保护环境、促进贸易以及推动投资等。这些公约、条例和标准有助于统一各成员国的行动和促进相互交流。自 1990 年以来,欧经委一直都在出版各种法律准则、规范和标准。这些准则、规范和标准为发展包括中小型企业在内的各种企业和促进中欧和东欧的商业和贸易提供了有用的信息,尤其关于法律框架和最佳条件的信息。此外,欧经委还为公营部门与私营部门提供了一个聚会沟通的论坛。商务代表和专业协会之所以参加欧经委组织的各种活动,是因为他们对欧经委开展的政策工作和提出的技术审议意见感兴趣。欧经委特别号召私营部门专家参加各种专题会议、讨论会、研讨会和考察活动,并发表意见和建议,以便推动欧经委目标的实现和为那些经济最贫困的国家提供技术援助。这些举措旨在鼓励和促进政府专家、专业协会代表及活跃在本区域特别是那些经济转型国家的公司业务主管和经理相互交流经验、建立伙伴关系。

2. 主要工作

欧经委的运输司由司长领导,司长向执行秘书负责。运输司的核心职能如下:

(1) 向以下会议提供服务:内陆运输委员会及其附属机关的会议,欧洲经委会各项关于运输的公约和协定的行政委员会或执行委员会的会议,以及经济及社会理事会关于危险货物运输机构的会议;

(2) 促进欧经会成员国之间的区域和分区域合作,以便在欧洲经委会区域发展一个综合、有效、安全和可持续的内陆运输系统,并便利国际道路、铁路、内陆水道运输和联运;

(3) 制订、管理、增订和宣传内陆运输领域的国际法律文书,包括:道路运输和道路交通安全,车辆的安全和排放规则,危险货物的运输、过境手续的简化,各种内陆运输方式的基础设施,联合运输和后勤;

(4) 监测和加强欧经会关于运输的各项法律文书的执行,协助欧经会成员国正确执行这些法律文书;

(5) 协助欧经会成员国发展在欧经会区域的国际运输基础设施,包括欧亚运输连接,并协助拟订政策和措施,以便利该区域的国际运输,改进其安全和环境性能;

(6) 促进各国海关当局开展合作,通过简化和统一过境手续,便利国际道路和铁路运输;

(7) 收集、分析和传播关于欧经会区域的运输趋势、发展和数据的信息;

(8) 就运输、卫生和环境泛欧方案与环境、住房和土地管理司合作,并与卫生组织协商,以便面对各种重要挑战,实现更为持续的运输模式,在运输政策中更加关注环境和卫生问题；

（9）就以上各项向欧经会成员国提供咨询服务。

此外，联合国还有贸发委在推动国际货物多式联运统一法等相关工作。

（三）欧洲铁路署

为统一欧洲铁路安全法规、安全评估和安全目标，促进欧洲铁路互联互通，欧盟委员会（EC）设立了欧洲铁路署（European Railway Agency，ERA），专门负责欧洲铁路互联互通技术规范（TSIs）的制定、修订、评估、发布、协调、执行等各项工作。ERA 为每个互联互通技术规范的起草成立专门工作组。工作组成员由来自欧洲铁路利益相关方，如国家铁路公司、铁路路网运营公司、铁路行业协会等，及成员国国家安全机构（NSA）、国际铁路运输政府间合作组织的专家组成，专项开展 TSIs 的起草工作。在互联互通技术规范提交 EC 审查批准前，ERA 还会根据需要，向有关社会合作机构、旅客和客户协会等各方广泛征求意见。

1. 概况

2004 年 4 月 29 日，欧洲议会和理事会出台了 EC No. 881/2004 号法规，要求成立欧洲铁路系统的统一体系——欧洲铁路署。该组织致力于发展技术标准，完善欧洲铁路的法律法规，改善铁路设施水平，实现欧洲铁路的互联互通以及欧洲与世界其他铁路的互相联通，并对欧盟各国铁路的安全进行监管。从 2016 年 6 月 15 日起，欧洲铁路署更名为欧盟铁路署，并从 2019 年 6 月 16 日起成为唯一负责颁发在欧盟范围内跨国运行新造机车车辆、欧洲铁路运输管理系统地面设备、铁路运输公司的运营许可的机构。

2. 主要职责

欧盟下设行政委员会，其主要职责为：

(1) 任命一名执行理事；

(2) 每年的 4 月 30 日之前收齐成员在上一年的年度报告，整理出年度总报告，提交给欧盟议会和理事会；

(3) 每年的 10 月 31 日之前，参照欧盟的框架计划做出下一年度欧洲铁路署的工作计划，并转发给各成员国、欧洲议会和欧盟理事会。如果欧委会在欧洲铁路署提交工作计划后的 15 日内提出反对意见，那么铁路署的行政委员会需要进行一次核查、修改，再次提交后经欧委会的代表以三分之二多数通过或成员国一致同意后进入到年度预算内；

(4)编排铁路署的预算;

(5)编写执行理事的决策制定程序;

(6)执行超越执行理事权限的法律职能。

执行理事的主要职责为:

(1)负责管理欧洲铁路署;

(2)根据欧委会的框架计划做出铁路署下一年度的工作计划并交给执行委员会;

(3)对工作计划的实施做出安排,对欧委会交给铁路署的任务做出回复;

(4)建立有效的监管体系;

(5)起草铁路署收入和支出的文件;

(6)根据员工管理办法任命员工;

(7)执行理事可以有一名以上的助理,当执行理事因故缺席时由助理暂代其职。

3.运作机制

执行委员会的组成为:来自各成员国的1名代表,来自欧委会的4名代表,由欧委会制定的3个欧洲组织和6名无投票权的特邀代表。他们分别来自欧盟级别的铁路运营企业,基建管理公司,铁路行业,铁路工会,铁路乘客和铁路货运客户。执行委员会的成员需要有相关的专业和工作经验。各成员国及欧委会选举出的执行委员会成员不能连任,任期5年。在条件允许的情况下,第三方国家的代表也可以进入执行委员会工作,具体依照双方协议。

执行委员会需要从成员中选举出一名主席和一名副主席,任期均为3年。当主席或副主席的国家或机构在其任期内结束了执行委员会的成员关系,那么其任期自动结束。当主席因故不能出席时,由副主席履行主席职责。

执行委员会会议一年至少举行2次,应欧委会的要求,和多数成员或三分之一执行委员会的成员代表要求,由执行委员主席召开。铁路署的执行理事需出席会议。除特殊情况外,执行委员会会议的投票机制为成员的三分之二多数通过。

(四)北美铁路协会

1.概况

北美铁路协会(Association of American Railroads, AAR)成立于1934年,是保持北美铁路安全、迅速、高效、整洁、技术先进的非营利性技术协会,共有50家会员单位,其中包括美国、加拿大、墨西哥的铁路货运公司等。AAR总部共有7个部门，下设2个子公司：Railinc of Cary 公司和普韦布洛的运输技术中心（TTCI）。Railinc of Cary 公司负责铁路信息交流；TTCI从事铁路运输技术、基础性、耐受性和有效性等试验与研究。下设5个专业委员会，负责运营、法律、计算机、技术和管理工作。AAR经费由成员企业提供，具体工作通过下设的专业委员会或子公司开展。

2. 主要职责

北美铁路协会主要职责是：统一北美铁路机车、客货车、线路技术标准，制定公司间商务贸易和过轨运输的规则。按周收取各铁路公司的运营、财务和安全报告，为各铁路公司之间的交易提供计算机清算平台，对违规行为进行处罚，提供运输、财政、行政区、国家的经济分析、客货运市场调查以及各铁路公司效率、效益的财务数据和分析材料。

研究与试验部的宗旨是帮助铁路提高可靠性、运营效率和服务质量。主要职责有4项：一是研究对整个行业具有共同重要性的项目；二是进行认证试验，保证在互换性服务中符合所制定的标准，为机械部、个别的铁路或供货商做试验；三是支持发展互换性标准；四是以专利的形式与个别铁路、供货商、联邦政府或其他部门签订合同，利用专家和设备，处理个别铁路或其他研究部门出现的特殊问题。

3. 工作情况

在美国铁路运输交换服务中，通过AAR的交互规则和技术标准保障各公司的机车车辆及其部件的互换性、兼容性。AAR的标准手册和建议规范分为三大类。一般技术规范加"M"，标准加"S"，推荐规范加"RP"。针对铁路运营商的交换规则（Rule），主要为装备使用和维护方面的内容；针对设备制造商的标准手册及推荐规范（Manual of Standards and Recommended Practices，MSRP），主要为装备和零部件机械性能方面的内容；货物装载规则，适用于铁路、国际贸易和货运的载荷规定。

（1）交换规则分为AAR现场手册和办公室手册。现场手册规定铁路车辆在互换性方面的可接受规则，概略说明可允许的修理、处罚限制、损害责任和争议处理，禁止交换的车辆及部件列表等；办公室手册包括市场公平收费制度和车辆修理补偿金、修理费用的协议时间、标准及AAR对新造、改造、升级车辆的机械要求等。

（2）AAR标准（包括技术标准和检修规程）必须符合并严格执行联邦铁路局（FRA）颁布的技术法规，主要侧重于机械设备性能、互换性、运输标准，也包括电气、列车通信信号等要求。AAR的标准主要包括：强制性的规范、标准及推荐实例，制动设备、罐车、机车、缓冲系统、车轮、车轴、轴承及车辆设计的专业出版物，M-1003AAR质量保证规范，交换规则参考，19卷AAR铁路车辆及部件制造与修理技术标准。AAR专业技术相关协会制定草案、递交法规提案，经美国国会讨论通过后，以"联邦法Title49交通运输"颁布施行。"联邦法Title49交通运输"有A、B两个副标题，标题A部分为"运输部行政法规"，标题B部分为"与运输有关的其他法规"。FRA铁路法规一般以"联邦法Title49交通运输"《第2章–联邦的铁路运输部》编号No.200-299发布，内容涉及轨道铺设、旅客服务、货车安全、信号安全及其检查维护的规定，其中与铁路动力设备有关的技术法规主要包括9个方面：货车安全标准-CFR215，机车安全标准-CFR229，蒸汽机车安全标准-CFR230，铁路安全设备标准-CFR231，客运设备安全标准-CFR238，货车制动系统安全标准-CFR232，货车尾部反光设备安全标准-CFR224，防误撞系统安全标准-CFR229，238和电控制动安全标准。

（五）阿拉伯铁路联盟

1. 概况

阿拉伯国家拥有土地1300万平方公里，近3.39亿人口，包括叙利亚、伊拉克、黎巴嫩、约旦、巴勒斯坦、沙特阿拉伯、阿联酋、阿曼、也门、毛里塔尼亚、摩洛哥、阿尔及利亚、突尼斯、利比亚、埃及、苏丹、吉布提、索马里及科摩罗等国，它们有着共同的文化、社会习俗和书面语言。早在1945年3月2日，埃及等7个阿拉伯国家代表在埃及开罗举行会议，成立了阿拉伯联盟，进行有关经济、交通等方面的合作。为了加强阿拉伯国家内部的铁路交流，实现互联互通，1979年阿拉伯各国铁路代表在阿曼开会，决定正式成立专门的铁路合作组织——阿拉伯铁路联盟（Arab Union of Railways，UACF）。其总部设在叙利亚的阿勒颇，成员为亚洲和北非的19个阿拉伯国家。

2. 主要职责

阿拉伯铁路联盟主要职责是每两年举行一次科技会议，讨论各国铁路共同关心的问题；组织培训班，提高铁路员工的业务素质；组织研究统一的规章制度和技术标准；制订统一的铁路术语，出版含25000条术语的阿、法、英三种文字的铁路词典；组织出版以阿、法、英三种文字编辑的《阿拉伯铁路》季刊，并负责阿拉伯国家铁路的年度统计工作。

3. 工作情况

21世纪以来，阿拉伯铁路联盟通过与各国交通部门磋商，达成了建立阿拉伯国家铁路网的规划。该规划的主要内容是：

修建连接叙利亚与伊拉克及位于地中海与波斯湾海湾地区的各国铁路 1700 公里；

修建连接伊拉克、科威特和沙特阿拉伯的铁路 1860 公里；

修建连接沙特阿拉伯与约旦的铁路 2560 公里；

修建连接叙利亚与沙特阿拉伯，经由约旦的铁路 1700 公里；

修建连接阿曼与沙特阿拉伯，经由也门的铁路 4000 公里；

修建连接埃及与苏丹的铁路 2300 公里；

修建连接埃及与毛里塔尼亚，经由利比亚、突尼斯、阿尔及利亚及摩洛哥的铁路 6200 公里；

修建连接阿尔及利亚与毛里塔尼亚的铁路 3000 公里。

（六）非洲铁路联盟

1. 概况

非洲铁路的特点是：铁路轨距不一致，各区域间缺乏相互联系的铁路干线，运行系统不一致，各铁路和其他各运输业之间没有相应的联系。

鉴于这种情况，1972 年 9 月联合国非洲经济委员会在亚的斯亚贝巴召开了非洲各国铁路代表会议，决定成立非洲铁路联盟（Union of African Railways，UAR）。联盟章程规定凡属联合国非洲经济委员会和非洲统一组织成员国的铁路都能参加，可以是正式会员，也可以是非正式会员。目前，参加非洲铁路联盟的有非洲 4 个区域的 29 个铁路组织，它们是：东非的埃塞俄比亚（两个铁路组织）、马拉维等，西非的贝宁—尼日尔、加纳、几内亚等，北非的阿尔及利亚、埃及等，中非的喀麦隆、刚果—大洋铁路等。

2. 主要目的

成立非洲铁路联盟的宗旨是加强各国铁路的国际合作。首要的任务是改进铁路交通工作，降低原料的运输费用，将生产的成品迅速运往国内外市场。为此目的，有必要协调非洲大陆所有铁路的工作。

3. 组织架构

1973 年 6 月，第一次非洲铁路联盟大会在亚的斯亚贝巴召开，讨论成立所属各种机构，并准备 1974 年 10 月在金沙萨召开第二次大会的议程。第二次大会批准了非洲铁路联盟秘书处的组织机构。联盟总部设在刚果民主共和国首都金沙萨。

非洲铁路联盟设以下机构:①代表大会;②执行委员会;③总秘书处;④其他机构。第三次代表大会成立了7个专门委员会,它们是:①机车车辆和设备委员会;②线路委员会;③运输管理委员会;④财务及投资委员会;⑤干部培训委员会;⑥文献情报委员会;⑦通信信号委员会。

4. 工作情况

由于殖民历史的原因,非洲的每个国家都使用原殖民宗主国的铁路轨距标准,无法形成统一的铁路网络。

非洲铁路联盟成立后,将一些铁路干线相互连接起来,在各国间的经济交流中起到重要的作用。例如,连接乌干达、肯尼亚和坦桑尼亚的东非铁路,从马里到塞内加尔的达喀尔—尼日尔铁路,从尼日尔到贝宁的贝宁—尼日尔铁路,连接突尼斯、阿尔及利亚和摩洛哥的马格里布干线,坦赞铁路。

2004年1月,非洲铁路联盟第31届大会提出实现整个非洲大陆铁路一体化决议。西非国家经济共同体(ECOWAS)、南部非洲发展共同体(SADC)和东非共同体(EAC)等区域功能组织起到了主导作用,多条跨国家的区域铁路提上日程。此外,非洲铁路联盟与非洲统一组织和联合国非洲经济委员会保持着长期的合作,为改进非洲的运输状况,发展整个非洲大陆作出了贡献。

(七)独联体铁路运输委员会

1. 概况

1991年12月苏联解体,由于政治变化而导致苏联14.7万公里的铁路在管理上发生了根本变化,一个统一的铁路运输系统被分解成由各成员国所拥有的铁路。但由于运输业务、财务清算,以及货车、集装箱等移动设备的运用和维修等方面的问题,仍需有一个统一的协调、管理机构,才能维持这一大系统的运营。为此,1992年2月独联体铁路运输委员会及其常设管理机构执行委员会成立。

2. 主要职责

铁路运输委员会的任务和职能是制定和采纳下列有关事项:

(1)货车和集装箱联运的规则,独联体成员国运用的货车和集装箱的标准和规程;

(2)独联体各铁路之间的,以及与其他国家之间的铁路行车管理规则;

(3)铁路清算规程,即独联体成员国之间运输收入的分配,以及机车、货车、集装箱运用费用的分摊;

(4)各成员国铁路为独联体联运提供新货车和集装箱的数量及必要的投资;

(5)行车安全规则和技术标准;

(6)铁路开发、研究,以及财政问题的决策程序或规程;

(7)货物和旅客运输的统一运价和非独联体国家的有关运价;

(8)发生事故时承担的财务责任和罚款规则,以及各成员国之间运输协议的实施。

3.组织架构

铁路运输委员会的常设管理机构是执行委员会,它执行铁路运输委员会的决定。常设管理机构设在莫斯科俄罗斯交通部的办公大楼内,其组织架构如图1.4所示。

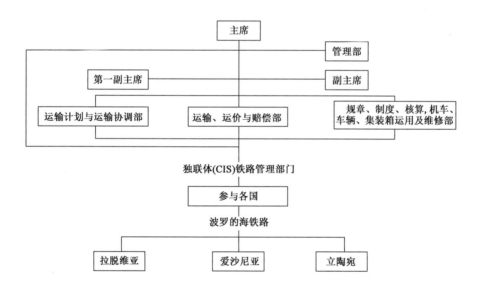

图1.4 独联体铁路运输委员会常设机构组织架构图

执行委员会的主要任务和职能是:

(1)根据各成员国铁路的计划,制定独联体各国以及国际联运的基本计划;

(2)管理和监督各铁路之间的支付结算和清算规程的实施;

(3)列车编组计划、货车和集装箱的登记和追踪管理、列车时刻表编制和实施的监督,以及有关规则的制定;

（4）独联体各国国内、国际铁路边境站列车运行的调整；

（5）及时制定货物（包括易腐货物和危险货物）的装卸和办理规则的文件，确定运输过程中各环节和各阶段保证安全的责任规则；

（6）全面保证铁路运输委员会决定的实施。

4. 工作情况

独联体铁路运输委员会自1992年在白俄罗斯首都明斯克成立以来，在过去的30多年里，共召开了70多次会议，各国在会议上协商制定列车运行时刻标准、公布各国铁路公司账目情况、讨论国际货运资费标准和《货运列车统一管理和使用协定》的落实进程等。

另外，该委员会与波罗的海三国以及保加利亚、芬兰等国于1992年、1996年、2002年和2013年召开过会议。

（八）国际铁路协会

1. 概述

1884年12月13日在布鲁塞尔庆祝比利时第一条铁路诞生50周年时，在各铁路机构和政府代表参加的第一届科学代表大会上成立了国际铁路协会（International Railway Congress Association，IRCA）。其宗旨是促进铁路运输业的发展及其技术进步；改进运输部门的科学研究工作，根据需要通过定期召开代表会议来加强各成员铁路之间的经验交流，保证向成员铁路提供有关运输业发展的信息并出版科学技术杂志。

国际铁路协会各成员铁路总长度已超过616000公里，参加协会的国家遍布亚洲、美洲、非洲、大洋洲和欧洲。

2. 成员介绍

国际铁路协会的成员包括79个铁路管理机构、29个政府组织、16个国际组织的代表。

协会成员有：阿根廷、比利时、玻利维亚、保加利亚、丹麦、埃及、西班牙、芬兰、法国、英国、希腊、印度、意大利、卢森堡、挪威、巴基斯坦、巴拉圭、荷兰、秘鲁、波兰、葡萄牙、罗马尼亚、瑞典、瑞士、突尼斯、委内瑞拉、越南等的政府组织。

国际铁路协会领导委员会的固定成员是27个国家的铁路机构。

3. 成员加入

协会的成员可以是国家(地方)的政府或铁路机构,它们经营地面或地下铁道运输,并近 3 年内其线路长度不少于 100 公里,年均收入不低于 200 万金法郎,经营活动具有合法地位。按照国际铁路协会的规定,成员涉及 100 多个国家,此外,协会成员还可以包括非协会成员的国际运输组织和各国的铁路联盟,它们所管辖的线路合计不得少于 5000 公里或不低于各国路网长度的 10%。

第四节 铁路国际组织发展构想

一、铁路国际合作机制特点

与海运、航空等其他交通方式国际组织相比,铁路国际合作机制有以下特点:只限于区域性或次区域范围,不同性质的主体形成的国际组织目标定位相似,组织经费来源有限,合作领域狭窄,组织对成员国约束力低,组织的中长期规划性弱等。存在以上问题的深层次原因为:首先,铁路的物理网络由线路和站点组成,而海运、航空等交通方式的物理网络只依靠港口和机场。相比而言,铁路固定设施建设投资更大、工期更长,而且建成后运营过程中需要协调海关、口岸、检验检疫等各类机构。即在交通方式互联互通的 4 个层次上,铁路的互联互通以线路物理联通和运输运营联通为重点,只有采用区域合作机制,才能更高效地加强国家间合作,促进国际联运发展。其次,铁路国际运输的发展是区域经济一体化的需求和延伸。欧洲联盟、北美自由贸易区、亚太经济合作组织、非洲国家联盟等区域经济合作组织内部各成员国之间经济往来密切,必然产生物流需求,推动国际联运随之发展,促成区域铁路合作机制的形成。再次,从行业经济特性看,在全世界范围内,铁路运输业通常被认为具有依其成本递减而导致的自然垄断特性,因而需要对路网实行统一所有或实行公共控制和公共所有。在 20 世纪 80 年代,除美国、加拿大等少数国家之外,世界铁路基本处于"政企合一"的国有国营形态,导致铁路国际组织不像民航、海运国际组织一样能够清晰地区分开政府级和企业级国际组织的职能和主要任务,部分政府间国际组织和非政府间国际组织存在着目标定位相似的问题。最后,从国际合作看,铁路合作一般被纳入经济合作下的交通领域合作中,等级较低。而且由于沉没成本高,导致与其他领域相比的推进难度大,表现出经费来源少、合作范围有限、缺乏中长期规划等。因此,铁路国际合作在快速和整体性进展上与民航、海运、邮政等存在差距。

二、铁路国际组织运作机制制定原则

目前,铁路政府间国际组织数量少,影响力有限,而我国作为成员参加的铁路政府间国际组织只有铁路合作组织。随着区域互联互通成为国际基础设施合作的新热点,铁路国际组织也将不断涌现。借鉴 ICAO、IMO、UPU、OSJD(铁路合作组织,简称"铁组")、UIC 等典型国际组织的成功经验,高效的国际组织运作机制需遵循以下原则:

(1)组织结构清晰。各国际组织运行机制都包括决策机制和执行机制,部分国际组织还设立支持机构。各国际组织拥有有效的决策机制,全体大会及理事会等会议制度为最高权力机构,负责监督管理国际组织各项计划和活动进展并指导具体执行机构的工作。各国际组织具有高效的执行机构,普遍设立秘书处(万国邮政联盟为国际局),在闭会期间保证各项合作有效开展。部分国际组织根据业务需要还设立其他支持机构,如 UIC 下设的国际铁路联盟研究试验所等。

(2)整体发展并突出重点。ICAO、IMO、UPU、OSJD 以保证安全、效率为目的,制定国际标准、规章或公约,简化国际业务的办理过程。UIC 将发展铁路技术、开展科学研究置于优先地位。对于关注度较高的行业问题,每个行业的国际组织间又展开协作,如民航客机安全问题,就由 ICAO、IATA、ACI 和 CANSO 四个国际组织共同推进。

(3)保证成员加入的开放性。交通领域各典型国际组织均具有开放性,即通过组织内程序可以接纳新成员,组织内的政府代表机构、企业、协会之间密切活动,同时,各国际组织作为一个整体能够与其他国际组织建立合作。

三、构建高效的铁路国际组织的设想

(1)立足区域实际。铁路国际组织的建立和运作机制的制定必须符合本区域实际的经济现状和铁路发展水平,对于还未形成有效的国际合作机制的区域,如泛亚铁路等,往往铁路线路等级低、发展较为落后,只有为数不多的几个国家间可以实现铁路互联,而且区域内多数国家经济和技术基础较为薄弱,国家之间发展不平衡,各成员国建设资金匮乏。对于这样的区域,建立国际组织后的一项重要任务是制定该区域铁路发展整体规划,协助各国解决建设资金短缺问题。对于联盟合作项目的选定,应重点放在研究、培训、技术推广等投资小、见效快的事务上,以促进跨境铁路运输协调、持续发展。

(2)组织架构层次清晰。铁路国际组织将承担铁路建设和运营协调工作、标准的制定和统一工作、技术的推广和应用等职责,各国合作的持续时间长,涉及面广,需要一个稳定、高效的执行机构来管理和运作。尤其是各国铁路管理体制情况复杂,部分国家处于高度政企合一的管理体制,而部分国家已经实现了政企分开,这就要求为有效完成国际组织的宗旨,成员国内部需要建立有效的协调机制。

(3)秘书处精简高效。秘书处为组织的日常行政管理机构,为确保其高效性和精简性,员工数量不宜过多,有代表性的区域性合作机构都设有具备规模小、独立性强、效率高几个特征的秘书处。从人员配置角度看,秘书处应包括技术、财务、行政管理人员。为有效开展工作,秘书处应设在工作、生活和交通都便利的国家或地区,秘书处领导人一般来自东道国,东道国对秘书处有绝对义务支持。

(4)活动经费来源稳定。国际组织的活动需要发生大量成本,同时产生的社会效益也较为显著,因而要确保组织开展活动的经费的稳定性和连续性。国际组织活动经费支出主要包括人员费、会议费、培训费和研究经费,其来源主要是各成员国政府,各国有义务保证相对稳定的会费投入,以保证国际组织和国际合作持续发展。

专业性国际组织以推进某一专门领域国际合作为主要职能,专业技术性强、政治色彩相对淡化,由于各国际组织集中的技术专家能够提出前瞻性的看法和解决问题的具体方法、能够为各国提供实际的技术援助,因此,专业性国际组织尽管不直接涉及敏感的政治议题,但国际地位和声望较高。从研究情况看,在国际法各种文献中,ICAO、UPU以及IMO一般被描述为"规制性"组织,这些组织所处理主题事项的技术性意味着政治方面发生的分歧会更少些,博弈论者们称之为"协同博弈",从而出现更快、更有效的国家间合作方式,包括可能成为造法的主体。与其他交通国际组织相比,铁路国际组织在成立时间、地域范围、目标定位、合作领域等各方面与民航、海运、邮政等其他交通方式存在差距,既应充分借鉴典型交通领域国际组织的运作机制,还应遵从铁路行业本身具备的技术经济特征,以充分保证国际组织职能的高效发挥。

第二章　铁路合作组织

第一节　概　　况

一、基本情况

1956年6月28日,保加利亚、匈牙利、民主德国、中国、朝鲜、蒙古、波兰、罗马尼亚、苏联、捷克斯洛伐克等社会主义国家主管铁路的部长在索非亚(保加利亚首都)举行会议,决定成立铁路合作组织(简称铁组,OSJD),以开展亚欧间国际铁路客货联运。该组织是政府部门间国际组织,其常设机构(铁组委员会)设在波兰华沙。

截至2024年10月底,铁组共有30个成员:阿塞拜疆、阿尔巴尼亚、阿富汗、白俄罗斯、保加利亚、匈牙利、越南、格鲁吉亚、伊朗、哈萨克斯坦、中国、朝鲜、韩国、古巴、吉尔吉斯斯坦、拉脱维亚、立陶宛、摩尔多瓦、蒙古、波兰、俄罗斯、罗马尼亚、斯洛伐克、塔吉克斯坦、土库曼斯坦、乌兹别克斯坦、乌克兰、捷克、爱沙尼亚、老挝。

此外,铁组还有7个观察员,分别是德国(德铁)、法国(法铁)、希腊(希铁)、芬兰(芬铁)、塞尔维亚(塞铁)等,以及吉厄尔—肖普朗—埃宾富尔特铁路股份公司(吉肖富铁路)和俄罗斯联邦客运股份公司(德国铁路股份公司、法国国有铁路公司、塞尔维亚铁路股份公司、吉厄尔—肖普朗—埃宾富尔特铁路股份公司、俄罗斯联邦客运股份公司)等。另还有中、俄、波、德等国三十多家铁路公司、科研院所、高校等加入,其中包括我国中国外运股份有限公司、东北亚铁路集团股份有限公司、中铁二院工程集团有限责任公司、北京交通大学、西南交通大学等。

铁组在两个层面开展工作,即政府一级和铁路企业一级。铁组部长会议是铁组最高领导机关。铁组铁路总局长会议(以下简称总局长会议)是铁路企业一级的领导机关。铁组委员会是铁组部长会议的执行机关,同时也是铁组铁路总局长会议的秘书处。

铁组工作机关由五个专门委员会和两个常设工作组组成：运输政策和发展战略专门委员会（一专）、运输法专门委员会（二专）隶属于铁组部长会议；货物运输专门委员会（三专）、旅客运输专门委员会（四专）、基础设施和机车车辆专门委员会（五专）以及编码和信息技术常设工作组、财务和清算问题常设工作组隶属于铁组铁路总局长会议。根据铁组部长会议和铁组铁路总局长会议决议成立的临时工作组及与其他国际组织共同成立的联合工作组，也属于铁组工作机关。

为开展铁组活动，铁组制定了《铁路合作组织章程》《铁组部长会议议事规则》《铁组铁路总局长（负责代表）会议议事规则》《铁组委员会办事细则》等基本文件。

为开展铁组范围内的国际铁路客货联运工作，铁组制定了《国际旅客联运协定》（简称《国际客协》）和《国际铁路货物联运协定》（简称《国际货协》），及有关的国际联运规章。

中国是铁组创始国之一，也是铁组的重要成员，自铁组成立以来，一直积极参加铁组各项活动，为铁组的发展作出了重要贡献。

二、宗旨及任务

铁组的宗旨是开展国际铁路客货联运，促进成员国铁路之间的合作。铁组章程中，对于铁组活动方向规定如下：

(1) 在欧亚联运中发展和完善国际铁路运送，包括多式联运；

(2) 建立国际铁路运送方面协商一致的运输政策，制订铁路运输活动战略和铁组活动战略；

(3) 完善国际运输法，掌管《国际客协》《国际货协》及有关国际铁路运送的其他法律文件的事务；

(4) 就有关铁路运输业经济、信息、科技和生态方面的问题进行合作；

(5) 制订措施，提高铁路同其他运输方式的竞争力；

(6) 在铁路运营方面及就有关进一步发展国际铁路运送的技术问题进行合作；

(7) 同从事铁路运输（包括多式联运）问题的其他国际组织进行合作。

铁组的任务在不同时期有不同的表现形式。从铁组成立到1991年，这一阶段铁组的基本任务是掌管国际铁路客货联运法规，组织各成员间的铁路科技合作，并与其他国际组织开展合作。1992年，随着铁组成员国铁路管理体制改革，政府职能和企业职能分开，多数成员国相继成立铁路公司（企业）。铁组第二十届部长会议决定成立新的铁组领导机关——铁路总局长（负责代表）会议，将完善欧亚铁路联运作为铁组活动的战略方向,并于1993年相应修改了铁组章程,精简了铁组机构。铁组部长会议主管运输政策、生态和多式联运及运输法等,总局长会议负责铁路运营、财务经济、运价、市场、技术等,并在上述各方面开展工作。

目前,铁组主要从以下几个方面开展工作:解决铁路运输政策问题,落实完善铁路运输走廊运输和发展、简化国际铁路旅客和货物联运过境手续及提高铁路竞争能力的综合措施,以吸引更多的国际过境运量、提高铁路运输业在运输市场的份额。

第二节　铁组成立的历史背景及经过

第二次世界大战结束后,欧亚地缘政治格局发生了变化,出现了以苏联为首的东欧诸国和亚洲的中国、蒙古、朝鲜、越南等社会主义国家阵营。为尽快恢复遭受第二次世界大战破坏的各国经济,急需开展各国铁路国际联运运输,但西欧国家铁路间早在十九世纪末制定的《国际铁路货物运送公约》(简称《国际货约》)和此后制定的《国际铁路旅客和行李运输公约》(简称《国际客约》),并不适用于社会主义国家。

20世纪50年代初,为保证上述社会主义国家间的国际联运客货运送,迫切需要制定统一的法律和经济标准。

为此,阿尔巴尼亚、保加利亚、匈牙利、民主德国、波兰、罗马尼亚、苏联及捷克斯洛伐克等国铁路代表,先后于1950年12月在华沙、1951年4月在布拉格、1951年7月在布达佩斯等地举行会议,编制并商定了办理国际客货运送的第一批基本文件,即:

(1)国际铁路直通联运旅客及行李运送协定(国际客运协定)及其办事细则;

(2)国际铁路直达联运货物运送协定(国际货运协定)及其办事细则;

(3)国际铁路直通联运旅客、行李、包裹运送运价规程;

(4)国际铁路直达联运货物运送协定参加国铁路货物运送统一过境运价规程;

(5)国际联运车辆互用规则(车规);

(6)国际客运协定和国际货运协定清算规则。

上述文件自1951年11月1日起施行。

此后,上述参加路又分别于1953年在莫斯科、1955年在柏林举行了会议,对上述文件进行了重大修改,将客、货协定名称确定为《国际客协》和《国际货协》。

1953年,中国、朝鲜、蒙古三国铁路加入上述协定。1955年,越南铁路也加入了该协定。这样,参加上述协定的铁路总数达到了12个。

波兰国家铁路受委托掌管《国际客协》和《国际货协》的事务,并为履行这一职能设立了管理上述协定的事务所。事务所经费由协定各参加路以会费形式承担。

随着各参加路间合作的不断发展,客货运量显著增长,迫切需要将合作范围进一步扩大到铁路技术、科研、设计及经济等其他领域。

为此,1956年上半年在事务所内成立了下列技术专门委员会:

第一技术专门委员会——关于车辆和建筑接近限界、车辆及车辆配件统一化问题;

第二技术专门委员会——关于信号问题;

第三技术专门委员会——关于电气化问题;

第四技术专门委员会——关于线路上部建筑和桥隧建筑物问题。

此后,各参加路一致认为,仅由事务所开展上述合作已经不能适应形势发展需要,有必要成立新的组织机构,其级别应高于事务所,并能涵盖铁路各方面的业务,而最为重要的是,应在各参加国主管铁路的部长直接领导下开展工作,部长应定期举行会晤,研究解决相关问题。

因此,1956年6月23—28日,保加利亚、匈牙利、民主德国、中国、朝鲜、蒙古、波兰、罗马尼亚、苏联、捷克斯洛伐克(阿尔巴尼亚和越南缺席)主管铁路的部长或副部长在保加利亚首都索非亚举行了部长会议,与会部长一致决定成立铁路合作组织。这次会议被视为铁组历史上的第一届部长会议,也标志着铁组的正式成立。

1957年5月,在中国北京举行了第二届铁组部长会议,根据中国铁路提出的建议,进一步修改完善了第一届部长会议通过的《铁路合作组织章程》,同时还通过了《铁组部长会议议事规则》《铁组委员会办事细则》等基本文件,使铁路合作组织活动趋于完善。

第三节 铁组成员、观察员、加入企业及其变化情况

一、铁组成员

铁组创始成员为阿尔巴尼亚、保加利亚、匈牙利、越南、民主德国、中国、朝鲜、蒙古、波兰、罗马尼亚、苏联、捷克斯洛伐克等12个国家。

1966年10月7日,古巴加入铁组(第十一届部长会议决议)。

1990年10月3日,东、西德合并,民主德国于1991年12月31日退出铁组。

1991年12月苏联解体,原各加盟共和国独立,并成立了相应的铁路主管部门。俄罗斯继承了原苏联在铁组内的地位。

1992年6月,拉脱维亚、立陶宛、爱沙尼亚、白俄罗斯、乌克兰和摩尔多瓦等6国加入铁组(第二十届部长会议决议)。

1992年12月31日,捷克斯洛伐克解体,并于1993年1月1日独立成为捷克和斯洛伐克。1993年6月,铁组第二十一届部长会议通过决议,自1993年1月1日起由捷克、斯洛伐克继承原捷克斯洛伐克在铁组内的成员资格(第二十一届部长会议决议)。

1993年6月,阿塞拜疆、格鲁吉亚、哈萨克斯坦、乌兹别克斯坦等4国加入铁组(第二十一届部长会议决议)。

1994年6月,土库曼斯坦加入铁组(第二十二届部长会议决议)。

1995年5月,吉尔吉斯斯坦、塔吉克斯坦加入铁组(第二十三届部长会议决议)。

至此,除亚美尼亚外,原苏联的14个加盟共和国均已加入铁组。亚美尼亚一直在争取加入铁组,但因与阿塞拜疆有领土争议遭后者反对,未能如愿。

1997年6月,伊朗加入铁组(第二十五届部长会议决议)。

2014年6月,阿富汗加入铁组(第四十二届部长会议决议)。

2018年6月,韩国加入铁组(第四十六届部长会议决议)。

2022年,老挝加入铁组(第四十九届部长会议决议)。

二、铁组观察员

1992年6月,铁组第二十届部长会议通过决议,决定成立铁路总局长会议,并确定其为铁路企业一级的领导机关。同时,决定赋予德国铁路铁组观察员地位。此后,铁组内正式有了观察员。观察员应缴纳相应的会费,可列席铁组举行的各级会议。

1991年6月,铁组第十九届部长会议通过决议,铁组成员资格可以由部转交给铁路。据此,1993年6月,铁组第二十一届部长会议通过决议,同意罗马尼亚运输部自1993年1月1日起将其铁组成员资格转交罗马尼亚国有铁路公司。

1995年5月,在越南举行的铁组第二十三届部长会议,决定接收希腊铁路和法国国有铁路公司为铁组观察员。

1996年6月,在斯洛伐克举行的铁组第二十四届部长会议,决定接收芬兰铁路为铁组观察员。

1998年6月,在白俄罗斯举行的铁组第二十六届部长会议,决定接收塞尔维亚铁路和吉厄尔—肖普朗—埃宾富尔特(匈牙利和奥地利合资铁路公司,简称吉肖富铁路)为铁组观察员。

2013年6月,在爱沙尼亚举行的铁组第四十一届部长会议,决定接收俄罗斯联邦客运公司为铁组观察员。

三、铁组加入企业

铁组加入企业是1992年铁组改革后出现的,其目的是使除国家铁路(铁组观察员)以外的铁路企业也可以参加铁组活动,扩大铁组影响力,同时也可以在一定程度上增加铁组经济收入。铁组加入企业应按合同缴纳会费,可列席铁路总局长会议范围内的各级会议。第四十届部长会议决定,在与铁组委员会所签订合同的基础上,铁组加入企业不仅可以参加总局长会议层面铁组工作机关的工作,也可以参加部长会议层面铁组工作机关的工作。

随着铁组影响的扩大,除铁路运输建设和服务企业、技术设备生产厂商以外,更多拥有资质的承运人、机车车辆经营人或代理公司、高等院校、科研机构等也成为铁组的加入企业。他们利用铁组平台参加活动,展示产品,寻求合作,给铁组注入了新的活力。

加入企业正越来越多地参与铁组货物和旅客运输专门委员会的工作,同时还努力参与运输法问题的研究。截至2019年,铁组加入企业共有三十多家。

第四节 铁组的机构和运作机制

一、组织机构

铁组合作共分为两个级别,即政府一级和铁路一级。铁组部长会议是铁组最高领导机关。总局长会议(根据1992年6月在乌兰巴托举行的铁组第二十届部长会议决议成立)是铁路一级合作的领导机关。

总局长会议组织欧亚各国间的国际铁路联运方面的合作,包括多式联运,相互交换外贸运量预测信息,并据此编制共同的具有竞争力方案,制定国际联运车辆和集装箱使用规则,以及组织铁路间的相互清算等。

铁组在运输政策和发展战略、运输法、货物运输、旅客运输、基础设施和机车车辆五个常设专门委员会范围内开展工作。包括在欧亚各国间组织铁路货物直达联运、完善车辆使用规则、组织共同采用铁组成员国铁路国家铁路网、编制供电和列车高速行车线路设备的技术标准、使电子席位预留系统联网、编制危险货物运送规则等。

构成运输法的政府间协约是铁路运输系统的统一法律依据。在铁组范围内这些协约主要为《国际货协》和《国际客协》。

委员会是铁组的执行机关,委员会在部长会议和总局长会议休会期间保证铁组的活动。委员会履行铁组范围内缔结的协定和协约的保存人职能,由铁组成员派往的专家组成,由委员会主席领导。委员会领导成员中还包括两名委员会副主席和一名委员会秘书。

具体组织机构如图2.1所示。

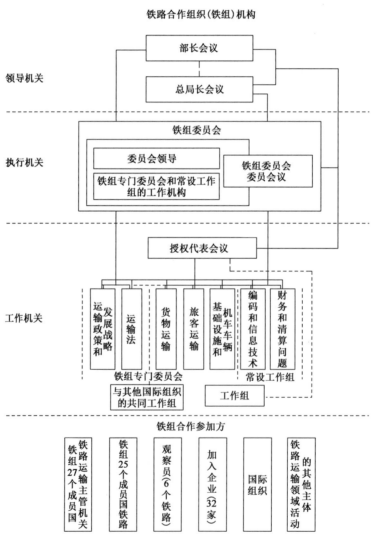

图2.1 铁路合作组织的组织机构

二、领导机关

1. 部长会议

部长会议是铁组的最高领导机关,并根据铁组章程和部长会议议事规则开展活动。部长会议参考铁组铁路总局长(负责代表)会议的建议,在政府一级审查与铁组活动方向相关的所有问题,并就这些问题通过决议。

部长会议成员是铁组成员国主管铁路运输的权力执行机关的领导人,或者是拥有相应授权的铁路中央机关的领导人。

部长会议负责以下工作:欧亚联运(包括多式联运);建立运输政策,制定运输活动战略;掌管《国际客协》及《国际货协》及其他有关的法律文件;在铁路运输经济、科技、生态方面开展合作;同其他国际组织开展合作;铁组委员会预算和定员表;监察小组报告;接收铁组新成员,赋予观察员地位;修改和补充铁组章程等。

部长会议每年举行一次,轮流在铁组成员国召开,时间、地点和初步议程由上届会议确定,会议主席由会议举办国的部长担任。部长会议决议在出席会议的会议成员一致同意下通过。

2. 铁路总局长(负责代表)会议

20世纪90年代初,铁组一些成员国铁路实行政府职能和企业职能分开,相继成立国家铁路公司(企业)。为适应改革后的体制变化,铁组第二十届部长会议(1992年)决定成立新的铁组领导机关——铁路总局长(负责代表)会议。

铁组铁路总局长(负责代表)会议(以下简称总局长会议)是铁路(铁路企业)一级的铁组领导机关,并根据铁组章程和总局长会议议事规则开展活动。总局长会议成员是铁路总局长(领导人)。未设铁路总局的国家,其总局长会议成员是主管铁路运输的权力执行机关的负责代表。

总局长会议负责以下工作:铁路运输业经济、信息、科技和生态;制定措施,提高铁路竞争能力;研讨铁路运营及发展国际铁路运送的技术问题;同从事铁路运输(包括多式联运)问题的其他国际组织开展合作;赋予加入企业地位。

总局长会议每年至少举行一次会议,一般在铁组成员国召开。总局长会议决议按出席会议的总局长会议成员三分之二法定多数票通过,但有关财务、修改和补充铁组章程、会费分摊、委员会预算以及接收新成员等决议应一致通过。

自1992年至2024年已举行38次铁路总局长会议。

3. 授权代表会议

铁组部长会议成员和铁组铁路总局长(负责代表)会议成员授权代表会议(以下简称授权代表会议)作为铁组机关,审查铁组部长会议和铁组铁路总局长会议委托的事项,并就这些问题通过决议。

部长会议的授权代表会议参加者为铁组成员的代表;总局长会议的授权代表会议参加者为铁组成员国根据本国法律取得授权的铁路总局长的代表。

部长会议授权代表会议主席由铁组委员会主席担任;总局长会议授权代表会议主席由委员会秘书担任。

举行部长会议和总局长会议授权代表联席会议时,会议主席由委员会主席担任。

如有不少于三分之二的授权代表会议参加者出席会议,则会议即为有效。

目前,授权代表会议主要有以下工作内容:

(1)初步审查提交部长会议和总局长会议审查的材料(一般在部长会议或总局长会议进行全体会议之前召开);

(2)核准铁组专门委员会和铁组常设工作组工作计划(一般在每年12月份进行);

(3)根据铁组专门委员会的建议核准设立铁组临时工作组。

授权代表会议的每一位参加者有一票表决权,部长会议授权代表会议采用一致通过原则,总局长会议授权代表会议采用三分之二通过原则(接收铁组新成员,修改铁组章程,财务、会费分摊等问题除外)。

几次重要的授权代表会议情况如下:

(1)1990年4月,在华沙举行了铁组部长授权代表会议。会议审查了铁组第十八届部长会议初步议程材料。会议商定了1992年以后铁组委员会各专门会议主席及顾问的职位分配方案的草案。中铁继续担任一专(国际旅客联运)主席、科技合作独立顾问,不再担任九专(工务工程)主席,改任八专(铁路牵引机电气化)顾问。

(2)1991年8月,在华沙举行了铁组部长授权代表和铁路总局长授权代表会议。会议主要讨论了修改铁组基本文件的问题,对于铁组的业务活动范围、铁组成员资格、通过决议的程序、铁组的工作语文等取得了一致的看法;对于铁组执行机构实行委员会制还是秘书处制、铁路总局长会议召开次数和任期等问题,未取得一致意见。

(3)1991年11月,在华沙举行了铁组部长授权代表和铁路总局长授权代表会议。会议商定了铁组章程、部长会议议事规则和总局长会议议事规则等3个基本文件。

(4)1993年11月,在华沙举行了铁组成员部长会议。会议核准了现仍在采用的以下铁组会费分摊原则:50%由铁组各成员国平均分摊,另外50%按铁组成员国铁路运营里程所占比例分摊;还核准了"铁组委员会收入计划编造程序和方法"、新的"铁组委员会工作人员工资构成的基本原则"等。

三、执行机关:铁组委员会

铁组委员会是铁组的执行机关,并根据铁组章程及其办事细则开展工作,在部长会议和总局长会议休会期间保证铁组的活动;根据领导机关委托,同国际组织建立并保持联系和合作;组织和掌管铁组因特网网站。

铁组委员会由铁组各成员派往委员会的代表组成,他们同时也是委员会委员(专家)。委员会由委员会主席领导,除委员会主席外,委员会领导还包括两名副主席和一名秘书。

委员会设有下列工作机构:

(1)部长会议工作机构:运输政策和发展战略专门委员会(一专)、运输法专门委员会(二专);

(2)总局长会议工作机构:货物运输专门委员会(三专)、旅客运输专门委员会(四专)、基础设施和机车车辆专门委员会(五专),以及编码和信息技术常设工作组、财务和清算问题常设工作组;

(3)《铁组通讯》杂志编辑部;

(4)行政技术和总务部门(包括法律顾问、翻译、计算机操作员、财务及办公服务人员等)。

铁组委员会的财务活动由各成员铁路缴纳会费予以保障。为监督委员会正确使用资金,设立铁组监察小组,隶属于部长会议。监察小组由三个成员铁路各派一名代表组成(各成员铁路轮流担当),任期三年。监察小组对委员会的财务活动进行凭证稽核,每年不少于一次。监察小组主席将监察结果通报委员会主席,并报告部长会议。

委员会每年举行6~7次定期(含非定期)会议,审查各工作机关的计划执行情况,为部长会议和总局长会议准备有关工作纲要和计划执行情况的报告,审查部长会议和总局长会议委托的问题。其在部长会议和总局长会议休会期间,就有关问题通过决议。委员会会议按计划举行,有不少于三分之二的委员出席会议,会议即为有效。会议按出席会议的委员简单多数通过决议。

四、工作机关

铁组的工作机关包括专门委员会、常设工作组、临时工作组与其他国际组织成立的共同工作组。

1. 专门委员会

1957年5月,第二届部长会议决定设立国际旅客联运、国际货物联运等十个专门委员会:①国际旅客联运;②国际货物联运;③运价经济;④运营;⑤科学技术合作;⑥限界和车辆;⑦信集闭和通信设备;⑧牵引和电气化;⑨线路和工程建筑物;⑩同其他国际组织合作。

上述专门委员会自1957年9月1日起在铁组委员会开始工作。

1958年7月,第三届部长会议决定再增设汽车运输和公路专门委员会。

专门委员会设在铁组委员会内,由铁组各成员铁路派驻铁组委员会的代表和专家组成。专门委员会每年举行一次例会和数次专家会议。

1992年,第二十届部长会议通过有关铁组改革的决议,设立铁组铁路总局长(负责代表)会议,对铁组工作机关作出较大调整,原来的十一个专门委员会变为五个常设专门委员会,即运输政策、生态和多式联运(一专);运输法(二专);铁路运营(三专);财务-经济、运价问题和市场(四专);铁路技术问题(五专),其中,一、二专由部长会议管辖,三、四、五专由总局长(负责代表)会议管辖。新工作机关自1993年1月1日起正式运转。

2001年6月,第二十九届部长会议通过决议,将工作机关调整为运输政策和发展战略专门委员会(一专)、运输法专门委员会(二专)、货物运输专门委员会(三专)、旅客运输专门委员会(四专)、基础设施和机车车辆专门委员会(五专),以及"编码和信息技术"常设工作组、"财务和清算问题"常设工作组。新工作机关自2002年7月1日起正式运转。

专门委员会根据部长会议核准的工作纲要和工作计划开展工作。

第一专门委员会负责运输政策和远景发展、铁组发展战略、生态、科学技术信息、铁路运输业统计等。

第二专门委员会负责《国际客协》《国际货协》(包括危险货物运送)、制订规范国际客货联运的文件、编制有关完善协定和协约的提案、协调解决铁组成员在采用和解释铁组范围内签署的协定协约及规则过程中产生的分歧等。

第三专门委员会负责运价、统一过境运价规程协约、国际过境运价规程协约、运营和车规、清算规则货运部分、通用货物品名表、多式联运等。

第四专门委员会负责旅客运价、清算规则客运部分、旅客运输和旅客时刻表、改善国际旅客联运措施等。

第五专门委员会负责制定欧亚联运限界、线路和桥隧建筑物、供电和设备、机车车辆、多式联运技术设备、自动车钩和牵引等标准。

2. 常设工作组

目前,铁组有编码和信息技术、财务和清算问题两个常设工作组,隶属于铁组铁路总局长会议。

编码和信息技术常设工作组负责铁组成员铁路编码统一和修订、国际联运信息交换及"无纸化货运工艺"系统等工作。

财务和清算问题常设工作组负责铁组铁路间的债务问题及清算办法。

3. 临时工作组

临时工作组根据部长会议或总局长会议决议设立,在相应的专门委员会范围内开展工作,并在工作结束后撤销。目前,铁组有以下五个临时工作组:

(1) 铁路运输领域职业教育培训问题临时工作组;
(2) 铁组运输政策和发展战略专门委员会科技经济信息技术和程序信息问题专家临时工作组;
(3) 铁组运输政策和发展战略专门委员会铁组铁路运输统计问题专家临时工作组;
(4) 铁组运输法专门委员会修订危险货物运送规则(国际货协附件第2号)专家临时工作组;
(5) 铁组运输法专门委员会编制货物装载加固技术条件临时工作组。

4. 与其他国际组织成立的共同工作组

共同工作组根据部长会议或总局长会议决议设立,由铁组委员会与合作方共同开展工作,并在工作结束后撤销。目前,铁组有以下四个共同工作组:

(1) 铁组/欧洲铁路署关于"两组织就分析欧盟和非欧盟 1520/1524 毫米和 1435 毫

米轨距铁路系统相互关系开展合作"联络组；

(2) 国际铁路运输委员会/铁组协调国际货约/国际货协运输法共同工作组(法律组)；

(3) 铁组/铁盟编码和信息技术共同工作组；

(4) 铁组/铁盟关于有关铁路公司将列入优先一览表的铁组/铁盟共同备忘录编制成铁组/铁盟国际技术解决方案(自愿采用)草案共同工作组。

第五节　国际铁路直通联运公约

《国际铁路直通联运公约》是铁组正在研究商定的从规范铁组组织架构，到规范国际货运、客运、基础设施建设、机车车辆使用中法律关系的全方位的国际铁路联运公约，包括一个框架性公约与八个附件文件。八个附件文件为《国际联运货物运输合同一般规定》《国际联运旅客运输合同一般规定》《国际联运危险货物运送一般规定》《国际联运铁路基础设施一般规定》《国际联运铁路机车车辆一般规定》《国际联运货车使用一般规定》《国际联运客车使用一般规定》《铁组特权和豁免权议定书》。《国际铁路直通联运公约》旨在发展国际货物和旅客运输，建立欧亚地区统一的铁路运输空间，提高洲际铁路运输通道的竞争能力，以及促进铁路运输领域的技术进步和科技合作。自2005年起，完善铁组基本文件临时工作组历时十年编制完成《国际铁路直通联运公约》文本草案，铁组范围内现行国际协定和协约(包括《国际客协》和《国际货协》)等基本文件被纳入公约草案附件。为审查和通过公约文本，2016年成立了由铁组成员方代表团参加的通过国际铁路直通联运公约文本国际会议，在波兰华沙已举行了多次会议。

一、公约出台的背景

铁组成立60多年来，经历了两次重大变革。20世纪90年代初，因一系列重大历史事件的发生，对于铁组是否保留，在铁组各成员铁路之间进行了激烈的辩论。中国、俄罗斯、波兰三个主要成员铁路进行了多次会外接触磋商，取得了继续保留铁组的共识。当年，在铁组召开的联运局长会议上，这一共识最终得到了其他成员铁路的响应支持，从而使铁组在动荡历史时期避免解体，稳住了阵脚。但多数成员铁路认为，铁组不能原封不动地保留，必须进行改革，精简机构。于是，经过多次召开临时工作组会议进行协商，把铁组战略方向，重点定在发展欧亚铁路联运；将铁组机构设置的11个专门委员会精简为5个；并把政府和企业职能分开，分设部长和总局长两个层次的领导人会议。铁组战略发展、政策和运输法制定（一专、二专），由部长会议负责；日常运营（三专、四专、五专）由总局长会议负责。以此结束了第一次重大改革。

这次编制新的公约，是铁组面对新形势进行的又一次重大改革。第一次改革结束后二十多年来，随着欧亚各国铁路的发展，特别是中国铁路建成和开通了经由阿拉山口的第二条亚欧铁路大陆桥运输，以及中国铁路现代化建设迅速推进，推动欧亚铁路联运进入了一个新的发展阶段。面对这一新情况，由俄罗斯铁路牵头提出编制公约，比照欧洲范围内铁路国际组织——国际铁路运输政府间组织（OTIF）模式，将铁组进行提级，进一步开放、改革创新势在必行。于是，从2005年起，铁组成立临时工作组，专责编制公约工作。2005年至今，铁组已召开了45次临时工作组会议，专门研究公约问题，初步编写出一个比较完整的公约文本草案。近几年来，尤其是，2013年，中国国家主席习近平提出"一带一路"倡议，受到了世界各国广泛关注和支持。我国铁路为贯彻实施这一倡议，和欧洲、中亚、西亚相关国家铁路间商定开行的中欧班列，涉及的亚欧城市越来越多，范围进一步扩大，班次更加频繁，进一步加速了欧亚间基础设施的互联互通和经贸往来。这一新形势，使铁组编制公约的前景更加明朗，编好公约的信心更加坚定。

但是，由于铁组各成员铁路间国情、路情不尽相同，在前进道路上发展步伐各异，因而使得这次重大改革不可避免地要经历一个漫长的过程，甚至还可能受到某些政治因素影响，不得不放慢脚步。不管怎么说，铁组改革的大方向是正确的，不会改变的。铁组在新形势下进行的改革，对贯彻实施我国"一带一路"倡议，推进亚欧基础设施互联互通是有利的，对进一步发展亚欧铁路直通联运是有利的，也会为将来实现东西方联运一体化奠定良好的基础。

二、公约的主要特点

公约具有以下特点：一是"提级"。将目前由各参加成员路政府部门级别提高到政府级别，并向民航、海运、邮政等国际组织看齐，成为联合国的一个专门机构，扩大铁组的国际影响力和执行力。二是"开放"。公约为具有开放性的一种缔约形式，只要支持和同意公约所载的铁组宗旨和原则，任何国家政府和区域经济一体化组织，均可自由加入和退出，符合基本条件的多个、多种类的铁路公司，均可参加铁组活动。三是"改革"。首先是文件结构体系的改革。把章程、议事规则和办事细则均纳入公约的正文中，对铁路和旅客、货主均有约束效力的客货协条文纳入公约的附件中；对铁组章程等文件中不合理的内容进行修改完善,如表决机制。根据不同情况和问题,采用一致通过、四分之三多数、五分之四多数、三分之二多数、简单多数等多种方式进行表决通过,使之更加合理、科学。新增加了争议解决机制,以及对铁组成员违规采取限制活动和除名等措施。以上改革,能够大大提高铁组在国际组织和活动中的地位和权威性,提高铁组日常活动的办事效率。

从以上特点也可以看出,编制公约的主导思想和目标,符合我国"一带一路"倡议,符合欧亚铁路联运发展方向,符合我国进一步深入改革、扩大开放的国策,因此应本着平等互利、友好协商、合作共赢的原则,继续积极参与公约的编制工作,更加主动研究提出的问题,并适时推进公约具体条文在公平合理的前提下,加快商定,发挥中国作为大国铁路、铁组重要成员铁路应该发挥的重要作用。

三、公约草案条文溯源

(一)基于铁路合作组织原基本文件及运输法

根据公约第71条,公约生效后取代铁组之前的章程、议事规则、办事细则等基本文件,以及客货协等运输法律文件,因此公约文本内容是对铁组所有规章文件的重新梳理和架构。

(二)与《国际铁路联运公约》(COTIF 1999)的区别和联系

OTIF是具有国际法人实体地位的政府间国际组织,基本文件是《国际铁路运输公约》(COTIF 1980),1999年进一步修改后形成COTIF 1999,于2015年7月1日正式生效。COTIF 1999与欧盟法律完全兼容,既适用于铁路运输,也适用于公铁联运和铁水联运。将《国际铁路直通联运公约》在以下几方面比照COTIF 1999。

1. 关于公约的文件体系

将组织的宪章性文件和铁路运输法纳入同一个公约,正文为铁组基本文件(章程、议事规则、办事细则),附件为铁组制定的联运法律文件。

2. 关于公约级别

公约将目前由各参加成员铁路政府部门级别提高到政府级别,与COTIF 1999等级一致。但铁组中的各国代表主体更多样和复杂,是政府、企业并存的双重企业,而OTIF

中只有政府代表,国际运输委员会等其他组织作为企业联合体细化运输法的一般规定。

3. 关于公约正文(原铁组章程、议事规则、办事细则等基本文件)

(1) 区域经济一体化组织加入公约

区域经济一体化组织可成为铁组成员是公约的一个新特点。而早在2011年,欧盟就加入了OTIF,成为其特殊成员。公约正文第62条与COTIF 1999的38条基本一致。

(2) 员工选聘方案

OTIF的常设机构为秘书处,负责处理组织中的日常事务,分为领导层、联络组及工作组,设立秘书长、顾问、助理顾问、高级官员(工作组组长)、行政官员、翻译等职位,共有工作人员24名左右,职责和权利义务在第21条、22条规定。

铁组的常设机构为铁组委员会,由委员会主席、副主席、秘书、组成专门委员会全体工作人员的其他公职人员、翻译、编辑、驾驶员等人员组成。主席由常驻国代表担任,副主席由中国和俄罗斯代表担任,其他公职人员也均由各成员国委派。公约中,凡是有两个方案供选的(第25条、26条、27条、29条、30条、39条),都借鉴于COTIF 1999。

4. 关于公约附件(运输法)

公约运输法与COTIF 1999运输法的对应关系如表2.1所示。

公约运输法与 COTIF 1999 运输法的对应关系　　　　表2.1

分类	公约	COTIF 1999
运输合同类	附件一:国际联运货物运输合同一般规定	附件 B(CIM):国际铁路货运合同的统一规则
	附件二:国际联运旅客运输合同一般规定	附件 A(CIV):国际铁路客运合同的统一规则
	附件三:国际联运危险货物运送一般规定	附件 C(RID):国际铁路危险货物运输规则
	附件六:国际联运货车使用一般规定	附件 D(CUV):国际铁路运输车辆使用合同的统一规则
	附件七:国际联运客车使用一般规定	
	—	附件 E(CUI):国际铁路运输基础设施使用合同的统一规则

续上表

分类	公约	COTIF 1999
技术功能要求类	附件四:国际联运铁路基础设施一般规定	—
—	附件五:国际联运铁路机车车辆一般规定	
—	—	附件 F(APTU):关于在国际运输中使用铁路物资的技术标准的批准和统一技术规定的采用的统一规则
—	—	附件 G(ATMF):用于国际运输的铁路物资的技术许可统一规则

（1）运输法体系

《国际铁路直通联运公约》的生效标志着 OTIF 和 OSJD 运输法体系的趋同,顶层均为政府机构负责制定的联运基本规定;第二层为企业层面制定的详细运输合同规则和技术功能要求,其中 OTIF 运输合同规则由国际铁路运输委员会(CIT)等组织在公约附件的一般规定框架下制定,OSJD 的运输合同规则由铁组内部企业一级负责制定。最底层为海量的技术标准,除 UIC 和国际标准组织(ISO)外,欧盟区域欧洲标准化委员会(CEN)等标准也是 OTIF 的重点推广内容,而铁组以推广俄罗斯的俄罗斯国家标准认证(GOST)标准为主。《国际铁路直通联运公约》附件与 COTIF 附件的对比如图 2.2 所示。

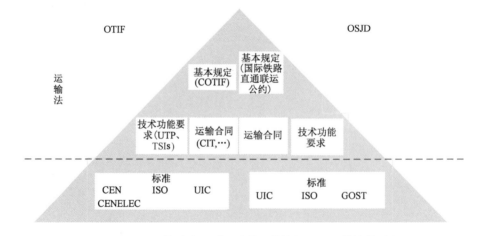

图 2.2 《国际铁路直通联运公约》附件与 COTIF 附件的对比

（2）关于危险货物运送一般规定

由于危险货物的危害性大,必须在特定的运送条件下方可运输。对危险品的运送要求原来是国际货协的一部分,并在国际货协附件第 2 号单列《危险货物运送规则》。

本公约考虑到危险货物运送的复杂性以及国际社会已制定多项具有普遍约束力和权威性的国际公约来调整承、托运人双方的权利义务,铁路对危险货物的运送受各种公约的制约,因此将其单独列为公约的一个附件(附件三:国际联运危险货物运送一般规定),与国际联运货物运输合同一般规定处于同等地位。

OTIF 也与此类似,COTIF 1980 公约只有客约和货约两个附件,但在 COTIF 1999 中附件增加为 7 个,尤其将危险货物运送规定从货约中独立出来,以突出危险货物运输受其他国际公约制约的特点。

(3)关于国际联运铁路基础设施和机车车辆的一般规定

铁组基础设施和机车车辆专门委员会(五专)为铁组的工作机构之一,之前并未制定专门的综合技术要求,本公约附件中新增了对技术标准的相关规定(附件四:国际联运铁路基础设施一般规定;附件五:国际联运铁路机车车辆一般规定)。

(三)国际法惯例

公约对铁组的法律地位,成员国资格,基本文件的签订程序及其效力的解释、修正或修改以及表决程序,组织的法律秩序,争端解决以及与其他组织的关系问题等重要事项与现代国际法律体系接轨。

第三章 国际铁路运输政府间组织和国际铁路运输委员会

第一节 国际铁路运输政府间组织

一、基本情况

国际铁路运输政府间组织(OTIF)是为开展国际铁路货物、旅客和行李运送而成立的政府间组织。目前这个国际组织在欧洲、北非和亚洲共有50个正式成员。约旦为其准成员,此外,欧盟作为地区性经济合作组织也加入COTIF的法律体系中。由于伊拉克和黎巴嫩与其他国家的国际联运中断,暂时终止了这两个国家的成员资格。目前,OTIF建立的统一法应用在270000公里的国际铁路联运的基础设施上,17000公里的航运和内陆水运中,以及接续铁路和海运的国内道路运输中。该国际组织的总部设在瑞士伯尔尼。

OTIF成立的目的在于鼓励、促进国际铁路运输,组织各国进行技术交流,实现国际铁路运输技术标准的互联互通;对即将投入国际运输使用的铁路材料进行技术审批;建立国际铁路运输的统一法规,包括基础设施和机车的运用标准以及危险品货物运输的规范。这个国际组织的目标是提高、改进铁路国际联运的各个方面,并使其更便利化。为了实现以上目标,OTIF建立了统一铁路法体系,并为其应用和发展提供支持。这些统一法规包括以下领域:

(1)成员国间旅客和货物运输协定。该法律体系也适用于由铁路补充的单一合同的国际运输,包括在成员国国内运输的公路或内河运输以及通过海运完成的国际运输。

(2)作为国际铁路运输工具的货车的使用条约。

(3)国际铁路联运的基础设施使用条约。

(4)危险货物运送条约。

这个组织开展的其他活动建立在铁路领域的互操作性和技术的统一规定之上,对铁路材料进行技术审批,用于使国际联运和跨境运输更加便利。

铁路运输法目前包括以下内容,均作为 COTIF 的附件:

附件 A:国际铁路客运合同的统一规则(CIV);

附件 B:国际铁路货运合同的统一规则(CIM);

附件 C:国际铁路危险货物运输规则(RID);

附件 D:国际铁路运输车辆使用合同的统一规则(CUV);

附件 E:国际铁路运输基础设施使用合同的统一规则(CUI);

附件 F:关于在国际运输中使用铁路物资的技术标准的批准和统一技术规定的采用的统一规则(APTU);

附件 G:用于国际运输的铁路物资的技术许可统一规则(ATMF)。

二、发展沿革

1890 年欧洲各国铁路代表在瑞士伯尔尼举行的会议上制定了《国际铁路货物运送规则》,自 1893 年 1 月 1 日施行。这次会议的参加国铁路主要以欧洲国家为主,共有 24 个成员。这次会议根据当时的国际法规则成立了一个管理机关,设立了秘书处作为国际铁路联运的协调机构,秘书处位于瑞士首都伯尔尼。19 世纪邮政联盟、电信联盟等管理机关都是制度化的国际外交会议的延续。根据当时的国际法规定,该秘书处由瑞士政府管理。《国际铁路货物运送规则》于 1924 年、1933 年两次修改,在 1934 年伯尔尼会议上重新修订时改称为《国际铁路货物运输公约》(简称《国际货约》),于 1938 年 10 月 1 日开始施行。因铁路技术的进步和各国经济发展变化,又有多次修改。

1956 年,瑞士联邦委员会将其对国际铁路联运秘书处的管理职能移交给由几个成员国代表组成的行政委员会。在 1980 年公约的第八次修订会上,《国际客约》和《国际货约》被进行了较大的修改,这为成立基本具备目前特征和结构的政府间国际组织奠定了基础。到 1980 年,其成员还是以欧洲国家铁路为主,但已有部分中亚和北非国家铁路参加,参加成员有 39 个国家。

1985 年 5 月 1 日,随着 COTIF 生效,OTIF 正式成立。1988 年,该国际组织与瑞士政府签订了东道国协定。1999 年 6 月 3 日,维尔纽斯协议对 COTIF 各公约做了进一步的修改,在 2006 年 7 月 1 日生效。OTIF 在国际法和各成员国的国内法中都具备法律人格。

三、成员情况

1890年伯尔尼会议的参加国以欧洲国家为主,共有24个成员,1980年,部分中亚和北非国家参加,成员增加到39个,之后,部分独联体国家陆续加入。目前,OTIF的正式成员国有49个,具体分布为:西欧9个、中欧9个、东欧9个、北欧4个、南欧6个、西亚8个、南亚1个、北非3个;准成员国1个,为约旦;此外,地区性经济合作组织——欧盟也加入,成为OTIF的特殊成员。

正式成员的权利包括:声明和保留权;参加全体大会;参加行政委员会;参与其他委员会并修订协定;仲裁权;退出公约权。义务仅限于缴纳会费,缴纳方式为40%的会费按各成员国在联合国的会费缴纳份额比例分摊、另外60%按各国铁路网里程及指定加入联运的内河和海运里程收取,会费还有最高和最低限额的规定,每个成员会费限定在总会费的0.25%~15%之间。

与正式成员相比,准成员的参会权利具有限制性。不能参加行政委员会会议,其他会议只能以顾问身份出席、有部分提案权、无表决权。准成员缴纳的会费额度低,只需要缴纳会费的0.25%。

四、主要任务

1. 进一步推进建设铁路运输法

国际铁路运输法的最大挑战来自两个方面:一是欧盟一体化进程,二是各成员国铁路公司自身的运输政策自由化的总体推动。政企分开在一些国家已经实现,在另一些国家正在规划中,这些铁路公司在私法和公法框架下的法律独立性,以及基础设施管理和客货运分离,要求相应的国际铁路运输法进行适应,这反映在1999年COTIF中,尤其在以下领域:

(1)关于机构的条款,尤其是关于该组织的任务、能力、融资、简化的修订程序、更容易加入的机会。

(2)国际客货联运法律的自由化和现代化,比照适用于其他交通方式的法律文件(如国际公路联运协定),一方面扩大了铁路公司和客户的协定范围,另一方面也扩大了铁路公司间的协定范围。

(3)对货车的统一规则适用于所有铁路货车,在运输中允许使用的交通工具的技术许可和使用货车作为一种国际运输方式之间,做了明确的法律区别。

(4)在"外国"基础设施由不同的铁路运营商使用的背景下,合同关系(尤其是责任)的规定,虽然在这方面欧盟法律没有受到影响。

(5)扩大了危险品规章的法律适用范围。

2. 促进国际联运跨境运输的便利性

1999年的COTIF提到,OTIF的目标之一就是考虑公众利益,在尽可能短的时间内,消除国际联运中的跨境运输障碍。与OSJD一道,OTIF致力于1982年关于轨道交通货物国境管制协调的国际公约的新附件的编制工作。这个新的附件被联合国欧洲经济委员会(UNECE)采用并于2011年生效。

考虑到铁路运输技术的重要性,OTIF的另一个任务是从国家层面增加区域的协调性发展,尤其考虑到COTIF不止为一个区域服务、也将扩展到其他区域。这是为了保证铁路设备有统一的技术标准和统一的建设和经营服务。

APTU根据国际运输中铁路设备的技术标准和统一技术条款制定了有效或适用的程序。被采用的有效的技术标准和统一技术条款在OTIF的网站上公布。APTU的目标是确保技术系统和各组件间的互操作性。有效技术标准和统一技术条款应该适用于实现安全、可靠和运营准备,并考虑了环境和公众健康问题。

ATMF制定了国际联运使用车辆的程序。技术许可是国家或国际当局的任务,并在当地州内的法律和法规中适用。技术许可的实施,可以直接在一个单独的铁路车辆或在一个简化的程序中,发行一个"运营许可证"以单独使用;或者采用两个阶段,先颁发"设计许可证"(设计类型批准为特定的设计类型),再颁发"运营许可证"。技术许可必须基于APTU采用的有效的技术标准和统一的技术条款。一个州的能力鉴定机构批准的技术资格应该也能够同时被其他国家的基础设施管理者和铁路承运人承认。

APTU和ATMF实际上构成COTIF的"资格许可规则",技术专家委员会有义务保证这些许可有效运作。新的专家委员会必须由国家认证机构承担。有关互操作和铁路安全的欧盟法令将制定标准,并根据APTU形成UTP(统一技术规定)的实际行使。在执行过程中,应考虑到欧盟的发展逐步推进设备许可的概念。

五、组织机构

OTIF 设置全体大会、行政委员会、法律修订委员会、危险货物运输专家委员会（RID 专家委员会）、铁路便利化委员会、技术专家委员会、秘书处等机构。其中管理机构是全体大会、理事会和秘书处。

全体大会是该组织的最高决策机构，由所有成员国的代表组成。根据 1999 年 COTIF 规定，每 3 年召开一次例会，也可以根据 1/3 以上成员国或行政委员会的要求临时召开。大会的主要任务是确定行政委员会的组成，对行政委员会和秘书处的工作给予指示，规定组织活动经费，通过修改公约的决议和接纳加入申请的决议。

根据 1999 年 COTIF 规定，行政委员会由 1/3 的成员国代表组成。全体大会决定哪些成员国有资格作为任期 3 年的行政委员会的代表以及谁作为主席。行政委员会负责检查秘书处的行政和财务事务，批准该组织的工作方案、预算、管理报告和费用账目。

秘书处行使这个国际组织的秘书职责。由全体大会每 3 年选举一次，最多任两届。秘书处完成以下职责：

(1) 负责公约及其他法律文件的保管；

(2) 对外代表该国际组织；

(3) 为全体大会和行政委员会准备对公约的修改建议；

(4) 召集大会和各委员会；

(5) 编制工作方案、预算草案和管理报告，并向行政委员会提交审议；

(6) 与各成员国交流，可以参加咨询、国际组织和协会以及参与国际铁路运输的各项活动；

(7) 管理经批准的预算范围内组织的财务事务；

(8) 利用良好的办公场所促进公约的应用；

(9) 协助仲裁解决争议；

(10) 执行全体大会、行政委员会和其他委员会的决定和任务。

法律修订委员会由所有成员国代表组成。它负责提出修订该组织制定的各种章程以及附件的建议。法律修订委员会由秘书长组织召开，该委员会需根据法律修改程序对各项文件进行初步修改，大会拥有最终决议权。危险货物运输专家委员会由所有成员国代表组成，其主要职责为修改有关危险品运输的相关文件。技术专家委员会负责对 APTU 的修改和修订。铁路便利化委员会由所有成员国代表组成，主要职责为处理有关国际过境运输的各项事宜,为促进国际铁路运输的发展,可以向组织推荐一些促进铁路发展的标准、方法、程序和实践。

COTIF 参加国为办理国际客货运输,应提供本国的《国际客约》线路和《国际货约》线路两个一览表。为解决争执问题,各方可缔结仲裁协约,成立仲裁法院,由一名、三名或五名仲裁组成。鉴于参加各方为不同国籍,故一人仲裁者、第三名或第五名仲裁者的国籍不应为参加各方国籍,仲裁法院判决不能超过原告所要求的范围,也不能少于被告承认的过失,提出的有相应依据的仲裁判决书,通过秘书处通知各方。COTIF 还规定,各参加国对 COTIF 的批准书、通过或赞同书应交存放国瑞士的政府。愿意加入 COTIF 的每一国家,应向存放国政府寄送申请书和关于其铁路从国际运送角度的情况报告,存放国政府应将此事通知参加国和秘书处,如五个参加国未向存放国政府提出异议,则自通知之时起六个月后申请书具有法律效力。存放国政府应将此事通知申请国以及参加国和秘书处,如参加国愿意退出 COTIF,则应将此事通知存放国政府,下一年的 12 月 31 日退出 COTIF 即为有效。公约用法文写成,法文本附有德文、英文、阿拉伯文、意大利文和荷兰文的正式译文,以法文本为准确文本。

六、发展方向

OTIF 的活动范围已经得到了极大的扩展,因此从较长时期来看,它在向国际海事组织和国际民航组织的方向发展,逐渐成为一个解决铁路全部发展问题的国际组织,尽管它不大可能完全覆盖全球范围内。

在 1999 年的 COTIF 框架下,不仅单独的国家能够加入 OTIF,而且地区经济组织也能够加入 OTIF。欧盟在 2011 年 7 月 1 日加入 OTIF。随着 2009 年对附件 E、F、G 的修改,COTIF 铁路法和欧盟法律完全兼容。这些附件的新版本在 2010 年 12 月 1 日生效。

随着中东欧国家控制经济的能力下降,扩展 COTIF 的应用范围以实现从大西洋到太平洋的直通运输仍然是一个大的挑战。由于运输部门的剧变(这种剧变不仅在欧盟,而且在欧盟以外的各国都在以不同的速度推进),CIM/CIV 和 SMGS/SMPS(基于社会主义国家计划经济国家)两个法律体系的矛盾仍将长期存在。暂时只有一些国家有政治和经济条件,原则上也允许并促进有关货物通过铁路运输的法律化。在欧亚大陆立法层面的铁路运输法统一化是不可能的,COTIF 1999 提供了运输合同解决方案,允许 COTIF 成员国和非成员国之间的铁路货运执行单一的法律制度。在 1999 年 CIM 的统一规则版本下,运输合同的当事人可明确同意本合同遵守 CIM,即使货物交付和接收的两个国家仅仅有一个是 OTIF 的成员国或 COTIF 和 CIM 的缔约方。

第二节　国际铁路运输委员会

一、基本情况

国际货物运输公约在 1893 年初开始生效后不久,各成员国的铁路公司认为有必要更密切的合作,以方便公约的实际执行。接着,国际铁路运输委员会(CIT)便于 1902 年成立。CIT 的首要目标是帮助铁路更好地适用国际货物运输公约,随后同样适用旅客和行李运输公约(该公约于 1928 年生效)。为了实现这一目标,CIT 起草了补充和解释法律文本的说明文件,制定了各种协议来界定铁路之间的法律关系以及供工作人员使用的实用说明文件。CIT 也为公约修订工作作出了重大贡献。1914 年以前,奥地利国家铁路公司一直负责 CIT 的管理,1921 年,瑞士联邦铁路公司接管 CIT。在过去几十年中,政治、经济、技术和法律的发展要求 CIT 的活动更加多样化。这些发展在 20 世纪末达到高潮,使得国际铁路法进行了有史以来最重大的改革,使 COTIF 符合欧盟铁路发展指令 91/440/EEC。CIT 作为一个独立的法律实体于 2004 年成立,是瑞士法下的一个协会,总部设在伯尔尼。

二、组织机构

CIT 的最高决策机构是全体大会,负责确定 CIT 的总体政策。执行委员会是运营和行政层面的领导机构,秘书处负责管理日常事务。CIT 的专门委员会负责审核各工作组制定的文件,对于具体问题,根据需要召集专家组。

执行委员会任务有:组织全体大会、编制年度报表和预算、批准年度报告、就国际铁路运输法草案发表意见、为工作人员保证服务条件并制定财务规定、监督秘书处的履职情况。执行委员会成员最多 9 人,须具有代表性,CIT 主席占其中 1 名成员。执行委员会每年举行两次会议(4 月和 9 月)。

CIT 由秘书处管理,由 8 名工作人员组成,完成以下任务:执行全体大会和执行委员会的决定;安排执行委员会的会议;编写年度报告、年度决算和预算,提交执行委员会;召集和参加委员会和工作组会议。

CIT 的专门委员会包括旅客运输(CIV)、货物运输(CIM)、基础设施使用(CUI)、多式联运四个专门委员会。这些委员会的构成具有代表性,得到了全体大会授权,有权以标准化和实用的方式通过上述关于执行和应用国际铁路运输法的条款(以便编制 CIT 文件)。工作组负责为专门委员会的决策提供建议,工作组成员是根据他们在相关领域的技能而挑选出来的。此外,为了对某一具体问题进行审查,还可以邀请资深专家组成专家组。

三、主要任务

1. 协调各铁路运输

管理国际铁路运输的法律体系载于各政府间协定和公约中,这些协定和公约受各种组织监督和管理。此外,欧盟成员国还受到一些指令和条例的约束。

2. 货物运输领域

在货运领域,CIT 致力于确保以实际为导向实施现行立法,特别是 CIM 统一规则,并促进运输公司之间的简化和协调形式的合作,包括三方以上和双方之间。

3. 旅客运输领域

在乘客领域,CIT 致力于确保现行立法的实际执行,尤其是 CIV 统一规则和铁路运营层面的旅客预订要求(PRR)。

4. 基础设施使用

与国际铁路运输中基础设施使用有关的法律事项由统一规则和欧洲法律涵盖。CIT 正在努力协调整个欧洲的合同条件。

5. 多式联运领域

在多式联运领域,CIT 开发产品以改善订立多式联运合同的框架条件,特别是为航运公司、公路运输公司和铁路公司。

四、成员及加入情况

CIT 向任意运营国际铁路、利用 CIT 产品或服务的公司或联合体开放其正式成员和准成员资格。截至 2024 年 1 月 1 日,CIT 的正式成员有 126 个,准成员 8 个。除 CIV 和 CIM 外,CIT 负责修订的国际铁路旅客运输方面的文件有:国际铁路旅客运输承运人间关系(AIV)、国际旅客列车车票手册(MIRT),修订的国际铁路货物运输方面的文件有:国际铁路货物运输承运人间关系(AIM)、CIT 货运手册(GTM-CIT) 和 CIT 车辆手册(GTW-CIT)。CIT 各成员国应用法律文件情况如表 3.1 所示。

CIT 成员国应用法律文件情况　　　　　　表 3.1

国家	成员名/缩写	CIV	AIV	MIRT	CIM	AIM	GTM-CIT	GTW-CIT
阿尔巴尼亚	阿尔巴尼亚铁路公司(HSH)	√	√	√	√	√	√	√
奥地利	CFL 货运				√	√	√	√
	蒙塔丰铁路公司(MBS)	√	√	√				√
	奥地利联邦铁路(ÖBB)	√	√	√	√	√	√	√
	杰肖埃(拉布)铁路货运有限公司				√	√	√	
	萨尔茨堡铁路(SLB)	√	√	√				
	斯蒂里安铁路(STLB)	√	√	√	√	√	√	√
	施特恩及哈费尔运输公司	√	√	√	√	√	√	√
	维也纳铁路货运公司(WLB)				√	√	√	
	齐勒塔勒运输股份公司	√	√	√				
	奥地利 LTE 有限公司(LTE)				√	√		

续上表

国家	成员名/缩写	CIV	AIV	MIRT	CIM	AIM	GTM-CIT	GTW-CIT
阿塞拜疆	阿塞拜疆铁路(CJSCo)							
波黑	波斯尼亚和黑塞哥维那铁路(ŽFBH)	√	√	√	√	√	√	√
波黑	塞族共和国铁路(ŽRS)	√	√	√	√	√	√	√
比利时	比利时国家铁路(SNCB)		√	√				
比利时	Lineas集团**					√	√	√
比利时	Thalys铁路设备制造公司(Thalys)							
保加利亚	保加利亚铁路公司(BRC)				√	√	√	√
保加利亚	保加利亚铁路客运公司(BDZ PP)	√	√	√				
保加利亚	保加利亚铁路货运公司(BDZ TP)				√	√	√	
保加利亚	DMV有限公司(DMV)				√	√	√	√
保加利亚	TBD股份有限公司(TBD)				√			
瑞士	伯尔尼高地铁路(BOB)	√	√	√				
瑞士	BLS公司(BLS)	√	√	√	√	√	√	√
瑞士	尼翁—圣塞尔格—莫雷兹铁路(NStCM)	√	√					
瑞士	Ferrovie Autolinee Regionali Ticinesi S.A.(FART)	√	√	√				
瑞士	Forchbahn AG(FB)	√	√	√				
瑞士	蒙特勒—伯尔尼高地铁路公司(MOB)	√	√	√				

续上表

国家	成员名/缩写	CIV	AIV	MIRT	CIM	AIM	GTM-CIT	GTW-CIT
瑞士	马特宏峰窄轨铁路公司（MGB）	√	√	√	√	√	√	√
	PostAuto Schweiz AG	√	√	√				
	伯尔尼—索洛图恩区域交通公司(RBS)	√	√	√				
	瑞士国家铁路(SBB)	√	√	√	√	√	√	√
	谢尔—克莱恩—蒙塔纳股份有限公司(SMC)	√	√	√				
	锡尔塔尔苏黎世奥特利贝格铁路(SZU)	√	√	√				
	弗里堡公共交通(TPF)	√	√	√				
	纳沙泰尔公共交通股份有限公司	√	√	√				
	公共交通协会(VöV*)							
捷克	捷克国铁(ČD)	√	√	√	√	√	√	√
	IDS 货运(IDS)				√	√	√	√
德国	波罗的海港口铁路穆克兰有限公司(BPRM)				√	√	√	√
	博登湖船运有限公司(BSB)	√	√	√				
	BREB 有限公司(BREB)				√	√	√	√
	D&D 铁路有限公司(D&D)				√	√	√	√
	德国铁路股份有限公司(DB)	√	√	√	√	√	√	√
	ITL 铁路有限公司(ITL)				√	√	√	√
	莱茵货运				√	√	√	√
	德国铁路关税联盟(TBNE)							
	德国运输公司协会(VDV)							
	威斯特法伦铁路有限公司				√			

续上表

国家	成员名/缩写	CIV	AIV	MIRT	CIM	AIM	GTM-CIT	GTW-CIT
丹麦	丹麦国家铁路公司（DSB）	√	√	√				
西班牙	西班牙国家铁路（RNEFE）	√	√	√	√	√	√	√
芬兰	芬兰铁路集团（VR）	√	√	√	√	√	√	√
法国	法国国家铁路公司（SNCF）	√	√	√	√	√	√	√
法国	Thello	√	√	√				
格鲁吉亚	格鲁吉亚国家铁路公司（GR）				√	√	√	√
希腊	ATTICA 船运集团（蓝星轮渡和超高速轮渡）	√	√	√				
希腊	铁路运营商 Trainose	√	√	√	√	√	√	√
克罗地亚	克罗地亚货运公司（HŽ Cargo）				√	√	√	√
克罗地亚	克罗地亚客运公司（HŽ Passenger）	√	√	√				
匈牙利	CER 货运公司（CER Cargo）				√	√	√	√
匈牙利	CER 匈牙利公司				√	√	√	√
匈牙利	FLOYD 铁路运输公司（FLOYD）				√	√	√	√
匈牙利	FOXrail 铁路公司（FOXrail）				√	√	√	√
匈牙利	杰肖埃铁路公司（GYSEV）	√	√	√				
匈牙利	杰肖埃货运公司（GYSEV CARGO）				√	√	√	√
匈牙利	Train Europe Kft.				√	√	√	√
匈牙利	匈牙利私营铁路股份公司（MMV）				√	√	√	√

续上表

国家	成员名/缩写	CIV	AIV	MIRT	CIM	AIM	GTM-CIT	GTW-CIT
匈牙利	MÁV-START 铁路客运公司	√	√	√				
匈牙利	Metrans Danubia Kft.				√	√	√	√
匈牙利	匈牙利私有铁路列车股份公司				√	√	√	√
爱尔兰	爱尔兰铁路公司（CIE）	√	√	√	√	√	√	√
伊拉克	伊拉克共和国铁路公司（IRR）	√	√	√	√	√	√	√
伊朗	伊朗伊斯兰共和国铁路公司（RAI）				√	√	√	√
意大利	Mercitalia 铁路公司				√	√	√	√
意大利	NTV 公司（NTV）	√	√	√				
意大利	意大利铁路公司（FS）	√	√	√				
立陶宛	立陶宛铁路（LTG）	√	√	√				
卢森堡	卢森堡铁路（CFL）	√	√	√				
卢森堡	卢森堡铁路货运（CFL cargo）				√	√	√	√
拉脱维亚	拉脱维亚铁路公司（LDZ）	√		√	√	√		
摩洛哥	摩洛哥国家铁路局（ONCF）	√	√	√				
黑山	AD MONTECARGO JSC				√	√	√	√
黑山	Željznički prevoz Crne Gore AD Podgorica(ZPCG)	√	√	√	√	√	√	√
马其顿	Macedonia Railway Transport JSC Skopje（MZ-T）	√	√	√	√	√	√	√
荷兰	Eurail Group G. I. E. （Eurail）							
荷兰	Nederlandse Spoorwegen N. V./NS International B. V.（NS）	√	√	√				

续上表

国家	成员名/缩写	CIV	AIV	MIRT	CIM	AIM	GTM-CIT	GTW-CIT
挪威	挪威国家铁路	√	√	√				
波兰	CTL Logistics Sp. z o.o.				√	√	√	√
	Koleje Dolnośląskie S. A.	√	√					
	波兰国家铁路公司（PKP）	√	√	√	√	√	√	√
葡萄牙	葡萄牙国家铁路公司（CP）	√	√	√				
罗马尼亚	Cargo Trans Vagon SC				√	√	√	√
	Constantin Grup				√			
	CER Fersped S. A.				√	√	√	√
	MMV Rail Romania				√	√	√	√
	国家铁路客运公司	√	√	√				
	国家铁路货运公司				√	√	√	√
	Grup Feroviar Roman S. A. (GFR)				√	√	√	√
	S. C. Rofersped S. A.				√	√	√	√
	TimRail Cargo				√	√	√	√
	Unicom Tranzit (UTZ)				√	√	√	√
塞尔维亚	Srbija Kargo ad.				√	√	√	√
	Srbija Voz ad	√	√	√				
	Eurorail Logistics Doo				√	√	√	√
	Pannon Rail Doo				√	√	√	√
俄罗斯	俄铁（RZD）				√	√	√	√
	俄联邦客运公司（FPC）	√						
瑞典	Green Cargo AB				√	√	√	√
	SJ AB	√	√	√				
斯洛文尼亚	Slovenske Železnice, d. o. o.	√	√	√	√	√	√	√
	Adria Transport d. o. o.				√	√	√	√
斯洛伐克	retrack Slovakia s. r. o Central Railways a. s.				√	√	√	√

续上表

国家	成员名/缩写	CIV	AIV	MIRT	CIM	AIM	GTM-CIT	GTW-CIT
斯洛伐克	Express Group a.s.				√	√	√	√
	LOKORAIL, a.s.				√	√	√	√
	LTE Logistik a Transport Slovakia s.r.o.				√	√	√	√
	METRANS/Danubia/, a.s.				√	√	√	√
	Prvá Slovenská železničná, a.s				√	√	√	√
	Railtrans International, a.s.				√	√	√	√
	斯洛伐克铁路(ZSSK)	√	√	√				
	斯洛伐克铁路货运(ZSSK CARGO)				√	√	√	√
叙利亚	叙利亚道路**(CFS)	√	√	√	√	√	√	√
突尼斯	突尼斯国铁(SNCFT)	√	√	√	√	√	√	√
土耳其	土耳其铁路(TCDD)	√	√	√	√	√	√	√
乌克兰	乌克兰铁路 Ukrsalisnytsja (UZ)	√	√	√	√	√	√	√
英国	欧洲之星国际公司	√		√				
	英法海底隧道公司	√	√	√	√	√	√	√
	铁路运输集团			√				
	英国西岸城际铁路公司							
	伦敦东北铁路公司		√					
	大西部铁路线公司		√					
	威尔士交通		√					
	Govia 泰晤士连线铁路		√					
其他组织								
挪威	ENTUR AS(Entur)			√				

注：**暂停会员资格。

第四章 大湄公河区域铁路联盟

第一节 大湄公河次区域经济合作(GMS)研究

大湄公河次区域经济合作(The Greater Mekong Sub-region Cooperation,简称GMS)于1992年由亚洲开发银行发起,目前其范围包括中国、柬埔寨、老挝、缅甸、泰国、越南6个国家。该区域总面积256.86万平方公里,总人口约3.5亿,域内蕴藏着丰富的水资源、生物资源、矿产资源,具有巨大的经济潜能和广阔的开发前景。大湄公河次区域各国都是中国的友好邻邦,又同是发展中国家。加强大湄公河次区域内各国间的合作有利于发挥各自优势,改善投资环境,提高整体发展能力,使之成为亚太地区新的增长极。经过30多年的发展,GMS合作取得了重要的成就,促进了成员国经济和社会发展,推动了次区域一体化进程。

一、大湄公河次区域经济合作的发展历程(1992—2015年)

湄公河流域开发计划始于20世纪50年代。1955年,联合国亚洲及远东经济委员会提出了合作开发与利用湄公河下游的水能资源的"湄公"计划。1957年,越、老、柬、泰四国发起成立"下湄公河委员会",旨在对湄公河流域资源的勘察、规划和开发进行协调。此后随着印支战争的爆发,前湄公河委员会的工作长期处于停滞状态。冷战结束后,中南半岛地区国际关系得到根本改善,进入了和平与发展的新时期。在国际政治多极化、世界经济全球化和区域化迅速发展的推动下,湄公河流域经济合作重新活跃起来,相关各国希望通过次区域经济合作来推动本国经济发展,许多国家和国际组织也纷纷参与该区域经济合作项目,大湄公河区域经济合作逐渐成为亚太地区经济、贸易及投资的新热点。从发展历程来看,GMS大体可以分为三个阶段。

(一) 1992—1996年：构建合作框架阶段

从1992年的首次GMS会议至1996年的第六次部长级会议，GMS制定了一系列有利于成员国间进行区域合作的规则，努力构建具有多样性的成员国之间的合作框架，为次区域项目合作的开展和推进奠定了基础。1992年10月，GMS六国在马尼拉亚行总部召开了首届GMS会议（从第二届起，正式称为"部长级会议"），将GMS界定为"柬、老、缅、泰、越和中国云南省"，确立了GMS的规则。首先，GMS的具体项目必须满足以下两个条件之一：第一，任何一个项目必须至少包括两个成员国，或者任何一个国家单独实施的项目要惠及整个区域；第二，GMS框架下的"任何项目不需要六个成员国的'一致同意'"，即GMS项目采用"6－X"（X＝1,2,3,4）原则，GMS的这一合作原则和"东盟方式"如出一辙。此外，亚洲开发银行作为GMS的协调者和倡导者，全力利用和改进现有的基础设施也是GMS的重要原则。

此外，GMS在这个阶段还进行了实地勘察并开始着手项目形成的准备工作。在1994年第三次部长级会议上，成员国之间确立了后来成为GMS合作蓝图的项目计划，正式由部长级会议确定了交通、能源、环保、人力资源开发、经贸与投资和旅游等6个领域的合作框架，会议还形成了《大湄公河次区域经济合作——由倡议走向实施》的会议文件。1995年11月召开的第五届GMS部长级会议将GMS合作领域由原来的6个扩充为7个，即增加了通信合作，并筛选出103项优选合作项目。

1995年4月，湄公河上游四国柬、老、泰、越在泰国清莱签署《湄公河流域可持续发展合作协定》，成立了湄委会，中缅两国是湄委会的对话国。湄委会的宗旨是致力于湄公河流域水资源和其他相关资源开发、管理和发展的可持续性，确保湄公河流域所有国家能够合理和公平地利用相关资源。湄委会的成立从机制上推进了GMS的环境合作。1996年6月，由东盟主导，东盟七国和中、缅、老、柬等11个国家为合作核心国，并欢迎日本、韩国参与的东盟—湄公河流域开发合作机制建立，该合作机制旨在加强整个东盟与澜沧江—湄公河沿岸各国经济联系，建立经济伙伴关系，缩小新老东盟国家的差距。合作领域包括基础设施、投资与贸易、农业、林业、矿产资源开发产业、工业及中小企业发展、人力资源开发、科技等八个方面。湄委会和东盟—湄公河流域开发合作机制的创立有利于GMS的进一步推进。

（二）1997—2001年：确立战略框架和优选项目阶段

1997年爆发的亚洲金融危机使GMS受到了一定的影响，区域外国家对该地区的投资大大减少。1997年4月在菲律宾马尼拉举行的第七届GMS部长级会议提出,由于资金有限,在次区域经济合作项目中选出优先实施项目,并协调好硬件项目和软件项目的关系。会议形成了《次区域经济合作第七届部长级会议文件》。此后,亚洲开发银行和GMS成员国全面展开对具体项目可行性的研究,开始实施优选项目。1998年9月,第八届GMS部长级会议在马尼拉召开,与会代表一致表示在困难面前要继续高举次区域经济合作的旗帜,保持合作势头,战胜困难,把合作向前推进,并发表了以《满怀信心》为题的联合声明。

2001年11月召开的第十次GMS部长级会议确定了今后10年区域经济合作的发展方向,通过了把加强基础设施联网、便利跨境贸易与投资、增强私营部门的参与和竞争、开发人力资源和提高技能水平以及加强环境保护和自然资源的可持续利用作为GMS合作的五个"战略重点"方向,并决定增设农业论坛为GMS的新领域,还签署了《大湄公河次区域发展未来十年战略框架》《大湄公河次区域便利客货跨境运输协定》和发展11个旗舰项目的协议。会议确定的11个旗舰项目包括南部经济走廊、东西经济走廊、南北经济走廊、电信骨干网、电力网、便利跨境贸易与投资、私营参与和增强竞争力、人力资源开发、环保战略框架、洪水控制和水资源管理、旅游。

(三)2002年至今:层次提升和全面推进阶段

1. 建立首脑会议机制并成功举行了八次会议

2002年11月3日,GMS首次领导人会议在柬埔寨金边举行,批准了《次区域发展未来十年战略框架》,并决定在其后每三年在成员国轮流举行一次GMS领导人会议。GMS开始上升到领导人层级,标志着其进入了一个新阶段。

首次领导人会议的主题是"通过区域一体化实现大湄公河次区域的增长、公平和繁荣",会议通过了《大湄公河次区域领导人宣言》和《发展规划表》两个重要文件。在《大湄公河次区域领导人宣言》中,六国领导人承诺把大湄公河次区域合作项目和各国发展规划结合起来,加强基础设施建设,促进能源开发,调动私营部门参与合作,推动贸易与投资,进一步开发人力资源,努力实现在2015年把贫困人口减少一半的目标,并呼吁更好地保护环境。会后,有关国家签署了《大湄公河次区域便利运输协定》谅解备忘录、《大湄公河次区域便利运输协定》中方加入书和《大湄公河次区域政府间电力贸易协定》。

2005年7月4—5日,GMS第二次领导人会议在中国昆明举行。会议围绕"加强伙伴关系,实现共同繁荣"的主题,进行深入讨论并达成广泛共识,确立了以"相互尊重、平等协商、注重实效、循序渐进"为主要内容的合作指导原则,并发表了《昆明宣言》。与会六国领导人还签署了便利客货运输、动物疫病防控、信息高速公路建设和电力贸易等多项合作文件,批准了贸易投资便利化行动框架和生物多样性保护走廊建设等多项合作倡议。

2008年3月30—31日,GMS第三次领导人会议在老挝万象举行,六国领导人围绕"加强联系性、提升竞争力"的主题,就加强基础设施互联互通,贸易运输便利化,构建伙伴关系、促进经贸投资,开发人力资源、增强竞争力,可持续的环境管理,次区域合作与发展伙伴关系等六大方面的合作交换意见。与会各国领导人签署了《领导人宣言》,指出了GMS面临的机遇与挑战以及未来行动的方向、2008—2012年GMS发展行动计划。与会领导人还签署了《实施次区域跨国电力贸易路线图谅解备忘录》以及《经济走廊可持续与均衡发展谅解备忘录》等一系列合作文件。

2011年12月19—20日,GMS第四次领导人会议在缅甸首都内比都举行,会议通过了《大湄公河次区域经济合作新十年(2012—2022)战略框架》,为次区域未来十年确定了新的战略目标和发展方向。

2014年12月20日,GMS第五次领导人会议在泰国首都曼谷召开,并发表了以"致力于大湄公河次区域的包容性和可持续发展"为主题的联合宣言。联合宣言再次强调在2011年第四次领导人会议上所通过的《大湄公河次区域经济合作新十年战略框架》定向和目标,各位领导承诺成功地展开各项优先投资项目和所达成的合作协议,实现GMS居民的利益。

2018年3月31日,GMS第六次领导人会议在越南河内召开,会议主题为"以发挥25年合作成效,建设可持续、一体化和繁荣的GMS",通过了包括共同宣言、《2018—2022河内行动计划》和《2022区域投资框架》三项成果文件,其中《2022区域投资框架》规定了未来五年间的优先项目清单,包含227个投资和技术援助项目,总金额约660亿美元。

2021年9月9日,GMS第七次领导人会议以视频方式召开,会议通过了共同宣言、《大湄公河次区域经济合作2030战略框架》和《大湄公河次区域经济合作应对新冠肺炎疫情和经济复苏计划(2021—2023)》等成果文件。

2024年11月7日,GMS第八次领导人会议在中国云南昆明召开,会议主题是"聚焦创新发展,共建美好家园",会议发表的宣言总结回顾了落实《GMS2030战略框架》各项创新性合作方法的成果,尤其是一致同意将湄公河旅游协调办公室提升为政府间组织并更名为湄公河旅游办公室。

2. 部长级会议取得新进展

2002年9月在柬埔寨金边召开的第十一届GMS部长级会议通过了GMS未来10年发展战略框架,同意优先实施框架内提出的11个旗舰项目,通过了中国加入次区域便利跨境客货运输协定的备忘录和次区域政府间电力贸易协定。2003年9月,第十二届GMS部长级会议在中国云南大理召开,此次部长级会议就次区域合作的相关事务、面临的挑战进行了广泛的讨论。会议敦促次区域各国进一步加强交通、能源、人力资源开发、投资贸易便利化等领域的合作,促进私人机构参与次区域合作,鼓励跨境私人投资,建立次区域矿产勘探风险基金,促进次区域资源开发,加强卫生领域合作,构筑次区域国家传染病疾病的监测和共同防治体系,进一步提高次区域合作效率。会议签署了《第十二届GMS经济合作部长级会议联合宣言》。2004年12月,GMS第十三届部长级会议在老挝万象举行。会议期间举行了发展伙伴会议,世界银行、欧洲投资银行、日本协力银行及法国、德国、荷兰、瑞典、日本等国援外机构的代表参加了会议。

2007年6月,第十四届GMS部长级会议召开,会议对已经开展的项目进行了评估,分析了GMS继续推进面临的困难。2009年6月,GMS第十五次部长级会议在泰国清迈召开。在第三次领导人峰会上通过了《万象行动计划》,讨论并通过了南北经济走廊开发规划、东西经济走廊开发规划、人力资源开发战略框架和行动计划、GMS能源合作路线图、GMS投资合作等工作规划。

2010年8月,GMS第十六次部长级会议在越南河内举行。会议回顾了自第十五次部长级会议以来GMS取得的进展,审议通过了铁路行业发展战略框架、农业领域合作规划、第二期核心环境项目战略方向、交通与贸易便利化行动计划、南部经济走廊战略行动计划及能源合作项目,并就GMS未来10年(2012—2022)发展战略进行了深入讨论。会议发表了《部长联合声明》,进一步推动GMS一体化进程。

2012年12月,以"新起点,新发展:巩固20年合作成果,提升未来合作水平"为主题的大湄公河次区域经济合作第十八次部长级会议在广西南宁召开。此次会议是2011年第四次领导人会议通过大湄公河次区域新十年战略后召开的首次部长级会议。会议取得多项积极务实成果,各成员国签署了《关于成立区域电力协调中心的政府间谅解备忘录》,决定成立GMS铁路联盟,并承诺加快次区域知识平台建设,推动交通走廊向经济走廊转变,并就制定区域投资框架的关键问题达成共识,从而开启了该机制迈向新十年的大幕。

2020年11月4日,以"继往开来,建设更加融合、包容、可持续、繁荣的GMS"为主题的大湄公河次区域经济合作第24届部长级会议(视频会)召开。会议审议了《GMS长期发展战略2030(草案)》《GMS应对疫情和恢复经济计划2021—2023(草案)》,审议通过了《GMS区域投资框架2022》等文本,并发布了《联合声明》。

(四) GMS目前的运行机制

目前,GMS的最高会议是领导人峰会,每三年召开一次,各国总理出席领导人峰会。GMS合作的日常决策机构是部长级会议(每年召开一次),下设高官会(每年召开两次)、工作组和专题论坛(九大领域各自召开相关专题会议),负责区域合作的政策制定及优先发展项目的确定。各级会议的职能分别如下:

(1)部长级会议负责在政策层面确定合作的大政方针。

(2)部长级会议下设高官会,每年定期召开。其职能是联系政策与业务层面,并为部长级会议做准备。参会高官一般为各国的GMS国家协调员(司局级)。

(3)工作组和论坛在业务层面负责具体项目的设计与实施。目前已根据部门职能或领域设置建立了9个工作组及论坛,9个工作组为:交通、能源、信息通信、农业、环境、卫生、旅游、人力资源开发、贸易与投资等九大优先领域。

(4)亚洲开发银行作为区域性开发银行,在GMS中发挥了重要作用。亚洲开发银行的作用主要体现在三个方面:一是充当GMS机制协调人,二是提供资金支持,三是提供技术援助。

二、大湄公河次区域经济合作的特点

大湄公河次区域经济合作是一个发展中国家互利合作、联合自强的机制,也是一个通过加强经济联系,促进次区域经济社会发展的机制。其特点主要体现在以下几个方面。

1.大湄公河次区域经济合作是"软制度"的合作

与正式协定和严格的制度推进一体化不同,GMS是市场作用的直接结果和表现,是"软制度"的次地区经济合作机制。GMS主要依靠一些非正式性的规定为降低成员国之间商品、服务等生产要素在区域内自由流动的成本提供公共产品和类公共产品。为此,GMS机制以改进区域内基础设施为基本原则,如大力改进和发展交通基础设施、通信设施,积极进行经济走廊建设,创建区域内的公路网以减少商品和人员自由流动的成本。

当然,除了注重区域内硬件设施的改善,GMS 还注重"软件"的发展。在次区域一体化进程中,GMS 机制注重跨界贸易和投资的便利化,通过减少通关手续实现通关便利化,促进了成员国之间的贸易和投资的发展。

从区域经济合作的模式看,湄公河次区域经济合作是开放和松散式的。它是相邻国家间的一个非正式多边合作机制,各参与国只是在现有关系基础上就基础设施、能源建设、贸易投资等一些特定领域进行自主合作,其目的是使该地区成为一个更具吸引力的投资场所,更具规模的开放型市场。在合作框架内,没有核心国家,一切决策都要通过成员国充分酝酿、讨论和协商来予以确定,形成的决策要兼顾各成员国的利益。这种开放式、松散型合作的一个显著特点是,各参与国无须做出主权让渡,仍保持完全的自主权。

2. 亚洲开发银行在次区域合作中起着主导作用

作为亚洲一个重要的地区性金融机构,亚行开发银行(简称亚行)在次区域合作中发挥着重要作用,是 GMS 机制的重要特点。亚行将其在该区域经济合作过程中的作用定义为:鼓励沿岸国之间的对话,加强互信;通过对具体项目的论证、开发、支持,推动该次区域内的各项经济合作项目的开展;同时,充分考虑和照顾湄公河沿岸各国的利益,为各国开展区域合作起到协调、提供便利和部分融资的作用。从多年的实践来看,亚行的作用主要体现在充当 GMS 机制协调人、提供资金支持和技术援助三个方面。在次区域经济合作过程中,亚洲开发银行为各国提供了一个非正式多边合作机制。各参与国享有完全的自主权,所有决议的形成均须在部长级会议上进行磋商,亚行在其间起协调的作用。在亚行这一开放性的机制安排下,次区域各国不断取得共识,合作领域日益扩大。就目前来说,GMS 是亚行实施的最成功的项目之一。

3. 大湄公河次区域经济合作是"次地区主义"和"新地区主义"的具体实践

所谓次地区是指比通常意义上的地区更小的、只是包括地区之内国家的部分范围的地区。有学者认为,地区可以划分为三种层次:宏观、微观以及介于两者之间的中观层次。所谓宏观地区,主要是指完全由主权国家的全部作为组成单位的地区;中观地区也是国际性的,至少由两个以上的国家组成,但不一定包括这些国家的全部疆界范围;而微观地区则是指一个国家内部的部分地区。GMS 就属于典型的中观层次的次区域经济合作机制。

与旧地区主义强调各国政府推动地区合作不同,新地区主义强调地区主义不再是"国家中心"的,而是由私营企业和跨国公司推动的,是市场作用的直接结果。如上所述,大湄公河次区域经济合作是区域内市场一体化的需要,在合作过程中一直重视私营部门在项目实施中的参与作用,具有典型的"新地区主义"特点。因此,GMS 是"次地区主义"和"新地区主义"的具体实践。

4. GMS 是以项目带动合作的发展模式

GMS 以项目为主导,以跨国项目的开展推动次区域国家之间的合作。在项目实施过程中,根据次区域成员的实际需求提供资金和技术支持。自项目实施以来,GMS 主要围绕基础设施建设、跨境贸易与投资、私营部门参与、人力资源开发、环境保护和自然资源可持续利用五大战略重点项目展开。截至 2010 年底,大湄公河次区域合作在交通、能源、电信、环境、农业、人力资源开发、旅游、贸易便利化与投资九大重点合作领域开展了 227 个合作项目,共投入资金 140 亿美元(2012 年底,该数值为 150 多亿美元),有力地推动了次区域各国的经济社会发展。其中,投资项目 55 个,总投资 138 亿美元(亚行自身提供贷款、动员成员国和其他发展伙伴的额度各约占 1/3),主要用于支持基础设施建设;技术援助项目 172 个,涉及资金 2 亿美元,其中亚行提供赠款 8000 万美元以上,主要用于支持成员国开展相关研究和能力建设活动。成员国之间的项目合作有力推动了次区域经济合作,也培育了地区内国家和人民的"区域认同"。

5. 多重合作机制共同推动次区域合作

大湄公河次区域合作是由多重合作机制共同推进的,主要有 1992 年由亚行倡导成立的大湄公河次区域经济合作机制,1995 年成立的湄公河委员会,1996 年成立的东盟—湄公河流域开发合作机制和中国、老挝、缅甸、泰国毗邻地区经济四角机制。多重机制有利于次区域合作的全面推进,但同时也给次区域合作项目造成了交叉,降低了推进合作的效率,一定程度上增加了成员国之间推进国际合作的成本。在以上四个合作机制中,大湄公河次区域经济合作是最主要的,在次区域合作中扮演着核心角色,发挥着不可替代的作用。

三、大湄公河次区域经济合作的趋势与前景

在大湄公河次区域合作进程中,仍然存在不少亟待解决的困难与问题,如整体经济实力不强,交通等基础设施建设尚需时日,次区域合作的协调与咨询机制不完善,大湄公河流域上、下游国家在水资源开发利用方面存在利益之争,等等。但总的来看,在经济全

球化和区域一体化的推动下,大湄公河次区域国家必将更加重视次区域合作的发展,并以此为动力更好地提升其整体竞争力,从而成为亚太地区新的增长极和南南合作的典范。

(一)大湄公河次区域经济合作面临的问题与挑战

大湄公河次区域经济合作在推进各国资源最优配置和促进各国经济社会发展的同时,也面临不容忽视的挑战。次区域经济总体水平较为落后,薄弱的基础设施和脆弱的生态环境,不健全的合作机制以及各种具有不确定性的因素,等等,都可能影响到经济技术合作的全面展开和次区域的深度融合。

1. 经济实力薄弱、内部差距较大仍是制约次区域合作发展的重要因素

大湄公河次区域各国都是发展中国家,从总体上看是世界上经济发展较为落后的地区。与此同时,相关各国在经济发展水平、产业结构、经济规模等方面又存在较大差距。次区域合作需要的大量资金要靠自身来筹措是十分困难的,而吸引外资又受到国际金融危机的影响,因此资金短缺仍将是次区域经济技术合作的一大障碍。

2. 成员国在经济发展的某些方面互补大于竞争

从资源禀赋、产业结构来看,大湄公河次区域各国经济上既有互补性又有同构性,从而决定了大湄公河次区域合作为互补与竞争共存的模式。大湄公河次区域从总体上还处于农业社会或农业社会向工业社会的过渡阶段,其生产要素结构表现为资源和劳动力丰富、资金短缺、技术匮乏,要素结构的同构性决定了湄公河流域各国在产业结构、贸易结构上的同构性,在外贸出口、吸引外资、开发资源和国际国内市场等方面相互之间存在着较大的竞争性,从而影响着次区域贸易投资自由化的进程。

3. 区域现在的合作机制和企业参与能力还不适应次区域经济合作的需要

大湄公河次区域的市场经济尚不发达,贸易和投资环境不够完善,货物、服务、资本、技术和人员在区域内流动还存在一些困难,使次区域的贸易与投资面临很多困难。在交通运输方面,车辆过境互通手续烦琐、费用过高,增大贸易成本;在投资方面,一些国家在许多领域为外国资本的进入设置障碍,等等。除了在经济合作开发方面,广大企业尤其是中小企业的参与度和参与能力都还很弱。

4. 国际多边、双边协调的难度较大

作为一个发展中国家的次区域合作机制，大湄公河次区域采取一种以项目为主导的较松散的合作方式，所有决策都要通过成员国讨论协商来确定，而且对成员国没有明确的约束力。由于湄公河次区域特殊的地缘经济、政治特点，这种开放式、松散型合作模式形成了多方接入、多轮驱动、多种合作机制并存、国际关系复杂的局面，如何协调各方利益是推进次区域合作面临的难题。

5. 在水资源的开发利用中，相关国家不易达成共识

较早如1998年老挝修建的屯欣本水电站，就引起了环境保护方面的担心和纠纷。水电等与环境有密切关联性的工程项目将成为相关各国合作开发的难点。

（二）大湄公河次区域经济合作将进一步深入开展

与此同时也必须看到，GMS在亚行和各个成员国之间密切协调的基础上已取得了可喜的成就。展望未来，"加强区域合作，实现本地区经济潜力最大化"已经成为成员国之间的共识。具体来看，今后一段时期大湄公河次区域合作将呈现以下发展趋势。

1. 在合作机制方面，大湄公河次区域各国的自主性将进一步增强

以2002年首次领导人会议为标志，大湄公河次区域合作的一个重要发展趋势是从依赖亚洲开发银行到次区域六国自己共同确立次区域经济合作战略框架、行动计划及制定相关的合作协定，确定重大合作项目。相关六国政府将逐步成为次区域合作的主导者，促使次区域各国不但要考虑自身在合作中的利益，还要更多地考虑六国的共同利益，共同促进大湄公河次区域合作的发展。

2. 中国在大湄公河次区域经济合作中的地位和作用将进一步凸显

随着经济的崛起和国际地位的日益提高，中国—东盟自由贸易区的正式建成，以及"与邻为善、以邻为伴"和"睦邻、富邻、安邻"周边外交方针的深入实施，中国在大湄公河次区域经济合作中的地位将进一步提升，其核心作用将逐渐形成。中国将遵循平等协商、互惠互利、共同发展的原则，与次区域各国一道继续不断深化GMS合作，加快次区域基础设施建设，推进贸易投资便利化与自由化，努力实现次区域的互联互通；加强能力建设和相互交流，提高整体竞争力，促进次区域经济社会全面发展和人民生活水平的不断

提高;进一步巩固和发展与各国的传统友谊,共同营造和平稳定、平等互信、合作共赢的次区域环境。

3. 基础设施建设的合作将进一步加快

依托和优化现有基础设施,以促进地区合作是大湄公河次区域经济合作的基本原则之一。今后一段时期,大湄公河次区域各国将继续加强互联互通的基础设施的建设,形成包括公路、水路、铁路、航空、管道在内的交通网络;电力联网与贸易将得到发展,统一的电力市场将逐步形成;信息基础设施不断完善,信息通信技术将进一步得到推广应用。

4. 交通走廊加快向经济走廊转化

随着三大交通走廊建设的完成,次区域内运输贸易便利化的推进和投资环境的改善,区域内贸易和投资将进一步扩大。随着具有资源优势的产业基地的不断出现和城镇化进程的推进,逐渐形成以交通走廊为依托的经济增长带,将交通走廊真正转化为经济走廊。

5. 能源、环境方面的合作将不断加强

近年来,能源、环境和气候变化等问题日益突出,能源开发和环境保护成为影响大湄公河次区域经济走廊合作能否可持续发展的关键。水电、油气和清洁能源的合作开发和利用将得到进一步推进,成为次区域合作的新的增长点。另外,在地区合作过程中,成员国将会更加重视环境保护和经济发展的关系,协调好上游地区与下游地区的矛盾,实现互利共赢。

6. 农业和旅游领域的合作将不断扩大

大湄公河次区域经济走廊地区大多为经济发展较为落后的农业地区。未来随着经济走廊合作的深入,区域内农村生态环境将进一步改善,农民收入将增加,贫困人口将不断减少,农业合作在现有基础上将会继续得到深化。旅游资源是 GMS 的优势资源,成员国之间将会继续重视旅游合作,推动跨境旅游便利化继而进一步增强地区旅游合作。

7. 教育、卫生等社会领域的合作将更加深入

经过多年的合作,GMS 在社会领域的未来合作将会进一步密切,在人力资源开发、高等教育以及提高医疗卫生水平和边境地区传染病的联防联控等方面的合作将得到加强。

8. 多重主体参与合作的格局将逐步形成

伴随着 GMS 的推进,地方政府部门和私营部门参与贸易、投资、旅游和其他经济社会领域合作的积极性将进一步提高,多个利益主体参与合作的格局将得以形成。

第二节 成立大湄公河区域铁路联盟(GMRA)的意义和定位

交通运输是区域经济的"血管"和区域内资源流动的载体,因此交通一体化是区域经济一体化的一种外在表现和重要的空间依托,也是区域经济整体协调发展和区域经济潜力充分发挥的前提和基础。对于 GMS 而言,交通一体化是实现其经济一体化的前提和重要步骤。六国的公路、航空、海运、铁路等各种交通方式间均已形成紧密合作,其中"泛亚铁路"是大湄公河次区域交通合作开发的重要内容,为了有效促进次区域路网发展,2014 年,在亚洲开发银行的主导下,成立了大湄公河区域铁路联盟(Great Mekong Railway Alliance, GMRA),该联盟的建立将有助于协调成员国间的铁路干线对接,加快推动跨境铁路项目实施,促进大湄公河次区域国家间以及次区域外国家高效、安全、环境可持续性的铁路客货运输,为加强各国经贸往来营造良好的环境。在目前国家"一带一路"倡议的大背景下,成立大湄公河次区域铁路联盟具有深远意义。

一、成立 GMRA 的意义

(一)对东盟国家发展的意义

1. 推进 GMS 经济走廊建设

经济走廊建设是大湄公河次区域经济合作的重要形式,按照亚洲开发银行的定义,次区域经济走廊就是"把基础设施的建设与改善生产、贸易以及其他发展的机遇相联系","以促进相连地区或国家之间的经济发展和合作"。其战略意义在于在全球化的背景下,以交通基础设施为载体,把经济发展与区域合作结合起来,使区域内各国实现互利共赢。经济走廊的核心就是以交通优势形成经济优势,以开放型的交通网络形成开放型的经济网络。

铁路作为比较优势明显的骨干交通方式,承担着各国关系发展后双边/多边贸易快速发展的重要运输任务,更承载着推动各国关系向全面化、正常化、深入化方向发展的重要使命。GMRA成立后,能够对GMS区域铁路发展进行顶层设计和规划,加快交通运输网络的建设进程,从而早日形成以交通运输网络为骨架的经济走廊。

2. 加速泛亚铁路建设

泛亚铁路作为一项国际铁路联网计划,由马来西亚总理马哈蒂尔在1995年12月东盟第五届首脑会议上提出,该铁路将连接新加坡、马来西亚、泰国、缅甸、柬埔寨、越南、老挝,最后到达中国昆明。2010年4月,亚洲18个国家在韩国釜山正式签署《亚洲铁路网政府间协定》,规划了泛亚铁路网,它对促进区域合作和带动相关国家的经济发展具有重要意义。然而,在推动落实阶段,遇到了统一思想困难、资金问题、技术问题、政治安全等诸多困难,举步维艰。从泛亚铁路现状来看,曼谷—吉隆坡—新加坡的已有铁路为共用段,自曼谷至昆明的待建铁路有东、中、西三个方案,经过中国、缅甸、越南、柬埔寨、老挝、泰国六个国家,各国间均存在缺失段铁路线路。

GMRA成立后,将扮演泛亚铁路建设协调者的角色,寻找各方利益的交集,竭力调动各国参与建设泛亚铁路的热情,努力说服各方真正参与到泛亚铁路的建设中来。对于困扰各国的投资问题,GMRA可协调各国采取多元化投资、市场化运作方式,建立健全基于市场的多元投资主体,拓宽铁路建设资金的来源渠道,研究吸引民间资本、企业和私人资本投资国际铁路建设与经营的投资体制,全方位支持泛亚铁路的建设。

(二)对我国国家战略的意义

1. 有效促进"一带一路"倡议的实施

"一带一路"倡议对于深化我国与中亚、西亚、南亚、欧洲等地区国家的交流合作、进一步扩大对外开放、推动我国经济持续健康发展具有重大意义。"一带一路"倡议强调互联互通,主要内容是五通(政策沟通、道路联通、贸易畅通、货币流通、民心相通)。从西南方向看,中国与周边的东南亚、南亚地区是世界上国家之间相互交往最早、合作历史最长的地区之一。东南亚地区自古就是中国"南方陆上丝绸之路"和"海上丝绸之路"的重要枢纽,20世纪90年代以来云南国际大通道建设初具雏形,为新丝绸之路打下了良好的基础。

2015年,"一带一路"进入全面实施阶段。根据《推动共建丝绸之路经济带和21世纪海上丝绸之路的愿景与行动》,基础设施互联互通作为"一带一路"建设的优先领域,铁路陆上联通的目标为:①抓住交通基础设施的关键通道、关键节点和重点工程,优先打通缺失路段,畅通瓶颈路段,提升道路通达水平;②推进建立统一的全程运输协调机制,促进国际通关、换装、多式联运有机衔接,逐步形成兼容规范的运输规则,实现国际运输便利化。目前,GMS各国铁路网中存在一些缺失路段,制约了铁路基础设施的互联互通。深化区域内铁路基础设施合作,加快铁路网络互联互通的规划建设,是落实习近平总书记考察云南重要讲话精神,将云南打造为"面向南亚东南亚辐射中心"的有力抓手;也是落实时任国务院总理李克强在大湄公河次区域经济合作第五次领导人会议上关于"深化基础设施领域合作"的重要举措;对于云南进一步完善铁路国际大通道,加快建成我国面向南亚东南亚的交通枢纽、经济中心具有重要意义。从目前进展看,GMS机制率先起步,将成为"一带一路"倡议取得成效的突破点,一批互联互通的国际铁路建设项目正在不断提速,泛亚铁路东南亚段中国境内的玉溪到河口、昆明到大理段已经通车;大理到瑞丽段正在建设;中老铁路开通运营已近三年,昆明正在变成一带一路的新枢纽。丝路基金和亚洲基础设施投资银行的设立,为一带一路沿线国家基础设施建设搭建了新的融资平台。GMRA成立后,将充分发挥机构的组织协调职能,加速东南亚地区的铁路基础设施建设。

2. 有效促进东盟命运共同体建设

十八大以来,打造命运共同体成为亚洲国家开创新未来的必要之路。打造"命运共同体"是新时代中国外交的新战略,意味着各国需要求同存异和休戚与共,以开放包容、合作共赢的心态谋求共同发展,以不断对话与协调来增加凝聚力,以不断建设和完善机制性合作来发挥建设性作用。大湄公河次区域经济合作(GMS)为中国参与的众多次区域经济合作中最成功、规模最大的,是我国经济与世界经济接轨的重要纽带。GMRA成立后,能够有效促进六个国家间的多边和双边铁路领域合作,在GMRA合作中注入经济命运共同体建设的相关内容,率先取得突破,形成示范。构建完善的GMRA运作机制能够有效促进与大湄公河区域国家打造命运共同体的进程。

(三)对我国铁路"走出去"战略的意义

截至目前,我国铁路在建设和运营方面已经积累了丰富的经验,特别是在高铁建设和运营方面已经走在世界前列。GMRA联盟内境外各国交通基础设施极为落后,急需振兴铁路,我国可以顺应潮流,乘势而上,共同推进泛亚铁路的发展。GMRA成立后,能够有效协调各国铁路,利用我国铁路的先发优势,最大限度调动我国的人力和物力资源,在建设施工或运输组织管理方面"走出去",更好实现我国高铁乃至相关产业规模化的发展。有利于对我国铁路"走出去"的建设模式、融资方案、运营管理、市场经营、风险控制、与所在国和谐相处、发挥企业社会责任、树立我国铁路形象等方面,进行全方位的探索。

二、GMRA 职责与定位

1. GMRA 特征

(1)稳定性。与正式协定和严格的制度推进一体化不同,GMS 合作是"软制度"的次地区经济合作机制,主要依靠非正式性的多边合作机制进行自主合作,GMRA 作为一个功能完善、运转高效的实体组织结构,依靠协议协调各成员国及与国际社会合作。相对而言,GMRA 是 GMS 合作机制下各领域中通过成立稳定的组织使各国合作稳固推进的先行者和试验者。

(2)依附性。从 1992 年东盟自由贸易协定签订开始,铁路作为交通发展的一个重要领域在各个协定中都处于核心位置,相应地形成多份议定书,直至勾勒出泛亚铁路的完整规划。在形成这样的各个战略框架基础上,通过成立 GMRA 推进各个层面的合作,因而 GMRA 本质上是依附于各种合作机制尤其是 GMS 而存在。

(3)非独立性。GMRA 由 GMS 部长级会议成立,GMS 可以被当作松散型的国际组织,则 GMRA 为其下的二级机构,是一个不具备法人实体地位的政府间组织,接受 GMS 部长级会议或交通论坛指导。因此,GMRA 非独立存在,不是一个具有国际法律人格的完全意义上的国际组织,非国际法的主体。

2. GMRA 职能定位

GMRA 成立时即被定义为一个在法律意义上不具有国际法律人格的政府间区域性国际组织,在机构性质上更接近铁组,它以促进区域内铁路互联互通和联运为目的,以制定运输政策、统一运输规则、协调互联互通中的问题为手段。GMRA 与铁组最大的不同在于铁组为具有国际法律人格的组织,而 GMRA 由于其依附性和非独立性的特征,为 GMS 下的二级机构,履行职责将受限于 GMS 框架下。但是,从另一个意义上来讲,在 GMS 框架下,便于 GMRA 更好地与国家战略衔接,在资金、技术、外交方面可以取得各国更大的支持力度。因此,考虑 GMRA 的个性特征,GMRA 职能定位如下:

(1)建设方面,首要任务是实现联盟内成员国之间铁路网的互联,加速推进泛亚铁路的建设进程。

(2)运营方面,对于已建成或将建成的铁路,通过制定统一运输协议和确定机车车辆等基础设施的技术标准等手段便利各国铁路间的过境运输。

(3)沟通方面,制定国际铁路运输方面协商一致的运输政策,解决联盟内部铁路联运中遇到的问题。

(4)合作方面,在内部成员国之间就铁路运输运营、经济、信息、科技等问题进行合作,外部与相关国际组织开展合作。

(5)协调方面,为有效解决联盟内部国家的铁路建设资金短缺这一突出问题,联盟应着力研究铁路建设运营模式和投融资模式,吸引私营组织加入铁路网络规划、建设和发展。

可以看出,GRMA 将在 GMS 区域国家的铁路发展中承担组织者、协调者和推动者的角色。

第三节　GMRA 发展概况

一、联盟简况

大湄公河区域铁路联盟(以下称"联盟")是大湄公河次区域经济合作(GMS)框架下的铁路协调促进机构。其成立构想始于 2009 年,当时鉴于 GMS 框架下铁路领域投入不足,亚行决定成立铁路专门协调机构进行专项研究推动。2013 年,亚行牵头起草形成政府间的《成立大湄公河区域铁路联盟谅解备忘录》(以下称"备忘录")。2013 年 12 月 11 日,第 19 次 GMS 部长级会议期间,中国、柬埔寨、老挝、缅甸代表签署备忘录;2014 年 8 月 3 日,泰国、越南代表签署该备忘录,标志联盟正式成立。

备忘录明确:联盟的初始成员为 GMS 六国政府;不具备法人实体地位;其主要任务是促进区域内铁路互联互通;相关工作接受 GMS 部长级会议和交通论坛的指导。联盟设立董事会和秘书处两个机构。董事会为最高决策机构,由七名董事构成,六个成员国各一名,亚行一名;董事会每年召开两次会议,按照一致通过原则进行决策;每任董事会主席任期 18 个月,依照国家字母顺序轮值。秘书处为日常执行机构,由秘书处主管领导;主管可以对外招聘,也可以由成员国政府协商选派;秘书处职员由各成员国政府选派或对外招聘。

联盟成立后,按照国家字母顺序,柬埔寨成为第一任董事会主席国,轮值时间从 2015 年 3 月至 2016 年 9 月。2017 年 9 月联盟第二次全体大会上,中国接任董事会主席,时间至 2018 年 3 月。成立初期的秘书处服务暂由亚行提供,时限不超过 24 个月,在此期间,联盟经费由亚行解决;之后秘书处职责将转由联盟的某个成员国承担,各成员需缴纳会费。

二、联盟工作进展

1. 日常工作机制

2015 年 3 月,在中国昆明召开的联盟第一次全体大会决定成立三个工作组:①网络互联工作组,由柬埔寨和越南牵头负责;②网络一体化及互通工作组,由老挝和泰国牵头负责;③合作伙伴及联盟运作工作组,由中国和缅甸牵头负责。

亚行东南亚分部指派两名工作人员(半专职)及一名外聘专家共同负责秘书处相关工作,无固定办公场所。各工作组在秘书处协调下开展工作,各国固定人员负责与秘书处日常联络。联盟组建初期,泰国和柬埔寨参会代表曾非正式表示有意承担过渡期后的秘书处工作,但后期由于经费无法落实,各国再未提起。

由于联盟实质工作进展缓慢,尤其距离线路互联这个基本目标距离遥远,各国积极性不高,因此未能实现备忘录中规定的联盟成立两年后秘书处职责转交某个成员国。

2. 阶段划分

以第二次全体大会为界,联盟工作分为两个阶段:工作组阶段和技术援助项目阶段(TA)。工作组阶段,各国分工推进联盟工作;技术援助项目阶段,亚行出资支持开展技术援助项目,以聘请专家咨询为主,成员国辅助推进。

3. 历次会议

召开会议是联盟的主要工作形式,每隔 1.5~2 年召开一次全体大会,迄今共召开三次全体大会,另外每个季度召开一次工作组会议,各工作组工作情况如下:

(1)网络互联工作

柬埔寨和越南牵头负责的第一工作组(网络互联工作组)主要推动物理连通,工作任务是分析第一次全体大会上确定的九个缺失段线路数据资料,并根据各项目的轻重缓急确定优先顺序。

（2）一体化和网络互通工作

老挝和泰国牵头负责的第二工作组(一体化和网络互通工作组)任务是拟定跨境运输协定,并收集各国运输运营指标以及基础设施和机车车辆技术指标数据。

（3）合作伙伴和联盟运作工作

中国和缅甸牵头负责的第三工作组(合作伙伴和联盟运作组)负责提出联盟的组织架构、运作机制、成员加入、议事规则、会费缴纳、秘书处选址等方案建议。

下篇

国际公约

第五章 国际铁路运输公约

通常意义上的国际公约(International Convention)是指多国间为解决某个领域的重大问题、由负有职权的国际组织通过举行国际会议并开展多边谈判方式而缔结的多边条约。在海运、民航、铁路的国际运输活动中,需要有国际法来调整各种法律关系,规定各领域的行为规范和制度,这种法律关系通过国家间相互协商签署国际公约来实现。各交通方式由于历史沿革、技术经济特征和关注重点不同,形成的国际公约体系也有差异。

第一节 国际公约对比

一、交通运输国际公约体系

(一)海事国际公约

国际公约术语中,一般以"海事"代替"海运"。"海事"是指海上运输中发生的与船舶有关的各种特定关系,海事国际公约是调节海事特定关系的多边协定,它随着国际航运业的发展和技术进步,以及国际社会对船舶航行安全和海洋环境安全的日益关注而不断得到产生和修订。从逻辑关系上来看,《联合国海洋法公约》是海事国际公约的顶层,其他相关的公约不能与之相悖。海事国际公约按照其调整的社会关系可简单划分为公法性公约和私法性公约。

1. 公法性公约

从海事国际公约影响力上来看,《国际海上人命安全公约》(SOLAS)、《国际防止船舶造成污染公约》(MARPOL)、《海员培训、发证和值班标准国际公约》(STCW)以及《国际海事劳工公约》(MLC)影响力相对较大,成为国际海事法规体系的四大支柱,它们针对公法领域中最为关注的船舶安全管理、防止海洋污染和船员安全管理等方面,从总体上抓住了促使国际航运业成功和继续发展的基本要素,搭建了国际海事公法性公约的法律框架。

2. 私法性公约

私法性公约是指规定平等主体的当事人之间具有民事性质的海事关系,旅客运输和货物运输分别由不同的公约规定。与货物运输有关的代表性公约为《统一提单的若干法律规定的国际公约》(简称海牙规则)、《修订统一提单若干法律规定的国际公约的议定书》(简称海牙—维斯比规则)、《联合国海上货物运输公约》(简称汉堡规则)、《联合国全程或者部分海上国际货物运输合同公约》(简称康特丹规则)等,这些公约中一般不含有政府监管条款,只调整公司(如大型船运公司)或个人间的关系。与旅客运输有关的公约为雅典公约,是对海上运输旅客及其行李时发生的民事关系予以调整的公约。

(二)民用航空国际公约

民用航空的国际公约,是航空法的一个重要组成部分。民用航空是指使用航空器从事除了国防、警察和海关等国家航空活动以外的航空活动,它涉及领空主权、空域的管辖权、国际航空运输业务、权利损失的赔偿责任、制止劫持飞机问题。国际民用航空公约是缔约各国间解决民航法律问题的国际统一规范。目前世界上涉及国际航空方面的公约及配套的协定和议定书有50多个,按照其调整关系的性质,主要包括三大体系。

1. 关于航空权利的宪章性的国际航空公法公约体系

即处理有关国家之间民用航空事务规范和国际民用航空关系的航空公法。此类国际公约体系是以1944年《国际民用航空公约》即《芝加哥公约》为核心,连同诸如《国际航班过境协议》《国际航班运输协议》等公约以及一系列对《芝加哥公约》进行修改和补充的议定书所形成,亦称为芝加哥公约体系。该公约是国际民用航空的宪章性文件,也是包括国际航空运输法在内的现行国际航空法的基础。

2. 关于保障航空安全及防止航空器上犯罪的国际航空刑法公约体系

即处理和防止航空器上的犯罪行为规范的航空刑法。第二次世界大战后,空中劫机事件日益增多，1960—1977年共发生50余起，严重地危害了旅客的生命财产安全，民航安全公约就是在这样的背景下产生的。以1963年东京《关于在航空器上犯罪和其他某些行为的公约》为核心和基础，与1970年海牙《关于制止非法劫持航空器的公约》、1971年蒙特利尔《关于制止危害民用航空安全非法行为的公约》以及其他议定书和公约等所形成的国际航空刑法序列，亦称东京公约体系。这些公约加强完善了现有国际航空保安公约体系，加大了打击恐怖行为的力度并增进了国际反恐合作。

3. 关于调整国际航空运输合同关系以及对地面第三者损害责任的国际航空私法公约体系

其中最重要的是处理国际航空运输中承运人和货主及乘客之间关系规范的，亦即关于调整国际航空运输合同关系的国际公约。依据对国际航运规则以及承运人赔偿责任限额和责任制度规定的不同，这些国际航空运输法公约又可以细分为"华沙公约"和"蒙特利尔公约"两个体系，都同时包含了调整旅客运输和货物运输的规定。另外，《外国航空器对地（水）面第三方造成损害的公约》（简称《1952年罗马公约》）是关于航空器经营人对第三方损害责任制度的国际公约。最新的《关于航空器对第三方造成损害的赔偿的公约》于2009年5月2日在蒙特利尔国际航空法会议上签订。此外，《国际承认航空器权利的公约》是1948年6月1日于日内瓦召开的国际民航组织大会通过并签署的，1953年9月17日生效，是关于对飞机财产权的国际承认问题的公约。

(三) 铁路国际公约

与民用航空、海事的公法、私法综合性国际公约体系不同，铁路国际公约主要是私法性质的运输公约，即由签订运输合同而引致的处理承运人、货主、乘客及其他经营主体之间责任制度的国际多边条约。包括以奥地利、法国、德国、比利时等大部分欧洲范围内国家为成员国的国际铁路运输政府间组织主持签订的《国际铁路货物运输公约》，以及于1951年11月由苏联、波兰、捷克斯洛伐克、匈牙利、罗马尼亚、中国、越南、朝鲜等亚欧两大洲原社会主义国家构成的铁路合作组织主持签订的以《国际铁路货物联运协定》为主体的一系列国际客货运送文件。近年来，在原有协定基础上，我国同相关国家又重新增订了有关铁路运输的国际公约。

二、交通运输国际公约比较

交通运输国际公约比较见表5.1。

交通运输国际公约比较　　　　　　　　　　　　　　表5.1

领域	公约数量	法律范畴	代表性公约	主要内容	组织制定并签署公约的国际组织
海事	40多项	国际公法性质	国际海上人命安全公约(SOLAS)	是涉及海上安全的各种国际公约中最重要的公约，1974年通过后，又经过1978年议定书、1988年议定书以及许多次修正案，主要是规定船舶的安全和防污染	国际海事组织
			国际防止船舶造成污染公约(MARPOL)	涵盖了除处理倾倒垃圾外的船舶污染各个技术层面的问题，包括6个技术性附则：防止油污规则、控制散装有毒液体物质污染规则、防止海运包装形式有害物质污染规则、防止船舶生活污水污染规则、防止船舶垃圾污染规则、防止船舶造成大气污染规则	国际海事组织
			海员培训、发证和值班标准国际公约(STCW)	为缔约国提供了一个普遍能接受的船员培训、发证和值班方面的最低标准，为在全球范围内保障海上生命、财产安全和环境安全，控制人为因素影响海难事故起到了积极作用	国际海事组织
			国际海事劳工公约(MLC)	详细规定海员的最低从业资格要求、就业条件要求、船上生活设备设施标准、职业健康等内容，明确了海员权利和成员国义务	国际劳工组织
		国际私法性质	海牙—维斯比规则	《海牙规则》是第一部对提单进行规定的国际公约，《海牙—维斯比规则》是《海牙规则》的修改补充，扩大了原规定的适用范围，与《海牙规则》一起称为《海牙—维斯比规则》	国际海事委员会
			汉堡规则	《汉堡规则》是《联合国海上货物运输公约》，是代表货主利益对《海牙—维斯比规则》的修改，建立了船货双方平等分担货物海上运输的风险制度，尤其是改变了承运人责任基础，将不严格过失责任改为推定过失责任	联合国国际贸易法委员会

续上表

领域	公约数量	法律范畴	代表性公约	主要内容	组织制定并签署公约的国际组织
海事	40多项	国际私法性质	鹿特丹规则	取代《海牙—维斯比规则》和《汉堡规则》，达到国际海上货物运输法的重新统一，于2009年对各国开放签署，但签署国大部分为航运不发达国家，各航运大国并未加入公约	联合国国际贸易法委员会
			雅典公约	《雅典公约》全称为《海上旅客及其行李运输雅典公约》，主要规定了海上运输承运人对旅客人身伤亡、行李和车辆损失的赔偿责任和限额	国际海事组织、国际海事委员会
航空	50多项	国际公法性质	芝加哥公约	包括《国际民用航空公约》和《国际航空过境协议》《国际航空运输协议》这两项适用于国际定期航班的特殊协议。《国际民用航空公约》包括确认国家航空主权原则、飞机权利、国家主权、设立国际民用航空组织、争议和违约等内容；两项特别协议规定了航空运输的五项权利	国际民航组织
		国际刑法性质	东京公约、海牙公约、蒙特利尔公约	规定国际飞行中在飞机上发生劫持等非法暴力行为的处理原则，各缔约国严厉惩罚一切破坏和损害民用航空安全的罪行，并对这些罪行实施普遍管辖权	国际民航组织
		国际私法性质	华沙公约和海牙议定书、蒙特利尔公约	法律上处于平等主体的承运人和旅客/货物之间的民商事法律关系，既包括规定国际航空运输凭证和承运人责任制度的实体法内容，也包括规定民商事纠纷争议解决方式和诉讼管辖等程序法内容	国际民航组织、国际航空运输协会
铁路	2项	国际私法性质	国际铁路运输公约（COTIF）	建立国际联运法规体系，并促进其发展和在成员国中的应用；统一各国技术标准，促进设备设施的互操作性，对铁路材料进行技术许可，增加国际联运的便利性	国际铁路政府间组织
			国际旅客联运协定、国际铁路货物联运协定	在欧亚各国间组织铁路货物直达联运、完善车辆使用规则、编制供电和列车高速行车线路设备的技术标准、编制危险货物运送规则等	铁路合作组织

三、交通运输国际公约比较分析

1. 关于国家领土主权的规定

领土主权是国家在其领土范围内享有的最高的和排他的权力,领土分为领陆、领海、领空三个部分,由于铁路、海运、民航的跨国界运输分别在以上三个空间完成,则各自的国际公约中不可避免会出现与主权相关的内容。民航国际公约的主权性非常突出,宪章性的《国际民用航空公约》中涉及了一国的领空、领土主权及国家安全问题,其通过规定九种航权来规范国际航空运输。

国家对于航运领域的领海权是通过海上管辖权获得的,海上管辖权由《联合国海洋法公约》统一规定,在领海内,沿海国享有充分主权,外国商船和军舰享有无害通过权。海事国际公约中规定的船籍国、港口国的监督执行机制,海难救助方面签订的《国际海上搜寻救助公约》和船舶污染方面签订的《防止倾倒废物和其他物质污染海洋公约》等就是实施国家领海权的具体体现。国际法下,船籍国对于船舶的管理和公约的执行负有最重要的责任。各国可以决定如何授予船籍并承担相应的监督义务。

铁路国际公约中不涉及领陆权的内容。因为领陆权在物理设施上的体现就是边界,而相邻两国勘界后国界就较为清晰。铁路受轨道的限制,只能通过固定的国境接轨点进入另一个国家,国际铁路运输与领土争议的关系不大,不需在多边公约中专门对此约定,我国同周边五国签署的双边国境铁路协定中有所涉及。

2. 有关运输过程安全性的规定

海运业是真正的全球化行业,由于受环境的恶劣性和不可预见性、人为原因及其他因素影响,事故率一直居各交通方式之首。因此各国对此高度关注,国际海事组织的主要宗旨就是保证航运安全,如《海上人命安全公约》《防止海上船舶污染国际公约》等法规就是出于该原因制定,原因分析发现80%的海运事故是由于船员人为因素导致的,所以国际海事组织又制定了关于船员人身保障的公约。海事国际公约早期主要关注公共安全,即生命和船舶安全,继而转向环境安全,现在集中在海员的劳动保护,核心都是围绕安全立法。

自从航空器问世以来,劫持民用航空器犯罪在许多国家和地区泛滥,甚至常常被作为政治斗争的手段,某种意义上来说,保卫民航安全就是保卫国家安全,航空的国际性、高速度特征也决定了需要由国际社会整体进行安全立法,因此,航空公约的一项重要内容就是制定惩治劫机犯罪的刑事法律。另外,在《国际民用航空公约》附件中也明确规定了主管当局和各主体的安全保卫义务。

与航空和海运相比,国际运输的安全性高,亚欧地区开办铁路联运100多年来未曾有事故记载,涉及的安全问题更多集中在货运的危险货物运输中,在事故频率和严重程度上与另外两种交通方式不可相提并论。因此,没有专门的针对运输安全的铁路国际公约。

3. 有关交通工具国籍的规定

国际法对于海运和民航交通工具的国籍都有严格规定,且互相借鉴。海运领域,国际法框架下,如果国家和船舶间有联系,则各国有权制定船舶在本国登记及悬挂该国船旗的条件。根据1958年《日内瓦公海公约》,各缔约国不仅要依法开展船舶登记,更要对本国船舶行使行政、技术、社会等方面的监控权和司法管辖权。

民航领域,《国际民用航空公约》(通称《芝加哥公约》)第17条作出规定:航空器具有其登记国家的国籍。这表明民用航空器具有其国籍登记国规定的法律人格,登记国应保证本国国籍的民用航空器遵守所到达地区关于航空器飞行和地面转移的规则和规章,并保证航空器能够得到登记国提供的保护和监督。

与航空和海运相比,铁路国际运输的范围极大受限。铁路的机车车辆不具有自由流动性,只能在固定轨道上运行,且由于各国的铁路技术标准不同,机车车辆的互换性差,各国间难以互相租用机车车辆,交通工具的所有权和使用权合一,因此铁路交通工具不做国籍规定。

4. 法律范畴

海事和民航国际公约具有公法私法综合性(目前国际法并没有权威的分类方法,表5.1中所述的国际刑法为新的国际法门类,一些研究中也认为应暂时归在国际公法下,因此此处只涉及公法和私法),既涉及国家主权、交通工具国籍等公法问题,又涉及承运人责任、赔偿数额、司法管辖等冲突问题。以国家名义参加的政府间国际组织多制定公法性国际公约,非政府间国际组织多把立法重心放在私法性国际公约。如海事国际公约主要由国际海事组织制定,而国际民航组织作为民航领域唯一的政府间国际组织,签署的宪章性的《芝加哥公约》也是基于民用航空的国际性,对公法和私法有关内容进行了规定。

铁路国际公约私法性特征明显。铁路与民航和海运不同,技术经济特征决定了它的国内性。就铁路的经济运输半径而言,货运为1000～2000km间、客运约为1000km以内。对于类似于我国这样的幅员辽阔的国家而言,更适合开展国内运输。铁路国际联运的另一个特殊之处是要在每一个国家边境更换承运人,改由接收国铁路承运,这决定了承运人责任制度的复杂性。国际铁路政府间组织和铁路合作组织均以统一私法性质的运输法为主要宗旨。

四、总结

(1)交通运输国际公约的产生都是以实际需求和人类的认知为条件。如海运沉船事件和民航劫机事件后通过的安全公约、人类环保意识提高后签署的防止船舶污染的国际公约、科学技术进步带来的对船舶修造标准和防止船舶污染海洋控制的细化和量化等,甚至是东欧各国出于政治上的考虑签订的《国际铁路旅客联运协定》和《国际铁路货物联运协定》。

(2)交通方式是否具有国际性是导致国际公约内容差异的最本质因素。民航、海运具有天然的国际性,涉及领海和领空国际主权以及国家安全问题,公约具有一定相似性。铁路的技术经济特征决定了更适于承担国内运输任务,从运量看,粗略统计,铁路完成的国际货物联运占总量不足5%,国际旅客联运占总量不足1%,主要产生于相邻国家之间,因此多边性质的铁路国际公约起步晚且数量少。

(3)各公约法律框架不同。民航、海运国际公约具有公法私法综合性,铁路国际公约私法性更强。其中海事国际公约不独立存在,是以《联合国海洋法公约》为宪章的整个海洋法律制度的一部分,主要规定海上安全、发展海运等与船舶相关的各种特定关系。

(4)公约关注重点不同。民航、海运的国际性决定了市场开放性高,甚至在1995年生效的WTO服务贸易法《服务贸易总协定》(GATS)中也将这两个服务部门纳入提供市场准入的范围,经济和贸易上的国际开放必然要求各国政府加强行政和司法方面的管辖权,因此民航和海运国际公约集中在以行使国家主权和保证国家安全为根本目的的国际法性质非常强的领域。

第二节　国际铁路联运法律规范

本节主要讨论我国与其他国家开展国际铁路货物联运时采用的法律规范体系,分为多边协定和双边协定。

一、多边协定

多边协定是指协调国际联运整个运输过程的协定,主要解决大宗货物或中欧(亚)班列开行中全过程的问题,包括计划商定、收费、单证、报关报验手续、交付、货损赔偿等。多边协定主要有:

①《国际铁路货物联运协定》(《国际货协》);
②《国际铁路货物联运协定办事细则》(《国际货协办事细则》);
③《国际铁路货物运输公约》(《国际货约》);
④国际货约/国际货协运单(统一运单);
⑤《国际铁路货物联运统一过境运价规程》(《统一货价》);
⑥《国际联运货车使用规则》(《货车规则》);
⑦《国际旅客联运和铁路货物联运清算规则协约和清算规则》;
⑧《年度进出口和过境货物运量及其保证措施会议议定书》(《运量会议议定书》)。

1.《国际铁路货物联运协定》和国际货协运单

(1)《国际铁路货物联运协定》

《国际铁路货物联运协定》(Agreement on International Railroad through Transport of Goods)简称《国际货协》,是于1951年11月由苏联、捷克、罗马尼亚、东德等8个国家共同签订的一项铁路货运协定。1954年1月中国参加,其后,朝鲜、越南、蒙古也陆续加入。

2015年10月,国际铁路合作组织运输法专门委员会国际货协问题会议通过了《国际铁路货物联运协定》和《国际铁路货物联运协定办事细则》的正文和部分附件。经我国国家铁路局公布,自2016年7月1日实行。之后每年对其进行修改和补充,均从次年7月1日起生效。

第1章"总则"规定了协定的目的,主要的术语解释,协定的适用范围等。"本协定规定了在国际铁路直通联运和国际铁路—轮渡直通联运中货物运输合同的统一法律标准。"本章还阐述了国内法律的适用、强制性法律规定、运送的预先商定、货物运送规则、危险货物的运送、货物的装载加固、作为运输工具的非承运人所属车辆的运送规则、信息指导手册、采用国际货约/国际货协运单办理的货物运送等内容。

第2章"运输合同"规定了承运人有偿根据运输合同将发货人托运的货物运至到站并交付收货人;并规定了运单为缔结运输合同的凭证,运单应该记载的内容、形式(纸质或电子)以及采用的语言(应该是俄文或中文中的一种);还规定了发货人、承运人的责任,容器包装的标记、实封,货物的承运、交付、变更,运送费用的核算核收,商检海关等行政手续的履行,以及货物损失、索赔程序、举证责任、诉讼时效等。

第3章"作为运输工具的非承运人所属车辆的使用"规定了承运人可以和其他车辆所有人签订车辆使用协议,用这些车辆从事国际直通运输的有关规定,比如重车如何运送,空车如何排空,车辆损坏、灭失如何处理。

第4章"附则"阐述了本协议和《国际货协办事细则》的修改、补充和公布的有关规定以及生效日期(1951年11月1日)、有效期(不固定期限)和书写文本(俄文和中文,有分歧时以俄文为准)的规定。特别是明确了《国际货协办事细则》用于调整承运人之间的关系,不能调整发货人和收货人(为一方)同承运人(为一方)之间的法权上的相互关系。

《国际货协》有六个附件,规定了普通货物的运送规则、危险货物的运送规则、货物装载和加固的技术条件、国际货协/国际货约运单指导手册等。

(2)国际货协运单

国际货协运单是发、收货人(货主)与铁路间缔结的运输合同,具有法律效力,发货人填制好运单,盖上发货人章,发运站盖上带有日期的发运章后,即是运输合同。

国际货协运单是《国际货协》成员铁路的运送契约。每一参加全程运输铁路,自接到附有国际货协运单的货物时起,即认为参加本次运输合同,承担连带责任,负责完成货物运送全程的运输契约,直到在到站交付货物为止。

国际铁路货物联运的工作语文是中文和俄文,运单应用发送国文字以及铁组工作语文(中文、俄文)中的一种或两种文字印制。

运单正本由下列部分组成:

第1张——运单正本(给收货人):随同货物至到达站,并连同第5张和货物一起交给收货人;

第2张——运行报单(给到达路):随同货物至到达站,并留存到达路;

第 3 张——货物交付单(给到达路):随同货物至到达站,并留存到达路;

第 4 张——运单副本(给发货人):运输合同签订、货物发运后,交给发货人;是用于外汇核销、信用证议付时的发货凭证;

第 5 张——货物接收单(给缔约承运人):缔约承运人留存;

第 6 张——货物到达通知单(给收货人):随同货物至到达站,并连同第 1 张和货物一起交给收货人。

2.《国际铁路货物联运协定办事细则》

《国际铁路货物联运协定办事细则》简称《国际货协办事细则》,规定了各个铁路承运人在办理国际铁路联运时应该遵守的有关规定及办理流程,但是不能约束发货人和收货人的责任义务。

《国际货协办事细则》有 13 条和 3 个附件。

第 1 条 "前言"明确了《国际货协办事细则》是根据《国际货协》第 54 条的规定制定。本细则只能调整承运人之间的关系,不能调整收发货人和承运人之间的法律关系。当按《国际货协》条件运送货物的承运人之间无其他协定时,按本细则办理。由此可知承运人之间的双边协定要高于本细则。

第 2 条 "补送运行报单"规定了补送运行报单是承运人文件,主要用于当一批货物中的部分货物晚于主要部分发送的情况下。

第 3 条 "普通记录"明确了普通记录是承运人为证明发生影响或可能影响货物运送的情况而编制的文件,规定了普通记录的填写说明。

第 4 条 "商务记录"规定了商务记录的填写说明。商务记录是当承运人发现货物名称、数量等与实际不符时编制的法律文件。

第 5 条 "承运人戳记"规定了承运人在办理文件时要使用戳记和日期戳。

第 6 条 "运输合同的变更"规定了收发货人申请变更运输合同时的处理方法和流程。

第 7 条 "停运和禁运的通知"规定了发生停运情况的处理办法。

第 8 条 "货物的查询"明确了收发货人提出查询货物申请后承运人的工作方法。

第 9 条 "赔偿请求的审核"详细规定了承运人如何进行赔偿。

第 10 条 "承运人之间的货物交接"规定了承运人之间如何交接货物。

第 11 条 "更换轨距时的货物换装"规定了货物换装到不同轨距车辆时如何操作。

第 12 条 "货物误送时承运人的处理办法"规定了货物未通过运单中记载的国境站

运送或抵达非运单中规定的车站时的处理方法。

第13条"公文的办理"规定承运人间往来公文的语言及相关要求。

附件1:补送运行报单(样式)。

附件2:普通记录(样式)。

附件3:交接单(样式)。

3.《国际铁路货物运输公约》和国际货约运单

《国际货约》是《国际铁路货物运输公约》的简称,是1890年欧洲各国在瑞士伯尔尼举行的各国铁路代表会议上制定的《伯尔尼公约》发展而来的。1938年修改时改称《国际铁路货物运输公约》,又称《伯尔尼货运公约》,同年10月1日开始实行。《国际货约》是规范欧洲铁路联运、多式联运的公约,规定了承运人的责任、铁路运输的有关流程以及发货人、收货人、承运人应该遵守的有关事项。初期参加国共有24个:德国、奥地利、比利时、丹麦、西班牙、芬兰、法国、希腊、意大利、列支敦士登、卢森堡、挪威、荷兰、葡萄牙、英国、瑞典、瑞士、土耳其、南斯拉夫、保加利亚、匈牙利、罗马尼亚、波兰、捷克斯洛伐克。

中欧(亚)班列通道上适用于《国际货约》的国家有德国、西班牙、法国、意大利、荷兰、土耳其、匈牙利、波兰、捷克。所用的《国际货约》已以作为附件二"国际铁路货运合同的统一规则"的形式的形式纳入《国际铁路运输公约》(COTIF 1999),《国际货约》共五部分52条。

第一部分"总则"描述了公约适用的铁路和运输、多式联运的规定、不予承运的物品、特殊条件下承运的物品以及承运铁路的责任。

第二部分"运输合同的签订和履行"描述了运输合同的格式(运单)、运价、承运、交付、海关文件、收费及罚款,以及合同修改的权限等。

第三部分"责任"描述了铁路的连带责任、责任范围、举证责任、货物损坏灭失的赔偿等。

第四部分"权利维护"描述了货物部分丢失或损坏的认定、索赔、有权提出诉讼的人、法权、诉讼失权、诉讼时效等。

第五部分"承运人之间的关系"描述了承运人之间的结算、追索等。

现使用的《国际货约》仅对国际铁路货物运输应遵守的基本原则做以约束,与其相辅相成的、更为详尽的规定由国际铁路运输委员会(CIT)作出,如《国际铁路货物联运承运人间协定》(AIM)对承运人间如何计算赔偿进行了更为详尽的规定;还包括承运人和托运人之间签署的基本合同,即《国际货约的一般规定和条件》(GTC-CIM);此外,运单式样也可在 CIT 网站中找到。货约运单是在适用于《国际货约》的国家之间的铁路联运所使用的运输单证。运单应以两种或如需要以三种文字印制,而其中至少一种应为法文、德文或意大利文。运单应载有发到站、收货人的名称和地址、货物名称和重量、海关要求的随附单证、发货人的名称和地址等。此外如需要,运单应记载本公约规定的其他事项,比如交付货物的方式可以是"等待指示"或"送货到门"字样等。

由此可见,《国际货约》要比《国际货协》更灵活一些,货代公司对货物可以有更大的支配权。

4. 国际货约/国际货协运单(CIM/SMGS Waybill,统一运单)

如前所述,亚欧之间的铁路运输适用于两个协定,即《国际货协》和《国际货约》,在各自范围内分别有国际货协运单和国际货约运单。这样带来的问题是联运的货物必须在交界的边境站重新办理发运手续,重新制作另一运输法律体系的单据,不但耽误时间,也浪费人力物力。为解决上述问题,两个组织成立联合工作组,制定了"国际货协/国际货约运单",简称统一运单。

2011 年 12 月,铁道部国际合作司对《国际货约/国际货协运单指导手册》作为《国际货协》附件第 6 号正式颁布。手册中对于统一运单的样式、使用文字、填制内容说明、参加国家铁路、适用条件、费用支付、运输径路及转发地点、协议原则均做了详尽规定。

(1)参加统一运单的国家铁路成员

由《国际货协》和《国际货约》两个国际铁路组织的成员国铁路组成。

适用《国际货约/国际货协运单指导手册》的《国际货约》成员有 22 个,《国际货协》成员有 14 个。

其中部分国家铁路是同时参加两个协定,包括:保加利亚、立陶宛、波兰、罗马尼亚、斯洛伐克、捷克和匈牙利铁路。以上国家铁路基本上包括了亚欧大陆桥铁路运输的主要发运国和过境国。

(2)统一运单的历史

在亚欧大陆的两大政府间国际铁路合作组织,即铁路合作组织(铁组,OSJD)和国际铁路运输政府间组织(OTIF),在各自范围内分别适用不同的运输法规,即《国际铁路货物联运协定》(《国际货协》)和《国际铁路货物运输公约》(《国际货约》)。两个运输协定对铁路运输范围的规定和运输单据都有所不同。

原来在两种运输法体系间办理货物运输时存在的主要问题是,由《国际货协》参加路向《国际货约》参加路及回程方向发送货物时,必须在最后一个(或第一个)国际货协参加路的国境站办理转发运手续,重新办理另一运输法体系的运送票据,工作量巨大。既大大延长了货物送达时间,又增加了运输费用。

为解决上述问题,实现货物运送全程按一份运单办理。铁路合作组织(铁组,OSJD)和国际铁路货物运输政府间组织(OTIF)成立了联合工作组,共同编制了统一运输单据——国际货约/国际货协运单,并在2006年7月首先在乌克兰进行了试行。此后自2007年7月1日起在乌克兰、白俄罗斯、俄罗斯等一些东欧国家正式实施。

在白俄罗斯、德国、捷克、乌克兰、波兰、俄罗斯等铁路间部分路径上办理货物运输时,广泛采用国际货约/国际货协运单。实行统一运单后主要有以下三大变化:一是近年来使用统一运单办理货物运输的数量大幅度增长。如2011年前7个月,在过境波兰的运输中,有39989车货物采用了统一运单;乌克兰铁路2011年1—7月份办理了9500车,比2010年全年办理的车数还多了5010车;俄罗斯铁路在与德国、罗马尼亚、法国、捷克等国铁路的运输中,2011年1—7月份,有21780车货物采用统一运单。二是采用统一运单的车站扩大。如,俄罗斯铁路,2006年刚采用时只规定了几个车站和限定的路径,2016年已对全铁路各站有效。三是适用统一运单的国家增多。除东欧各国外,哈萨克斯坦、蒙古、摩尔多瓦铁路已确认适用统一运单。据了解,与传统运单相比,采用统一国际货约/国际货协运单,每车可节省费用约40欧元,每列可缩短停留时间16h以上。

(3)统一运单的主要特点

编制的国际货约/国际货协运单,系国际货协运单和国际货约运单的物理合并,保留了国际货协运单原有各栏内容,只是在次序上对部分栏进行了调整,同时新增了国际货约运单部分内容,以及与办理转发运手续相关的内容,共有112项。与国际货协运单相比,新运单主要有以下特点:

①增加了运单语文种类。新运单的印制和填写除中文、俄文外,还可采用英文、德文或法文中的一种。

②统一了运送票据,但并未改变运输法规的属性。在国际货协适用范围内采用时,新运单作为国际货协运单使用,适用《国际货协》的规定;在《国际货约》适用范围内采用时,作为国际货约运单使用,适用《国际货约》规定。

③采用新运单不改变《国际货约》和《国际货协》中关于责任、赔偿请求等相关规定。

5.《国际铁路货物联运统一过境运价规程》

《国际铁路货物联运统一过境运价规程》(简称《统一货价》)规范了参加协定的国家之间通过铁路运送时如何核收运费的有关规定,共6条。

第1条——总则。明确了参加本规程的铁路名称,中铁、白铁、哈铁、俄铁、拉脱维亚铁路、保加利亚铁路、乌兹别克铁路、乌克兰铁路等都是参加路。需要指出的是参加统一货价的国家都是参加国际货协的国家,没有资料表明,国际铁路运输政府间组织成员国铁路之间也存在类似的运价规程。

第2条——统一过境运价规程修改和补充公布办法。规定本规程修改和补充事项在各参加国公布的出版物或官方网站名录。

第3条——运送费用计算和核收。明确了运价货币、运送费用的计算办法、特殊运价规定等问题,规定了整车货物运费、带轮货物运费、直达列车或承租车辆运送的货物运费、专用机车货物运费、零担货物运费、超长超限货物运费、罐装货物运费、危险货物运费、易腐货物运费、动物运费、押运人乘车费、运送尸体的费用、运送用具的运费、集装箱货物运费、托盘货物运费等的计算方法。

第4条——杂费及其他费用。明确了诸如换装费、货物声明价格费、与运送货物验关有关的费用、运送票据重新办理费、车辆在国境站停留费等杂费的费率标准。

第5条——过境里程表。明确了各个国家铁路的过境口岸和里程,用以核算运费。

第6条——过境统一货价参加路运送货物运费计算。包含三个表分别为整车货物运送运价费率表、通用大吨位集装箱运送运价费率表、中吨位通用集装箱运送运价费率表。

需要说明的是,按照《统一货价》计算出来的运费,比国内现行运费要高得多,所以中铁为了鼓励过境运输,对过境运费给予了一定的优惠。

根据2014年3月18日"中国铁路总公司关于修改过境货物运费计算系数的通知"(铁国际电〔2014〕48号)确认的过境运费计算系数见表5.2。

过境货物运费计算系数表 表5.2

过境路径	办理品种			
	整车货物一等	整车货物二等	20英尺集装箱	40英尺集装箱
由二连国境站接入国境并从其他中国铁路国境站(港口站)出境及反方向	0.50	0.70	0.60	0.50
由阿拉山口国境站接入国境并从其他中国铁路国境站(港口站)出境及反方向	0.40	0.70	0.50	0.40
其他过境中国运输路径	0.45	0.70	0.50	0.40

注:根据该表系数计算出的整车货物过境运费,如低于该货物运价等级所规定的最小计费重量标准计算出的运费,则按该货物运价等级所规定的最小计费重量标准计算运费。

另外,2011年8月1日,铁道部通知根据《统一货价》计算的以瑞士法郎表示的过境货物运费和杂费,其汇率定为1瑞士法郎=7.82元人民币的比价折合为人民币向发货人或代理人核收。

实际上,在中欧(亚)班列的开行实践中,随着各国铁路对中欧(亚)班列支持力度的加大,过境铁路运费已经大大低于根据《统一货价》计算出的运费,如中铁已经给予中欧(亚)班列去程0.66美元/40英尺箱公里,回程0.55美元/40英尺箱公里,哈铁也基本同意按此执行,俄铁甚至给出了0.27美元/40英尺箱公里的优惠运费。

6.《国际联运货车使用规则》

《国际联运货车使用规则》(以下简称《货车规则》),为《国际货协》参加路范围内适用的国际铁路货物联运基本规章之一,最新版本是2012年1月1日进行的修改补充版。本规则适用于货车、集装箱、托盘和运送用具,以及配属于该协约某一参加铁路的自备货车或出租给第三者的铁路车辆。其主要内容如下:

"总则"包括了车辆的准入条件,车辆的交接、返还、赔偿、维修保养,车辆使用费的清算等;自备车辆的一般条件、保养责任、交接等;运送用具、集装箱和托盘这三种运输工具的交接、使用条件等有关规定。

《货车规则》有48个附件,规定了国际联运货车的技术要求、车辆标志、车辆限界、车辆修理单价、车辆破损记录、交接记录的填写、车辆交接单、集装箱和托盘交接单等。

7.《国际旅客联运和铁路货物联运清算规则协约和清算规则》

《国际旅客联运和铁路货物联运清算规则协约和清算规则》主要包括以下主要内容:

(1)国际联运的清算机构:铁总财务结算中心;

(2)国际铁路联运旅客票价和费用的清算;

(3)国际铁路联运旅客行李、包裹运送费用清算;

(4)国际铁路联运进口货物运送费用的清算;

(5)国际铁路联运出口货物运送费用的清算;

(6)国际铁路联运过境货物运送费用的清算;

(7)国际铁路联运车辆使用费和集装箱滞留费的清算;

(8)国际铁路联运其他费用的清算。

需要说明的是,集装箱铁路联运,包括中欧班列和中亚班列,普遍使用代理制,即《国际货协》参加路都向本区段的代理核收本段所产生的运费及杂费,所以,中欧班列、中亚班列的国际联运清算基本不会发生。铁总清算中心主要清算的是车辆使用费和旅客客票、包裹票等费用。

8.《年度进出口和过境货物铁路运量及其保证措施会议议定书》(简称《运量会议议定书》)

《国际货协》参加路每年上半年召开一次进出口货物铁路运量及其保证措施会议,简称"运量会议",会后签订《运量会议议定书》。会议在主要国家间轮流召开。其主要内容包括总结上年度的运量完成情况、下年度各个国家之间的运量计划及其为完成此运量计划应该采取的措施。此外还规定了计划外运输的商定流程。

9. 欧亚经济联盟(关税同盟)

2009年11月,俄罗斯、白俄罗斯、哈萨克斯坦三国通过了《俄白哈海关联盟海关法典草案》等15个法律文件,标志着俄、白、哈三国率先在欧亚经济共同体框架下成立关税同盟。2010年1月1日俄、白、哈海关联盟条约(简称关税同盟)正式生效。2015年,同盟正式启动,拥有1.7亿人口,2万亿美元GDP,9000亿美元贸易总额,6000亿美元工业产值,1120亿美元农业产值,900亿桶石油储量,占世界12%的小麦产量、17%的粮食市场。

关税同盟制订了统一的进口税率和通关流程,取消了俄白哈之间的"关境",货物在俄白哈之间流动不需要海关的申报、查验程序,大大简化了货物的过境手续,对大幅度缩短中欧(亚)班列的全程运输时间发挥了重要作用,极大地推动了对中欧(亚)班列的开行。

二、双边协定

双边协定是指协调大宗货物及中欧(亚)班列沿途两个国家间国境运输的协定,主要解决国境口岸交接、换装方法和能力、机车交路、牵引定数等问题。双边协定主要国境铁路协定和国境铁路联合委员会议定书。国境铁路协定是两相邻国家铁路部门签订的,规定办理联运旅客过境、货物交接的国境站、车辆及货物的交接条件和方法、交换列车和机动车运行办法及服务方法等。根据其规定,两邻国铁路定期(一般每年一次,在两国轮流举行)召开国境铁路会议,对执行协定中的有关问题进行协商,并签订《国境铁路联合委员会议定书》,对铁路和收发货人都有约束力。

根据口岸相邻国家,"一带一路"亚欧国际铁路货物联运双边协定主要有:

(1)《中哈国境铁路协定》及《中哈国境铁路联合委员会议定书》。

(2)《中俄国境铁路协定》及《中俄国境铁路联合委员会议定书》。

(3)《中蒙国境铁路协定》及《中蒙国境铁路联合委员会议定书》。

1. 国境铁路协定

中哈、中俄、中蒙三个国境铁路协定内容大致相同,规定以下内容:国境站、双方车辆及货物交接条件和方法、交接列车和机动车运行办法及服务方法、国境站上线路及站场设备和公务房舍的使用条件和办法、铁路人员通过国境和在他方境内驻留办法、对列车服务办法、调车工作、运转中断、机车车辆和铁路设备的整备和修理、事故处理办法、救援列车和除雪车相关要求、客运相关要求、双方对损失的责任、关于互相提供劳务的清算;规范了公务用具和设备的运送、收发公务电报、办理电报和电话、通话和函件、票据的翻译、票据的签署等。

2. 国境铁路联合委员会议定书

(1)《中哈国境铁路联合委员会议定书》

《中哈国境铁路联合委员会议定书》(简称《中哈国境议定书》)是中哈两国铁路部门根据1992年8月10日在北京签署的《中华人民共和国铁道部和哈萨克斯坦共和国运输通信部过境铁路协定》所要求的国境铁路联合委员会年度会议的议定书。主要内容是中哈两国国境站阿拉山口/多斯特克、霍尔果斯/阿腾科里的货物交接、换装的有关规定。主要包括9个部分和21个附件。

第一部分:行车组织。主要对阿拉山口—多斯特克,霍尔果斯—阿腾科里区间的闭塞方式,信号系统,列车运行时刻表,月计划商定(发送月前10日),日班计划的商定(阿—多日交接12对,霍—阿日交接为6对),机车运用,编组方案,对方空车使用,边防、海关检查等方面进行了规定。

第二部分:货运和商务工作。主要对换装的货物重量,换轮作业,装载加固方案,车辆交接,货物交接,集装箱货物交接,集装箱装载(不允许一辆车上装运一重一空两个集装箱,或三个集装箱,或一个20英尺和一个40英尺两个集装箱),货物和车辆交接单填制和返还,边防、海关及卫生和其他检疫时如何启封,商务记录编制,运单票据的翻译工作由接收方担任,单件货物重量(阿拉山口63t,霍尔果斯站40t,多斯特克站50t,阿腾科里站45t),国境站不办理哪些货物等方面进行了规定。

第三部分:车辆问题。对车辆的使用、状态、配件储备、回送等进行了规定。

第四部分:客运组织。对旅客、行李、包裹运送、交接、票据等进行了规定。

第五部分:国际旅客和货物联运清算。根据《国际联运客车使用规则》《国际联运火车使用规则》和《国际旅客联运和铁路货物联运清算规则协约和清算规则》中的规定办理中哈双方及其他国家铁路的车辆使用费的清算。

第六部分:电报、电话通信。对电报、电话的使用,机车手持通信无线频率等方面进行了约定。

第七部分:信联闭设备设置。对设置要求、标识标志等进行了约定。

第八部分:电子信息交换。双方制定了《电子信息交换规则》。

第九部分:其他。

国境议定书还有一些附件,规定了阿拉山口—多斯特克和霍尔果斯—阿腾科里之间列车运行时刻表,运输计划加成情况表,关于放射性污染物、工业垃圾、炮弹等中国禁止入境物品的处理办法,过渡车钩交接单,客车列车时刻表,在多斯特克换轮实施办法等。

另外,中哈两国的中铁集装箱(TBJU)和哈铁集装箱(KTZU)的使用,应该按照1992年9月26日签订的《中哈两国关于开展国际集装箱运输协议》及2006年5月31日签订《中华人民共和国铁道部和哈萨克斯坦国有股份公司关于铁路所属大吨位集装箱相互使用的协议》的规定办理。

(2)中俄国境铁路联合委员会议定书

此议定书是根据《中苏国境铁路协定》每年由中铁和俄铁的代表召开例会所签订的议定书。主要内容:总结上年的工作内容,商定的满洲里—后贝加尔和绥芬河—格罗迭科沃区段列车的运行时刻表和机车周转图,货运和商务工作方面的问题等。

关于列车运行,满洲里—后贝加尔区间,1520mm 轨距列车重量标准为上行6800t,下行2200t;列车标准长度规定为71辆俄铁换长车的长度(俄铁换长车长为14m)。1435mm 轨距列车重量标准为不超过2700t,双机牵引时为5000t。货物列车长度规定不超过240轴。同一收货人或同一到站的集装箱列车长度规定不超过70辆中铁换长车的长度(中铁换长车长为于11m)。双方商定,后贝加尔站每周也接收1435mm 轨距列车5列,集装箱货物整列、棚车成组移交。

关于货运和商务工作,对运单记载到站为满洲里站或绥芬河站的原木和锯材,可按车辆标记载重装车但不得超过70t,并在运单"货物名称"栏注明"不得在满洲里站或绥芬河站变更到站"。自俄罗斯往中国以及相反方向运送货物时,应使用中文或俄文(或译文)填写发、收货人全称、地址运单内容。俄铁不承运没有国际安全集装箱公约和海关集装箱公约标示牌的大吨位集装箱,以及未进行基数检查的大吨位集装箱。在后贝加尔站可以将空集装箱从俄铁车内还装到中铁卸后的空平板车上。在国境站承运的出口货物,可使用接收路所属的车辆(机械冷藏车除外),根据双方商定在交付路国境站直接装车,并在双方人员参加下,于装车站办理货物、车辆和票据的交接,货车的技术、商务及清洁状态的检查和货车施封,以上工作由接收路人员进行。

(3)中蒙国境铁路联合委员会协定书

中蒙国境铁路议定书与中俄、中哈所含内容基本一致,约定了中铁、蒙铁二连—扎门乌德之间的列车运行时刻、商务交接等事项。

3. 双边协定的修订进程

从整体上看,国境铁路协定签订时间较早:《中苏国境铁路协定》签订于 1951 年,《中蒙国境铁路协定》签订于 1955 年,《中哈国境铁路协定》签订于 1992 年。尽管各个协定后期经过数次修订补充,但从整体框架、涵盖内容和具体条款上均未有本质变化。其中最为突出的问题是,21 世纪以来,各国铁路市场化进程加快,一些国家已实行了政企分开,政府主要承担行业监管责任,企业着力于具体的生产经营活动,不同主体职责的差异要求国境铁路协定也应适应各国行政体制改革的要求,从政府和企业两个维度分别谈判制定。

"一带一路"倡议提出以来,我国与蒙、俄、哈在铁路领域方面的合作加深加快,既有协定中的一些内容需要随之修正。2014 年至今,俄罗斯、越南、蒙古分别向我国提出修订/重签国境铁路协定的建议。2014 年,中俄总理定期会晤委员会运输合作分委会铁路工作组 18 次会议上,俄方提出考虑到两国机构改革和铁路政企分开的现状,有必要重审 1951 年《中苏国境铁路协定》。此后,俄罗斯运输部草拟《中华人民共和国政府和俄罗斯联邦政府关于国境铁路联运的协定》。2014 年 8 月,习近平主席出访蒙古国,两国签署《中华人民共和国和蒙古国关于建立和发展全面战略伙伴关系的联合宣言》,其中提到"双方将积极推动尽早修订 1955 年签署的《中蒙国境铁路协定》"。

2016 年以来,我国已将政府间协定性质的《中华人民共和国和俄罗斯联邦国境铁路协定》(中方草案)向俄方提交,双方正在开展相应的谈判磋商工作。

第三节 OTIF 法律框架

一、COTIF 发展沿革

最早的欧洲铁路联运协定为1890年欧洲各国铁路代表在瑞士伯尔尼召开会议制定的《国际铁路货物运输公约》(即目前使用的《国际货约》),为协调国际铁路联运,还根据当时的国际法成立了专门管理机构。经过90年的发展,1980年,各成员国签署《国际铁路运输公约》(COTIF 1980),依据公约,国际铁路运输政府间组织(OTIF)于1985年5月1日正式成立。

COTIF 1980 由正文和两个附件构成,正文为 OTIF 的组织章程,附件为《国际客约》(CIV)和《国际货约》(CIM)。1999年,为了适应成员国政治、经济及法律制度的变化以及进一步消除成员国间的联运障碍,OTIF 对 COTIF 1980 修改后形成 COTIF 1999,于2015年7月1日正式生效。COTIF 1999 由正文和7个附件构成。正文包括7章内容,在 COTIF 1980 基础上,更为详尽地规定了 OTIF 的性质任务、活动方向、成员资格、组织架构、资金来源、争端解决和特权豁免权等条款;附件为包括《国际客约》和《国际货约》在内的 OTIF 制定的联运规则和技术标准要求。

二、OTIF 统一铁路法的适用性

OTIF 为制定铁路联运规则和技术标准的国际组织,各成员国加入 OTIF 时可声明全部接受、部分接受或不接受公约的7个附件。所有附件中,附件一至五规定与运输合同相关的联运规章,CIV(附件一)和 CIM(附件二)分别规定旅客、托运人与铁路形成的运输合同及相应的权利义务;RID(附件三)规定危险货物运输条件;CUV(附件四)和 CUI(附件五)分别规定为完成旅客和货物联运而使用的车辆和基础设施所涉及的各主体的权利义务;APTU(附件六)和 ATMF(附件七)主要是对技术标准的要求,规定参与联运的客车、货车技术条件和材料标准,以及满足上述技术标准后颁发许可证的程序、管理机关、使用流程等内容。其中,《国际客约》和《国际货约》为基本联运规章,成员国加入后能实现与其他成员国间的国际旅客和货物运输,其他附件从附件一和附件二中派生而

来。因此,OTIF 的 49 个成员国都参加《国际货约》,除巴基斯坦和俄罗斯加里宁格勒州飞地外,其他成员国都参加《国际客约》。

OTIF 正式成员中,有 15 个国家同时为铁路合作组织成员,他们的国际铁路联运合同可适用两套法律体系,一套是《国际客约》和《国际货约》,另一套是《国际客协》和《国际货协》。这两套体系各有特点,增加了办理联运业务的灵活性。

成员国在加入公约附件时,可以在加入范围上声明保留,指定境内部分铁路线路适用《国际客约》或《国际货约》,这些线路应与其他成员国铁路线路相连接。例如,巴基斯坦为了在伊斯兰堡—德黑兰—伊斯坦布尔线路上组织集装箱班列运行而加入 OTIF,只指定该线路适用《国际货约》;格鲁吉亚和阿塞拜疆为了保障巴库—第比利斯—卡尔斯铁路走廊的联运业务顺畅,指定相关线路参加了公约的《国际客约》《国际货约》和《国际危险品运送协定》附件。成员国在加入范围上做出声明后,仅需以此线路里程计算应承担的会费。联运时,若运输合同的起讫点和运行径路都在 COTIF 1999 规定的线路列表中,运输过程即遵照 OTIF 联运规章办理。

除铁路运输外,《国际客约》和《国际货约》还适用于以铁路运输为主体、其他交通方式作为补充的公铁联运和铁水联运,各成员国应将本国参与联运的海运和内河运输线路载入规定的服务线路清单中,如爱尔兰、英国、法国、荷兰、丹麦、西班牙、意大利等欧洲国家之间铁水联运径路所经由的爱尔兰海、英吉利海峡、多佛尔海峡、北海、波罗的海、地中海区域的海运线路就列入了《国际客约》或《国际货约》的适用线路范围。经统计,OTIF 建立的统一铁路法应用在 27 万公里的铁路线路和 1.7 万公里的航运和内陆水运线路,以及各国接续铁路和水路的国内道路运输中。

第四节 《国际货协》《国际货约》对比

现有的铁路国际联运规则体系分别是建立在《国际客约》《国际货约》和《国际客协》《国际货协》这两套规则的基础之上。对比分析如下。

一、缔约国家

《国际货约》成员国包括了主要的欧洲国家,如法国、德国、比利时、意大利、瑞典、瑞士、西班牙及东欧各国,此外,还有西亚的伊朗、伊拉克、叙利亚、西北非的阿尔及利亚、摩洛哥、突尼斯等。《国际货协》的成员国主要是独联体国家、中国、蒙古、朝鲜、越南等共计29国。

《国际货协》的东欧国家成员国又是《国际货约》的成员国,这样《国际货协》国家的进出口货物可以通过铁路转运到《国际货约》的成员国去,这为沟通国际间铁路货物运输提供了更为有利的条件。我国是《国际货协》的成员国,凡经由铁路运输的进出口货物均按《国际货协》的规定办理。

二、联运定义

国际铁路货物联运的概念:在两个或两个以上国家的铁路全程运送中,办理一次托运手续,使用一份运输票据,并以铁路连带责任办理的货物运送。

《国际货约》第1条规定:"当国际运输单个运输合同包含:海上运输或在境外内河运输作为铁路运输的补充运输工具,这些统一规则将适用执行:如果海运或内河运输服务提供的服务列表中包含24条中的第1条约定。"根据《国际货约》进行的货物运输,不仅可以使用铁路运输方式,而且可以使用公路运输和海运的运输方式。

《国际货协》第3条第2项所规定的适用范围:"国际铁路直通联运中的货物运送在本协定各方根据国内法律开办货运业务的车站之间办理,而国际铁路—轮渡直通联运中的货物运送还需经过协定各方公布的办理此类运送的线路水运区段办理。"该协定与《国际货约》规定完全不同,它是纯粹使用铁路这种单一运输方式进行的接续运输。

差异说明:在《国际货约》中的公路运输方式和航运可看作是铁路运输的延伸服务,铁路承运人仍然就运输全程承担全部责任,该运输区段适用的仍然是铁路联运单。这里的概念的确是国际铁路货物联运,并非是国际货物多式联运。由于欧洲各国地域狭小,铁路网虽然较为发达,但仍有不能到达之处。另一方面,欧洲是近代航运业肇始之地,航运业非常发达,公路运输也十分方便,为充分整合其他运输方式的优势,达到互补目的,《国际货约》才做出此妥协宽容的规定。

三、适用范围

1. 范围

《国际货协》适用于缔约国之间的货物运输,但货物发站、到站都在同一国内,发送国的列车只通过另一国家过境运送时；或者发站、到站在两国车站间，用发送国或到达国列车通过第三国过境运送时以及发站、到站在两邻国车站间，全程都用某一方铁路的列车，并按照这一铁路的国内规章办理货物运送时不适用该协定。

《国际货约》适用于按照联运单托运的货物运输，其运程通过至少两个缔约国的领土，并以公约制定的线路表所载线路为限，同时发站和到站在同一个国家领土内，仅通过另一个国家领土运输，并且该其他国家境内的线路由货物发送国某一铁路独家经营，以及有关国家或铁路达成协议规定此项运输不视为国际运输两种情况排除在公约适用范围之外。

《国际货协》第3条第3项规定："如协定各方同时是规定铁路货物运输合同法律标准的其他国际协定的参加方，则上述各方铁路车站之间的运送可按这些协定的条件办理。"也就是说，与《国际货约》不同的是，一国铁路只要参加了《国际货协》，其境内所有铁路均应按《国际货协》的条件运送一切货物，这与货协参加国铁路国有的身份是分不开的。

下列三种情况下的货物运输不适用《国际货协》，而应根据各有关铁路间签订的特别协定办理：一是发、到站在同一国内，用发送国铁路的列车只通过另一国家过境运送时；二是两国车站间，用发送国或到达国铁路列车通过第三国过境运送时；三是两邻国车站间，全程都用一国铁路的列车，并按照该路现行的国内规章办理货物运输时。

2. 承运人的赔偿责任限制

《国际货约》第30条、31条、32条规定了承运人赔偿的责任，第30条第一项规定"当货物全部或部分损失时，承运人必须赔付，排除所有其他损毁，根据商品交易报价计算补偿，如果没有这样的报价，则根据当前的市场价格，若前两者都没有，则根据同一时期、同一地点通常同类型和同质量的商品的价值计算赔偿。"同时对计算赔偿也进行了相关规定，规定"总体不得超过每千克17个记账单位的标准"。第三项，当铁路运输独立承运被以货物委托时或者联合运输时，补偿应当是有限的，不计所有其他损失，以当时当地的标准根据运输工具的通常价值或联运运输单位，或其可移动部分计算。如果不能确定损失发生的时间地点，赔偿应当根据承运地点当天的通常的价值计算。第四项，此外，承运人必须退还运输费用、已经支付关税和除了消费税以外在其他运输过程中产生的费用和关税。《国际货协》对货物在运输途中的损耗定义的比较宽泛。《国际货约》第31条对运输途中的货物的损耗进行了详细定义，例如第一项指出，对在运输过程中通常会产生损耗的商品而言，承运人仅对超出以下范围的损耗负责，无论路线的长度：a)对于液体货物或在潮湿条件下运送的货物为总量的百分之二;b)对于干燥货物为总量的百分之一。第32条对货物损坏的赔偿进行了详细说明,对于货物损坏,运输方必须付与货物损失同等价值的赔偿(排除其他损坏)。赔偿金额应该按照第30条规定的终到点货物价值损失比例来计算。赔偿总额是有限制的,不应超过损失部分价值,如果货物损坏而失去全部价值,应付赔偿额是全部损失。《国际货协》与上述规定类似,《国际货协》第22条第1款"铁路赔偿损失的款额,在任何情况下,均不得超过货物全部灭失时的款额",指出该协定在承运人赔偿责任方面实行的是足额赔偿制,第25条第3款"如因毁损以致全批货物减低价格时,不应超过全部灭失赔偿额;如因毁损仅使该批货物的一部分减低价格时,不应超过减低价格部分的灭失赔偿额"。

3. 管辖权

《国际货约》第44条规定按照公约提起的诉讼,只能在被告铁路所属国管法院提起,除非在国家间协议中,或在许可证中,或在授权该铁路使用的其他文件中另有规定。

《国际货协》第29条第3款规定"诉讼只能向受理赔偿请求铁路的国家适当法院提出"。

四、货物运费

关于货物运费,《国际货协》是这样规定的:"应按适用的运价规程确定的经由发货人在运单中注明的国境站的径路最短里程计算。"而《国际货约》却无法这样规定,因为缔约国并非所有的铁路都适用公约。

五、运到期限

关于货物运到期限,《国际货协》特意规定了运送超限货物的处理办法以及应延长运到期限的7种情况。(1)为履行海关和其他规章所需的滞留时间;(2)非因铁路过失而造成的暂时影响发运或继续运送的运输中断时间;(3)因变更运输合同而发生的滞留时间;(4)因检查而发生的滞留时间(即检查货物同运单记载是否相符,或检查按特定条件运送的货物是否采取了预防措施,而在检查中确实发现不符事宜;(5)因牲畜饮水、遛放或兽医检查所造成的站内滞留时间;(6)由于发货人的过失而造成多出重量的卸车、货物或其容器或包装的修整以及倒装或整理货物的装载所需的滞留时间;(7)由于发货人或收货人的过失发生的其他滞留时间。《国际货约》无此规定。

六、装载和加固

《国际货协》第一章第十条对货物的装载和加固做了说明和规定,但在《国际货约》中并没有相关条例。

七、妨碍运输

关于妨碍货物运输的情况,在《国际货约》第 2 章第 20 条 ~ 第 22 条明确规定了妨碍运输和交付的说明,而在《国际货协》中并没有相关规定。

第 20 条　妨碍运输的情形

(1)当出现妨碍货物运输的情形时,承运人应决定是否通过修改原运输路线而继续承运货物更为可取,或者基于货权人的利益考虑,将承运人所获悉的任何相关信息提供给货权人并要求其作出指示更为有利。

(2)如继续运输货物已不可能,承运人应自有权处置货物的人处取得指示。如承运人在合理的时间内无法取得上述指示,承运人必须采取据其认为对有权处置货物的人最为有利的措施。

第 21 条　妨碍交货的情形

(1)当出现妨碍交货的情形时,承运人应不做迟疑地通知托运人并要求其进行指示,如经托运人要求并经其在运单上进行批注,货物应在出现妨碍交货的情形下退运给托运人。

(2)当托运人的上述指示未传达至承运人前,妨碍交货的情形已经消失,则货物应交付给收货人。此情况应立即通知给托运人。

(3)如收货人拒绝收货,即便托运人已无法出示运单副本,其仍有权作出指示。

(4)如在收货人根据本公约第 18 条第 3 至 5 款的规定修改了运输合同后,出现了妨碍交货的情形,则承运人应通知收货人。

第 22 条　妨碍运输及交货的情形所致后果

(1)承运人有权索赔因下述所引起的费用:

a)承运人要求获取指示;

b)承运人履行其收到的指示;

c)承运人所要求获取的指示未能被传达或未能被及时传达;

d) 承运人根据第 20 条第 1 款的规定,未要求指示所作出的决定。

除非上述费用是因承运人的过错所导致。承运人有权单独索赔运输期间内被允许选择的运输路线所产生的运输费用。

(2) 在第 20 条第 2 款和第 21 条第 1 款所规定的情况下,承运人有权立即卸下货物并由货权人承担费用。自此货物运输被视为终止。承运人之后代表货权人控制货物。然而承运人有权将货物委托给第三人,并仅就履行选取此种第三人的合理注意义务承担责任。运输合同项下的应付费用及其他全部费用仍应由货物(货值)本身进行偿付。

(3) 如基于货物的易腐烂性或货物自身情况或货物保管费用已超出货物自身价值,出卖货物是合理的,承运人有权不等待收到货权人的指示前出卖货物。在其他情况下,如承运人未能在合理时间内自货权人处收到指示,其仍有权出卖货物;如承运人在合理时间内收到指示,则其应履行所收到的指示。

(4) 如货物被出售,所得货款在扣减应由货物偿付的费用后,应交至货权人处置。如所得货款不足偿付相关费用,托运人应支付不足的差额。

(5) 出卖货物的程序应根据生效的法律和法规或货物所在地的惯例确定。

(6) 如托运人在妨碍货物运输或交付的情形时,未能在合理时间内作出指示,并且这些妨碍情形未能根据本条第 2 款和第 3 款的规定所排除,承运人有权将货物退运给托运人,或如合理,承运人有权销毁货物并由托运人承担费用。

八、代收货价货款

关于代收货价货款,《国际货协》第 33 条明确规定不允许。而《国际货约》规定可以采取现款交货方式进行运输,并对有关事项进行了详细的规定。

具体为第 2 章第 19 条规定:发货人可按现款交货方式托运货物,付款不得超过货价。现款交货支付的金额应以发站国家的货币表示,但运价规程可做例外规定;在收到收货人的货款之前,铁路无义务以现款交货方式付款。在收货人付款后 30 天内,货款应交发货人支配,如延迟,利息应按年息百分之五自期限届满之日计算;如未预收现款交货之金额,货物已全部或部分交付收货人,则铁路应负责支付由发货人所造成的任何损坏金额,以补足现款交货之全部金额,但不妨碍其向收货人核收该款的权利;现款交货之货物应按运价规程规定收取手续费。即使因运输合同的修改(依照第 21 条第 1 款)取消或减少了现款交货交付之金额,该手续费应照付;使费只许按发站现行的规定办理。

九、逾期赔偿

关于运送货物逾期的赔偿,两者也有明显的不同。《国际货协》第 45 条第 2 项规定:"货物运到逾期的违约金额度根据造成运到逾期承运人的运费和逾期(期限)的长短,即逾期(天数)占总运到期限的比例确定,即:"逾期不超过总运到期限 1/10 时,为运费的 6%;逾期超过总运到期限 1/10 但不超过 3/10 时,为运费的 18%;逾期超过总运到期限 3/10 时,为运费的 30%。"

而《国际货约》只要未造成损失或损害,在运到期满后的 30 天之内,并未明确罚款或违约赔偿。当然如果超过 30 天,收货人可以认为货物已经灭失,并向铁路方提起赔偿。

十、诉讼时效

《国际货协》第 48 条第 1 项规定:"在下列期间内,可根据本协定向承运人提起诉讼:①关于货物运到逾期的诉讼在 2 个月期间内提出;②其他理由的诉讼在 9 个月期间内提出。"而《国际货约》规定的诉讼时效一般为 1 年,特殊情况为 2 年。诉讼时效的意义和目的在于通过一定的诉讼时限的规定来督促权利人行使其权利。然而在国际铁路货物运输领域,《国际货约》与《国际货协》中的诉讼时效除具有一般性诉讼时效的这种消极的督促功能外,更应赋予其确保索赔人有足够的时间行使其权利的保障功能,从而实现货运双方之间的利益平衡。那么,《国际货协》在这一方面好像做得远远不够,因为诉讼时效太短了。可是实际上并非如此,《国际货协》规定了"先索赔后诉讼"的争议解决机制,铁路方在接到索赔请求后,应在 180 天之内予以答复。这样算来,发货人或收货人根据运输合同向铁路提出的赔偿请求和诉讼的最长诉讼时效应该是 9 个月加上 180 天,也就是差不多一年半;货物运到逾期的赔偿请求和诉讼的最长诉讼时效也应是 2 个月加上 180 天。

此外,关于收货人对运输合同的变更,《国际货协》作了如下不同的规定,"如货物已通过到达国的进口国境站,则收货人只能按到达路现行的国内规章办理运输合同的变更。"关于赔偿与诉讼,《国际货协》还规定,"只有根据第 29 条的规定提出赔偿请求后,才可提起诉讼。"此外,《国际货协》还明确了记载铁路在货物运输过程中,进行检查,应编制商务记录,并作出了具体规定,这更有利于分清责任,方便赔偿与诉讼。《国际货协》还规定了有单无货和有货无单的处理办法。在运单的内容、填写、准许运送的物品及特殊规定,货物的容器、包装、标志、装车、重量和件数的确定、车辆的施封等方面,《国际货协》规定得很烦琐,便于实际操作,但显得过于僵硬,且有些内容于法律制度研究意义不大。

十一、争议解决机制

在国际货物铁路运输争议发生后,当事双方或各方寻求解决争议的有效途径就显得尤为重要。根据不同途径的不同性质和特点,以及它们对解决争议的不同作用进行划分,处理国际货物运输争议的途径主要有自决与和解、调解、仲裁和诉讼。

自决与和解是解决包括国际货物铁路运输争议在内的各种民事争议的最原始和最简单的一种方式,属于"自力救济"的范畴,其中自决注重强力,不利于对弱者的保护,逐渐被文明社会所禁止;和解注重理智和情感,有利于从形式上和心理上消除当事人的对抗,比自决效果要好。和解是指没有第三者参加而自行解决争议,其结果是达成和解协议。和解的方式大致分为三种:自行解决、委托代理解决、法院庭外和解。一些分歧不严重,争议金额不大,责任比较清楚的案件是通过这种途径解决的。和解的优点是,解决争议时间短,费用低或没有费用,不伤和气,有利于以后的进一步合作。其不足是,当事人达成的和解协议不具有强制执行力,任何一方的反悔都会使协议无法履行,所以对不具备和解条件或达成和解协议但因各种原因无法履行的争议,应采取其他有效途径及时解决,以避免拖延时间,导致因超过有关时效而丧失胜诉权。调解与和解的区别就在于调解有第三者的参与和斡旋。国际铁路货物联运由于其具有国际性,运输距离远、时间长,货物在运输途中发生灭失或损坏后的定责相对麻烦。而承运人责任的明确,是赔偿的先决问题。而且,一国铁路方与货物利益方采取诉讼之外的争议解决办法,不一定能得到其他负有连带责任铁路的认同,并主动承担属于自己责任范围内的追偿清算。而通过诉讼产生的司法判决却有不可置疑的强制力。比如,《国际货协》中规定:"如赔偿一经法院判决,并且受理返还赔偿要求的铁路事先已得知法院传讯,则该铁路对于提出返还要求的铁路所付的赔款是否正确,无权争辩。"

因此,在国际铁路货物联运中,各方当事人更愿意选择诉讼这一争议解决办法。诉讼是当事人以起诉的方式,由法院依照法定程序行使审判权来解决争议的一种重要途径,是解决各种争议方式中最权威和最有效的一种。诉讼的本质特征在于依靠国家权力解决争议,其解决争议的依据只能是国家立法,而且解决争议的结果或者靠国家强制力的保证来实现,或者直接凭借国家强制力来实现。因此,《国际货协》与《国际货约》都有专门条款对诉讼予以明确。《国际货协》没有仲裁条款的规定,据此,如果收、发货人与作为承运人的铁路发生争议,不能通过仲裁解决。而铁组只负责《国际货协》缔约国年度货物运输计划的协调以及解决技术问题,不参与作为各承运人与货物利益方的合同纠纷调解仲裁。因此,《国际货协》缔约国的解决机制主要是诉讼。在这里,《国际货协》还有一个特别的规定,凡有权向铁路提出赔偿请求的人,即有权根据运输合同提起诉讼。只有根据规定提出赔偿请求后,才能提起诉讼。货物利益方提出赔偿请求,铁路承运人承认或拒绝赔偿的过程,就是双方和解的过程。也就是说,《国际货协》的争议解决机制是"先和解后诉讼",和解是诉讼的必经程序。

《国际货约》的争议解决机制比《国际货协》要完善得多。《国际货约》附件Ⅱ《国际铁路运输中央事务局规章》第四条规定:"1.关于国际运输所欠的账款,可由债权人企业向中央事务局提出,并要求其协助保付。为此,中央事务局应正式要求债务人运输企业支付应付的金额或说明拒付理由。2.如中央事务局认为拒付理由充分,它应建议双方提交管辖法院。"而《国际货约》规定了如果有关各方不能自行解决争议,根据他们的要求,可提交仲裁法庭。可仲裁的范围也比较广泛,包括有关国家之间的争议、运输企业之间的争议、运输企业和客户之间的争议以及客户之间的争议。在国家之间的争议中,如果其中有一方是非缔约国,那么公约必须被该国国内法和合同适用。

至于仲裁法庭的组成和程序法,《国际货约》附件Ⅶ做了详细的规定。因此,在国际铁路货物联运中,如果双方系《国际货约》缔约国或者明确《国际货约》被国内法和合同适用,那么,除了各方当事人自行和解以及通过诉讼解决争议外,还有两种重要的争议解决方式,一是通过中央事务局来调解;二是通过仲裁法庭来仲裁。

第六章 单一方式和多式联运运输合同对比研究

第一节 概 况

在联合国国际贸易法委员会(UNCITRAL)第五十二届会议上,中华人民共和国就开发一种可转让单证便利多式联运的远景提出提案,尤其针对亚欧大陆之间的铁路运输(A/CN.9/998)。提案指出,与海运提单不同,铁路国际联运提单不能作为权利凭证,不能用于信用证下的结算和融资。这个铁路国联运单功能的有限性也制约了银行和其他机构提供金融服务的能力,增加了进口商的资金压力和出口商收取货款的风险。

考虑到所涉及问题的广泛性和复杂性,贸法会同意,第一步是要求秘书处研究铁路或其他单证使用的法律问题,并与其他政府间协调,如OTIF、OSJD、CIT、联合国有关区域委员会、国际货运代理联合会(FIATA)和国际商会(ICC)。委员会要求秘书处进行探索性工作,研究在国际贸易中有关铁路或其他交通工具使用的法律问题,根据会议上提出的问题,并视资源情况而定。

该提案的第一次专家组会议于2019年12月11—12日在中国重庆举办,由联合国贸易法委员会和重庆政府共同组织,主题为"关于铁路运单使用以及未来国际贸易法律框架"高水平论坛,并产生了一系列具体建议。2020年和2021年先后召开三次专家组会议,进一步明确问题并帮助秘书处形成委员会如何在这个领域开展工作的具体建议。考虑到铁路运输的专业性和权限,专家组会议要把联合国欧经委、OTIF、OSJD等国际组织纳入。

第五十三次会议前,秘书处于2020年4月15—16日在维也纳关于使用铁路国联运单和未来的工作的多式联运中的权利凭证问题组织了第二次专家组会议,与相关国际组织深入讨论了各项议题。专家组会议特别审议了发展"双轨制"的建议,包括铁路运输以外的方式,审查了委员会近来各项文书中提到的"控货权"和"货物交付"的方式,考虑了在可能解决第一次专家组讨论确定的问题时需要处理的文件、证据和其他因素。

第五十三次会议上,委员会考虑了秘书处关于铁路运单今后可能开展的工作的说明,其中概述了秘书处在该届会议之前进行的探索性工作的结果。委员会请秘书处开始着手筹备拟订一项新的可用于不涉及海上运输合同的多式联运可转让运输单证。作为参考,报告编写了国际联运的单一运输方式(海运、铁路、空运、公路和海运)和多式联运中的不同国际条约。另外还有两份参考报告:UNSTAD/ICC(联合国贸易与发展会议/国际商会)多式联运运输规则以及 FIATA 多式联运提单(FBL)和运单(FWB);各国关于多式联运法律中与多式联运相关的条款。

第二节 单一运输方式运输单证的规定

本节列出了各种单一运输方式的国际文书中有关运输单证的规定,包括《国际公路货物运输合同公约》(CMR)、COTIF 的附件 B(CIM)、《国际铁路货物联运协定》(SMGS)、《国际货约》/《国际货协》统一运单指导手册,经 1968 年布鲁塞尔议定书修正的海牙—维斯比规则、《关于统一国际航空运输某些规则的公约》(华沙公约)以及《布达佩斯内河货物运输合同公约》(CMNI)。

本节侧重于处理运输单证的问题、内容、合同和证据效力以及可转让性的那些条文的规定。其中一些案文涉及与运输单证有关的其他问题,例如运输单证所载信息的发端人对遗漏、不准确、失实陈述等的赔偿责任。

一、运输单据的签发

1. CMR

《国际公路货物运输合同公约》(CMR)第 5 条对托运单签发做出规定:

第 5 条

§1 托运单正本一式三份,由发货人和承运人签字。签字可以用印刷形式印出,或用发货人和承运人的图章代替,但这要取得制定托运单所在国的法律所允许。第一份交给发货人,第二份随同货物运输,第三份由承运人持有。

§2 在所要运输的货物必须装上不同的车辆,或货物的性质不同,或分为不同的批量的情况下,发货人或承运人应有权要求对所使用的各车辆,或各种货物,或各批货物,分别制定相应的托运单。

2. CIM

CIM 第 6 条对托运单签发做出规定：

第 6 条 运输合同

§3 托运单应经托运人和承运人签字。签名可用盖章、会计机录入或其他适合的方式代替。

§4 承运人必须以正确的方式在托运单副本上证明已接收货物，并将该副本还给托运人。

§6 每笔托运都需单独开具托运单。除非托运人和承运人间有相反的约定，一份托运单不可涉及超过一车的货物。

§7 在欧共体单独关税区，或在采用相同过境手续的地区进行运输，每笔托运都必须伴有一份满足第 7 条要求的托运单。

§8 国际承运人协会应和客户所在的国际协会和有资格负责成员国海关事务的机构，以及任何有资格采用自己的海关法律的区域性经济一体化政府间组织一起协议制定统一样式的托运单。

CIM（第 6 条第 8 款），类似于 SMGS 协定，也提供了 CIM/SMGS 统一运单指导手册。

3. SMGS 协定

第 14 条（运输合同）第 3 款规定"运单为缔结运输合同的凭证"。SMGS 设想了两种运单：①SMGS 运单，其签发、内容和使用由国际货协附件第 1 号《货物运送规则》第 2 章规定；②CIM/SMGS 运单，由货协第 13 条规定，详细在附件 6 中做出说明（CIM/SMGS 统一运单手册）。

根据货协附件 1 第 2 章的规定，SMGS 运单应由发货人使用附件 1 的附件规定的格式签发。托运人和承运人按照该附件所载的细则填写所需的条目。

SMGS 运单由六联组成：第 1 联是运单正本，随同货物至到站交收货人；第 2 联和第 3 联为运行报单和货物交付单，随同货物至到站，交给收货人的承运人；第 4 联为运单副本，是在运输合同缔结后，由发货人保管的运输合同；第 5 联为货物接收单，由缔约承运人留存，确认收到货物；第 6 联为货物到达通知单，随同货物至到站，用于通知收货人货物到达。运单的第 1、2、3、6 随同货物到达目的地。运行报单的复印件还需向沿途参与运送的承运人签发，但将货物交付收货人的承运人除外。

另外,还规定了一些规则,用于更正、填写货车和集装箱清单,并在其上使用保护性标记。在 SMGS 和非 SMGS 国家间货物运输时,填写托运单的规范包括在附件1《货物运送规则》第9节。目的是承认另一种适用于铁路货物运输的国际机制的运单的有效性并使之生效。

4.《国际货约》/《国际货协》统一运单指导手册

指导手册的第3部分描述了目的"本指导手册包括国际货约/国际货协运单样式及其填写和使用规则。它可用于代替在转发地点从《国际货协》运单向《国际货约》运单改办,或者从《国际货约》运单向《国际货协》运单改办的传统运输体系。"根据手册第4部分,手册对国际铁路运输委员会(CIT)成员及其客户,以及《国际货协》参加者及其收、发货人均具有约束力,并适用于以下货物:①既适用《国际货约》统一法律规定,又适用《国际货协》的货物;②按《国际货约》/《国际货协》运单提交运送的货物;③本指导手册附件1所载的《国际货约》和《国际货协》承运人运送的货物;④在转发地点由《国际货约》或《国际货协》承运人承运的货物。在《国际货约》范围内,本指导手册的规定仅在客户与承运人之间,以及承运人相互间有此约定的情况下方可适用。采用《国际货约》/《国际货协》运单也证明有此约定。在《国际货协》范围内,本指导手册的规定仅在适用本指导手册的《国际货协》参加者声明的经路上适用。

统一运单电子手册提供了纸质和电子表格。统一运单由6联组成:第1联为交给收货人的运单正本;第2联是由交付货物的承运人领收的运行报单;第3联是货物交付单,领收人为向收货人交付货物的承运人/目的地承运人+海关;第4联为留给发货人的运单副本;第5联为由缔约承运人或发送承运人领收的货物接收单;第6联为《国际货约》/《国际货协》联运的收货人持有的货物到达通知单。另外还规定了语言、填写车辆和集装箱清单以及完成 CIM/SMGS 商务记录的规则,商务记录用于说明货物状态,包括确定所造成损失或损坏的程度(商务记录至少编制两份,其中一份附于《国际货约》/《国际货协》运单后,并在运单第62栏做出关于编制商务记录的相应记载)。

5. 海牙—维斯比规则

海牙—维斯比规则包括下列与提单或已装船提单签发有关的条款:

第3条

§3 承运人或船长或承运人的代理人在收受货物归其照管后,经托运人的请求,应向托运人签发提单,其上载明下列各项:⋯

§7 货物装船后,如果托运人要求,签发"已装船"提单,承运人、船长或承运人的代理人签发给托运人的提单,应为"已装船"提单;如果托运人事先已取得这种货物的物权单据,应交还这种单据,换取"已装船"提单。但是,也可以根据承运人的决定,在装货港由承运人、船长或其代理人在上述物权单据上注明装货船名和装船日期,经过这样注明的上述单据,如果载有第三条第 3 款所指项目,即应成为本条所指的"已装船"提单。

6. 华沙公约

华沙公约包括下列关于航空货运单的条款:

第 4 条 (货物)

§1 货物运输时应使用航空货运单。

§2 保存拟进行的运输记录的任何其他方式可代替航空货运单的交付。使用这种其他方式的,承运人应当按照托运人的要求,向托运人交付货物收据,以便识别托运过程,能够查阅到这种用其他方式保存的记录所载的资料。

第 7 条 (对航空货运单的描述)

§1 托运人应填写航空货运单一式三份正本。

§2 第一份注明"交承运人",由托运人签字;第二份注明"交收货人",由承运人和托运人签字;第三份由承运人在接受货物后签字,交给托运人。

§3 承运人和托运人的签字可以印就或用戳记代替。

§4 如果承运人应托运人的请求,填写航空货运单,在没有相反的证据时,应作为代托运人填写。

第 8 条(a) (多件货物的规定)

如果货物不止一件时,承运人有权要求托运人分别填写航空货运单。

7. CMNI

CMNI 第 11 条涉及运输单证的性质和内容,关于运输单证的签发,规定如下:

第 11 条 (性质和内容)

对于本公约所管辖的每一次货物运输,承运人应签发运输单证;只有在托运人提出要求,并且在装货前或者承运前已达成协议的情况下,承运人才应签发提单。运输单证的缺少或者不完整,不影响运输合同的效力。

运输单证正本必须由承运人、船长或者承运人授权的人签名。承运人可以要求托运人在正本或者副本上会签。如果运输单证签发地国的法律不禁止,签字可以是手写、传真、打孔、盖章、符号或任何其他机械或电子方式。

二、运输文件的内容

1. CMR

CMR包含以下条款,描述托运单的内容,包括保留条款:

第6条

§1 托运单应包含以下细节:

a)托运单的日期和填制地点;b)寄件人的名称和地址;c)承运人的名称和地址;d)接收货物的地点和日期以及指定的交货地点;e)收货人的名称和地址;f)对货物性质和包装方法的常用说明,以及对危险货物的一般公认说明;g)包装件数及其特殊标记和编号;h)货物毛重或以其他方式表示的数量;i)与运输有关的费用(运输费、附加费、关税和其他费用);j)海关手续和其他手续的必要指示;k)尽管有任何相反的条款,运输仍受本公约规定约束的声明。

§2 在适用的情况下,托运单还应包含以下细节:

a)不允许转船的声明;b)托运人承诺支付的费用;c)"货到付款"费用的金额;d)货物价值和代表特殊利益的金额的声明;e)托运人就货物保险向承运人发出的指示;f)约定的运输期限;g)交给承运人的单据清单。

当事人可以在托运单上记载任何他们认为有用的细节内容。

第8条

§1 承运人接收货物时,应当检查:

a)托运单上有关包装数量及其标记和编号的陈述的准确性;b)货物及其包装的外观状态。

§2 承运人没有合理手段检查本条第1款所述声明的准确性的,应该将其保留连同所依据的理由记入托运单。他还应指明他对货物及其包装的表面状况所做保留的理由,除非寄件人在托运单中明确同意接受保留的约束,否则这种保留对托运人不具有约束力。

§3 托运人有权要求承运人核对货物的毛重或者以其他方式表示的数量。他也可以要求检查包裹的内容物。承运人有权要求补偿这种检查的费用。检查结果应记入托运单。

2. CIM

CIM 包含以下条款,其中规定了托运单的详细信息,包括货物检验结果:

第 7 条 (托运单的措辞)

§1 托运单必须包含以下细节信息:

a) 制作地点和日期;

b) 托运人的名称和地址;

c) 订立运输合同的承运人的名称和地址;

d) 货物已有效移交给的人的名称和地址[如果不是 c) 中提到的承运人];

e) 接收货物的地点和日期;

f) 交货地点;

g) 收货人的名称和地址;

h) 货物性质和包装方法的说明,如果是危险货物,《国际铁路危险货物运输条例》(RID) 对其进行说明;

i) 包装件数以及确认货车装载量不足所需的特殊标记和编号;

j) 货车满载情况下的货车数量;

k) 作为货物托运的铁路自轮运转车辆的数量;

l) 此外,对于多式联运单元,识别其所需的类别、编号或其他特征;

m) 以其他方式表示的货物总质量或者数量;

n) 海关或者其他行政机关要求的附在托运单上或者由承运人支配的在合同指定的机关或者机构的办事处保管的单证清单;

o) 必须由收货人支付的与运输有关的费用(运输费、附加费、关税和订立合同到交货之间所发生的其他费用)或任何其他表明应由收货人支付费用的声明;

p) 一项声明,说明尽管有任何相反的条款,运输仍受本统一规则的约束。

§2 在适用的情况下,托运单还必须包括以下细节:

a) 在接续承运人的情况下,承运人在同意托运单的记项时必须交付货物;

b) 托运人承诺支付的费用;

c) 货到付款的金额;

d) 货物价值和代表交货特殊利益的金额的声明;

e) 商定的运送期限;

f) 商定的路线;

g)移交给承运人的在第1条第n款中未提及的文件清单；

h)托运人就其在货车上加盖的印章的编号和说明所做的记项。

§3 合同当事人可以在托运单上记载任何他们觉得有用的其他细节内容。

第11条 查验

§2 如果托运物与托运单上的信息不符，或者如果在有条件的情况下与运输货物有关的条款没有得到遵守，那么查验结果将记录在货物随附的托运单副本中，如果承运人仍然持有托运单的副联的话，检查结果也应该记录在上面。在这种情况下，将对这些货物收取查验费，如果该费用还没有被立即支付的话。

§3 托运人装载货物时，有权要求承运人查验货物的状况和它们的包装，以及托运单上与货件的数量、标记、号码以及货物总重量，或以其他方式表达的与数量有关的陈述是否准确。承运人只在有适当查验手段的情况下才有义务进行查验，承运人可以要求支付查验费用。查验结果应记录在托运单上。

3. SMGS 协定

SMGS 协定规定了托运单所需的信息如下：

第15条 （托运单）

第1项 运单中应记载下列事项：

(1)发货人名称及其通信地址；

(2)收货人名称及其通信地址；

(3)缔约承运人名称；

(4)发送路及发站名称；

(5)到达路及到站名称；

(6)国境口岸站名称；

(7)货物名称及其代码；

(8)批号；

(9)包装种类；

(10)货物件数；

(11)货物重量；

(12)车辆(集装箱)号码,运送货物的车辆由何方提供(发货人或承运人)；

(13)发货人附在运单上的添附文件清单；

(14)关于支付运送费用的事项；

(15)封印数量和记号；

(16)确定货物重量的方法；

(17)缔结运输合同的日期。

第2项 除本条第1项所列事项外，必要时运单中还应记载下列事项：

(1)接续承运人名称；

(2)发货人有关货物的声明；

(3)港口附近的铁路车站和移交水运的港口；

(4)《货物运送规则》所规定的其他信息。

4. CIM/SMGS统一运单指导手册

该手册详细规定了CIM/SMGS托运单的内容(106个条目)，规定：①哪些条目应由托运人填写或根据托运人提供的信息填写；②哪些条目是强制性的、可选的或有条件的；③哪些数据适用于哪种运输合同(CIM 或 SMGS)，哪些数据适用于两种合同。

强制性条目特别涉及：①发货人、收货人和承运人的身份；②质量和确定质量的方法；③负责装货的一方；④运输合同；⑤交货地/目的地(车站代码等)；⑥到达日期；⑦验收点；⑧车辆和集装箱信息；⑨货物描述；⑩包装件数；⑪填写托运单的地点和日期(年、月、日)；⑫变更收货人点；⑬变更收货人的位置和时间；⑭路线信息；⑮海关、收费、关税、汇率；⑯货物交接时的备注；⑰货物到达通知；⑱货物交付(收货人的日期和签名)。

5. 海牙—维斯比规则

海牙—维斯比规则对提单的内容做了以下规定：

第3条

§3 承运人、船长或者承运人的代理人收货后，应当按照托运人的要求，向托运人签发提单，载明下列事项：

a)装货前，托运人以书面形式提供识别单证与实际货物一致性的主要标志，该标志必须在货物上加盖印章或以其他方式清晰地表明，如果货物没有盖上，或者在装有该货物的箱子或覆盖物上，以肉眼可见的清晰方式直至航程结束。b)托运人视情况以书面形式提供的件数、数量、重量。c)货物的表面状态。但如承运人、船长或承运人代理人有合理理由怀疑任何标记、数字、数量或重量不能准确地代表实际收到的货物，或他没有合理的检查手段，则承运人、船长或者承运人代理人无须在提单上述明或显示该标记、数字、数量或重量。

6. 华沙公约

华沙公约第 5 条规定了航空运单的以下内容：

第 5 条 （航空运单或货物收据的内容）

航空运单或货物收据包括：

a) 出发地和目的地的指示；

b) 出发地和目的地在一个缔约国领土内，一个或多个商定的经停地在另一国领土内的，至少注明一个经停点；

c) 注明运单的重量。

7. CMNI

CMNI 第 11 条对运输单证的内容做了以下描述：

第 11 条

§1 运输单证，除了面额外，还载有以下细节内容：

a) 承运人和托运人的名称、住所、注册地或居住地；b) 收货人；c) 货物已装船的船名或船号，或者运输单证上载明货物已被承运人接收但尚未装船的详细情况；d) 装货港或接收货物的地点和卸货港或交货地点；e) 货物类型的通用名称以及包装方法，对于危险货物或易污染货物，根据现行生效的名称；如果没有此类名称，则为其通用名称；f) 以装船或为运输目的接收的货物的尺寸、数量或重量以及识别标记；g) 货物应或可在甲板或敞口船舶上运输的声明(如适用)；h) 关于运费的商定规定；i) 如果是运单，说明是正本或副本；如果是提单，说明正本份数；j) 签发地点和日期。

本条约第 1 条第 6 款所指的运输单证的法律性质，不因缺少本款所指的一项或多项细节而受到影响。

CMNI 第 12 条允许承运人在运输单证中做出保留：

第 12 条

§1 承运人有权在运输单证中列入关于下列事项的保留：

a) 货物的尺寸、数量或重量，如果它有理由怀疑托运人提供的细节不准确，或者它没有合理的手段检查这些细节，尤其因为货物没有在承运人到场的情况下进行计数、测量或称重，或者未经明确约定，货物的尺寸或重量已通过牵引阻力测量。

b) 在货物本身或容器或包装上(如果货物是带包装的)没有清晰、持久粘贴识别标记的。

c) 货物的表面状况。

§2 承运人未注明货物的外观状况或未就此提出保留的,视为在运输单证中注明货物的外观状况良好。

§3 按照运输单证所列事项,货物装在集装箱或货舱内,由承运人、承运人的受雇人或代理人以外的人施封的,集装箱或者封条到达卸货港或者交货地点时没有损坏或者破损的,应当推定货物的灭失或者损坏不是在运输过程中发生的。

三、运输单证的合同效力和证据效力

1. CMR

CMR 包含以下关于托运单的合同和证据效力的规定:

第 4 条 运输合同应当凭托运单确认。托运单的缺失、不规范或者灭失,不影响运输合同的存续或者效力,运输合同仍然受本公约规定约束。

第 9 条

§1 托运单是承运人订立运输合同、合同条件和收到货物的初步证据。

§2 托运单没有承运人所做的明确保留的,除非有相反证明,否则应当推定承运人接收货物时货物及其包装表面上完好无损,包装件数、唛头和号码与托运单上的记载相符。

第 12 条

§1 托运人有权处置货物,特别是以要求承运人停止在途货物运输的方式来改变货物交付地点或将货物交付给非运单所指定的收货人。

§2 当第二联托运单交给收货人时或当收货人根据第 13 条第 1 款行使其权利时,则该权利即告终止。自此之后,承运人应听从收货人的指令。

§3 收货人有权自运单签发之时起处置货物,如果发货人在运单中注明此项说明。

§5 行使处置权应遵照下列条件:

a) 发货人或如在本条第 3 款所述情况下拟行使权利的收货人出示上面已列明对承运人的新指示的第一份运单和向承运人赔偿由于执行该指示所涉及的所有费用、灭失或损坏。

b) 当指示到达执行人手中时执行该指示是可能的,同时既不干扰承运人的正常工作的进行,也不妨碍其他货物的发货人或收货人。

c) 该指示并不造成货物的分票。

§7 未执行本条规定的条件中所给予的指示,或已执行指示而未要求出示第一份运单的承运人,应对由此引起的任何灭失或损坏向有权提赔人负责。

第 15 条

§1 如果货物到达指定交付地点后的情况妨碍货物交付,承运人应要求发货人给予指示。如果收货人拒绝接货,发货人应有权处置货物而无须出示第一份运单。

2. CIM

CIM 包含以下关于托运单的合同和证据效力的规定:

第 6 条 （运输合同）

§2 承运合同必须用一份符合统一样式的托运单确认。但是,托运单的缺失、不规整或遗失不影响合同的存在或有效性,合同仍须服从这些统一规则。

§5 托运单不具提单的功能。

第 12 条 （托运单凭证价值）

§1 托运单是承运合同的签订和承运合同条件以及承运人已接收货物的初步证据。

§2 如果承运人已经装载完货物,托运单应是托运单上所描述的货物状况和它们的包装情况的初步证据,或者,如果没有这些描述的话,则是货物被承运人接收时显然处于的良好状况和托运单上关于货件数量、标识、号码以及货物总重量,或以其他方式表达的数量有关陈述的准确性的初步证据。

§3 如果托运人已经装载完货物,托运单应是托运单上所描述的货物状况和它们的包装情况的初步证据,或者,如果没有这些描述的话,只有在承运人已经查验了货物,并将与托运单信息符合的查验结果记录在托运单上的情况下,托运单才是货物显然的良好状况和 2 指出的陈述准确性的初步证据。

§4 然而,如果托运单上注有合理的声明时,托运单则不能作为初步证据。声明的原因可能是承运人没有适当手段对托运物是否与托运单记录的信息相符进行查验。

第 18 条 （货物处置权）

§2 尽管托运人持有托运单的副联,他更改承运合同的权利在以下情况下失效:

a) 收货人已经拿到托运单;

b) 收货人已经接受货物;

c) 收货人已经根据第 17 条 §3 主张自己的权利;

d) 收货人根据第 17 条 §3 有权发出指令;从那时起,承运人应听从收货人的命令和指示。

§3 从托运单起草之时起,收货人就有权更改承运合同,除非托运人在托运单上有相反的指示。

§4 在以下情况下,收货人更改承运合同的权利失效:

a)收货人已拿到托运单;

b)收货人已接受货物;

c)收货人已根据第 17 条§3 主张自己的权利;

d)根据§5,收货人已经指示将货物交付到另一人处,如果那个人已经根据第 17 条§3 主张自己的权力的话。

第 19 条 (货物处置权的行使)

§1 如果托运人,或者,在第 18 条§3 的情况下,收货人希望通过发出后续指令更改承运合同,他应该向承运人出示托运单的副联,以便将更改记录在上面。

§7 如果承运人在没有要求托运人提供托运单副联的情况下执行了他要求的后续更改,如果托运单副联已经交给了收货人,收货人因此遭受的损失或损害应由承运人负责。然而,任何应付的赔偿不应超过货物丢失情况下所应提供的赔偿。

3. SMGS 协定

SMGS 协定包含以下关于托运单的合同和证据效力的规定:

第 14 条 (运输合同)

§4 运单中记载的事项不正确或不准确,或者承运人丢失运单,均不影响运输合同的存在及效力。

第 25 条 (运输合同的变更)

§5 发货人的运输合同变更权,从收货人收到运单时起,或从货物到达到达国进口国境站(如承运人已接到收货人关于变更运输合同的申请书)时起,即告终止。

4. CIM/SMGS 统一运单指导手册

根据统一运单手册,CIM/SMGS 运单是适用《国际货约》和《国际货协》的国家间联运中证明国际货约和国际货协运输合同缔结的文件。(见第 2 节"定义")。

5. 海牙—维斯比规则

海牙—维斯比规则包含以下关于提单凭证效力的规定:

第 3 条

§4 依照第 3 款 a)、b)、c)项所载内容的这样一张提单,应作为承运人收到该提单中所载货物的初步证据。

6. 华沙公约

华沙公约包含以下关于航空运单凭证效力的规定：

第 11 条 （凭证的证据价值）

§1 航空货运单或者货物收据是订立合同、接受货物和所列运输条件的初步证据；

§2 航空货运单上或者货物收据上关于货物的重量、尺寸和包装以及保障件数的任何陈述是所述事实的初步证据；除经过承运人在托运人在场时查对并在航空货运单上或者货物收据上注明经过如此查对或者其为关于货物外表状况的陈述外，航空货运单上或者货物收据上关于货物的数量、体积和状况的陈述不能构成不利于承运人的证据。

第 12 条 （处置货物的权利）

§3 承运人按照托运人的指示处置货物，没有要求出示托运人所收执的那份航空货运单或者货物收据，给该份航空货运单或者货物收据的合法持有人造成损失的，承运人应当承担责任，但是不妨碍承运人对托运人的追偿权。

7. CMNI

CMNI 第 1 条第 6 款对运输单证定义如下：

"运输单证"是指证明运输合同以及承运人接收或装载货物的单据，以提单或托运单或贸易中使用的其他单据的形式制作。

CMNI 第 11 条对运输单证的证据效力做了以下规定：

§3 如没有相反证明，运输单证应当是运输合同的订立、条款内容以及承运人接收货物的初步证据。特别地，它应为推定货物已按运输单证所述被接收运输提供依据。

§4 运输单证为提单的，承运人与收货人之间的关系由运输单证单独确定。运输合同的条件应继续决定承运人和托运人之间的关系。

CMNI 的以下条款涉及处置权：

第 14 条 （处置权持有人）

§1 托运人有权处置货物，特别是可以要求承运人中止货物运输、变更交货地点或者将货物交付给运输单证上指明的收货人以外的收货人。

§2 一旦收货人在货物到达预定交货地点后要求交付货物，并且，

a）以托运单运输的，正本一并交给收货人；

b）在提单项下运输的，一旦托运人通过将其所有正本交给另一人而放弃其所拥有

的正本。

§3　托运人在签发托运单时,可以再托运单上适当记项,放弃对收货人的处置权。

第 15 条　(行使处置权的条件)

托运人,或收货人在第 14 条第 2 款和第 3 款的情况下如果希望行使处置权,必须:

a) 使用提单的,在货物到达预定交货地点之前提交所有正本;

b) 使用提单之外的运输单证的,提交该单证,其中应当包括向承运人发出的新指示。

四、运输单证的可转让性

1. CMR

由于托运单一般被视为不可转让单证,因此 CMR 对这一事项未做出任何明确规定,货物只交付给收货人(第 13 条)。

2. CIM

与 CMR 一样,CIM 只考虑将货物交付给收货人,并明确排除使用托运单作为所有权凭证。

第 6 条　(运输合同)

§5　托运单不具有提单功能。

第 17 条　(交付)

§1　承运人必须交出托运单,在指定的交付地点,在根据承运合同收到收据和应缴费用后,将货物交付给收货人。

§3　货物到达目的地后,收货人可要求承运人交出托运单,并将货物交付给他。如果确定货物发生丢失,或者如果货物在第 29 条 1 款规定的期限到期后仍未到达,收货人可以他自己的名义,根据承运合同向承运人主张自己的权利。

§4　若收货人要求对货物可能的丢失或损害进行确认检查,只要该检查还没有实施,即使在收到托运单和支付完承运合同规定的费用后,权利人仍可拒绝接收货物。

3. SMGS 协定

SMGS 协定不包含任何规定托运单可转让性的条款。然而托运单的不可转让性隐含在第 26 条。

第 26 条　（货物交付）

§1　货物到达到站后,承运人必须将运单和货物交付收货人,收货人必须领取货物和运单。

4. CIM/SMGS 统一运单指导手册

根据 CIM/SMGS 统一运单指导手册第 6 节,《国际货约》/《国际货协》运单在国际货约范围内作为《国际货约》运单使用;而在《国际货协》范围内作为《国际货协》运单使用。同时这也适用于将《国际货约》/《国际货协》运单作为海关文件使用的情况。

5. 海牙—维斯比规则

海牙—维斯比规则未明确描述提单的可转让性,然而这一点被大众广为接受。

6. 华沙公约

华沙公约不包括任何说明航空运单具有可转让性的条款。

7. CMNI

CMNI 的相关条款如下:

第 13 条　（提单）

§1　提单的正本应当是以收货人的名义签发的、凭指示签发的以及以持有人的名义签发的。

§2　在目的地,货物只能以最初提交的提单正本作为交换而交付;此后,不能对其他正本要求进一步交付。

§3　承运人接收货物时,就货物权利的取得而言,将提单交给有权接收货物的人具有与移交货物相同的效力。

§4　如果提单已转让给第三方,包括以提单上货物的描述为依据善意行事的收货人,则与第 11 条第 3 款和第 12 条第 2 款所述推定相反的证据不予受理。

五、电子运输记录

1. CMR

CMR 不包括任何与电子托运单相关的条款,然而,CMR 的附加议定书于 2008 年 2

月 20 日在日内瓦缔结,并于 2011 年 6 月 5 日生效。

2. CIM

CIM 第 6 条第 9 款规定:

运单包括其副本也可以电子记录数据的格式编制,而这些数据可转换成书面可读符号。记录和处理数据所采用的方法应具有同等功能,特别是在包含这些数据的运单的证明效力方面。

3. SMGS 协定

SMGS 协定第 15 条第 4 款规定:运单可以办理成纸质文件(纸质运单)或电子文件(电子运单)的形式。

4. CIM/SMGS 统一运单指导手册

D 部分有关电子运单的规定如下:

(21)国际货约规定的同等功能原则(国际货约第 6 条第 9 项)

运单包括其副本也可以电子记录数据的格式编制,而这些数据可转换成书面可读符号。记录和处理数据所采用的方法应具有同等功能,特别是在包含这些数据的运单的证明效力方面。

(22)适用国际货协的承运人、发货人、收货人之间的协议原则

运输合同可以通过电子运单形式办理。电子运单履行纸质运单的功能,是与整套纸质运单数据相同的整套电子数据。必要时电子运单及其补充清单可按本指导手册附件 5 的格式打印在纸上。如根据国际货协规定修改列入电子运单的数据,则应保存原始数据。

(23)国际铁路货物联运电子数据交换协定(电子数据交换协定)

承运人和客户(发货人/收货人)根据合同确定需要交换的信息,以及电子运单数据交换种类和方法。

5. 海牙—维斯比规则

海牙—维斯比规则早于技术发展,没有规定电子提单。

6. 华沙公约

华沙公约也没有规定航空电子运单。

7. CMNI

CMNI 不提供电子运输单证。它在第 1 条第 8 款中列入了"书面形式"的定义,但该定义术语在 CMNI 中,而不是指运输单证。此外,CMNI 在第 11 条第 2 款中设想了通过电子手段签署运输单证的可行性。

第 1 条第 8 款

《书面》包括,除非有关方另有约定,否则通过电子、光学或类似通信方式传输信息,包括但不限于电报、传真、电传、电子邮件或电子数据交换(EDI),但这些资料须可供查阅,以供日后参考。

第 11 条第 2 款

运输单证正本必须由承运人、船长或者承运人授权的人签字。承运人可以要求托运人在正本或者副本上会签。如果运输单证签发地国的法律不禁止,签字可以是手写、传真、打孔、盖章、符号或其他机械或电子方式。

第三节 多式联运运输单证的规定

《联合国国际货物多式联运公约》(简称贸发会多式联运公约)和《联合国全程或部分海上国际货物运输合同公约》(简称鹿特丹规则)载有下列关于多式联运单证的规定。

一、多式联运单据的签发

1. 贸发会多式联运公约

贸发会多式联运公约载有关于运输单证问题以及运输单证与国际多式联运所涉运输或其他服务的其他单证关系的条款。

第 5 条 多式联运单证的签发

(1)多式联运经营人接管货物时,应签发一项多式联运单据,该单据应依发货人的选择,或为可转让单据或为不可转让单据。

(2)多式联运单据应由多式联运经营人或经他授权的人签字。

(3)多式联运单据上的签字,如不违背签发多式联运单据所在国的法律,可以是手签、手签笔记的复印、打透花字、盖章、符号,或用任何其他机械或电子仪器打出。

(4)经发货人同意,可以用任何机械或其他保存第 8 条所规定的多式联运单据应列明的事项的方式,签发不可转让的多式联运单据。在这种情况下,多式联运经营人在接管货物后,应交给发货人一份可以月度的单据,载有用此种方式记录的所有事项,就本公约而言,这份单据应视为多式联运单据。

第 13 条 其他单据

多式联运单据的签发,并不排除于必要时按照适用的国际公约或其他国家法律签发同国际多式联运所涉及的运输或其他服务有关的其他单据。但签发此种其他单据不得影响多式联运单据的法律性质。

2. 鹿特丹规则

鹿特丹规则既涉及可转让单证,也涉及不可转让单证,第 35 条是关于签发运输单证或电子运输记录的。

除非托运人与承运人已约定不使用运输单证或点子运输记录,或不使用运输单证或电子运输记录是行业机关、惯例或做法。否则,货物一经向承运人或预约方交付运输,托运人,或经托运人同意的单证托运人,有权按照托运人的选择,从承运人处获得:

(1)不可转让运输单证,或符合第 8 条第 1 项规定的,不可转让电子运输记录;或

(2)适当的可转让运输单证,或符合第 8 条第 1 项规定的,可转让电子运输记录,除非托运人与承运人已约定不使用可转让运输单证或可转让电子运输记录,或不使用可转让运输单证或可转让电子运输记录是行业习惯、惯例或做法。

二、多式联运单据的内容

1. 贸发会多式联运公约

以下为贸发会多式联运公约中有关多式联运单据内容的条款:

第 8 条 多式联运单据的内容

§1 多式联运单据应当载明下列事项:

a)货物品类、识别货物所必需的主要标志、如属危险货物,其危险特性的明确声明、包数或件数、货物的毛重或其他方式表示的数量等,所有这些事项均由发货人提供;

b)货物外表状况;

c)多式联运经营人的名称和主要营业场所;

d)发货人名称;

e)如经发货人指定收货人,收货人的名称;

f)多式联运经营人接管货物的地点和日期;

g)交货地点;

h)如经双方明确协议,在交付地点交货的日期或期间;

i)表示该多式联运单据为可转让或不可转让的声明;

j)多式联运单据的签发地点和日期;

k)多式联运经营人或经其授权的人的签字;

l)如经双方明确协议,每种运输方式的运费;或者应由收货人支付的运费,包括用以支付的货币;或者关于运费由收货人支付的其他说明;

m)如在签发多式联运单据时已经确知,预期经过的路线、运输方式和转运地点;

n)第28条第3款所指的声明;

o)如不违背签发多式联运单据所在国的法律,双方同意列入多式联运单据的任何其他事项。

§2 多式联运单据缺少本条第(1)款所指事项的一项或数项,并不影响该单据作为多式联运单据第1条第4款所规定的要求。

第9条 多式联运单据中的保留

§1 如果多式联运经营人或其代表知道,或有合理的根据怀疑多式联运单据所列货物的品类、主要标志、包数或件数、重量或数量等事项没有准确地表明实际接管货物的状况,或无适当方法进行核对,则该多式联运经营人或其代表应在多式联运单据上作出保留,注明不符之处、怀疑的根据、或无适当核对方法。

§2 如果多式联运经营人或其代表未在多式联运单据上对货物的外表状况加以批注,则应视为他已在多式联运单据上注明货物的外表状况良好。

2.鹿特丹规则

以下为鹿特丹规则中有关多式联运单据内容的条款:

第36条 合同事项

§1 第35条涉及的运输单证或电子运输记录中的合同事项应包括由托运人提供的下列信息:

a)适合于运输的货名;

b) 识别货物所必需的主标志；

c) 货物包数、件数或数量；

d) 货物重量（如果已由托运人提供）。

§2 第35条所述的运输单证或电子运输记录中的合同事项还应包括：

a) 承运人或履约方收到待运货物时货物表面状况的说明；

b) 承运人名称和地址；

c) 承运人或履约方收到货物日期、货物装船日期或运输单证或电子运输记录签发日期；

d) 运输单证可转让，且签发一份以上正本的，可转让运输单证的正本份数。

§3 第35条所述的运输单证或电子运输记录中的合同事项还应包括：

a) 收货人的名称和地址（如果收货人已有托运人指定）；

b) 船舶名称（如果已在运输合同中指明）；

c) 收货地和交货地（如果承运人已知道交货地）；

d) 装货港和卸货港（如果已在运输合同中指明）。

§4 就本条而言，本条第2款第1项中"货物表面状况"一词是指在下述基础上确定的货物状况：

a) 货物由托运人交付给承运人或履约方时对所装载货物进行的合理外部检验；

b) 承运人或履约方在签发运输单证或电子运输记录之前实际进行的任何进一步检验。

第37条 承运人的识别

§1 合同事项中载明承运人名称的，运输单证或电子运输记录中凡是与此不一致的有关承运人身份的其他信息一概无效。

§2 合同事项中未按第36条第2款第2项载明任何人为承运人。但合同事项载明货物已装上指定船舶的，推定该船舶的登记所有人为承运人，除非该登记所有人能够证明运输货物时该船舶处于光船租用之中。且能够指出该光船承租人及其地址，在这种情况下，推定该光船承租人为承运人。或船舶登记所有人可以通过指出承运人及其地址，推翻将其当作承运人的推定。光船承租人可以按照同样方式推翻将其当作承运人的任何推定。

§3 本条规定概不妨碍索赔人证明，承运人是合同事项所载明的人以外的人，或是根据本条第2款所识别的人以外的人。

第38条 签名

§1 运输单证应由承运人或代其行事的人签名。

§2 电子运输记录应包含承运人或代其行事的人的电子签名。凭借此种电子签名,应能够识别与该电子运输记录有关的签名人,且表明承运人对该电子运输记录的授权。

三、多式联运单证的合同和证据效力

1. 贸发会多式联运公约

贸发会多式联运公约包括下列有关多式联运文件合同和证据效力的条款:

第 10 条 多式联运单证的证据效力

如果已对第九条准允保留的事项作出保留,则除其保留的部分之外:

§1 多式联运单据应是该单据所载明的货物由多式联运经营人接管的初步证据;

§2 如果多式联运单据以可转让方式签发,而且已转让给正当地信赖该单据所载明的货物状况的、包括收货人在内的第三方,则多式联运经营人提出的反证不予接受。

第 11 条 有意谎报或漏报的赔偿责任

如果多式联运经营人意图诈骗,在多式联运单据上列入有关货物的不实资料,或漏列第 8 条 1 款 1 项或 2 项或第 9 条规定应载明的任何资料,则该联运人不得享有本公约规定的赔偿责任限制,而须负责赔偿包括收货人在内的第三方因信赖该多式联运单据所载明的货物状况行事而遭受的任何损失、损坏或费用。

第 12 条 发货人的保证

§1 多式联运经营人接管货物时,发货人应视为已向多式联运经营人保证,他在多式联运单据中所提供的货物品类、标志、件数、重量和数量,如属危险货物,其危险性等事项,概属准确无误。

§2 发货人必须赔偿多式联运经营人因本条第 1 款所指各事项的不准确或不当而造成的损失。即使发货人已将多式联运转让,仍须负赔偿责任。多式联运经营人取得这种赔偿的权利,并不限制他按照多式联运合同对发货人以外的其他任何人应负的赔偿责任。

2. 鹿特丹规则

鹿特丹规则包括下列有关多式联运文件合同和证据效力的条款:

第 39 条 合同事项不完备

§1 合同事项中缺少第 36 条第 1 款、第 2 款或第 3 款述及的一项或数项内容,或这些内容不准确,本身不影响运输单证或电子运输记录的法律性质或法律效力。

§2 合同事项包含日期而未说明其含义的:

a) 如果合同事项载明货物已装船,该日期视为运输单证或电子运输记录中载明的全部货物的装船日期,或

b) 如果合同事项未载明货物已装船,该日期视为承运人或履约方收到货物的日期。

§3 合同事项未载明承运人或履约方收到货物时货物表面状况的,该合同事项视为已载明承运人或履约方收到货物时货物表面状况良好。

第 40 条 对合同事项中货物相关信息作出保留

§1 在下列条件下,承运人应对第 36 条第 1 款中述及的信息作出保留,指出承运人对于托运人所提供信息的准确性不负责任。

(1) 承运人实际知道运输单证或电子运输记录中的任何重要声明有虚假或诱导内容;或

(2) 承运人有合理的理由认为运输单证或电子运输记录中的任何重要声明有虚假或误导内容。

§2 在不影响本条第一款的情况下,承运人可以按照本条第 3 款和第 4 款规定的情形和方式,对第 36 条第 1 款中述及的信息作出保留,指出承运人对于托运人所提供信息的准确性不负责任。

§3 货物不放在封闭集装箱内或封闭车辆内交付给承运人或履约方运输,或货物放在封闭集装箱内或封闭车辆内交付且承运人或履约方实际检验了货物的,在下述条件下,承运人可以对第 36 条第 1 款中述及的信息作出保留:

(1) 承运人无实际可行或商业上合理的方式核对托运人提供的信息,在这种情况下,承运人可以注明其无法核对的信息;或

(2) 承运人有合理的理由认为托运人所提供的信息不准确,在这种情况下,承运人可以列入一个条款,提供其合理认为准确地信息。

§4 货物放在封闭集装箱内或封闭车辆内交付给承运人或履约方运输的,承运人可以就下列条款中述及的信息作出保留:

(1) 第 36 条第 1 款第 1 项、第 2 项或第 3 项,条件是:

a) 集装箱内或车辆内货物未经过承运人或履约方实际检验;并且

b) 无论承运人还是履约方均未在签发运输单证或电子运输记录之前以其他方式实

际知道集装箱内或车辆内货物的情况；和

(2)第36条第1款第4项,条件是：

a)无论承运人还是履约方均为对集装箱或车辆称重,且托运人和承运人均未在转运货物之前约定对集装箱或车辆称重并将其重量记载在合同事项中；或

b)无实际可行或商业上合理的方式核对集装箱或车辆重量。

第41条 合同事项的证据效力

除合同事项已按照第40条规定的情形和方式做了保留外：

§1 运输单证或电子运输记录是承运人收到合同事项中所记载货物的初步证据；

§2 在下列情况下,承运人就任何合同事项提出的相反证据不予接受。

a)此种合同事项载于已转让给善意行事第三方的可转让运输单证或可转让电子运输记录；或

b)此种合同事项载于载明必须交单提货,且已转让给善意行事收货人的不可转让运输单证。

§3 承运人提出的针对善意行事收货人的相反证据,在该收货人依赖载于不可转让运输单证或不可转让电子运输记录中的下述任何合同事项时,不予接受：

a)第36条第1款中述及的合同事项,此种合同事项由承运人提供；

b)集装箱的号码、型号和识别号,而非集装箱封条的识别号；和

c)第36条第2款述及的合同事项。

四、多式联运单证的可转让性

1.贸发会多式联运公约

贸发会多式联运公约提出可转让和不可转让两种运输单证：

第6条 可转让的多式联运单据

§1 多式联运单据以可转让的方式签发时：

a)应列明按指示或向持票人交付；

b)如列明按指示交付,须经背书后转让；

c)如列明向持票人交付,无须背书即可转让；

d)如签发一套一份以上的正本,应注明正本份数；

e)如签发任何副本,每份副本均应注明"不可转让副本"字样。

§2 只有交出可转让多式联运单据,并在必要时经正式背书,才能向多式联运经营人或其代表提取货物。

§3 如签发一套一份以上的可转让多式联运单据正本,而多式联运经营人或其代表已正当地按照其中一份正本交货,该多式联运经营人便已履行其交货责任。

第7条 不可转让的多式联运单据

§1 多式联运单据以不可转让的方式签发时,应指明记名的收货人。

§2 多式联运经营人将货物交给此种不可转让的多式联运单据所指明的记名收货人或经收货人通常以书面正式指定的其他人后,该多式联运经营人即已履行其交货责任。

2. 鹿特丹规则

鹿特丹规则提出可转让和不可转让两种运输单证。关于这两种运输单证的条款在全文中到处可见,尤其在货物交付和权利转移的章节中:

第三章 电子运输记录

第9条 可转让电子运输记录的使用程序

§1 使用可转让电子运输记录,应当遵守包含以下内容的程序:

a) 向预期持有人签发和转让可转让电子运输记录的方法;

b) 可转让电子运输记录保持完整性的保证;

c) 持有人能够证明其持有人身份的方式;

d) 已向持有人交付货物的确认方式,或根据第10条第2款或第47条第1款第1项第2目和第3项,可转让电子运输记录已失去效力的确认方式。

§2 本条第1款中的程序应当在合同事项中载明且易于查核。

第10条 可转让运输单证或可转让电子运输记录的替换

§1 如果可转让运输单证已签发,且承运人与持有人约定以可转让电子运输记录替换该运输单证:

a) 持有人应向承运人移交该可转让运输单证,若签发的单证不止一分,应移交所有单证;

b) 承运人应向持有人签发可转让电子运输记录,其中应包括一项替换该运输单证的声明;并且

c) 该运输单证随即失去效力。

§2 如果可转让电子运输记录已签发,且承运人与持有人约定以可转让运输单证

替换该电子运输记录:

a)承运人应向持有人签发替换该电子运输记录的可转让运输单证,其中应包括一项替换该电子运输记录的声明;并且

b)该电子运输记录随即失去效力。

第九章 货 物 交 付

第 45 条 未签发可转让运输单证或可转让电子运输记录时的交付

未签发可转让运输单证或可转让电子运输记录的:

(1)承运人应在第 43 条述及的时间和地点将货物交付给收货人。声称是收货人的未按照承运人的要求适当表明其为收货人的,承运人可以拒绝交付。

(2)收货人的名称和地址未在合同事项中载明的,控制方应在货物到达目的地前或在货物到达目的地时,将收货人的名称和地址告知承运人。

(3)在不影响第 48 条第 1 款的情况下,如果货物未能交付是因为 a)收货人接到了到货通知而未在第 43 条述及的时间或者期限内在货物到达目的地后向承运人主张提取货物,b)承运人因声称是收货人的人未适当表明其为收货人而拒绝交货,或者 c)承运人经合理努力无法确定收货人,请求就货物的交付发出指示。承运人经合理努力无法确定控制方的,承运人可以通知托运人,请求就货物的交付发出指示。承运人经合理努力无法确定托运人的,承运人可以通知单证托运人,请求就货物的交付发出指示。

(4)承运人根据本条第(3)项按照控制方、托运人或者单证托运人的指示交付货物的,解除承运人在运输合同下交付货物的义务。

第 46 条 签发必须提交的不可转让运输单证时的交付

签发不可转让运输单证,其中载明必须交单提货的:

(1)承运人应当在收货人按照承运人的要求适当表明其为收货人并提交不可转让单证时,在第 43 条述及的时间和地点将货物交付给收货人。声称是收货人的人不能按照承运人的要求适当表明其为收货人的,承运人可以拒绝交付;未提交不可转让单证的,承运人应当拒绝交付。所签发不可转让单证有一份以上正本的,提交一份正本单证即可,其余正本单证随即失去效力。

(2)在不影响第 48 条第 1 款的情况下,如果货物未能交付是因为 a)收货人接到了到货通知而未在第 43 条述及的时间或者期限内在货物到达目的地后向承运人主张提取货物,b)承运人因声称是收货人的人未适当表明其为收货人或者未提交单证而拒绝交货,或者 c)承运人经合理努力无法确定收货人,请求就货物的交付发出指示,则承运人可以通知托运人,请求就货物的交付发出指示。承运人经合理努力无法确定托运人的,

承运人应当通知单证托运人,请求就货物的交付发出指示。

(3)承运人根据本条第(2)项按照托运人或者单证托运人的指示交付货物的,解除承运人在运输合同下交付货物的义务,而不考虑是否已向承运人提交不可转让运输单证。

第 47 条　签发可转让运输单证或者可转让电子运输记录时的交付

§1　签发可转让运输单证或者可转让电子运输记录的:

(1)可转让运输单证或者可转让电子运输记录的持有人有权在货物到达目的地后向承运人主张提取货物,在这种情况下,下列要求之一得到满足时,承运人即应当在第43条述及的时间和地点将货物交付给该持有人:

a)该持有人提交了可转让运输单证,该持有人为第 1 条第 10 款第(1)项第 a)目述及的人的,还适当表明了其身份;或者

b)该持有人按照第 9 条第 1 款述及的程序证明其为可转让电子运输记录的持有人。

(2)本款第(1)项第 a)目或者第(1)项第 b)目所列要求未得到满足的,承运人应当拒绝交付;

(3)所签发可转让运输单证有一份以上正本,且该单证中注明正本份数的,提交一份正本单证即可,其余正本单证随即失去效力。使用可转让电子运输记录的,按照第 9 条第 1 款规定的程序一经向持有人交付货物,该电子运输记录随即失去效力。

§2　在不影响第 40 条第 1 款的情况下,可转让运输单证或者可转让电子运输记录明确规定可以不提交运输单证或者电子运输记录交付货物的,适用下列规则:

(1)如果货物未能交付是因为 a)持有人接到了到货通知而未在第 43 条述及的时间或者期限内在货物到达目的地后向承运人主张提取货物,b)承运人因声称是持有人的人未适当表明其为第 1 条第 10 款第(1)项 a)目所述及的人之一而拒绝交货,或者 c)承运人经合理努力无法确定持有人,请求就货物的交付发出指示,则承运人可以通知托运人,请求就货物的交付发出指示。承运人经合理努力无法确定托运人的,承运人应当通知单证托运人,请求就货物的交付发出指示;

(2)承运人根据本条第 2 款第(1)项按照托运人或者单证托运人的指示交付货物的,解除承运人在运输合同下向持有人交付货物的义务,而不考虑是否已向承运人提交可转让运输单证,也不考虑凭可转让电子运输记录主张提货的人是否已按照第 9 条第 1 款述及的程序证明其为持有人;

(3)承运人根据本条第 2 款第(1)项对持有人负赔偿责任的,根据本条第 2 款第(5)项发出指示的人应当补偿承运人由此遭受的损失。该人未能按照承运人的合理要求提

供适当担保的,承运人可以拒绝遵守这些指示;

(4)一人在承运人已根据本条第2款第(2)项交付货物后成为可转让运输单证或者可转让电子运输记录的持有人,仍根据此项交货前的合同安排或者其他安排取得对承运人除主张提货权以外的运输合同下的权利;

(5)虽有本条第2款第(2)项和第2款第(4)项的规定,一持有人在此项交货后成为持有人,在其成为持有人时不知道且理应不可能知道此项交货的,取得可转让运输单证或者可转让电子运输记录所包含的权利。合同事项载明预计到货时间,或者载明如何获取有关货物是否已交付的信息的,推定该持有人在其成为持有人时已知道或者理应能够知道货物的交付。

第十一章 权 利 转 让

第57条 签发可转让运输单证或者可转让电子运输记录时的权利转让

§1 签发可转让运输单证的,其持有人可以通过向其他人转让该运输单证而转让其中包含的各项权利:

(1)是指示单证的,须正式背书给该其他人,或者须空白背书;或者

(2)是 a)不记名单证或者空白背书单证的,或者是 b)凭记名人指示开出的单证,且转让发生在第一持有人与该记名人之间的,无须背书。

§2 签发可转让电子运输记录的,不论该电子运输记录是凭指示开出还是凭记名人指示开出,其持有人均可以按照第9条第1款述及的程序,通过转让该电子运输记录,转让其中包含的各项权利。

五、电子运输记录

1. 贸发会多式联运公约

贸发会多式联运公约提供了在多式联运单证中使用电子签名的可行性(第5条):

3. 多式联运单证上的签字,如不违背签发多式联运单证所在国的法律,可以是手签、手签笔迹的复印、打透花字、盖章、符号、或用其他任何机械或电子仪器打出。

2. 鹿特丹规则

就电子运输记录,鹿特丹规则包含单独一章:

第三章 电子运输记录

第 8 条 电子运输记录的使用和效力

在不违反本公约所述要求的情况下：

a）凡根据本公约应在运输单证上载明的内容，均可在电子运输记录中加以加载，但电子运输记录的签发和使用须得到承运人和托运人的同意；并且

b）电子运输记录的签发、排他性控制或者转让，与运输单证的签发、占有或者转让具有同等效力。

第 9 条 可转让电子运输记录的使用程序

§1 使用可转让电子运输记录,应当遵守包含以下内容的程序：

a）向预期持有人签发和转让可转让电子运输记录的方法；

b）可转让电子运输记录保持完整性的保证；

c）持有人能够证明其持有人身份的方式；和

d）已向持有人交付货物的确认方式，或者根据第 10 条第 2 款或者第 47 条第 1 款第（1）项第 b）目和第（3）项，可转让电子运输记录已失去效力的确认方式。

第七章 国际运输便利化法律制度

第一节 "一带一路"倡议背景下推动国际运输便利化的研究

交通运输互联互通对"一带一路"具有重要作用,是推进"一带一路"倡议实施的基础。2017年5月,习近平主席在"一带一路"国际合作高峰论坛上对交通运输互联互通给予了高度肯定,把其认定为"一带一路"倡议中"五通"建设的重要抓手和早期收获。至2017年,铁路、公路、海运、航空和邮政各领域签署了多个国际协议,尤其是公路和海运,以推进国际运输便利化为切入点,国际交通走廊基础设施建设不断发展、管理服务水平提升,与"一带一路"沿线国家建立了良好合作关系。

推进与周边国家基础设施互联互通是"一带一路"建设的重点。基础设施互联互通涉及两个层面,一是物理意义上的互联互通,二是不同国家之间跨境管理制度的协调,二者缺一不可,但二者相较,各国边境管理效率低对其互联互通水平的影响更为突出,是制约各国提升贸易便利化水平的主要障碍,而交通服务质量低又是影响边境管理效率的首要因素。因此,研究国际运输便利化、提高交通服务质量对实现中国与"一带一路"沿线国家贸易畅通有直接的促进作用。

一、运输便利化与贸易便利化的关系

(一)贸易便利化是"一带一路"倡议的重要内容

贸易便利化是国际合作的前提,也是丝绸之路经济带战略的宗旨。2017年5月"一带一路"国际合作高峰论坛期间中国商务部与80多个国家有关部门和国际组织共同发布《推进"一带一路"贸易畅通合作倡议》,作为高峰论坛的重要成果,这份倡议确定了贸

易畅通合作原则和合作举措。

事实上,早在"一带一路"倡议提出之前,提高货物跨境流通的便捷性、顺畅性和经济性就是国际合作的重点。贸易便利化的概念在1923年国际联盟会议中提出。此后1947年《关税和贸易总协定》(GATT)以及1955年成立的世界贸易组织一直致力于推进贸易便利化,2017年2月《贸易便利化协定》正式生效。另外,亚太经合组织、上海合作组织、中亚经济合作、大湄公河次区域经济合作、世界海关组织、联合国各地区委员会、世界银行等综合性国际组织、国际金融组织和经济合作机制都把贸易便利化作为国际合作的重要领域。

以上国际组织和相关合作机制对国际组织的定义各有不同。贸易便利化最初指采取各种措施保证跨境贸易程序的实施效率,随着经济水平的提高和信息技术的不断发展,贸易便利化的概念得到延伸与扩展。狭义上,1994年《关税与贸易总协定》把贸易便利化定义为海关、过境手续、贸易程序的简化和协调。广义上,贸易便利化涵盖了国际贸易过程中贸易程序和手续、法律和规定、基础设施改善和标准化的所有环节,其中,海关和跨境法律规定是核心,此外还包括运输许可、检验检疫、保险、结算、电子数据传输(EDI)以及人员签证等,以便实现贸易环境的公平、透明、协调、便捷、简化。

(二)运输便利化是贸易便利化的直接产物

贸易便利化的概念揭示了其核心是运输便利化,指通过优化运输各环节的条件提高效率,降低运输成本并以此来促进经济发展。国际运输便利化是指改进货物及人员的跨境(进入、来自或穿过一国领土)运输流程所涉及的要素及条件,包括交通基础设施、海关、边防、检验检疫等各部门的工作要素。我国目前参与的国际区域合作机制的跨境便利运输与贸易便利化有紧密联系,如2007年,中亚区域经济合作(CAREC)在研究交通运输战略时鉴于交通和贸易两个领域的紧密相关性及通道重叠性,将它们合并,制定了《运输和贸易便利化战略》(TTFS);2005年,大湄公河次区域经济合作(GMS)批准的《GMS贸易投资便利化战略行动框架》规定了便利化的四大优先领域,即贸易物流、海关制度、检验检疫和人员流动。国际运输便利化和贸易便利化的联系为:

第一,国际运输便利化主要涉及改进跨境运输中交通、海关、边防、检验检疫四个部门的基础设施、信息化、作业流程等内容,而贸易便利化也包括以上措施,二者的工作重点是一样的。第二,国际运输便利化是贸易便利化的基础和前提,国际运输充分便利后,贸易便利化才能随之实现。第三,贸易便利化能够提升国际运输便利化,简化贸易手续和统一使用标准后,反之能够促进国际运输便利化程度。

二、国际运输便利化法律框架与内容

(一)基本情况

双边和多边协定是"一带一路"国际运输通道建设的有效工具,制定统一并共同遵守的国际运输规则是互联互通的法律保障。各种交通方式发展国际运输便利化的进程有所不同,道路和海运领域的运输便利化国际合作发展较为成熟,我国作为成员国的国际组织或我国参与活动的国际机制签订了多项便利化协定,另外,我国与相邻多国也签署了以便利化运输为主要出发点的多(双)边运输协定。在铁路和航空领域,国际运输便利化也是国际合作的重要方面,但仅采用国际会议协调的方式,如铁路合作组织亚欧铁路国际运输便利化会议,航空领域通过中国与其他国家在国际通关、边检等部门在规则和程序上的相互兼容和有机衔接等合作,以提高区域航空运输便利化,还未形成法律框架。因此,以公路与海运作为分析重点。

(二)公路领域

1. 法律框架

与我国有关的道路运输便利化合作机制分为三类:第一类是联合国主导下的48/11决议,以《国际道路运输公约》等7个公约为主要载体,涉及内容广、参与国家多、国际影响力较大;第二类是区域间国家参与和主导的国际机制,如大湄公河次区域经济合作和上海合作组织框架下签订的便利化协定;第三类是国与国之间在双边或多边层次上进行的合作,如我国与相邻几国签署的双(多)边汽车运输协定。我国主要参与的与道路运输便利化有关的公约见表7.1。

我国主要参与的与道路运输便利化有关的公约 表7.1

合作机制或国家	公约或协定名称	公约地位	我国加入情况
联合国亚太经社会(UNESCAP)	1992年通过第48/11号决议,要求亚洲国家开展国际道路运输应加入《道路信号与标志国际公约》(1968年)、《集装箱关务公约》(1972年)、《国际公路运输公约》(TIR)(1975年)、《统一边境货物管理的国际公约》(1982年)等7个公约	目前各国开展国际道路运输以这7个公约为基础,同时它们也是现行50多个公约的基础,有助于消除地区间政策法规的差异	1986年加入了《集装箱关务公约》、2016年加入《国际公路运输公约》

续上表

合作机制或国家	公约或协定名称	公约地位	我国加入情况
大湄公河次区域经济合作（GMS）	2004年为促进公路运输合作,签署《大湄公河次区域便利货物及人员跨境运输协定》及所有附件	公约包括正文、17个附件和3个议定书,是一套完整的便利货物及人员跨境运输的法律文件	2002年加入主协定,2015年完成正文和附件的国内批准程序
上海合作组织（SCO）	2014年签署《上合组织成员国政府间国际道路运输便利化协定》	加速上合组织道路运输网建设,深化上合组织经贸领域合作	2014年签署时加入,2016年完成国内生效
我国参加的两国或多国间协定	1995年中、哈、吉、巴4国政府签署《中哈吉巴四国过境汽车运输协定》,2008年过境货物运输正式实施;1998年中、吉、乌三国签订《中华人民共和国政府和吉尔吉斯共和国政府、乌兹别克斯坦共和国政府汽车运输协定》;从1991年起,我国与俄罗斯、蒙古、哈萨克斯坦、吉尔吉斯斯坦、乌兹别克斯坦、巴基斯坦、老挝、越南、尼泊尔各个国家签署了双边汽车运输协定	—	—

2. 主要内容

《国际公路运输公约》和我国参与大湄公河次区域经济合作机制以及上海合作组织活动签署的《国际道路运输便利化协定》是国际道路运输便利化国际公约的代表。

（1）《国际公路运输公约》（简称《TIR公约》）

《TIR公约》是迄今为止全球唯一普遍适用的海关过境制度,用来简化国际道路运输海关手续、降低成本、保证过境国关税利益。主要内容是对持有TIR手册的道路运输承运人可在《TIR公约》的缔约国境内内陆海关查验并施加关封后,途中不受过境国海关查验,直接运往目的地。若出现异常情况海关无法获得税费时,可通过本国的运输担保协会得到每单最多50000美元的担保额。《TIR公约》包括六部分内容:运输车辆或集装箱的审批流程和标准、国际担保系统、TIR手册、各国海关互认、有限范围内使用以及TIR电子化。

（2）《上海合作组织成员国政府间国际道路运输便利化协定》

《上海合作组织成员国政府间国际道路运输便利化协定》主要包括七项内容,覆盖了国际道路运输的所有领域。一是跨境手续便利化,包括一个窗口、一次停靠检查、办公时间一致、通关等信息提前交换;二是人员跨境运输便利化,包括对运输经营人员和旅客等颁发签证规定;三是货运跨境运输便利化,包括海关免检、保证金免缴及免护送、过境运输规定、检验检疫、特种货物运输;四是道路车辆入境要求,包括车辆需满足的登记、技术条件、技术检查证书、交通规则、车辆第三者责任险、驾驶证、车辆临时进口许可要求;五是商业运营权的交换,包括指定线路和口岸、运输经营专业准入、自由的运输服务市场、运价商定;六是基础设施,包括路和桥的设计标准、公路信号与标志、其他跨境设施;七是 GMS 便利运输联合委员会和各国便利运输委员会。该协定的使用范围固定,只用在各国协商同意的线路和口岸。

(三)海运领域

国际海事组织作为海运领域的全球性专业组织,1965 年制定了《便利国际海上运输公约》,旨在简化船舶国际运输中抵达、停留和离开港口的手续,在人员的签证以及检验检疫方面做了规定。该公约由 16 条法律条款和一个附则组成,附则分为五节,各节都包括标准和推荐做法,标准是规定各缔约国必须实施的措施,推荐做法是各缔约国最好选择采用的措施。该公约于 1967 年生效,现有缔约国 106 个。我国于 1994 年决定加入,1995 年公约在我国生效。

(四)我国国际运输便利化发展现状及存在问题

1. 发展现状

公路领域,我国与参与的区域合作机制各国组成便利运输联合委员会,并在 2002 年成立国家便利运输委员会,由交通运输部牵头,外交部、国家发展改革委、公安部、财政部、商务部、海关总署、质检总局七个单位参加,并在省一级组织海关、检验检疫、边防、交通、商务等部门联合组成省级便利运输委员会,负责协定的具体执行工作。我国通过建立双边或多边机制,提供了多层次的沟通渠道。另外,加快建设公路运输通道、货运枢纽、口岸基础设施和国家交通物流公共平台,制定区域交通发展规划和战略,开展物流领域国际标准的对接研究,建立跨境物流联盟,改善通关效率。2016 年,上述八部委共同发布《关于贯彻落实"一带一路"倡议 加快推进国际道路运输便利化的意见》,提出在 2020 年,初步建成开放有序、现代高效的国际道路运输体系,便利化水平显著提高。

海运领域,1996 年中国便利海上运输委员会经国务院批准成立,负责保障《便利国际海上运输公约》在我国有效实施。逐步健全公约履约机制,加快国际航行船舶进出港电子信息交换系统建设,加强国际贸易"单一窗口"标准版推广应用,为国家"一带一路"倡议提供支撑和保障。

铁路和航空领域,运输便利化主要由海关、边检、质检等部门为主实施,运输部门不作为主体参与其合作过程。

2. 存在问题

(1) 各国基础设施建设规划不一致

制约运输便利化合作进程推进的主要因素是各国基础设施无法高效对接。以大湄公河区域经济合作机制为例,尽管合作机制倡导加快基础设施建设,但由于各国经济发展水平不一,基础设施建设步伐难以协调,尤其是越南、老挝等国家资金问题不易解决,道路、口岸设施及查验设备无法满足便利化要求,成为各国道路运输无法高效对接的最大障碍。

(2) 各国之间的法律规定和技术标准差异较大

一国的法律制度取决于本国的政治、经济、社会、文化及法律管理,各国国情不同,因此法律差异较大,法律解释不尽相同,技术标准也差异很大。如在海关方面,大湄公河次区域成员国的商品分类、产地证明方面的规定差异很大。我国广西与越南之间开通的客货运输线路不断增加,但两国在跨境运输方面还有法律、规章、制度及技术问题未解决,导致道路运输便利化目标之一的一些点对点直达运输线路只能通过补贴来维持运营。而我国现行国内立法的实体法和程序法都与国际条约、协定及国际惯例存在差异,使国际合作产生法律障碍。

(3) 各国的多个参与部门分隔、信息不互通

单一窗口跨境便利运输措施是运输便利化的主要内容,其前提是电子口岸的建设,即信息的共享共用。以我国为例,电子口岸还处于初期探索阶段,协定中规定各有关主管部门(如海关、公安、边防、质检、交通)联合在同一时间对人员、车辆、货物进行监管和检查,但现在大部分口岸信息系统未实现"一次录入、分别报检"的功能,与协定要求差距很大。还有部分口岸信息系统不稳定,通关数据经常传输慢或无法传输,影响了通关效率。另外,各国出于对经济、安全信息保密的考虑,类似价格等信息不做公开,一定程度上也影响了信息共享的实现。

(4) 协调机制不顺畅

协调机制包括与其他国家的协调和国内各部门间的协调。由于各国发展程度不同,合作过程中对于利益的考量也不同,不易得到统一,导致最终合作层次低。各国政府层面是合作的先导者,若这一层面无法建立达成共识的原则,则各国具体部门间的合作只

会局限在互相提供信息,而难以产生实际效果。

在国内部门的协作上,为了强化本部门职能和职责而各自为政的情况较多。如我国道路运输便利化的直接执行单位是省交通行政管理部门。作为国家便利运输委员会的牵头部门,各省交通厅往往会联合海关、边防、检验检疫部门成立负责国际道路运输的管理机构,但在具体执行环节往往有责无权,大多数交通部门无法参与口岸联检,不能在边境口岸设岗查验汽车的国际运输许可证、监督国际运输经营行为等。另外,海关、边防、检验检疫等部门归中央直属,各部门条块分割严重,各自的执法要求、角度、依据的法律都自成体系。交通部门与其他联检部门难以建立顺畅的沟通协调机制,使国际运输便利化手段中最重要的单一窗口通关模式难以实现,影响通关效率。

(五)"一带一路"倡议下完善我国国际便利运输合作机制的建议

交通运输部提出,为提升"一带一路"沿线互联互通水平,下一步将重点推进交通规划与标准对接;推动陆上运输通道建设;改善沿线国际运输便利化环境和条件以及推动海上互联互通。同时围绕一批重点建设项目,加快推进,尽早惠及沿线国家经济发展与民生福祉,发挥示范引领效应。并将充分利用现有合作机制,加强与有关国家的沟通协调,推动加入并实施国际运输便利化公约,提高国际道路运输便利化水平,着力完善便捷国际运输服务网络。此外,还将提升国内沿海港口的对外门户功能,畅通国际陆水联运通道,鼓励开辟新的海上航线,加密航线班次,深化与相关国家在海上运输和港口建设经营方面的合作。在具体实施上,建议采取以下措施。

1. 加强与相关国家的合作

大湄公河次区域经济合作下我国参与签署的《国际道路运输便利化协定》在落实中将会遇到几个国家的法律法规和技术标准方面的差异,各国要密切合作,求同存异,共同对适合本区域发展的跨境便利运输模式达成一致,并逐步向单一窗口、一站式检查、直达运输等目标迈进。交通运输部牵头的国家便利运输委员会要加强与其他各国的沟通协调,积极采取行动推动基础设施建设,加快经济落后国家主要交通走廊的建设、改造和升级,通过加强跨境运输管理逐步消除边界障碍。另外,呼吁区域各国加入《TIR公约》成为其缔约国,以便为协调困难的通关制度提供国际标准,加快跨境便利运输步伐。

2. 积极发挥执行部门的作用

交通部门在推进跨境便利运输进程中居关键地位,在海关、检验检疫、边防检查、交通等部门建立协调机制后,要把具体责任落实到省级的执行部门,在省级便利运输委员会的主导下实施口岸通关便利化运行考核办法,将具体职责落实到口岸各联检部门,以解决各部门协调不足的问题。

3. 积极推进电子口岸建设

电子口岸是实现单一窗口建设的关键,应从以下几个方面推进:第一,电子口岸应以实现信息共享为目标,利用而不重新构建口岸各部门现有的信息系统项目,共同开发跨部门的通关服务平台。第二,研究规划利于改善通关效率的信息系统项目,如进出口水果物流信息服务平台建设、加工贸易电子联网审批系统建设等。第三,促进电子口岸与跨境运输企业和电商公共平台对接,实现通关环节与商务、支付等功能之间的信息交换。

4. 发挥企业参与国际运输便利化的积极性

运输企业是跨境运输的经营主体,从事跨境运输需取得国际道路运输经营资质,目前具备该资质的运输企业数量不多,随着跨境运输便利化进程的不断推进,有实力的运输企业应积极参与跨境便利运输合作,行政部门应出台相关政策为企业提供税收和信贷支持,鼓励企业使用高标准的跨境运输车辆并满足节能减排标准,以保证运输系统的可持续发展。运输协会通过与境外各国的交流沟通为国内企业搭建平台,解决回程空车问题。

第二节 《大湄公河次区域便利货物及人员跨境运输协定》对铁路便利化运输合作的启示

大湄公河次区域经济合作(Greater Mekong Subregion,GMS)是指由亚洲开发银行(ADB)倡导,由中国、柬埔寨、越南、老挝、缅甸、泰国6个国家共同成立的经济合作机制,属于中国-东盟自贸区框架体系,其宗旨是通过加强次区域国家的经济联系,提高次区域的竞争力,逐渐实现次区域一体化,推动该地区经济和社会发展。从我国当前"一带一路"倡议来看,我国与各国和国际组织合作的蓬勃发展为GMS的进一步发展提供了新机遇,同时GMS在"一带一路"中也有着不可替代的重要性和特殊性。

推动运输和贸易便利化是GMS的主要目标之一,也是我国"一带一路"倡议的重要内容。GMS从1992建立以来,在交通基础设施建设方面做了大量工作,并制定了专为便利客货跨境运输的多边法律文件《大湄公河次区域便利货物及人员跨境运输协定》

（Greater Mekong Subregion Cross-Border Transport Facilitation Agreement, GMS CBTA, 简称《便运协定》），以加强各国间的连通性、促进客货跨境流动。该协定是我国目前在 GMS 区域内参与公路跨境运输国际交流合作的主要法律文件，也是"一带一路"倡议的重要成果和有力抓手，对其进行深入分析和研究有利于借鉴其思路和做法，推进该区域的铁路合作。

一、《便运协定》概况

（一）发展沿革

跨境运输便利化是指通过改善整个公路跨境运输流程中的公路基础设施、口岸基础设施及信息化、跨境便利运输线路、车辆接驳方式、通关环节等因素，实现提高运输效率、降低运输成本、促进经济发展等目标。

1996 年，亚洲开发银行发起了一项便利货物及人员跨境流动的技术援助项目，旨在协助 GMS 各国解决跨境运输相关的主要问题。项目研究结果表明，各国公路跨境运输存在严重的货物、人员、车辆流通壁垒，包括：限制别国机动车辆入境，货物倒装的转运作业费用高、耗时长；机动车辆大小、重量、安全条件不统一，驾驶员资格标准不一致；海关、检验检疫过程复杂、关税不一致；运营人员签证不便捷，以上因素导致公路跨境运输通而不畅。因此，亚洲开发银行支持制定了《便运协定》，该协定包括正文、17 个附件和 3 个议定书，涵盖跨境手续、道路标志、运输价格、海关检查、车辆管理等涉及交通运输领域的便利化措施，旨在实现 6 国之间人员和货物的便捷流动，使交通基础设施投资的硬件与便利客货运输的软件协调发展。

1999 年，老挝、泰国和越南政府签订了该协定的主协定，柬埔寨、中国、缅甸 3 国分别于 2001 年、2002 年、2003 年加入。2004 年，6 国国内成立便利运输联合委员会。2008 年，我国完成正文和所有附件国内批准的流程。泰国、柬埔寨等国家进程较慢，还有的国家只通过其中部分附件。2015 年底，6 国签署了所有《便运协定》的附件和议定书。2017 年 5 月，我国和泰国签署《关于实施〈大湄公河次区域便利货物及人员跨境运输协定〉"早期收获"的谅解备忘录》，标志着谈判 20 年的跨境运输便利化正在逐步进入试点实施阶段。

（二）与我国相关的内容

2004 年签署的《便运协定》确定了 GMS 的南北经济走廊、东西经济走廊、南部经济走廊及其他走廊上的 11 条线路和 16 个出入境站点，其中涉及我国的有 3 条线路（昆明—曼谷、昆明—海防、昆明—腊戍)和3个公路出入境点(磨憨、河口、瑞丽),并把河口作为最早的试验点。为推动跨境便利运输线路的开通,我国分别与越南、老挝签署了谅解备忘录,指定了国际道路运输车辆通行口岸,开通了多条国际道路运输线路。2011年,我国与越南修改了议定书,新增了多条点对点直达客货运输线路。

(三)机构保障

为顺利推进GMS各国的运输便利化,《便运协定》规定要在GMS内部新设联委会,在GMS的执行层(图7.1),各国内部同时成立国家便利运输委员会。联委会主要监督与评估《便运协定》及其附件与议定书的执行情况,其工作目标为确保协定的有序有效执行、解决应用与解释中的纷争。联委会不具备法人资格,需就协定在GMS范围内的执行状况向部长级会议提出建议。联委会委员由6个缔约国的国家便利运输委员会主任组成,此外,联委会视会议议题邀请亚洲开发银行代表、其他官员、行业专家、GMS观察员等参加会议。

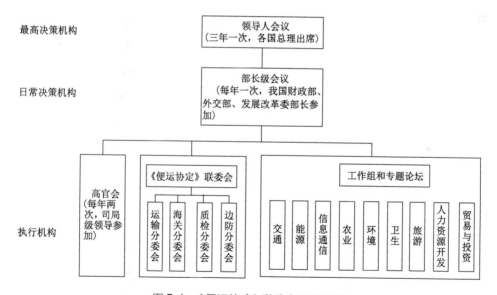

图7.1 《便运协定》联委会组织框架

联委会是GMS的执行机构之一,下设运输、海关、质检、边防4个分委会,在联委会的指导下,具体负责各业务领域的执行事宜,并向联委会提出解决问题的建议。同时,4个分委会通过参加区域交通论坛、便利贸易工作组、农业工作组相关会议,以保证与工作组和专题论坛的联系和信息交换。联委会每三年召开一次会议,对跨境便利运输合作的推进起总体部署和协调作用。

二、体系框架

《便运协定》由正文、附件和议定书组成(表7.2),正文部分包括1999年老挝、泰国、越南3国签订的协定文本,其他国家申请加入书,对协定的修订文件以及各国签署的关于《便运协定》的谅解备忘录;附件为协定条款涉及的技术细节;议定书为协定涉及的具体时间地点等可量化、可列举的元素。附件和议定书都是《便运协定》不可分割的一部分。

《便运协定》体系框架　　　　　　　　　　　　　　　表7.2

协定正文		协定附件和议定书
章节	条款及主要内容	
总则	目标、应用范围、术语定义	附件1(危险货物运送) 附件2(国际运输登记制度) 附件3(鲜活货物运送)
跨境手续便利化	单一窗口检查(一国海关、边防、质检、驾驶证等行政机关联合组织检查)、一站式检查(两国联合组织行政检查,使车辆通过两国边境时只停车一次)、协调办公时间(缔约各方协调边境作业时间)、客货信息和通关情况的提前交换	附件4(跨境手续的便利化)
人员跨境运输	为从事运输经营活动的人员及旅客发放签证	附件5(人员跨境移动) 议定书1(指定的通道、路径和出入境点)
货物跨境运输	免除海关检查、免缴保证金、免除护送	附件6(过境和内陆清关海关制度)
	过境运输:允许缔约国过境运输,免除各种捐税、其他征收费用项目的规定	议定书2(过境运输收费)
	食品和动植物检验检疫	—
	运输特种货物(危险品、易腐货物)的专门制度	附件1、附件3
道路车辆入境要求	道路车辆在其他缔约国的入境准入	
	登记制度(登记国、登记证及要求)	附件2
	技术要求(登记国和其他国家对车辆的技术要求)	—
	技术检查证书的承认	—

续上表

章节	协定正文	协定附件和议定书
	条款及主要内容	
道路车辆入境要求	道路交通规则和标志	附件7(道路交通规则和标志)
	强制第三方车辆保险责任	—
	驾驶许可证	附件16(驾驶许可证标准)
	道路车辆的临时进口	附件8(车辆临时进口)
交通权(入境、出境、过境)	行车线路和入境口岸的指定	—
	对运输经营人的发证(专业准入)	附件9(跨境运输许可证)
	市场准入	附件9
	运输企业的对等约定	议定书3(服务频率、服务能力以及配额、许可证的发放)
	运输价格和条款	附件10(运输条件)
基础设施	公路和桥梁的设计标准	附件11(道路和桥梁的设计、建设标准和规格)、议定书1
	公路标志和信号	附件7
	跨境设施	附件12(跨境设施和服务)
组织机构	包括国家便利运输委员会、联委会	—
补充条款	包括缔约国国内法的遵守和执行、法律法规的透明度、非歧视待遇、辅助交通事故处理、多式联运	附件13a(多式联运承运人制度)
		附件13b(多式联运经营人跨境运输许可证标准)
		附件14(集装箱海关制度)
		附件15(商品分类系统)
最后条款	包括加入、保留、生效、暂停、与其他国际公约的关系、争端解决、修订、失效	—

《便运协定》是综合性的多边法律文件,除总则、补充条款等格式条款外,还涵盖了货物和人员跨境运输的各个方面:跨境手续的便利化、人员跨境运输、货物跨境运输、道路车辆入境要求、商业交通权的交换、基础设施、组织机构。该协定只在签约国选定的和相互同意的线路和出入点上采用。《便运协定》只确定基本原则,主要为跨境运输便利化提供程序性规定。

三、特点

1. 继承性

《便运协定》是贸易便利化的具体落实。尽管《便运协定》签署时,部分缔约国还不是世界贸易组织(WTO)的成员,但《便运协定》与 WTO 文件的目标相符,正文、附件和议定书参考了 WTO 体系框架的大量内容,与 WTO 高度一致。例如,缔约国过境费用的谈判符合 WTO 和《关税和贸易总协定》的基本原则;作为跨境手续便利化重要内容的单一窗口制度,就是来源于联合国贸易便利化与电子业务中心(UN/CEFACT)在 21 世纪初公布的"建立国际贸易单一窗口"的法律文件。

2. 兼容性

《便运协定》编制过程中,亚洲开发银行与东盟秘书处、联合国亚洲及太平洋经济社会委员会(简称联合国亚太经社会)、联合国欧洲经济委员会进行磋商和协调,参考了其他很多国际公约和法律文件,吸收了多边合作尤其是东盟的原则和精神,并且法律条款尽量与各国的相关制度协调。例如,一些缔约国没有加入1992年联合国亚太经社会制定的《TIR 公约》等 7 个公约,为使各国遵循的法律文件保持一致,《便运协定》的 8 个附件基于这 7 个公约编制;缔约 6 国中,除中国外,另外 5 国均为东盟成员国,相互承认驾驶证,为保证我国驾驶证与其他国家的相互承认,《便运协定》重新修订了正文并增加了附件。

3. 可扩展性

《便运协定》的体系架构非常灵活,能够适应次区域的法律文件变化需求。《便运协定》为三层构架:第一层为只做原则性规定的主协定;第二层为第一层的补充,由一系列制定技术细节的附件和有关时间、地点等变量的议定书组成;第三层为提供详细实施规定的两国或三国间签署的谅解备忘录。通过这种方式,保证了主协定中不包含冗杂的细节,但附件和议定书能够在必要时通过谅解备忘录的方式得到修改。这种灵活性为将来交通便利化带来的对法律文件的修改提供了空间。例如,采用电子信息传输方式改善跨境程序法律文件的复杂性,在这样的框架体系下可以方便地补充纳入。

4.复杂性和长期性

《便运协定》从动议至各国通过经历了一个长期过程,主要包括形成概念、编制文本、签署通过、各国批准4个阶段。考虑到整个协定的复杂性,按照难易程度把20个附件和议定书又分为3个阶段谈判。由于《便运协定》制定于20年以前,在2015年各国完成国内审批程序后,协定中又出现了和各国目前法律规定冲突或落伍的内容,目前该协定仍处于边实施边重新修订的阶段。

5.协作性

《便运协定》的现场执法行为主要涉及4个行政部门:道路管理部门、边防、质检、海关,道路管理部门需在边境口岸设岗检查出入境汽车的国际运输行车许可证、汽车运输标志以及国际运输经营行为,边防、质检、海关同样按照职责分工完成联检任务。

GMS层面,《便运协定》联委会以跨境便利运输合作为纽带将大湄公河次区域6国联系起来,发挥总体部署和协调作用,共同推进大湄公河次区域内公路跨境便利运输合作的进程。缔约各国根据《便运协定》第28条成立国家便利运输委员会,负责组织和部署《便运协定》的执行,并负责海关、检验检疫、边防、交通4个分委会的协调工作。公路口岸所在省也相应成立省级便利运输委员会,由海关、检验检疫、边防、交通、商务等部门相关官员组成,负责执行《便运协定》的具体工作。我国国家便利运输委员会设在交通运输部,省便利运输委员会办公室设在交通运输厅,通过会议形式组织和协调海关、检验检疫、边防、交通等部门的便利运输工作。

四、对我国参与大湄公河区域铁路合作的启示

便利化已成为当前国际合作的主要目标和方向,大湄公河区域在道路运输便利化取得进展的同时,随着泛亚铁路建设进度的加快,铁路运输便利化也提上日程。然而我国目前开展国际联运遵循的铁路合作组织规章仅对客货联运做出规定,尽管国际运输便利化也是铁路国际合作的重要方面,但还未纳入法律框架中。此外,公路与铁路两种交通方式在本质特性以及管理机构方面都存在较大差异,需对《便运协定》进行深入研究,然后再加以借鉴。

1.大湄公河区域铁路联运新特点及新要求

目前,我国与周边俄罗斯、蒙古、哈萨克斯坦、越南、朝鲜5国共11个口岸开展国际

铁路客货联运,由于轨距差异及历史原因,除凭祥、河口2个口岸少量铁路车辆可直通过轨外,其余口岸铁路车辆均不过轨,货物在国境站完成换装作业。在大湄公河区域铁路网络中,中老、中缅之间规划采用标准轨距连接,实现直通过轨运输成为该区域联运的最大特点。为此,各方对联运车辆许可和技术条件的规定、货物运输条件的规定也应在协定中有所体现。同时,在大湄公河次区域贸易便利化合作的大背景下,联运规章也应有便利化的内容。因此,该区域铁路联运协定可借鉴《便运协定》的法律框架,兼顾客货联运、运输便利化和技术标准3方面。

2. 铁路与公路便利化运输规则的差异

铁路和公路国际联运区别为：

(1)作业流程不同。铁路跨境运输除联检部门作业外,还包括双方运输企业对车辆、货物、集装箱的交接作业;公路跨境运输时需要完成边防、质检、海关手续检查以及口岸国际道路运输管理机构对《国际汽车运输行车许可证》及《国际道路运输国籍识别标志》的行政检查。

(2)责任主体不同。铁路运输沿途经过各国时实际承运人会发生变化,两国运输企业完成交接过程后即表示承运人责任的转移;公路运输中驾驶员或随车的货主、委托人为货物、车辆的责任主体,在国际运输的全程中保持不变。

(3)行政手续不同。国际铁路运输目前在我国及周边各国都未实行行政许可;国际道路运输实行行车许可证制度,我国从事国际道路运输的车辆进出相关国家,应当持有相关国家的国际汽车运输行车许可证,国外从事国际道路运输的车辆进出我国,应当持有我国国际汽车运输行车许可证。

(4)运输行政监管难度不同。在我国,目前国际铁路运输监管部门只有国家铁路局及下属的地区监管局,人员和职权上尚未考虑到对国际运输业务的监管;国际道路运输监管是在交通运输部的指导下由边境省级道路运输管理机构负责发放和管理,并完成与相关国家的交换,监管难度低。

(5)运输企业的市场化程度不同。各国铁路长期处于计划管理,铁路运输企业只有一家或有限的几家,市场化程度低;公路的运输企业数量众多,只要符合相关条件都可以作为独立法人从事国际运输。

铁路和公路国际联运的差异表现在便利化规则制定方面也有以下不同：

(1)目的不同。公路运输方式简单,便利化重点放在行政管理效率和协调方面,铁路便利化应把协调各国运营规则作为重点内容。

（2）内容不同。实施目的不同决定了协定内容应有不同,公路便利化侧重简化跨境手续、交换商业通行权、统一技术标准,铁路便利化除简化跨境手续和统一技术标准外,重在管理旅客、货主与铁路运输企业的运输合同关系以及各参与作业的市场主体行为。

（3）来源不同。公路便利化协定主要参照东盟、联合国亚太经社会、联合国欧洲经济委员会等国际组织的法律文件,铁路便利化协定应更多与铁路合作组织、国际铁路运输政府间组织的国际条约兼容。

（4）生效时间不同。公路便利化协定从准备到各国批准历时20年左右,铁路便利化协定也应尽快签署生效,作为国际联运的法律规章依据。

3. 制定铁路便利化跨境运输协定需解决的问题

大湄公河区域铁路联盟是该区域推动铁路合作的协调机构,目前正在推动铁路跨境运输协定的签订工作。在参与大湄公河区域铁路联盟工作时,我国铁路部门对外要彰显我国作为负责任的大国的形象,主动担当,积极承担相关工作,抓住铁路跨境运输规则的制定权;对内要根据大湄公河区域铁路联盟跨境运输规则制定工作的推进情况,有重点地解决以下关键问题：

（1）建立顺畅的协调机制。公路和铁路国际联运的共同特征是涉及的部门多、流程复杂,为保证《便运协定》的顺利实施,6国在GMS内部和各国国内都成立了多部门参与的组织机构加以保障。对于铁路便利化跨境运输协定而言,合作机制同样是保证协定得以顺畅签署和执行的关键。应借鉴海运和公路成立部际便利化协调机制的经验,由铁路部门牵头,经国务院批准成立国家便利铁路运输委员会,为协调解决国际铁路便利化运输问题提供机制保障。

（2）研究制定统一的国际联运规则。《便运协定》的一大特点是与其他国际公约、法律文件以及各国相关制度保持兼容,这将有效减少各国国内批准程序中的阻力。铁路便利化跨境运输协定也要借鉴该做法。大湄公河区域国家中开展国际联运业务历史较为悠久的有中国、越南、泰国,办理铁路联运业务的国家有中国—越南、泰国—老挝、泰国—柬埔寨,其中,中国、越南作为成员国的铁路合作组织制定的联运规章应作为大湄公河区域铁路跨境运输参照的主要文本,但也要考虑铁路合作组织正在通过编制国际直通联运公约实现第二次改革、我国正在与国际铁路联运政府间组织进行合作等现实情况,通过修正更新提出适用于大湄公河区域铁路的国际联运规则。

（3）推广我国铁路技术标准。在当今国际化、全球化的大背景下,技术标准已成为世界通用语言,是市场竞争的制高点,也是我国产品走出去的通行证。铁路合作组织、国际铁路联运政府间组织、国际铁路联盟等国际组织都已意识到技术标准的重要性,纷纷把统一技术标准作为本组织的一项延伸职责。从大湄公河区域国家来看,米轨为其主要轨距,与我国的标准轨距在互联互通上存在障碍。标准轨距与米轨相比,在载重能力、速度、牵引力等方面都具有优势,应通过制定适当的技术标准并使之国际化,从而在大湄公河区域逐步倡导并推广提升运输效率和效益的标准轨距铁路。

第八章 国际联运新实践与法律规范发展

第一节 统一铁路法

2009年11月,联合国欧洲经济委员会铁路运输工作组召开第六十三届会晤,表达了要全力支持所有项目旨在统一在泛欧地区铁路法律。建立一个非正式的专家团队来针对这个问题上的意见书在2010年的第六十四届会议上进行审议。工作组要求联合国秘书处写信给联合国会员国的代表,政府间国际组织通过铁路运输(及时交货)、铁路合作组织、欧洲共同体和国际铁路行业组织,邀请他们参与到此项工作中来。

2010年9月16日在日内瓦举行第三届会议,专家组审阅了第二届的报告和第一届由联合国欧洲经济委员会秘书处根据早期的意见和内容等资料汇总的一份意见书草案,原则上同意在铁路的统一法律草案意见书中提出的策略和方法。

2013年2月26日,在联合国欧经委内陆运输委员会第75届会议期间举行部长级会议通过《关于发展欧亚铁路运输暨建立统一铁路法共同宣言》(ECE/TRANS/2013/2),其中制定了主要目标和行动计划,特别是为铁路建立法律条件而通过的战略,与现有的公路、航空、内河和海运等模式竞争。

成立铁路工作组后,在三年内根据《国际货约》《国际货协》以及其他国际运输公约(CMR、CMNI、蒙特利尔公约、华沙公约等)制定了有关统一铁路法的法律规定,其中包括运输合同、赔偿责任制度和承运人之间的关系,尤其是关于运输合同当事方的权利和义务、单据、责任、主张权利和相互关系的法律规定,并通过监测沿特定运输走廊的试点试验,在实践中检验了这些法律规定。内陆运输委员会邀请各国政府向本国所有主要利益相关方传播这些法律规定,鼓励铁路企业和国际铁路组织尽可能在实践中检验这些法律规定,请统一铁路法专家组努力在职权范围内为铁路运输编制必要的文件,监测试点试验结果并提出建议。除运输合同外,工作组也计划讨论其他相关问题,如:①关于危险货物的共同规定;②关于货车使用的共同规定;③关于铁路基础设施的共同规定;④关于机车车辆的共同规定。

统一铁路法专家组(URL)至今已召开二十三次会议(第23次会议于2021年1月召开)。参加方除欧经委成员国外,国际铁路运输政府间组织、铁路合作组织等政府间组织以及国际货运代理协会联合国、国际铁路运输委员会等非政府间组织也会出席会议。统一铁路法当前的文本及与其他法律规则的对比见附件。

第二节 统 一 运 单

一、统一运单发展概况

我国开展国际铁路联运业务涉及《国际货协》和《国际货约》两大运输法体系,在两种运输法体系间办理货物运输时存在的主要问题是,由《国际货协》参加国向《国际货约》参加国及回程方向发送货物时,必须在最后一个(或第一个)《国际货协》参加国的国境站办理转发运手续,重新办理另一运输法体系的运送票据,工作量巨大。既大大延长了货物送达时间,又增加了运输费用。

为解决上述问题,实现货物运送全程按一份运单办理。铁路合作组织(OSJD,简称"铁组")和国际铁路运输委员会(CIT)成立了联合工作组,讨论亚欧间的国际铁路联运问题。1993—2006年,铁组和CIT经过多次的接洽和内部协商,商定继续进行关于尽可能指定东西方联运货运统一运单的研究工作,在制定统一运单样式,特别是在解决责任问题时,采用两种体系运输法的可能性。最终达成了《欧亚联运多式联运的组织和运营问题协定》,并制定了国际货约/国际货协统一运单,发布《国际货约/国际货协统一运单指导手册》。2017年5月,经铁组确定,中国正式加入国际货约/国际货协运单参加者名单,并声明国际货约/国际货协运单适用于阿拉山口、满洲里、二连、绥芬河、霍尔果斯口岸开行的中国至欧洲国家及返程方向的集装箱列车。货主可自主选择是否使用国际货约/国际货协运单。

目前从我国至欧洲国家的集装箱运输使用国际货约/国际货协运单的实际做法是:在我国国内各车站发运前往欧洲各国的集装箱货物照常申报国际联运计划的同时,提出使用统一运单的申请,国铁集团向所经过和到达国家铁路办理计划商定手续;所经过和到达国家铁路商定答复并确认同意使用统一运单后,发货人办理欧亚铁路国际联运时即可使用国际货约/国际货协统一运单。但是,从我国办理发往同时适用《国际货协》和《国际货约》国际货物时,一般使用《国际货协》运单而不是统一运单。

中国印制的统一运单各栏名称使用中文、俄文、德文三种文字。运单中内容用中文填写,同时涉及国际货约和国际货协运输合同的各栏:俄文+德文(或英文或法文)。

二、统一运单应用情况

统一运单在铁路合作组织(OSJD)各成员国的应用情况为:

(1)2020年,中国铁路主要在中欧班列上应用统一运单,经中国铁路采用国际货约/国际货协运单办理出口集装箱运量为11228TEU。

(2)2020年,俄罗斯铁路(以下简称俄铁)采用国际货约/国际货协运单共运送了27142批货物(集装箱和整车),其中有73391个集装箱,与2019年同期相比分别减少7.3%和7%。主要在与德国、罗马尼亚、斯洛伐克和捷克等进出口运输中采用了国际货约/国际货协运单。

(3)白俄罗斯铁路(以下简称白铁)在所有方向开通了采用国际货约/国际货协运单办理运输。2020年,采用国际货约/国际货协运单办理了32636批货物,为2019年(25315批)的129%。

(4)乌克兰铁路采用国际货约/国际货协运单运送了43548批货物,货物批数较2019年(47667批货物)减少9%。

(5)罗马尼亚国有承运人罗铁货运股份公司采用国际货约/国际货协运单经罗马尼亚铁路网运送了5130车货物,货物总运量为224821吨。

(6)斯洛伐克铁路货运公司采用国际货约/国际货协运单运送了502种货物、570车和202个集装箱。

(7)捷克铁路货运股份公司采用国际货约/国际货协运单运送25424车,较上年减少5.2%。

(8)阿塞拜疆铁路股份公司通报准备采用国际货约/国际货协运单。

(9)乌兰巴托铁路股份公司(以下简称蒙铁)2021年计划采用国际货约/国际货协运单发运蒙古到欧洲国家的货物。

三、统一运单应用存在的问题及解决建议

我国开展铁路联运业务可选择使用国际货协运单和国际货约/国际货协运单。使用国际货约/国际货协运单可有效避免换单风险、节省换单时间和费用,可实现国际铁路货物运输一单到底。但国际货约/国际货协运单使用前需要获得途经国家和到达国铁路的一致同意,根据所运货物的不同,需要提前一周至一个月的时间进行商定,降低了运单使用的灵活性,且进行商定的材料要求非常复杂,而运单本身也存在填写内容复杂,填写语种增加,填写难度加大等问题。因此,国际货约/国际货协运单推广应用情况并不是十分理想。

统一运单推广应用困难的原因主要在于,核心优势不显著,使用手续烦琐、填写要求复杂。根据运输企业和中欧班列用户反映,使用统一运单具有一定优势,但相对于已经熟练使用的货协运单,统一运单仍需完善。主要存在以下问题,需要铁组和 CIT 协调解决:

(1)填记内容仍需优化。自 2019 年 1 月起统一运单填记项目将在现行 119 项的基础上压缩为 106 项,但相比国际货协运单的 65 项内容仍显复杂,且运单要使用中、俄、英(或德文、法文)三种文字,填写要求较高。统一运单与国际海运提单、国际空运单本质上都是运输合同的证明,但是与国际海运单据和空运单据相比,统一运单编制栏目繁杂,语文要求过多,填写时往往因栏目太窄而添加补充页,导致运单页数太多,托运人制作时存在困难,不利于托运人对国际铁路运输的选择。

(2)运单填记事项编码使用要求不一致。目前,中铁至少要在运送开始前 7 天向国外代理发送运单信息。信息除包含《国际货约/国际货协统一运单指导手册》规定的运行经路、货物名称外,还须提交完整准确的发到站、收发货人、商品编码、货物件数、重量及国外代理等信息。一是提前为制单进行收发货人的俄文翻译,二是提前确定宽轨段和欧洲段对货物是否有特殊要求。如有,则需将对应的品名俄文翻译和宽轨段国家的商编反馈给发货人,并增加到最终的发运运单上。对于货源不固定的班列,发车前 7 天客户可能处于集货、订舱环节,难以提供完整准确的信息。该问题需要在铁组框架下协调解决和相关国家的大力支持。

(3)运单电子化和数据交换存在困难。目前,中俄间铁路初步实现了货协运单的电子数据交换,中哈之间电子信息交换也在积极推进,但各国铁路之间、铁路与海关之间尚未实现运单电子数据交换,运单及随车文件均采用纸质形式,相关信息只能通过各出入

境口岸提前录入核对,增加了口岸操作时间和工作量,带来数据录入错误、票据丢失的风险。国铁集团已经就统一运单的数据格式及交换规则与俄铁、哈铁开展了多次商谈,目前在中哈、中俄间已具备交换统一运单电子数据的软硬件条件。需要铁组尽快发布新的统一运单电子格式,以尽早做好准备工作,确保班列有效实施,实现各国铁路之间、铁路与海关等部门之间的数据交换。

为更好推广应用统一运单,进一步创造良好的政策制度环境和便利化服务平台,提出以下建议:

(1)继续压缩统一运单栏目。统一运单共一式六份,运单正面和背面合计106项内容,而国际海运的做法是海运提单或海运单正面是承托主体信息,运输信息及货物信息等约22项,海运单据背面简述适用的法律条款,包括对海运提单中的关键词加以定义和限定的定义条款,对提单适用法律受何种国际公约、协议约束的首要条款、承运人在整个货物运输流程中所应该承担的责任以及所享受的免责事项的管辖权条款、承运人对货物灭失或损害承担赔偿责任期间规定的责任期间条款,责任和豁免条款、绕航和变更航线条款、舱面货、活动物条款、共同海损条款、留置权条款、运费和其他费用条款。这样,海运提单既保证了单据的简洁性,同时承托双方的权利义务通过背面条款进行了明确的界定,具有借鉴意义。

(2)简化统一运单填记内容。需要建议铁组敦促各国落实《国际货约/国际货协统一运单指导手册》填写要求,减少额外填记事项,使用统一编码。组织研究减少运单填记语言,允许以附清单方式提交混装货物的具体品名、件数、重量、包装等信息等问题,简化统一运单填记内容。

(3)加快推进运单电子化和信息交换工作,推进运输便利化。建议加快推进统一运单电子化有关工作,并协调推动各国铁路、铁路与海关实现数据交换并加强合作。同时协调各国海关部门对国际联运货物特别是过境货物,放宽许可条件、简化查验手续,促进国际铁路联运便利化。需要铁组发挥其综合服务平台作用,组织对各成员国国际联运统一运单实现电子化,并进行集中统一的数据处理。

(4)建议铁组完善发布配套规章文件。统一运单填记栏目涉及《信息指导手册》《通用货物品名表》《统一过境运价规程》等多个文件,部分文件在修改后未发布中文版。需要铁组翻译发布上述最新文件及其补充修改事项的中文版,为填制统一运单提供便利。

(5)继续探索研究赋予铁路运单新功能。目前,国际铁路联运运单不具有物权凭证功能,限制了信用证结算、融资押汇、在途货物交易等。统一运单可以实现国际铁路联运"一单制",无须在运送途中更换运单,以此可以保障国际铁路联运运单的唯一性,为赋予运单物权凭证功能创造了有利条件。赋予统一运单物权凭证功能,可为国际贸易参加者提供便利,提升统一运单的使用优势,对于统一运单的推广应用十分重要。目前,经中国提请铁组已成立赋予货协运单新功能的工作组,临时工作组从成立起每年召开两次会议,后续相关工作的推进仍需铁组及相关国家支持。

(6)加大统一运单推广力度。通过调研了解,欧洲部分代理对统一运单了解不多,习惯于使用货约运单+货协运单的模式。需要各方共同努力,扩大统一运单在各区域代理中的知名度,提高统一运单的使用率。

第三节 电子运单

一、其他国家电子运单发展

在铁组框架下,各国都开展了有关电子运单和无纸化工作的探索。

1. 蒙古

在"为亚太地区多式联运的有效发展制定措施"项目框架内,2019年,蒙铁开始使用"货运服务自动化系统"软件,该软件为递交发货人的电子申请、使用电子发票(无纸化技术)、使用电子签名以及与海关和其他部门交换数据提供保障。

从与其他国家合作来看,蒙铁与中国国家铁路集团有限公司(简称中铁)合作成立了电子数据交换工作组。2019年,蒙铁和中铁签署了有关国际联运货物运送电子数据交换的协议。2020年,中铁向蒙铁发送了81396条IFTMIN(商品运输说明报文)信息、118216条CONTRL(接受报文)信息,蒙铁向中铁发送了106031条IFTMIN信息、74669条CONTRL信息和1580条IFCSUM(舱单报文)信息。

蒙铁与俄罗斯铁路专家密切合作,在"INTERTRAN"项目框架内推广数字技术和文件办理自动化。根据蒙铁与俄铁2012年9月5日签署的第981号关于电子数据交换协议的第2号补充协议(蒙铁与俄铁于2018年签署了该补充协议),双方已采用电子信息运输货物。2020年,俄铁向蒙铁发送了155041条IFTMIN信息、120541条CONTRL信息和5930条IFCSUM信息,蒙铁向俄铁发送了29876条IFTMIN信息、214041条CONTRL信息和1223条IFCSUM信息。双方商定并签署了第981号关于电子数据交换协议的第

3号补充协议。

在中欧班列运输中,2019年,蒙铁和俄铁利用无纸化技术(通过EDI系统将电子签名的电子运单传输至俄铁的信息生产系统[ЭТРАН自动化系统])从蒙古到俄罗斯运送空车。2020年,蒙铁向俄铁发送了24487份电子签名的电子运单运送空车。

2. 俄罗斯

2020年,俄铁继续落实"INTERTRAN"项目。该项目处于不断发展中,目前正准备采用INTERTRAN新型信息技术启动途经中国/韩国/日本各港口至符拉迪沃斯托克港口随后经俄联邦铁路网至欧亚经济联盟成员国的运输。自2020年3月以来,从符拉迪沃斯托克海运货物港口发运至科利佐沃和新西伯利亚东站的所有集装箱全部采用INTERTRAN信息技术办理。2020年,在俄铁所有集装箱接收站完成了INTERTRAN信息技术的应用。截至2020年9月23日,使用INTERTRAN信息技术运送的集装箱总数达到7085个,其中2019年529个,2020年6556个。

在实施项目下一阶段框架内,于2020年8月和9月,从中国宁波港沿符拉迪沃斯托克海运货物港口的多式联运经路向白俄罗斯铁路的科利亚季奇站发运了试验集装箱。这是首次办理完全无纸化的过境多式联运。

3. 哈萨克斯坦

自2019年初以来,已经进行了分阶段过渡,以便对运送票据进行无纸化处理,并且已组织与中国铁路联手开展电子数据交换。

目前,哈萨克斯坦铁路国有股份公司(简称哈铁)与哈萨克斯坦邻国铁路采用EDI-FAT标准IFTMIN格式积极开展电子数据交换工作,即:

(1)与俄罗斯铁路协作。自2019年7月起,逐步将进出口运输中无纸化运输文件的办理业务推广到俄铁路方向和哈萨克斯坦返程方向。目前,已经与1360多个客户签订了采用无纸化技术办理运输的合同,截至2020年10月,在出口运输中采用无纸化技术办理的运输文件已经超过32000件。在哈萨克斯坦共和国办理到/发俄铁车站的所有电子运输文件(该电子文件均采用正确的电子数字签名,并由受托第三方确认)均得到承认并具有法律意义。目前,俄铁和哈铁在商定和签署国际铁路联运运送货物时交换电子数据协议的补充协议。

(2)与中国铁路协作。中铁与哈铁签署了采用电子数据交换开展国际铁路货物联运的协议,双方共同安装和测试跨境专用通信设备,开展交换 IFTMIN 信息的测试工作,目前,正在开展采用 IFTMIN 信息传输纸质运输文件数据的工作。截至 2020 年 10 月,已收到中铁传输的数据超过 274000 条,向中铁传输超过 172000 条 IFTMIN 信息。

(3)与阿塞拜疆铁路协作。阿塞拜疆铁路[简称"阿(塞)铁"]与哈铁签署了采用电子数据交换开展国际铁路货物联运的协议,商定共同开展交换 IFTMIN 信息的测试工作。截至 2020 年 10 月,已收到阿(塞)铁传输的数据超过 7000 条,向阿(塞)铁传输超过 5000 条 IFTMIN 信息。

(4)与吉尔吉斯铁路协作。吉尔吉斯铁路(简称"吉铁")与哈铁签署了采用电子数据交换开展国际铁路货物联运的协议,商定共同开展交换 IFTMIN 信息的测试工作。截至 2020 年 10 月,已收到吉铁传输的数据超过 28000 条,向吉铁传输超过 49000 条 IFTMIN 信息。

4. 拉脱维亚

2020 年 4 月 9 日,一列装载了 100 个集装箱的长 1km 的超长货运列车沿中国—俄罗斯—拉脱维亚—立陶宛—加里宁格勒(俄罗斯)经路穿越拉脱维亚境内。由于拉铁采用电子方式办理边防和海关手续的"一站式机构"服务,来自中国的列车越过拉脱维亚—俄罗斯边境,能够毫不拖延地继续其旅程。拉铁货运有限公司确保了将货运列车运到拉脱维亚—立陶宛边境。

拉铁与所有相邻铁路——俄铁、白铁、立铁和爱铁开展国际货物联运电子数据的交换工作。已与以下相邻的铁路——俄铁、白铁和立铁利用受托第三方技术并采用电子数字签名交换电子文件。

(1)与俄铁合作

拉铁继续开展有关采用无纸化技术运送私有空车的工作。2019 年 1 月,2020 年 7 月,完成了有关采用电子数据交换开展国际铁路货物联运协议的修订工作。在欧盟解除对铁路运输管制的框架内,拉脱维亚承运人欧洲铁路货运有限公司(ERC)和俄铁于 2020 年 9 月签署了有关"采用电子数据交换开展国际铁路货物联运的协议"。拉铁为欧洲铁路货运有限公司(ERC)在电子数字交换方面提供技术服务。

开展采用电子数字签名的电子运单运送私有空车情况;100% 空车实现拉脱维亚—俄罗斯方向的运送;自 2019 年 3 月起,92% 空车实现拉脱维亚—俄罗斯方向过境白俄罗斯的运送;自 2019 年 7 月起,69% 空车实现立陶宛—俄罗斯方向过境拉脱维亚的运送;

80%空车实现采用电子运单沿俄罗斯—拉脱维亚方向运送空车,以及86%空车实现俄罗斯—立陶宛方向过境拉脱维亚的运送。

开展采用电子数字签名的电子运单运送重车情况:自2020年4月起,45%实现拉脱维亚—俄罗斯方向运送空集装箱,以及3%实现相反方向的运送;自2020年5月起,2%实现拉脱维亚—俄罗斯方向运送货物(装载空集装箱的重车除外),以及56%实现相反方向运送重车;自2019年6月起,83%实现俄罗斯—立陶宛方向过境拉脱维亚的运送,以及5%实现相反方向的运送。

2019年,拉铁与俄铁达成协议,开始修订有关采用电子运单运输私营空车的协议,以便扩大到双边和过境运输中采用电子运单运输重车。

另外,采用受托第三方工艺的无纸化技术也应用于从俄罗斯到拉脱维亚运输中的补送运单。

(2)与白铁合作

拉铁与白铁继续开展有关随附国际货协运单数据的货运信息协作,包括将有关发往白铁方向且过境拉脱维亚境内运送的爱铁和立铁货批的信息发送至白铁。

2017年10月,根据拉铁与白铁参与签署的文件:《有关在国际铁路货物联运的运送中采用受托第三方工艺的协作(2016年9月9日)》和《有关采用电子运单运送空车(2016年10月5日)》,拉铁和白铁之间双向开展采用电子运单运送私有空车。

2018年,还采用受托第三方工艺对拉铁和白铁之间双向补送运单使用无纸化技术(94%实现拉铁—白铁方向的运送,以及19.7%实现白铁—拉铁相反方向的运送)。

2019年1月,开展有关经白俄罗斯到俄罗斯方向广泛采用无纸化技术运送私有空车的工作。

2019年12月,签署了有关在双边联运中采用电子运单运送重车的补充协议。

2020年3月,修订了有关采用电子数据交换开展国际铁路货物联运的协议,包括商定采用受托第三方工艺的无纸化中转运单的技术要求,以保证返还拉铁和白铁双边联运中在册的空车。

(3)与立铁合作

拉铁与立铁继续开展有关随附国际货协运单数据的货运信息协作,包括将有关发往立铁方向且过境拉脱维亚境内运送的爱铁货批的信息发送至立铁,以及将过境拉脱维亚和立陶宛运送的俄罗斯货批的信息发送至加里宁格勒。

根据2017年底签署的文件:国际铁路货物联运中采用受托第三方工艺的协作协议,

自2018年6月起,拉铁和立铁之间双向采用无纸化工艺运送私有空车。同时,拉铁和立铁之间双向还开展采用无纸化工艺运送重车。

(4)与爱铁合作

拉铁与爱铁继续开展有关随附国际货协运单数据的货运信息协作,包括将有关发往爱铁方向且过境拉脱维亚境内运送的立铁和白铁货批的信息发送至爱铁。

为确保将采用受托第三方工艺验证电子数字签名的无纸化技术运输投入运营,2018年5月,签署了在国际铁路货物联运中采用受托第三方工艺的协作协议。2019年11月,拉铁(货运)与OPERAIL有限公司签署了有关采用电子运单开展运送的协议。2020年2月,拉铁和爱铁采用无纸化技术的电子运单运送货物。

(5)国内运输

2017年8月,拉铁在国内运输中开始使用电子运单。2019年9月,拉铁在国内运输中开始使用电子中转运单。2020年,根据拉脱维亚部长办公室的命令,正在更新应用程序,以便在国内运输中使用新版运单。

(6)海关部门的信息预报

在落实向海关部门预报有关通过铁路运输进入欧亚经济联盟海关同盟国家境内货物信息的任务时,拉铁将继续开展有关完善信息工艺的工作。应相邻铁路要求,并根据欧亚经济委员会2013年9月17日第196号决议第5项,"货运管理"信息系统确保在运送票据和货物随附票据(发票)信息基础上实现电子初步信息的自动化办理。

5. 白俄罗斯

目前,白俄罗斯铁路正在稳步落实铁路运输生产过程中采用数字无纸化技术的措施。白铁在铁路货运领域活动的优先方向是优化货运和商务作业,基于现代化数字解决方案提高客户服务质量。2020年,白俄罗斯共和国政府的决议已生效,即:采用电子文件形式的铁路运单开展国内运输在所有运输中占有优先地位。白铁已在其国内和国际铁路货物运输(包括过境运输)方面按照"一站式"原则开发、成功应用及发展用于货运和服务客户的数字化技术。开发并应用必要的信息化产品,该产品是基于具有法律意义的电子文件、电子数字签名、信息密码保护和集中自动化Web系统技术,其基础是自动化系统"电子运送"。上述产品实现了白俄罗斯共和国公共铁路所需的全部服务,以便在所有类型的货运中保证数字无纸化运输工艺。

自动化系统"电子运送"可以为货物运送提供成套的文件支持,即:从货物的运输申请到货物的借贷和交付(运输和技术文件)。已开发并成功应用于Android平台的移动应用程序"S2 Mobile"和自动化系统"电子运送"移动子系统,使白铁客户不受当地工作场所的束缚即可使用电子运送票据进行操作。为了最大程度地方便系统用户操作,开发并使用了专用浏览器,以便适用于自动化系统"电子运送"和国家密码软件的功能,同时还提供实时短信提醒和在线通知服务。自动化系统"电子运输"和 Web 服务"个人办公室"已开启货代功能。该技术方案可使白俄罗斯共和国本国货代/外国货代与白铁自动完成所有阶段的协作。所有必要的专用信息系统的开发、维护和运营均由白铁独立完成。

在签订的协议框架内,白铁和邻国相关铁路承运人在双方通信中均采用电子数字签名的电子文件,以便保证铁路货物运送。特别是,开发并应用专业化通用的软硬件综合体"受托第三方",该综合体符合国际技术标准。

白铁的无纸化工艺在国际联运中的实际应用体现在以下几个方面:

(1)加里宁格勒州—白俄罗斯—立陶宛—俄罗斯和相反方向过境运输空车、集装箱;拉脱维亚—白俄罗斯—俄罗斯和相反方向过境运输空车;

(2)白俄罗斯—俄罗斯双向运输空车、货物(某些类别的货物除外),包括沿所有白俄罗斯—俄罗斯铁路口岸(加里宁格勒方向除外)运输的危险货物和集装箱;

(3)白俄罗斯—立陶宛双向运输空车(车辆、集装箱);白俄罗斯—拉脱维亚双向运输空车和集装箱,以及使用电子数字签名交换补送运单。

为了实现海关业务的自动化,白铁与白俄罗斯共和国海关部门在采用电子文件运送货物方面开展协作,并采取了下列措施,即:签署必要的协议,建立技术基础采用无纸化技术(应用任何电子形式的运输、随货、海关和其他文件),使用铁路运输货物通过海关边界。

白铁、俄铁、俄罗斯和白俄罗斯海关部门制定了跨部门技术协作的相关制度,从而在采用无纸化技术办理海关业务(包括海关部门和承运人之间办理货物海关过境手续时相互协作)方面为货物运输提供保证。

白铁会同俄铁、白俄罗斯海关部门在纳乌什基—布列斯特经路上采用电子文件交换运输集装箱货物时共同开展有关确保数字铁路无纸化运输和办理海关业务的试验项目。试验项目进展顺利,包括从欧洲经白俄罗斯到东南亚国家运输集装箱方面提供数字化服务。

在中国、白俄罗斯、德国、哈萨克斯坦、蒙古、波兰和俄罗斯铁路之间关于深化组织中欧集装箱班列合作协定的框架内,将试验期间取得的实际进展作为制定数字无纸化货物运输通用方案的基础。

自 2020 年 8 月 31 日起,在白俄罗斯—拉脱维亚—白俄罗斯,白俄罗斯—立陶宛—白俄罗斯经路上组织了一次使用国际货协电子运单(完全不使用纸版形式的国际货协运单),并采用无纸化技术办理所有海关手续的运输测试。

白铁和波铁(货运)签署了使用具有法律意义的电子文件运输私有和租赁空车的协议。白铁与欧亚铁路承运人公司(EURASIAN RAILWAY CARRIER)(波兰)签署了具有法律意义的电子文件运输货物和空车,并开始开展运输工作。

6. 立陶宛

立陶宛铁路股份公司高度重视基于电子文件的铁路运输信息化和数字化项目,目前正在对信息系统进行基础改造。

立铁国内运输:自 2020 年 12 月 1 日起,完全不使用纸版形式的运单,并在国内运输中仅采用电子数字签名的电子文件。

与白铁:自 2020 年 8 月 31 日起,在立陶宛—白俄罗斯—立陶宛经路上组织了一次使用国际货协电子运单(完全不使用纸版形式的国际货协运单),并采用无纸化技术办理所有海关手续的运输测试。国际货协随附文件数据交换的服务端也在同步开发。

与拉铁:启动了有关拉铁和立铁之间双向采用受托第三方工艺和无纸化技术的国际货协电子运单运送重车和私有空车。86%实现相互交换电子数字签名的电子文件。

与俄铁:采用受托第三方工艺和无纸化技术的国际货协电子运单运送重车和私有空车。目前,立铁使用 INVOICE 信息进行测试,以便在立陶宛—俄罗斯经路上采用国际货协电子运单运送重车。

与波铁(货运):启动了最终签署有关电子数据交换协议的工作,并与波铁(货运)交换 IFTMIN 信息。

二、我国国际联运无纸化运输总体构架

(一)我国铁路国际联运既有办理流程及相关单证

1. 国际联运办理流程

国际联运办理通常要经过需求提报和商定受理、制单装车、海关物流申报、沿途各国

境站交接、到达交付等阶段。

（1）需求提报及商定受理。按照《国际货协》规定，国际铁路联运只有同所有参加运送的国家铁路商定后，发运国铁路才准予承运。以中方出口货物为例，客户首先通过铁路货运电子商务系统或其他受理渠道，提供发站、装车地点、货物名称、数量、到达国家、国境站、车种等基本信息，提出阶段运输需求。中国铁路按客户提报的需求与国外铁路开展商定，外方商定回复后，受理阶段运输需求。客户确定装车日期后，根据受理的阶段运输需求提出日订车申请，包括装车日期、当日需要装运车数。

（2）办理国联运单和随车单证。装车前，客户需要根据阶段运输需求提报的内容填制《国际货协运单》或《国际货协/货约统一运单》作为缔结运输合同的凭证。我国是铁组成员国，与铁组成员国间开展铁路直通运输时，使用《国际货协运单》可以实现一票到底运输。随着近年来中欧班列的迅猛发展，增加了许多非铁组成员的目的地，货协运单则不能全程一票到底。在这种情形下，一是同时采取《国际货协运单》和《国际货约运单》的办理模式，即先在发站填制《国际货协运单》，货物到达换单站后重新办理到最终到站的《国际货约运单》；另一种是采用《国际货协/货约统一运单》实现全程一票到底。除办理运单外，发货人或其代理还需要办理各类添附文件，并将货物全程运送中履行各国海关和其他法律规定所需要的文件附在运单上，这些添附文件通常包括箱单、发票、质量证明书、进出口许可证、原产地证明书等。

（3）口岸站交接和海关手续。以进口为例，列车到达后，双方铁路办理车、货的现场核对交接，交接所与交付路办理票据交接手续，翻译运单、车辆交接单等，并向海关提交运单、车辆编组单等作为物流申报单证，向代理企业提供运单信息以便其办理通关手续；海关对车、货监管手续完成后，铁路组织货物换装和接续运输，将货物运到到站。

（4）沿途各国铁路和海关手续。除海关同盟国在海关手续方面有所简化外，铁路国际联运所经过的每个国家铁路都需要以运单及其随附文件为基础，办理货物和车辆的铁路交接，以及向各自海关申报手续，直至终到国。运送途中，从列车中摘下某一车辆时或剩下部分货物时，还需要编制若干份补送运行报单。

（5）到站交付。货物运至到站后，终到国承运人将运单正本、货物到达通知单等指定运单张页及运单上的添附文件交付收货人，收货人在交付货物栏内签字并填记日期。如需要提出赔偿请求时，请求人需要向铁路方提供运单正本、货物到达通知单、商务记录等单据。基于纸质单证的铁路国际联运信息流程如图8.1所示。

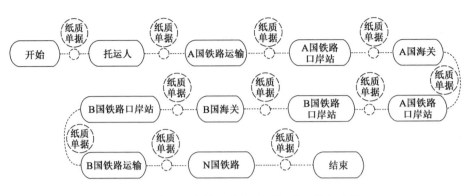

图 8.1　基于纸质单证的铁路国际联运信息流程

2. 传统纸质单证办理流程存在的问题

（1）纸质单证办理烦琐。《国际货协运单》包括运单正本、运行报单、货物交付单、运单副本、货物接收单、货物到达通知单、补充运行报单等多份，运送途中有多个承运人时需要编制多份补充运行报单。运单正本采取 A4 纸规格双面印制，正反面共有 65 个栏目，填写时使用发运国文字和铁组工作语文（中文、俄文）。采用《国际货协/货约统一运单》时，至欧洲国家通常还需要填记英、法、德等第 3 种语言，常常因篇幅不足需要编制补充清单，补充清单贴附在各张运单后。此外，在按一份运单办理 2 车或 2 车以上的货物运送、按一份运单办理数个集装箱运送时，发货人还需要编制车辆清单、集装箱清单，并与运单各栏对应。一份运单办理多车运送途中，将货物从一种轨距车辆换装到另一轨距车辆时，承运人需要编制新的车辆清单，并在运单各张上各附 1 份。除正常运送外，发生运输变更、货损货差时，还需要编制变更申请书、商务记录等单据。

（2）信息丢失和篡改较难避免。因纸质运单和添附文件份数多、填记复杂，特别是 2015 年新版《国际货协》采取 A4 规格印制运单后，多张运单需要自行装订，口岸站办理运单交接、沿途铁路摘取运行报单、铁路向海关申报运单、海关在运单上盖章验讫等各环节都需要大量纸质单证流转，给现场操作带来困难，稍有不慎则存在单证遗失风险。此外，代理企业在铁路口岸站办理变更或添加与承运无关记载时，也缺乏有效监督手段来规避信息篡改，给承运人及海关监管带来一定管理风险。

（3）口岸运输和通关效率难以提升。在依据纸质单证开展国际联运的模式下，各参加方须串联作业。以中方口岸站进口作业为例，口岸站需要等待进口货物及随车单据到达口岸后，才能进行运单录入、翻译工作，逐票录入、逐项翻译完成后，铁路向海关进行进境列车申报、进境舱单申报、理货和装载纸质申报，海关以纸面盖章方式反馈运单核验、列车进出境放行指令、车站作业指令等，大量人工串联作业和纸质单证传递费时费力，效率不高。

（二）我国铁路国际联运无纸化运输总体构建

《国际货协》明确规定运单可办理成电子形式，但没有进一步明确电子运单以及基于电子运单的商务记录、变更申请、赔偿请求等应如何办理。因此，目前铁组国家中真正采用电子运单办理国际联运的国家很少，俄铁与一些国家的电子运单国际联运尝试也大多局限于空车运送。现阶段，各承运人全程采用电子运单无论在技术上还是在法律层面都存在一定障碍。我国铁路票据电子化以后，在部分承运人之间开展信息交换和互认，实现承运人与自方海关之间的电子通关，将成为推进国际联运无纸化的现实选择。

1. 国内运输电子化

我国国内段铁路运输电子化是国际联运全程无纸化的前提，其实现方式主要是基于电子签名等技术，解决铁路与外部客户之间、铁路内部运输各环节之间的无纸化交互；在实现电子签名前，通过与外部客户留存纸质运单和相关纸质文件、内部作业电子化的方式，实现运输过程的无纸化。

2015 年以来，经过与国外铁路反复研讨数据项、数据格式，调研客户制单习惯，采集车辆字典、国外站名字典、包装字典，与部分托运人开展 EDI 数据对接等手段，中国国家铁路集团有限公司（以下简称国铁集团）在货运电子商务系统开发并不断完善了国联运单填制功能，实现了《国际货协运单》《国际货协/货约统一运单》两种运单在电商系统的结构化填记，由托运人根据阶段需求填记相应栏目，装车承运后，铁路内部生产系统将车辆信息、集装箱信息、施封信息、承运日期等承运信息进行共享推送，从而形成运单完整电子数据。运单支持多语言填写，支持套打、正反全套打印、单页打印等多种打印方式。

国联运单功能上线后，我国铁路改变了几十年来铁路国际联运纸质运单无电子信息的状况，实现了不同种类运单的多语言、结构化数据采集。同时，在票据电子化支撑下，实现了以国联运单号为关联的国际联运数据全流程贯通。由于我国铁路运输电子签名未实现、国际货协对国联电子运单办理方式不明确，目前，虽然国联运单电子信息已经完备，但纸质运单仍然是具有运输合同法律效力的唯一凭证，随车传递至国境站或国内到站。

2. 国际铁路间数据交换

因各国承运人数据主权问题，建立国际联运统一的数据中心来开展信息共享较难实现，前期只能通过接续性的双边信息交换实现。具备技术条件的各国铁路承运人通过开展运单数据的电子传输和预报，解决纸质单证流转串联作业的时滞问题，各国铁路可以提前准备车辆、优化运输组织，同时承运人可以将信息向自方海关进行预报，进而节省各国海关通关时间。

实现电子数据交换后，承运人之间还需要解决电子数据法律效力问题，主要实现方式：一是与其他国家承运人互认电子签名，但此过程较复杂、实现难度较大，需要经过各国信息安全部门审批，还需要各国电子签名认证机构之间的相互认可。二是与其他国家承运人互认数据电文，通过协议方式和安全措施，明确双方互相传输的电子数据可以替代纸质运单，具有法律效力。此外，铁组还需要制定相关办法，明确各国承运人在不能开展无纸化运输时，电子运单或数据电文与纸质运单的转换方法，使电子数据与纸质运单具备同等法律效力。

2016年以来，我国铁路与俄罗斯铁路协商确定了中俄间国际联运数据交换内容、格式和数据传输通道，向中华人民共和国工业和信息化部申请了数据传输通道，经过中俄双方系统研发，自2018年9月起，双方实现了经满洲里—后贝加尔、绥芬河—格罗迭科沃两对口岸铁路进出口货物及列车编组信息的提前传输，特别是对于货物信息，自发站装车承运后即可向对方铁路传输。

信息提前传输带来3个显著变化：一是基于代码交换实现了大部分字段内容的系统辅助翻译，如发收货人社会信用代码、包装字典、车站代码、国境站代码、添附文件名称、接续承运人代码等，由系统自动完成代码与文字的映射转换，减少了翻译误差。二是口岸站基于对方铁路预报信息开展预翻译，大大压缩了纸质单证到达口岸后的录入和翻译时间。据满洲里站初步测算，以往1列进口单证约需要2h录入和翻译时间，实现提前预报后，翻译岗位提前工作，货物到达后只需要进行简单校对，单证处理时间缩短为20min，夜间作业量也相应大量减少。三是使数据接收方铁路向自方海关提前申报货物进境舱单、海关提前进行风险研判和布控成为可能。

中俄铁路双方如能进一步协商解决电子数据法律效力问题，将有可能在铁组国家中率先开展无纸化运输的先行先试。

3. 海关电子通关

在铁路国际联运中，进出口发收货人或其代理人要向海关申报办理纳税手续，进出口承运人及运输工具负责人要向海关申报运输舱单及进出境运输工具信息。各国铁路承运人与自方海关间基于电子数据开展物流申报和监管是无纸化运输的必要条件。由于各国信息化程度差异较大,在铁组成员国中部分国家铁路实现了向海关的电子申报,但部分国家仍然基于纸质运单进行申报。

按照国务院《优化口岸营商环境促进跨境贸易便利化工作方案》提出的"推广应用提前申报模式,配合中华人民共和国海关总署(以下简称海关总署)提高进口货物提前申报比例"相关要求,国铁集团与海关总署共同赴青岛、郑州、西安、重庆、成都、阿拉山口、霍尔果斯等地开展联合调研,对铁路进出口数据逐项梳理,研讨确定了铁路进出境货物及运输工具申报数据项、海关通知反馈数据项以及相应的数据字典、报文格式、信息交互流程、传输通道等,制定了数据交换总体方案。按此方案,铁路将对进出境运输货物、机车、车辆、集装箱等运输工具电子数据进行集成,通过"单一窗口"数据通道,向海关总署进行进出口舱单和运输工具电子化自动申报,并将海关向铁路提供的查验通知、放行通知等电子信息,作为生产组织的依据。

2019年,经过系统集中攻关和铁路与海关联调联试,"无纸化通关"项目目前已经启动试点工作。该项目推广应用后,将彻底改变目前铁路口岸通关手工作业、纸质单证传递耗时长的局面。海关系统24小时开展物流监管、自动研判风险,对无须查验的货物和车辆将由系统自动下达放行通知,将大幅提升通关效率。

基于双边信息交换的铁路国际联运信息流程如图8.2所示。

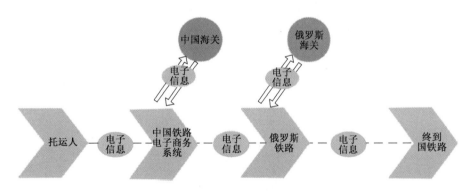

图8.2 基于双边信息交换的铁路国际联运信息流程

铁路国际联运涉及多国承运人、收发货人、各段代理企业,还涉及各国行政查验部门以及各国金融机构。推进各方信息共享、解决电子数据法律效力、实现国际联运无纸化运输,将大大提升运输组织和通关效率,减少作业和监管风险。在推进各方信息共享实践中,中国铁路与国外铁路及海关总署开展了数据交换的尝试和探索。但是,由于各方数据主权问题,目前只能采用两两交换的实施方案,这一交换方式在参加方不断增多时面临沟通成本、技术成本、管理成本较高的问题。随着区块链技术的不断发展和在国际物流中的应用,其去中心化信息存储、数据防篡改等功能将进一步解决信任和监管风险,为我国铁路国际联运信息共享和无纸化带来新的机遇。

第四节 中欧班列物权化实践

一、概述

近年来,国内外贸易需求催生了物流业的飞速发展,物流业中物流、资金流、信息流相互融合的发展趋势催生了物流金融的产生和发展,物流环节中的远洋运输、仓储等环节使用海运提单、仓单作为融资工具,既盘活了企业资金,而且为物流企业带来稳定收入和客户。然而,铁路运输使用的运单是托运人和承运人间缔结的运输合同凭证,是承运人给托运人签发的收到货物的收据,与海运提单的最大区别是没有物权属性,不能作为融资工具。因此,铁路运输不具有物权属性的特征在一定程度上制约了铁路货运的发展。

我国对于铁路运单物权属性的研究从 21 世纪初期开始,2013 年铁路货运改革是铁路货运向现代物流转型发展的标志,中国铁路提出成为世界一流的现代物流企业的目标,部分铁路局、相关物流企业开展了物流金融业务的实践,如呼铁局建立区域铁路金融物流服务平台,开展综合结算业务和短期的融资服务等物流金融服务项目;中国铁路物资股份有限公司针对煤炭、钢材等大宗货物开展了仓单质押、贸易融资等业务。2013 年"一带一路"倡议提出后中欧班列开行数量逐年递增,其间中铁集装箱运输有限责任公司研究了铁路多式联运提单的设计和使用问题。可以看出,部分铁路相关企业已开展了关于物流金融的实践,其中也包括对铁路运单物权属性的探索。

2018 年,国家正式把中欧班列单证物权化提上日程,2018 年 11 月,《国务院关于支持自由贸易试验区深化改革创新若干措施的通知》(国发〔2018〕38 号)提出:"支持有条件的自贸试验区研究和探索赋予国际铁路运单物权凭证功能,将铁路运单作为信用证议付票据,提高国际铁路货运联运水平"。2018 年下半年起,商务部牵头,成立由商务部、最高人民法院、交通运输部、中国人民银行、银保监会、中国贸促会等单位组成的工作组;成都班列平台公司签发自制提单试行一单制;重庆中外运物流有限公司试行铁路提单;

在国家铁路局的推动下,铁路合作组织运输法专门委员会成立临时工作组研究适应多式联运物权属性需求的货协修订问题;2019年7月,中国政府在联合国贸法会第52届年会上提交有关多式联运提单物权化的提案;2019年12月联合国贸法会在重庆举办"国际贸易中的铁路运单使用及未来法律框架高级别研讨会",中国货代协会自制中国国际货运代理协会多式联运(CIFA)提单并在国内选点试用。另外,学术界对于此问题从金融、法律、规则等角度进行了探讨。

二、中欧班列单证物权化的本质

1. 来源于中小微贸易企业对供应链融资的需求

2020年,我国外贸企业数量约500万家,其中80%以上都是中小企业,融资难、资金紧张是其面临的主要问题。供应链融资是根据供应链中企业的交易关系和行业特点制定的一种基于货权及现金流控制的整体金融解决方案,目前的主要模式就是采用基于存货的质押。中欧班列是全新的国际贸易交流方式,中小微企业利用中欧班列进出口货物就可以由银行通过动产质押方式为中小企业提供融资服务,前提是使中欧班列单证具备物权凭证功能。

2. 金融机构的产品创新贯穿整个过程

作为供应链融资的重要组成部分,物流金融是由物流企业和金融机构联合起来为资金需求方(融资企业)提供资金的过程。通过金融机构参与涉及结算和融资的物流服务全过程,使物流、信息流、资金流得到优化整合,促使物流服务产生增值价值。目前,民生银行、招商银行、中信银行及各大国有商业银行均推出物流金融服务,为企业提供了涉及质押、保理、信用担保等在内的多种选择。中欧班列是国际物流供应链的媒介和平台,金融机构的产品创新贯穿整个过程。如成都国际陆港公司在多式联运"一单制"试点中对于资质弱无法通过银行审核的小微企业采用银行+担保公司的银担联合体方式,或和供应链公司合作对部分行业提供资金垫付等。

3. 单证物权化的利益相关方为金融机构、融资企业和多式联运经营人

单证物权化是将集装箱运输变成了移动的监管仓库,解决了货物全程监管的信用风险问题,涉及的利益相关方为金融机构(包括银行、保险公司等)、融资企业、多式联运经

营人。对金融机构而言,实施单证物权化能够拓宽客户范围、扩大贷款范围、增加利息收入,通过引入多式联运经营人大大降低贷款风险,并与更多企业建立稳定的借贷关系。融资企业包括生产商、销售商和供应商等中小企业,这些企业能够降低贷款难度,解决由于资金占用带来的扩大再生产资金不足的问题,促使整个供应链正常运转。多式联运经营人与无车承运人类似,需对质押货物承担监管职责,能够把自身的信息、仓库等优势资源转化为效益。

三、试点方案分析

1. 单证方案对比

中欧班列单证是物权化的载体,在单证的选择上,实践中采用三种方案:使铁路国际联运运单提单化从而具备物权属性、国际联运运单不变另外增加货代自制提单(自制货代提单+国联运单)、国际联运运单不变另外增加货代通用提单(通用货代提单+国联运单)。目前单证物权化的实践主要集中在成都、重庆两地。

方案一:使铁路国际联运运单提单化。成都铁路局基于国际铁路联运运单开展与其他交通方式的联运创新试点,这种方式不仅是单证类别上的创新,更重要的是承担主体是铁路承运人。这意味着铁路从以往单纯的开展运输业务向从事物流金融业务迈进。

方案二:自制货代提单+国联运单。通过合同约定的方式,明确"提单"是唯一提货凭证,持有正本提单即享有货物所有权,由班列公司承担从中国境外验收货物到中国境内交货"一单到底"的全程物流监管责任。在采用信用证结算方式下,班列公司或国际货代企业向托运人签发"收货人"为"凭××银行指示"的提单;托运人凭"提单"向当地银行申请办理议付、结汇、押汇等融资结算服务;进口方履行相关义务后从开证行取得"提单"并据此向签发人提货;铁路运单仍按照铁路运输规则随货物运输,但为保证全程控货,铁路运单"收货人"为签发"提单"的班列公司。

方案三:通用货代提单+国联运单。该方案与方案二接近,唯一的区别是该方式所用的提单是由第三方制作并统一管理。这样做的优点是在其他中欧班列的标准化推广更为可行。

三种方案对比如表8.1所示。

单证物权化实践的三种方案　　　　　　　表 8.1

方案	主体类型	单证名称	主体	措施	备注
方案一	铁路承运人	国联运单	成都铁路局	基于铁路运单,开展国际铁路联运、国际铁海联运、空铁联运"一单制"创新试点,联合中国银行为客户提供"一单制"结算融资等金融服务	铁路主导或参与多式联运的试点
方案二	多式联运经营人	多式联运"一单制"	成都国际陆港公司	四川自贸区与中行、工行和建行等多家银行开展了多式联运"一单制"金融创新业务	多式联运提单+国联运单的双轨制模式
方案二	多式联运经营人	铁路提单	重庆中外运物流有限公司	2019 年铁路运输中使用货代提单的第一案判决,开启了国内法律探索的先河	货代提单+国联运单
方案三	社会团体	CIFA 提单	中货协	制作通用的多式联运提单,供多式联运经营人使用,并取得海关、税务等国内相关机构的认可	本质是具有通用性的货代提单+国联运单

以上三种方案优缺点对比分析如表 8.2 所示。

单证方案对比分析　　　　　　　表 8.2

方案	优势	劣势
方案一:使国际铁路联运单提单化	(1)一份单证,较为简化; (2)海关、税务流程不变	(1)需修改货协、货约,统一运单条文,协调工作量大; (2)只有铁路或铁路+轮渡,涵盖范围有限,货协关于铁路联运运单的规定,尚未包括多式联运相关内容,一旦发生货物交付或赔偿方面的纠纷,缺乏相关法律法规支撑

续上表

方案	优势	劣势
方案二：国联运单+自制货代提单	（1）不改变国联运单现有流程；（2）多式联运提单有基础	（1）提单没有得到国内、国际权威机构的认证、审核、备案；（2）"一单到底""全程负责"，需要一套全面完整的信息系统，并对接海关联检、铁路、银行、保险、税务等部门信息系统；
方案三：国联运单+通用货代提单	（1）通用性好；（2）《联合国国际货物多式联运公约》和FIATA制定的多式联运提单具有一定的国际基础，认可度相对较高	（3）提单的规则和背书条款，虽然通过专家，参照海运公约和海运提单，并结合陆港实际而制定，具备一定可操作性，但要成为行业和国家认可的规范，需要更高层面的研究和推动；（4）由于众多中小微外贸企业成立的时间不长，资产不厚实，利用多式联运提单在银行办理信用证和融资，银行考虑自身的风险，参与积极性不高

2. 试点模式及实施前提

（1）作业模式特点分析

目前各地开展的运单物权化试点有几个特点：一是由于单证物权化对于全程控货权的要求，具有物权属性功能的提单/运单只用在返程班列的进口端货物上；二是该类提单对于品类有要求，成都、重庆试点品类集中在平行进口车、木材、盐等易于辨别真伪、运量稳定、货值较高的货物上；三是这一类货物除运输外，往往具有到站仓储需求；四是由于立法中缺少对国际联运运单和多式联运提单具有物权属性的相关规定，目前参与各方采用签署相关合约方式进行约定，缺乏对世性；五是目前的试点实现了货物由缔约承运人运输或控制、提单（货权）由银行流转和控制，形成了货物和货权在运输环节分离、在目的站场交收环节合并的闭合机制，但是只考虑交付环节，未考虑在途货物处置权。

（2）实施前提条件

前提一：全程物流。单证物权化起源于货主在货物物流过程进行时的融资需求，因此单证物权化应覆盖全程物流环节。由于提单与货物分离，导致提单的开具、寄送和流转也需要一定时间，中欧班列全程的运输时间最快在十几天，不足以支持提单的使用，因此试点时选择的货物一般都有仓储物流需求。单证物权化的范围应为"门到门"期间，物流环节主要包括运输（铁路运输为主的多式联运）+仓储服务。

前提二：全程单证。提单是代表货物所有权的凭证，是承运人或货代与货主签订的全程运输合同,成都陆港公司多式联运一单制试点、重庆中外运开具的铁路提单,都是覆盖全程物流的多式联运提单。另外,该多式联运提单也拓展了传统意义上的多式联运概念,不仅是各种交通方式的综合,也包括其他的物流服务。

前提三:多式联运经营人。多式联运经营人是开具提单并履行或者组织履行多式联运运输合同的主体,成都铁路局以实际承运人身份、成都陆港公司或重庆中外运以无车承运人身份开具具有物权属性的提单后都可以成为多式联运经营人,负有对货物进行全程监管的义务和责任。

3. 试点瓶颈与完善

(1)组织协调难度大。中欧班列单证物权化问题涉及国际和国内法律、金融、运输、商务各行业不同主体的相互协调。2018年启动运单物权化相关工作后,国内由商务部牵头,铁路、银行、法律部门配合。从目前实践来看,各部门配合力度还须加强沟通。

(2)法律需保障。目前国内和国际都没有机构对多式联运单证签发进行审核备案,法律层面还需要确立多式联运"一单制"的物权属性,在推进"一单制"过程中须用合同条款作为约束条件,特别是金融机构或出资方需考虑极端情况下货物处置问题,法律和行业未针对潜在风险形成惯例,导致"一单制"相关金融服务推进困难。2020年6月30日重庆高级人民法院对于铁路提单的宣判案例,第一次在司法保障上支持了单证的提货权,对于未来中欧班列"一单制"相关的规则创新有较大的促进作用。

(3)规则制度设计难度大。目前多式联运提单"一单制"的规则设计和背面条款的设计是根据提单签发公司实际的业务发展,通过参考海运、国际公约、咨询物流、法律等领域的专家来设立,具备一定的操作性,但是要形成行业和国家认可的规范需要更高层面的研究和推动。另外,多式联运过程中对托运人和承运人之间涉及货物交付、赔付等权责的划分和铁路国际联运使用全程单证的相关规范还不够完善,也未纳入国际贸易体系相关公约和法规。

(4)信息数据不透明。在多式联运服务体系中推行"一单到底""全程负责",需要一套全面的信息系统,整合海关、铁路、公路、港口、船公司等多方数据,使整个流程高效运作,更新及时、轨迹可循,才能得到贸易方和金融方的认可。成都与工商银行合作,建立了中欧e单通区块链平台,将口岸数据与中心站、海关信息对接,但沿途货物的全程信息获取难度仍然较大。

(5)金融服务突破难。目前物权化单证的多式联运运作模式还不被金融机构广泛认可,特别是区别于传统抵押担保,利用大数据和白名单推行基于"一单制"项下货物质押融资模式,暂不能满足银行风险缓释的要求,且大多数贸易企业是轻资产企业,导致银行参与困难。目前,正在通过"银担联合体"、中欧 e 单通等逐步开展试点,推进货物质押和大数据结合的普惠金融授信模式。

四、发展构想

1. 建立统一模式和标准

一是针对目前试点中的多式联运提单、一单制、铁路提单等概念进行规范统一,消除由于概念不统一造成的分歧,为后期试点工作推广以及国际协调奠定基础。二是明确采用的方案。上文提到的三个方案可归纳为以铁路国际联运运单做物权凭证和用货代提单做物权凭证两种情况,选择哪一种推广会影响到国际组织和国内相关行业的工作方向,根据国际物流"门到门"全程单证的特点,建议在方案二试点基础上采用方案三推广。三是针对多式联运基础上扩展的全程物流功能制定统一的法律法规、规范和标准。

2. 试点推广策略

根据试点情况,单证物权化的推广规模受货物品类、全程物流业务、物流流向、客户类型等因素的影响。物流时间越长,单证具备物权属性的价值越大,因此鼓励企业拓展海外仓业务,丰富物流内容,以便使目前的"国际铁路联运+到达端仓储"拓展为"出发端仓储+国际铁路联运""出发端仓储+国际铁路联运+到达端仓储""国际铁路联运+短驳/水运/保税物流/……"等。随着海外仓业务的开拓,各平台公司对于境外物流作业的控制能力越来越强,因此单证物权属性的使用范围将逐步向返程为主、去程为辅转变。为了保证货主的可靠性和货物的物流需求,推广客户为具有稳定大宗货源的客户。

3. 推广路径

鉴于中欧班列单证物权化工作的复杂性和风险性,可以在当前试点基础上分为三个阶段来推广:

(1)初期为企业实践期。企业首先推进建立多式联运运输闭环,构建物流、信息流、资金流和贸易监管四大闭环;在此基础上建立完善管理信息系统,加快实施金融合作,使改革经验复制推广,形成商业惯例。

（2）中期，得到国内认可。实施多式联运单证通用化、标准化，得到海关、税务总局等各方认可，推进完善我国多式联运法规体系和信息化集合，在陆海新通道、海铁联运等通道不断实践推动基于国际多式联运运输的贸易新规则。

（3）后期，得到国际认可。联合国贸法会、铁路合作组织、国际海关组织、国际货代协会合作并修改国际规则。

第九章 海关服务中欧班列法律机制

第一节 "一带一路"海关合作现状

一、中国海关推动"一带一路"海关合作的构想

海关是国际化进程的重要纽带,是中国国际化的重要组成部分。中国海关的全球联系降低了中国与国际经济体系交易的成本,加强了中国与国际经济体系的合作与互动关系。

2015年中国海关举办的"一带一路"官方高层国际论坛探讨了"一带一路"沿线海关在互联互通、通关便利化和倡导实施"信息互换、监管互认、执法互助"合作理念等方面的经验和最佳实践,通过了"一带一路"海关高层论坛倡议和世界海关组织运用技术工具支持"一带一路"海关加强互联互通建设的西安声明,包括六点重要内容:

(1)积极实施世界海关组织为成员海关提供的《京都公约》(修订本,The Revise Kyoto Convention)、《全球贸易安全与便利标准框架》、世界海关组织的《协调制度公约》等公约及技术工具,进一步提升"一带一路"国家和地区整体的贸易安全与便利水平,为本地区经贸可持续发展营造富有竞争力的外部环境;

(2)共同稳步、协调推进在"一带一路"国家和地区实施WTO《贸易便利化协定》(TFA),尤其是支持并受益于世界海关组织墨卡托行动的实施工作;

(3)以世界海关组织《过境指南》所列原则为指引,对经第三方领土过境货物的特殊需求给予支持;

(4)持续关注电子商务这一新兴产业的兴起,积极参与世界海关组织的国际联合行动,在严密海关监管的同时,提升通关便利化水平;

(5)加强"一带一路"海关信息共享、沟通交流和联合执法合作;

（6）积极探索利用丝绸之路基金的途径和方式，同时充分利用世界海关组织提供的能力建设和技术援助项目，通过提供能力建设、技术援助和培训等，支持"一带一路"海关的改革和现代化建设。

互联互通是"一带一路"建设的优先领域，当务之急是解决影响互联互通的制度、政策、标准问题，降低人员、商品、资金跨境流动成本和时间，中国与"一带一路"沿线海关需从六个方面共同努力：

第一，用标准融合衔接互联互通。加强彼此间在制度、程序、措施上的交流与协作，努力推进在商品归类、原产地规则、风险管理、企业管理、监管查验等方面国际公约和惯例的应用，通过政策沟通与标准衔接，简化多样而复杂的通关手续，增强海关制度的标准化、协调化和可预见性。

第二，用贸易便利提升互联互通。共同研究海关监管制度改革与创新，支持跨境电子商务等新型贸易业态发展，不断优化作业流程、合理配置人力资源，使海关监管更加适应沿线货物、商品、人员、信息密切往来的需求。改善边境口岸通关设施条件，支持国际物流大通道建设，实现跨境物流高效便捷。

第三，用安全高效维护互联互通。加强风险管理理念的应用，推行守法便利、违法惩戒，增强海关监管的针对性和有效性。加强沿线海关信息情报合作，提高甄别高风险货物的能力，共同打击跨国走私等违法犯罪活动，保护环境和公众健康，维护国际贸易供应链安全。推进海关事务更加公开透明，实现高效廉洁、文明执法。

第四，用科技创新支撑互联互通。推动高科技手段和装备在海关领域的运用，发挥互联网时代科技创新的先导作用，建立"一带一路"海关数据交换与共享服务平台，实现与沿线海关以及世界海关组织等相关国际和区域组织标准化的数据交换，并为有需求的沿线海关开放云服务，共同提升海关监管智能化水平。

第五，用能力建设保障互联互通。加强实践与经验分享，互学互鉴，共同提高海关人员的综合管理能力和监管执法水平。中国海关通过在上海海关学院设立的"一带一路"海关培训中心，交流沿线海关管理经验，分享海关间合作成果，并争取国际与区域组织提供资金、智力、专家、最佳实践与经验等方面的支持。

第六，用开放合作促进互联互通。丰富和完善海关合作机制和平台，在巩固传统领域合作的同时，加强和拓展在边境安全、知识产权海关保护、海关智库交流等非传统领域的合作。充分发挥海关在口岸的作用，与口岸其他相关部门加强协作，密切与国际和区域组织及商界的联系与合作，共同推进更加和谐的边境管理，构筑海关与商界合作共赢伙伴关系。

二、"一带一路"海关合作路径

1. 双边合作路径

选择沿线重点国家,形成"点对点"合作模式。"一带一路"沿线国家众多,海关国际合作的开展需要有选择、有重点、有方向地加以落实。具体有以下三个方面:

第一,重要节点国家为核心关键。与沿线重要节点国家开展便利化合作,将在"一带一路"建设中起到辐射、示范效应。配合国家外交战略,充分利用中俄、中哈海关合作分委会等双边合作机制,全面推进与俄罗斯、哈萨克斯坦、蒙古、中西亚、南亚等关键国家(地区)海关的务实合作,以经认证经营者(AEO)互认、中欧及中亚班列、各国海关的关际合作等互惠互利合作项目为重点,形成全方位、多领域、深层次的海关国际合作,从而推动"一带一路"海关通关便利化合作。

第二,周边国家为首要。中国海关对区域和次区域的合作,形成了多层次、网络化、星罗棋布的正式和非正式的周边制度安排。世界上没有一个地区的区域化进程中拥有比亚洲更多的制度网络。与周边国家海关开展互联互通合作,将在"一带一路"建设中起到独特而重要的作用。特别是边境口岸作为我国与邻国人员和经贸往来的联结点、对外开放的前沿与枢纽,具有重要地位和作用。以提高边境口岸通行效率、维护边境安全为重点,加强与哈萨克斯坦、蒙古、越南等周边国家的务实合作,从而推动"一带一路"海关互联互通合作。

第三,发展中国家为基础。"一带一路"沿线国家很多为发展中国家,以能力建设合作为纽带,突出丝绸之路特色、突出解决"一带一路"合作的"瓶颈"、突出受援国需求,为东盟、埃及等发展中国家(地区)海关提供能力建设支持,为"一带一路"合作奠定基础。

2. 区域合作路径

通过区域合作机制,形成"点对面"的合作模式。区域组织内多为"一带一路"沿线国家,要努力成为区域组织海关合作的引领者。充分发挥上海合作组织、中国—东盟(10+1)合作、中亚区域经济合作、大湄公河次区域经济合作、孟中印缅经济走廊合作等区域合作机制中的海关合作机制作用,将"一带一路"建设有机融合到区域贸易便利化与促进互联互通合作项目中,形成多点支撑、网状覆盖,构建区域性"一带一路"海关合作。

第一,上海合作组织海关合作工作组。推动商签《上海合作组织成员国海关战略合作安排》,重点开展能力建设、能源监管信息交换、知识产权保护信息交换、执法与情报交换、风险管理等领域合作。

第二,中国—东盟(10+1)海关合作机制。制定《中国—东盟海关合作方案》,重点开展对东盟成员国的能力建设支持、AEO制度与互认安排、执法与情报交换、单一窗口、原产地管理、海关科技运用、贸易便利化等领域合作。

第三,大湄公河次区域海关合作机制。重点开展口岸通关便利化、便利跨境运输、缉私与情报交换等领域合作,推动《大湄公河次区域便利货物及人员跨境运输协定》的实施工作。

第四,中亚区域经济合作海关合作委员会。积极提出合作倡议,以能源监管、能力建设、边境海关合作、联合监管、通关便利化为合作重点,推动中亚区域交通与贸易便利化战略及行动计划的实施。

第五,孟中印缅经济走廊。推动建立孟中印缅经济走廊海关合作机制,提出《孟中印缅经济走廊海关贸易便利化合作倡议》,并推动制定《孟中印缅经济走廊海关贸易便利化合作工作方案》,以项目为重点,推进在口岸通关便利、技术援助、AEO制度与互认等领域开展合作。

第六,"大图们倡议"贸易便利化委员会。积极发挥中国海关在"大图们倡议"及东北亚合作的核心作用,联合俄罗斯、蒙古等成员,倡导建立多边AEO互认安排标准,建立电子载货清单传输系统等海关合作项目,推动该地区的贸易便利化和经贸发展。

3. 多边合作路径

通过多边合作机制,形成"点对线"的合作模式。世界海关组织(WCO)、亚太经合组织(Asia-Pacific Economic Cooperation,APEC)、亚欧会议(Asia-Europe Meeting,ASEM)等多边海关合作机制是宣传"一带一路"构想及核心理念、开展"一带一路"合作更宽广的舞台。在多边平台主动设置议题、积极引领讨论、形成广泛影响。

第二节 "一带一路"倡议下海关国际合作法律机制的基本框架

一、"一带一路"海关国际合作法律机制的性质

"一带一路"海关国际合作法律机制的性质,是从国内法与国际法两方面出发,分析

该机制的国内法和国际法属性。国内法即中国和"一带一路"沿线国家的海关法,不仅包括《中华人民共和国海关法》之类的正式立法,还包括有关海关事务的行政法令和规章。海关国际合作更多的是一个国际法问题,具体而言就是国际海关法问题。它是海关法在国际法方面的体现。

海关法虽然是国内法,但它是一个国家的涉外法律,属于调整对外贸易关系法律体系的一部分。在经济全球化时代,各国调整对外贸易法律关系的法律并非完全独立存在,必须要受到国际规则的制约。这样的制约有的来自国际条约,而有的来自国际组织。国际条约规制的依据是国际条约法的义务,国际组织规制的依据是国际组织法的义务。这些义务根据国际条约和国际组织各自的规定也有强有弱,不能一概而论。但一般而言,国际组织的规制性要更加全面,更加体制化。这是因为很多国际条约是在国际组织的推动下,在国际组织体制内缔结、运营和管理的。一个国际组织名下可以有多个国际条约,反之则不成立。因此,国际条约对国家的规制层次高于国际条约规制。

海关法是一个国际组织比较发达的领域。海关有着专门化的国际组织——世界海关组织。对海关措施和海关关税有着重大国际约束的还有WTO及其规则。这就决定了一个国家的海关法无论是立法、还是行政或司法,都必须要顾及与国际法的关系,不能违反一个国家在海关法方面的国际法义务以及国际承诺。因此,"一带一路"下的海关国际合作既有国际条约基础上的海关国际合作,也有国际组织基础上的海关国际合作。

二、"一带一路"海关国际合作中海关主权的体现

"一带一路"海关国际合作的主导原则是国家主权原则。它是国际法的基本原则,"一带一路"倡议的发起国是中国,根据国际法原理,要其他国家呼应才会产生实际效果。国家主权原则体现在海关方面则表现为国家的海关主权。"一带一路"海关国际合作,也是在海关主权基础上的合作。海关主权意味着一个国家在海关事务中独立自主,可以自己决定设置海关,对进出口和出入境人员、货物及交通工具实行海关监管,征收关税和退税,缔结有关海关国际条约,加入海关国际组织。海关主权具有绝对性,即它是独立的,排他的,不受干涉。主权国家没有明确的意思表示,任何国家、国际组织都不能侵害一个国家的海关主权。

但是海关主权不能完全等同于国家主权。海关主权不能在任何场合下都绝对化,它属于可处分权限,可以在一定条件下被暂时分割和让渡,比如国家签署某些关税协定或加入自由贸易区等而限制自己决定关税税率或海关措施方面的权限。由于一定的历史

或政治因素,一个国家的某些领域的海关还可以独立存在,构成单独关税区,设置海关,行使各种海关权限。由此就导致海关的界限与国家的边境有所不同,这就是关境和国境的不同。

三、"一带一路"海关国际合作的国际条约法和国际组织法

1."一带一路"海关国际合作的国际条约名称与形式

国际条约法上的国际条约有广义和狭义之分。广义的国际条约是指国际法主体间确定国际法权利义务的意思表示一致的协议,而狭义的国际条约则是这些协议中的一种,即在正式文本中称为条约(Treaty)的那些协议。它一般是比较综合性的高规格国际条约,经过比较正式的条约批准程序生效。除了被叫作"Treaty"的条约之外,还有很多其他名称,比如多边条约或国际组织的基本条约等高规格的国际条约可以叫作"公约""盟约""规约"等,而相对专业性的条约则一般叫协定。协定的规格也高低不一,有的是按照正式的条约批准程序生效,有的则只经过核准等建议程序生效。议定书一般是条约的组成部分,一般针对处理条约中的某些专业性问题,依赖条约而存在,根据议定书及其所依附的条约的性质也有经批准生效的和经核准生效的。此外还有谅解备忘录、换文等不拘形式的条约。它们是用来补充条约或协定的,或者自己也独立存在,但规格档次明显低于条约或协定。除了少数特约之外,一般都是简单程序生效。

"一带一路"沿线的国家和地区之间,现存有狭义条约以下的所有这些条约名称和形式的海关国际条约,都可以应用于海关国际合作。海关互助协定是比较标准的形式,一般是政府间协定。政府间海关互助协定的具体名称可以有"海关互助协定""海关互助与合作协定""海关行政互助与合作协定"等,在实体法规定方面大体上是情报交换、特别监管、核查、缉毒互助、简化海关手续、经验交流等主要内容,在程序法方面大体上规定了海关行政互助请求的方式和内容、请求的执行以及保密义务的履行等主要内容。比如1994年9月3日在莫斯科签订了中国和俄罗斯《中俄海关合作与互助协定》就包含了以上全部条款。也有很多是海关之间签订的关于海关国际合作的国际条约,名称虽然也有"海关互助协定",但更多的是"谅解备忘录""换文""边境口岸及其管理制度协定"等。比如1993年中国和越南签署的《中国海关总署和越南海关总局海关合作与互助的协议》,以及根据该协定于同年签署的《中国海关总署与越南海关总局关于缉私合作协

定》。在议定书方面,1997 年,中国与哈萨克斯坦签署了政府间海关协定《中国—哈萨克斯坦海关合作与互助协定》,而 2000 年又根据该协定签署了两国海关级别的专业议定书《中国海关总署和哈萨克斯坦共和国国家收入部海关委员会关于对外贸易海关统计方法和信息合作议定书》。在谅解备忘录方面,2004 年中国和澳大利亚之间签署了《中国海关总署和澳大利亚海关署关于海关合作与行政互助的谅解备忘录》。在换文方面,1995 年中国和马来西亚签署了《中国海关总署和马来西亚海关总署关于交换非法贩运或买卖麻醉品和精神药物的情报的换文》。"一带一路"建设中的海关国际合作,就可以利用这些模式,尽量扩大中国与"一带一路"沿线国家和地区的海关国际条约的数量和范围,并促进其他沿线国家和地区相互之间的海关国际条约的签署,形成一个海关国际条约的网络,使海关国际合作都有了国际条约法上的保障和法律基础。

2. 作为综合性条约或协定一部分的海关国际合作

主要指国家或地区间的自由贸易协定(FTA)中的关于海关事务的条款。海关事务是整个贸易环节中的通关一环,自由贸易协定则解决比海关事务更为宏观综合的贸易事务,因此对于海关事务而言,自由贸易协定就相当于综合性条约或协定。有的自由贸易协定规定有海关事务,有的则没有。中国目前签署的自由贸易协定,除了《中国—东盟自由贸易协定》外,其他都是国家间双边自由贸易协定,其中《中国—新西兰自由贸易协定》和《中国—新加坡自由贸易协定》规定有海关事务。前者第五章为《海关程序与合作》,规定了要确保海关程序和措施具有可预见性、一致性和透明度的原则,并且作出了非常具体的指标性内容:商品归类预裁定应该在 60 日之内作出,原产地预裁定应该在 90 日之内作出,货物抵达后应该在 48 小时内放行。《中国—新加坡自由贸易协定》也是第五章规定的《海关程序》,有些指标性规定更为具体。

四、关税同盟与"一带一路"海关国际合作的法律机制

"一带一路"沿线区域有欧亚经济联盟和欧洲联盟两个高层次的经济一体化组织,在其贸易及其海关通关方面,则属于关税同盟。

1. 欧亚经济联盟与"一带一路"海关国际合作

欧亚经济联盟的前身就是一个关税同盟,即俄罗斯、哈萨克斯坦和白俄罗斯关税同盟(俄白哈关税同盟)。现在的欧亚经济联盟是根据 2014 年 5 月 29 日俄罗斯、哈萨克斯

坦及白俄罗斯三国签署的《欧亚经济同盟条约》,于2015年1月1日成立。其中的货物贸易与海关通关方面的规则原样继承了俄白哈关税同盟的相关法律制度。但是,其成员有所扩大,还加上了亚美尼亚、塔吉克斯坦、吉尔吉斯三个国家,都属于"一带一路"沿线国家。欧亚经济联盟的最终目标是在独联体范围内建立像欧洲联盟那样的高度一体化的经济政治联盟。

中国要在丝绸之路经济带推进"一带一路"海关国际合作,与其说与独联体成员一个一个单独合作,不如说直接和作为关税同盟的欧亚经济联盟进行合作更有成效。俄罗斯海关国际合作的另一个平台就是上海合作组织,它是一个开放性海关合作平台,除了中国可以和俄罗斯以对等地位进行海关国际合作外,还可以扩容增加该平台合作对象,但是该平台的海关国际合作的深度和广度是远不及关税同盟的。

中国和俄罗斯在"一带一路"与欧亚经济联盟对接问题上取得了共识。俄罗斯的东向政策与中国的"一带一路"倡议现阶段都是针对经济贸易投资方面,实现对接可以取得双赢效果。2015年5月8日,习近平与普京在莫斯科会晤,确认了《丝绸之路经济带建设与欧亚经济联盟建设对接合作的联合声明》。在这样一个大格局下,丝绸之路经济带的海关国际合作就有了很大的发展空间。

2. 作为关税同盟的欧盟与"一带一路"海关国际合作

欧共体关税同盟是欧洲联盟(简称欧盟)的货物贸易和海关通关的法律形体。欧共体关税同盟始建于1958年1月1日,建成于1968年7月1日,比预定的12年建成提前了一年半。关税同盟已经是当时世界上海关国际合作的最高成就了。但是欧洲共同体没有就此停步,还进一步发展升级,继续向更深层次海关合作的关税联盟(Customs Union)推进,从海关法和海关通关单证上实现了统一。

欧盟(欧共体)关税同盟是全世界当前最为成功的关税同盟模式,同时也是"一带一路"海关国际合作的标准范式和追求的目标。"一带一路"沿线的东南亚国家联盟、欧亚经济联盟等区域性经济一体化组织方面无不以欧盟关税同盟式的海关国际合作作为其样板和最终目标。

中国与欧盟之间也有较高的海关国际合作的平台,即2014年《中华人民共和国政府和欧洲共同体关于海关事务的合作和行政互助协定》。这也是一部一步到位的海关事务性国际条约。在此基础上,作为"一带一路"起点和终点的中国与欧盟之间在海关国际合作方面还有很大的发展空间。

五、中国推进"一带一路"海关国际合作的法律法规和政策

（一）中国法律体系中的海关国际合作的法律法规和政策

1. 中国的法律体系与法律位阶中的海关法

法律体系是一个国家现行的全部法律法规按照不同的法律部门分类组合而形成的一个呈体系化的有机联系的统一整体。其组成部分为各个部门法。它们之间构成平行关系。每个国家都有自己的法律体系及其部门法划分标准，因此海关法部分归于哪个部门法，并无世界统一标准。在中国，海关法规范的行政管理性质使其具有行政法属性，经济贸易性质使其具有经济法属性，因而具有跨部门特点。

明确了法律体系中海关法的部门法属性后，就可以分析海关法的法律位阶。法律位阶是指每一部规范性法律文本在法律体系中的纵向登记。根据中国的宪法和立法法，中国的法律位阶主要分为六个等级：根本法、基本法律、普通法律、行政法规、地方性法规和行政规章。海关法是由全国人民代表大会常务委员会制定，在中国的法律位阶中属于并非由全国人民代表大会制定的基本法律，而是属于基本法律之外的普通法律。其他的与海关有关的对外贸易相关的法律，比如对外贸易法、外汇管理法、进出口商品检验法、海商法等均为与海关法同一位阶的普通法律。

海关法部门的行政法规是国务院制定的条例。海关法方面有2004年《中华人民共和国海关行政处罚实施条例》、2003年《中华人民共和国知识产权海关保护条例》等。其他有海关参与执法的还有很多条例。而行政规章为法律体系中最低位阶，除了省一级地方政府有制定行政规章的权限外，国务院各部委以及直属机构根据法律和行政法规、决定、命令，在本部门的权限范围内制定部门规章。中华人民共和国海关总署属于国务院直属部级单位，有权制定行政规章。海关作为执法机构还要执行其他部门制定的与海关有关的部门规章。还有若干部委联合制定的部门规章。所有这些，都属于中国的海关法部门的法律规范。

政策并非正式法律。对外虽然缺乏普遍规范性，但在政府部门内部却具有一定的约束性。在中国的司法实践中，政府部门没有正式编号的通知、意见等属于这类政策性措施，也可以得到援引，并成为判案的依据。海关措施有很多都属于这一类，也不能完全排除在法律之外。

2. 海关法律法规和政策与国际法

海关法具有行政法和经济法的跨部门属性。行政法属性决定了其国内法性质,但经济法属性使其可以归入经济法部门中的涉外经济法类别,这就不是纯粹的国内法了。海关法具有涉外性,这是因为海关法调整的海关法律关系无论其主体、客体还是内容都至少有涉外因素。有涉外因素的法律就有可能涉及国际法,这样就要处理其与国际法的关系。

中国缔结的海关国际条约在国内的效力问题,以及如何处理与国内海关法的关系问题,由《中华人民共和国缔结条约程序法》加以规定。该法第2条规定,本法适用于中华人民共和国同外国缔结的双边和多边条约、协定和其他具有条约、协定性质的文件。第4条规定了可以以中华人民共和国、中华人民共和国政府以及中华人民共和国政府部门的名义缔结条约。因此,中国政府以及中国海关总署都可以代表中国与外国缔结海关国际条约。条约在中国生效有两种情况:其一是条约和重要协定需要由全国人大常委会批准,并列举了六种情况下的条约或协定必须经过批准才能生效。其二是规定了所列举需要批准的条约清单以外的协定以及其他具有条约性质的协定或者其他具有条约性质的文件,不必经过批准,只是经过外交部或者国务院有关部门会同外交部,报请国务院核准即告生效。在海关国际条约中,海关合作与行政互助协定,以及其他海关国际合作方面的协定一般属于不需要批准,只需经过国务院核准的国际条约,而有海关总署缔结的议定书、谅解备忘录、换文等可以作为其他具有条约性质的文件,同样只需经过国务院核准程序即告生效。

(二)中国参与的与"一带一路"相关的海关国际合作的国际法机制

1. "一带一路"海关国际合作下中国及其海关对国际组织平台的应用

(1)世界海关组织

海关国际组织首推世界海关组织。中国已经是世界海关组织的重要成员,目前在世界海关组织的重要机构内担任了若干重要职位。中国的"一带一路"倡议和海关国际合作完全符合世界海关组织的宗旨。世界海关组织对"一带一路"海关国际合作的态度集中表现在2015年5月28日世界海关组织发布的《运用技术工具支持"一带一路"海关加强"互联互通"建设的西安声明》(以下简称《西安声明》)上。该声明中,世界海关组织宣布,将致力于"一带一路"区域内的互联互通建设,推进实施世界海关组织的各类倡议。《西安声明》主要有以下六点:

第一,积极实施世界海关组织为成员海关提供的经修订的《京都公约》《全球贸易安全与便利标准框架》《协调制度公约》等公约及技术工具,进一步提升"一带一路"国家和地区整体的贸易安全与便利水平。

第二,推进"一带一路"国家和地区的WTO《贸易便利化协定》的实施,尤其是支持并受益于世界海关组织"墨卡托行动"的实施工作。

第三,以世界海关组织《过境指南》所列原则为指引,对经第三方领土过境货物的特殊需求给予支持。

第四,持续关注电子商务这一新兴产业的兴起,积极参与世界海关组织所组织的国际联合行动,在严密海关监管的同时,提升通关便利化水平。

第五,加强"一带一路"海关信息共享,沟通交流和联合执法合作。

第六,积极探索利用丝路基金的途径和方式,同时充分利用世界海关组织提供的能力建设和技术援助项目,通过提供能力建设、技术援助和培训等,支持"一带一路"海关的改革和现代化建设。

世界海关组织希望,"一带一路"海关国际合作能够为世界海关组织各成员树立一个运用海关组织项目、公约、技术工具成功合作的典范。

(2)其他国际组织

WTO是多边贸易组织,并非专业性海关国际组织,但其职能与海关有高度关联性。WTO的前身是1947年的GATT,即《关税与贸易总协定》,早于世界海关组织等与海关有关的国际组织的成立。现在的WTO法律体系中的三大支柱之一也是1994年的GATT,它是WTO货物贸易制度的核心。GATT中的"关税"就属于海关事务。它不仅包含了贯穿GATT各条文的关税减让及其待遇制度等内容,还在第5条、8条、10条涉及通关和贸易便利化,并在第20条一般例外中也涉及了海关措施等问题。WTO的《海关估价协定》与《原产地规则协定》则直接将海关规则纳入其中,并且因此形成了WTO与世界海关组织的特殊关系。所以,WTO及其附属的协议也是广义的海关国际条约,WTO及其规则的发展动向也与海关法息息相关。WTO多哈回合谈判最新进展就是2013年12月在印尼巴厘岛达成,并与2015年生效的《贸易便利化协定》。这是WTO直接就海关措施和通关便利化问题制定了规则,并对WTO成员方及其海关产生具有强制性的约束力。"一带一路"沿线国家和地区海关中绝大多数都是WTO成员方,在海关事务方面以前只是接受世界海关组织有关规则(公约、协定、工具、标准)的约束,其强制性并不突出,但如今面对WTO《贸易便利化协定》的生效,就必须在其海关法制度、措施和政策上做出相应调整。这也已经被"一带一路"沿线国家和地区及其各自的海关充分认识到,并且体现在各种国际法律文件中,如 2015 年 3 月 29 日由中国国家发展改革委、外交部、商务部等部门发布的《推动共建丝绸之路经济带和 21 世纪海上丝绸之路的愿景与行动》第四部分"合作重点"中也被提到,并将其与双边及多边国际合作事项联系到一起。

其他的比如前述的上海合作组织、中国东盟自由贸易区、APEC 海关手续分科委员会等国际组织中,中国作为其中的重要成员,已经或将采取行动直接在其中推动"一带一路"海关国际合作。中亚区域经济合作、大湄公河次区域经济合作等海关合作方面,虽然也不能说是正式的国际组织,但中国仍然是作为当事方直接纳入了"一带一路"海关国际合作范围内。欧盟、欧亚经济同盟、海湾合作委员会、南亚区域合作组织等"一带一路"沿线重要国际经济组织由于属于封闭性的国际组织,中国不能参与其中内部决策,但和中国及其海关之间可以通过建立双边合作关系或者缔结有关海关国际条约的方式,或者非条约项目等方式推动"一带一路"国际合作。

2. 中国参与的可运用于"一带一路"海关国际合作的多边国际条约

本部分所说的多边国际条约不包括前述的世界海关组织和 WTO 项下的那些国际条约。

联合国 1972 年制定了《集装箱关务公约》(Customs Convention on Containers),于 1975 年生效。该公约规定了集装箱暂时进口及其程序、取得运输海关加封集装箱货物资格及条件,特别有利于集装箱的过境、转运、多式联运等的通关。中国 1986 年加入该公约,但"一带一路"沿线很多国家尚未加入,如果中国推动沿线国家加入,是对于"一带一路"的集装箱运输海关国际合作的有力促进。

在海关总署研发字〔2015〕16 号文中提及了 1975 年《国际公路运输公约》(《TIR 公约》),推进中国加入该公约进程,促进"一带一路"沿线国际公路运输通关便利化。这一公约规定了国际公路运输 TIR(Transports Internationaux Routers)制度就是在国际公路运输中使用 TIR 单证,由公路运输货物起运地海关启用,以此作为 TIR 运输全程中各缔约方海关通关的依据,是各缔约方海关均认可的通关文件,并且还是 TIR 运输货物的国际担保证明。该制度目前主要覆盖欧盟—东盟、东欧—独联体国家、欧洲—中东、独联体国家之间的国际公路运输,几乎都是"一带一路"沿线国家或地区。它在每一单公路运输跨越多个国家海关的过境运输中尽显其便利性。

3. 中国缔结的双边海关条约对"一带一路"海关国际合作的促进

(1) 中国早已与"一带一路"沿线国家或地区缔结的海关国际条约的多样性

中国海关总署与外交部从 1989 年开始就和外国政府或海关缔结双边海关条约,至今已经超过50部。这些双边海关条约中,有的是以中国政府的名义签订,而有的是以中国海关总署的名义签订,还有的是以中国海关总署与中国国家质量检验检疫总局的名义联合签订。根据国际法主权平等下的对等原则,双边海关条约的对方也同样分别以政府和海关当局两个级别的名义签署。所签署的双边海关条约的名称根据其内容、专业性等分别叫作"协定""协议""议定书""谅解备忘录""备忘录""换文"。此外还有叫作"声明"的,虽然从国际条约法上看并不算国际条约,但在中国和他国发表的声明中由于确定了具体的权利和义务,因此也可归入"具有国际条约性质"的国际协议类别。

(2)中国与欧盟及其成员国缔结的双边海关公约

中国与欧盟之间缔结的双边海关条约,对方名义是欧洲共同体。在海关国际公约上,欧盟和欧洲共同体两个名称往往通用。特别是经济贸易领域也使用欧洲共同体的名义。从级别上来看也有政府级别和海关当局级别。欧洲各成员国有自己的海关,因此欧盟级别的海关就称欧洲共同体海关当局(Customs Authorities of the European Community)。中国与欧盟之间缔结的双边海关条约以及联合声明有:

2004年《中华人民共和国政府与欧洲共同体关于海关事务的合作与行政互助协定》;

2006年《中华人民共和国海关总署与欧洲共同体海关当局关于加强供应链安全合作的联合声明》;

2009年《中国—欧盟海关知识产权保护合作行动计划》。

此外,中国还与欧盟一些成员国签订有双边海关条约。由于欧盟成员国入盟以及国家分合情况的复杂性,中国与欧盟成员国之间的双边海关条约也变得比较复杂。欧盟(欧洲共同体)由于在海关事务上享有较大程度的专属权限,即成员国在海关事务上的缔约权原则上已经让渡给欧盟(欧洲共同体)及其海关当局,但是对于入盟时成员国已经加入的海关国际条约,仍然是由原成员国继承,这就出现了中国与欧盟及其部分成员国同时缔结有双边海关条约情况,比如匈牙利。还有的国家与中国签订双边海关条约后分离了,比如捷克斯洛伐克,这样该条约就由分离后的捷克和斯洛伐克两个欧盟成员国继承,继续有效。还有与中国签订双边海关条约后解体的国家,比如南斯拉夫后来解体为塞尔维亚、克罗地亚、斯洛文尼亚、波斯尼亚、黑山、马其顿六国,中国与南斯拉夫签订的双边海关条约为这六国所继承,继续有效。其中斯洛文尼亚为欧盟成员国,同时也是中国和南斯拉夫的双边海关条约及成果。但是,中国海关与罗马尼亚海关之间签署的海关合作备忘录却不属于以上任何一种情况,应该是两国海关紧密合作的一种特殊安排。

(3)中国政府与单独关税区签署的海关合作互助安排

在"一带一路"区域,这种情况只有中国香港特区和中国澳门特区。由于它们都是中国国家主权下的单独关税区,属于海关国际合作中的非国家实体,因此完全不同于一般双边海关条约。中国内地政府与单独关税区签署的海关合作互助安排如下:2000年《海关总署与香港海关合作互助安排》(附海关总署与香港海关联络官、联络员名单);2004年《海关总署与澳门特别行政区海关合作互助安排》。

(4)中国政府与上海合作组织成员国之间的双边海关条约

中国是上海合作组织的成员国,在该组织内已经进行了海关国际合作的深度合作。中国与上海合作组织成员国的双边海关条约一般缔结于上海合作组织及其海关国际合作框架建立之前,根据条约继承的原则,这些条约也为上海合作组织成员国所继承。这就使中国与上海合作组织成员国签署了大量双边海关条约,合作范围之广,合作专题之深,非常突出,特别是哈萨克斯坦、俄罗斯和吉尔吉斯三国。这就使中国与上海合作组织及其成员国的海关国际条约呈现出多边和双边两重结构。巴基斯坦和印度两国至今未纳入上海合作组织成员国海关合作的轨道,应该作为单独的双边海关条约和合作看待:2005年《中华人民共和国政府和巴基斯坦伊斯兰共和国政府关于海关事务的合作与互助协定》;2005年《中华人民共和国政府和印度共和国政府关于海关行政互助和合作协定》。中国与上海合作组织原成员国之间的双边海关条约,目前为该成员国所继承的双边海关条约,以哈萨克斯坦为例,有:1997年《中华人民共和国政府和哈萨克斯坦共和国政府海关合作与互助协定》;2000年《中华人民共和国海关总署和哈萨克斯坦共和国国家收入部海关委员会关于对外贸易海关统计方法和信息合作议定书》;2000年《中华人民共和国海关总署和哈萨克斯坦共和国国家收入部海关委员会关于相互承运海关单证和表示的合作议定书》;2000年《中华人民共和国海关总署和哈萨克斯坦共和国国家收入部海关委员会关于海关联合监管第一阶段的实施规则》;2006年《中华人民共和国和哈萨克斯坦共和国政府关于对通过中哈边境管道运输能源的海关监管协定》等。

另外,中国政府还与其他"一带一路"沿线国家政府及海关当局签订了双边海关条约,如2003年《中华人民共和国海关总署与泰王国海关总局关于海关事务合作与互助谅解备忘录》、2002年《中华人民共和国政府和土耳其共和国政府关于海关事务的合作互助协定》等。

第三节　集装箱班列的海关国际合作

交通运输、贸易投资便利化是国际合作的前提,也是丝绸之路经济带倡议的宗旨。新亚欧大陆桥东起江苏连云港、天津乃至青岛、大连等沿海港口城市,西至阿拉山口,到中亚直至荷兰鹿特丹、比利时安特卫普等欧洲口岸,全长 10900 公里。沿线经过 17 个国家,是横跨亚欧两大洲、连接太平洋和大西洋、实现海—陆—海多式联运的国际大通道。因其走向基本与古丝绸之路相符,又被称为"新丝绸之路"。随着 20 世纪 90 年代苏联中亚国家的独立,新亚欧大陆桥建设取得积极成效。1992 年连接中国与哈萨克斯坦的国际铁路联运开通,极大地节省了运输时间和成本,促进了中亚国家的对外经济联系。新亚欧大陆桥的合作领域广泛,不仅包括铁路,还有公路、航空、通信等方面的互联互通,涉及海关、过境、货运等方面的合作。由于中亚地处亚欧大陆的中央,对"丝绸之路"的复兴意义重大,众多国际金融机构也积极投入,开展各种各样的交通合作项目。

一、欧亚大陆货运的国际法律机制

(一)国际条约、协定的法律框架

就目前新亚欧大陆桥国际运输通道建设而言,最有效、最主要的工具还是国家之间的双边和多边协定,制定统一并且共同遵守的国际运输规则是新亚欧大陆桥畅通的法律保障。亚洲及太平洋经济及社会委员会(简称亚太经社会,U. N. Economic and Social Commission for Asia and the Pacific, ESCAP)和欧盟在总结国际间开展国际道路运输合作模式和经验的基础上,1992 年通过了与便利道路和铁路运输有关的第 48/11 号决议,并倡导亚洲国家积极加入运输领域合作的国际公约,其中包括《道路信号与标志国际公约》(1968 年)、《道路交通公约》(1968 年)、《国际公路运输公约》(TIR)(1975 年)、《关于商用公路车辆临时进口的海关公约》(1956 年)、《集装箱关务公约》(1972 年)、《国际道路货物运输合同公约》(1956 年)、《统一边境货物管理国际公约》(1982 年)在内的 7 个公约是开展国际道路运输业务的基础,也是 50 多个现行国际公约的基础,有助于消除地区间政策法规的差异。

目前,中国只加入了《集装箱关务公约》。实现欧亚大陆的互联互通是共建丝绸之路经济带的关键。近年来,为建立多层次的国际交通运输合作机制,中国积极推动双边和多边合作,与巴基斯坦、哈萨克斯坦、吉尔吉斯、乌兹别克斯坦等周边国家签署了多个多边运输协定,与丝绸之路经济带沿途国家签订 10 多个双边和区域性陆路运输协定。

(二)国际经验借鉴与未来合作方向

1. 欧亚经济联盟与"一带一路"货运

2002年2月26日,哈萨克斯坦批准了国际南北运输走廊协议,吉尔吉斯和塔吉克斯坦两国也准备加入该协议。哈吉两国还在研究"两国边境上共用一个车站"的合作方案。为建立一体化铁路交通空间,统一的调配和运行体系以及统一的技术和运费标准成为欧亚经济共同体成立后的优先发展规划,因而其在统一铁路运费方面制定了框架协议。2004年1月22日,欧亚经济共同体一体化委员会通过了《关于制定并实施成员国铁路货物运输收费标准的基本原则》和《制定铁路货物运输标准税率的程序》两个文件。其核心原则是:统一收费的目的是减少运输障碍降低成本,提高成员国商品的竞争力;制定统一的货物名录;采用先进的技术方法;维持收费稳定,制定出的收费标准要保持一年;禁止成员国擅自降低收费标准或提供优惠政策;禁止成员国自行确定收费的货币单位;禁止成员国自行决定收费标准的生效期限等。2005年3月24日,欧亚经济共同体通过了《关于在建立和发展交通走廊领域采取协调政策的协定》。

近年来,欧亚经济共同体成员国在共同体基础上深化合作,已经改称欧亚经济联盟。欧亚经济联盟更加强化运输走廊的建设,借此形成其成员国内部的交通运输网络,使之成为连接欧亚大陆的运输动脉。为此,欧亚经济联盟重点推进的工作包括制定区域运输走廊路线图、统一基础设施的技术标准、协调国境制度、共享交通运输信息及设立合资运输企业等。

2. 上海合作组织与"一带一路"货运

目前,阻碍各成员国合作的障碍主要是海关程序、运输标准等体制性因素。为此,上海合作组织通过加强磋商协作,研究加强新亚欧大陆桥沿线国家在铁路运输方面的合作事宜,通过制定统一标准、操作程序,逐步消除体制性障碍而造成的运输成本高、效率低的影响,进而建立具有约束力的、统一的协调机制。2004年8月,在上海合作组织、亚太经社会以及亚洲开发银行的共同推动下,上海合作组织成员国通过了《上海合作组织国际道路运输多边协定草案》。该草案的宗旨是:国际公路运输的便利化;在发展国际公路运输中各方加强协调;统一各国国内与公路运输相关的法律,简化相关文件、程序、要求。就成员国间运输线路、权利、运输协议、安全、环保、行车许可证数量、车辆尺寸、吨位、国与国之间的过境运输便利程度等做了具体规定。如该草案规定:"对于在任何一个成员方境内登记的运输车辆,各成员方相互授权其从事各国之间的旅客、货物运输以及过境运输的权利,国际公路运输应当依照规定的路线进行。"2006年11月,在上海合作组织第五次总理会议中,达成了《关于加快制定〈协议〉的谅解备忘录》。成员国重申开展交通领域合作,制定协商一致的过境运输政策及建立国际交通走廊的重要性。2014年9月12日,上海合作组织成员国在塔吉克斯坦首都杜尚别共同签署了《上海合作组织成员国政府间国际道路运输便利化协定》,构建和畅通了从连云港到圣彼得堡的欧亚交通运输大通道的国际法律框架与机制,为把东南亚、东亚乃至美洲、欧洲的交通运输线路统筹起来创造了国际法的必要条件。

3. 亚洲高速路和亚洲铁路网络

被视作为实现亚洲经济一体化先行基础的《亚洲公路网政府间协定》于2005年生效。它是亚太经社会成员国之间签署的第一个政府间区域协定。

目前,有28个成员国加入了协定。该协定计划142000公里的亚洲快速道路网络,横跨该地区的32个国家。该道路网络将连接亚洲各国首都、工业中心、重要港口、旅游及商业重镇,覆盖除西亚外的几乎整个亚洲地区。关于亚洲铁路网络的政府间协定于2009年生效。该协定计划了114000公里的亚洲铁路网络,跨越该地区的28个国家。这两份协定的制定和签署都为公路和铁路运输便利化提供了可靠的法律保障,并进一步促进地区内交通基础设施的投资。

此外,集装箱化和多式联运使门到门无缝移动成为现实。依托该优势,亚太经社会正致力于一项关于无水港的政府间协议以改进内陆港口,从而使地区内的孤立和被陆地包围的区域可以被带入增长循环。

4. 联合国欧洲经济委员会

联合国欧洲经济委员会(简称欧经委,United Nations Economic Commission for Europe,UNECE)从"一带一路"终点欧洲方向参与到"一带一路"货运的海关国际合作中来。在边境管理能够显著降低边境延迟,加速货物流动,它从1982年起就引起了国际社会的关注,当时,欧经委发布了《统一边境货物管理的国际公约》。该协定第4条"协调管理"呼吁缔约各方在可能的范围内以协调的方式组织海关和控制。第5条进一步要求缔约各方保证跨境时充分的个人、设备和设施的可得性。两个条款均强调了边境机构间合作和用于服务的资源条款。第6条"国际合作"呼吁缔约各方相互合作,并订立多边和双边协定以达成协定的目标。此外,该协定第7条规定了毗邻国家间的合作,并呼吁它们通过共享设施的规定制定货物和文件的联合控制。这些都是国际组织为促进边境管理合作所做的努力。近些年来，UNECE 也陆续达成了更为完善的基础设施计划、有效的边界跨越和运输流程以及技术进步工具建设标准，通过各国间联合控制跨境达到信息共享，从而降低流程重复。

5. 中亚区域经济合作计划

2006年10月20日，《中亚区域经济合作计划》(Central Asia Regional Economic Co-operation, CAREC)在乌鲁木齐签字。后来又有了多个升级版，构成"一带一路"货物运输的中亚区域海关国际合作重要平台。大多数中亚国家属于内陆国家，导致贸易中高昂的运输成本。对于内陆国家来说，拥有无缝运输制度以降低运输成本十分重要。按照由中亚区域经济合作计划的贸易便利化计划组成的海关合作，联合海关监管被认定为实现需要高等级机构间合作的单一窗口方式的初始步骤。亚洲开发银行正在该次级地区(即区域)实施一项跨边境改进措施和单一窗口发展项目，旨在支持口岸的单一窗口，并通过参加私营企业发展用于联络单一窗口的区域平台。此外，许多中亚区域经济合作计划国家已经开展了关于联合海关监管的区域对话，许多国家现在拥有功能性联合监管。目前，哈萨克斯坦已与俄罗斯、中国和吉尔吉斯拥有了包括海关监管在内的联合边境监管。该区域内国家实施的联合海关监管的行动之一是促进统一货物舱单的使用，货物舱单是税收、反走私行动和精确数据收集的基础。在统一的货物舱单体系下，承运人仅须提交一次舱单，避免重复，有利于海关监管的持续性和协调，实现了高效清关。

6. 欧洲委员会的中亚边境管理计划

欧洲委员会的中亚边境管理计划(BOMCA)通过整合边境管理能力使加速运输贸易合作得到加强，并有助于在中亚提供安全稳定的边境，其具体战略为加速联合跨边境控制，以提升海关税收并减少非正式收费的机会。中亚边境管理计划采用了过境走廊方法促进贸易和运输，因为这些走廊上的交通流量是最大的，合作边境管理方法的结果将更为显著。中亚边境管理计划的主要目标是鼓励国家发展其自身的整合边境管理战略。例如，吉尔吉斯在2008年2月建立了国家整合边境管理合作委员会，且正在发展一项国家战略。中亚边境管理计划研究强调了政治意愿的重要性，这对于在边境的体制改革是至关重要的。

7. GATT——运输中的商品

GATT 第 5 条综合定义了运输的含义,规定了运输自由并允许成员规范通过其领地的运输的交通,只要该交通不被不必要地延误或限制,且免收运输方面的关税和其他费用。仅在运输费用或与由运输引起的管理费用相同的费用,或所提供的服务成本方面才是例外。同时,在有关运输的收费、规章和手续方面,成员有义务以不少于运输至第三国,或从第三国运来商品的交通优惠来对待运至任何其他成员国,或从成员国运来的商品。

从 1947 年《哈瓦那宪章》的准备工作来看,各方已经对简化应用于交通运输的海关规章以及促进平等使用所需设施的需要进行关注,即贸易便利化对内陆国来说尤其重要。没有明显理由区别运输流程的运输模式和运输媒介类型以及内陆国的特殊情况都必须得到解决。此外,关于所有对运输交通施行的收费和规章的要求应为合理,"合理"应为可操作的。

更好的边境管理合作是世界海关组织理事会于 2008 年采纳的、用于提高全球海关运作的"21 世纪海关"愿景的十个构件之一。欧亚地区国家已经意识到通过边境管理合作解决边境延迟的重要性,并正在该方向采取实质性措施。

中亚国家是丝绸之路通向欧洲的必经之路,中国与其之间的铁路运输合作也至关重要。目前中欧班列和中亚班列的主要问题是铁路建设的标准不一,贸易体制不一,通关手续尚未简化,随着"一带一路"倡议的实施和中国与相关国家的协商,这些问题将得到解决,中欧班列和中亚班列的运行将更加常态化和密集化。

二、亚欧集装箱班列的通关及其海关国际合作

贸易便利化是要简化和协调货物在国际贸易各项活动中所涉及的各种程序以提高贸易政策透明度和降低贸易成本。贸易便利化的核心问题是海关与跨境手续。世界海关组织制定的《关于简化和协调海关制度的国际公约》(即《京都公约》)对包括集装箱货物在内的货物的进出口、转运等各种海关制度进行简化、协调和统一。

为简化通关程序,各国海关在集装箱转关、转运方面开展了国际合作。集装箱的国际中转是指集装箱由境外启运,经中转港换装后运往第三国或地区的运输方式。集装箱在多个国家中转的过程中,产生了许多报关方面的问题。为了简化集装箱转运过程中的报关手续,国际社会制定了集装箱及其货物报关方面的公约,如 1972 年《集装箱关务公

约》。《集装箱关务公约》主要是为简化集装箱本身在国际间的报关手续而制订的,其主要内容是对暂时进口、再出口的集装箱免征关税,以及有关国际间的保税运输尊重缔约国海关关封等。此外,《京都公约》和1961年《关于货物凭A·T·A报关单证册暂时进口的海关公约》(A·T·A公约)在过境活动方面也为集装箱提供了便利。

依据《京都公约》关于贸易便利化的原则,中国港口在推动集装箱运输实现贸易便利化方面进行了一系列改革。

首先是采用EDI技术整合信息,实现网络化通关。中国集装箱运输业务信息涉及航运、港口、代理、理货、内陆集疏运场站、海关、商检和检验检疫、银行及保险等行业和部门,其中流转的单证达40多种,但多数单证内容重复。采用EDI技术可以整合所需信息,并通过EDI中心传递给集装箱运输过程中相关的成员,实现海关内部、海关与其他口岸数据间的数据互动与资源共享。目前,上海洋山保税港区积极推进进口集装箱提货单电子化等信息化模式,运用电子化的通关管理和政务管理系统,实现关港、检港信息共享、船舶报检电子化。

其次是优化查验流程,提高通关管理效能。优化查验流程可以节约交易时间,降低贸易成本。中国各港口正尝试将集装箱货物的查验由传统的"二次移箱"变为"一次查验"。传统模式下,货物须从港区到堆场,然后再到查验区查验,如今对进入洋山保税港区的货物,按照检验、检疫部门和海关部门的信息指令,货物只需一次运抵制定的查验场地进行查验。同时,改变对集装箱货物的"以票为单位"监管为"以箱为单位"监管,避免因查验而使整票货物滞留查验场地。提高电子检疫率,改变目前对靠泊锚地和码头的船舶必须登轮检疫的做法,对凡具备电信检疫条件的入境船舶,一律实施电信检疫,尽量减少靠泊登轮检疫和锚地检疫。

第四节　通关便利化

一、贸易便利化的实质是通关的便利化

贸易便利化是贸易业务环境、海关管理和制度环境的透明度和专业化以及为提升跨境贸易口岸效率而采取的便利化措施,其实质是通关的便利化。它是一个系统工程,需要从海关实务、海关当局乃至国际社会层面全面协调,多层次展开。它可以定义贸易便

利化的四个独立主题。

第一,适用规则和流程的简化和协调。流程协调,例如:采用国际协定和法律文书,以及由多个不同政府机构应用的控制协调。还要避免重复,例如:地区或双边协议承认出口控制替代进口控制;共享检测设施,例如海关官员、兽医、植物健康检查员和卫生检查员;以及正式承认私人领域控制(例如在安全或重量领域)代替官方检查。还得适应商业实践,例如:接受商业文件(如发票等)代替官方文件;允许货物在内陆申报,远离港口和边境检查站的"瓶颈"。

第二,贸易合规系统的现代化。解决方案例如:使用电子信息系统;单一窗口概念;电子海关系统;港口社区系统;以及信息门户。还要实行标准化,例如:用于电脑间信息交换的电子标准;纸质文件标准;条码标准;引用协定的文档;以及用于描述地点的标准。最后还要经验共享。

第三,管理和标准。服务标准,例如:公共服务等级承诺;公布适用规则和流程并使之能够获得;开发在线网站,保持海关税则更新;规定有效上诉机制。还有管理原则,例如:按比例对寻求预防的风险进行控制;奖励合规行为的可选(基于风险)控制(如边境优惠待遇)。

第四,直观机制和工具。例如:建立一个国家贸易便利化机构;制作和发布白皮书,陈述改革意图并邀请利益相关者评论。

表9.1为内陆国家的出口贸易和海关流程,也可以看到实际上是以通关便利化为核心。

内陆国家的出口贸易和海关流程 表9.1

国家	出口国家	途经国家	进口国家
流程	1.海关: ●出口申报 2.国内运输 ●申请从卖方场地向买方移动货物 3.出口许可证(许多不同的部门) ●要求多样,尤其在发展中国家 ●申请、接收、支付费用、在政府办公地排队、将许可证附于进口申报单	1.海关 除非有运输协议,否则贸易商必须在进入时制作运输申报单,安排金融运输证券(债券)、在离开时提交运输申报单 并要求归还证券;在有些国家,进出时的检测可能非常频繁;其他可能只是检查运输印章	1.海关 进口申报单;许多国家也需要预先通知和批准 2.关税配额和进口许可证申请、接收、支付费用、在政府办公地排队、将许可证附于进口报关单上,保留所用配额数额的记录

续上表

流程			
	4. 原产地证明 ● 申请、接收、费用、在政府办公地排队 5. 卫生和植物检疫 ● 某些类型的货物需要在运输期间和进口国内进行卫生和植物检疫。兽医健康证明、植物检验检疫证明、烟熏消毒证明和类似文件必须在出口前获得 6. 产品特别证明 ● 第三国进口商可能要求额外的产品特别证明。例如：CITES证明、危险货物申报、测试证明、质量证明、产品材料表	2. 卫生和植物检疫 某些类型的货物可能有卫生和植物检疫要求 3. 运输流程 车辆检查（重量、安全）沿海贸易检查 4. 移民检查 检查货物中的非法移民、卡车驾驶员、船员	3. 商业流程 与卖方安排合同，协商贸易术语，与运输和物流公司订立合同，安排货款支付（例如信用证）、保险 4. 卫生和植物检疫 某些类型的货物需要在运输期间和进口国内进行卫生和植物检疫。并须向相关机构申报 5. 移民检查 检查货物中的非法移民、卡车驾驶员、船员 6. 国内运输 对于从边界进入进口商设施的货物可能需要额外的手续

二、中欧海关 AEO 互认安排

在第七次中国—欧盟海关合作联合委员会会议期间，双方签署了《中欧联合海关合作委员会关于在〈中华人民共和国政府和欧洲共同体关于海关事务的合作与行政互助协定〉下建立中国海关企业分类管理制度和欧洲联盟海关经认证经营者制度互认安排的决定》（简称《中国—欧盟海关 AEO 互认决定》）。

（一）中国 AEO 制度改革

为了切实落实国家支持企业"走出去"的发展战略，同时使中国海关与国际海关发展要求相一致，海关总署新制订了《中华人民共和国海关企业信用管理办法》（海关总署令〔2018〕237号）（简称《信用办法》）。《信用办法》于 2018 年 3 月 3 日对外公布，自 2018 年 5 月 1 日起正式施行。《信用办法》将中国海关信用管理制度与国际海关 AEO 制度融合，按照世界海关组织所倡导的 AEO 制度的要求，借鉴国际海关 AEO 制度的先进做法，建立了企业认证制度，制定了包括内部控制、财务状况、守法状况、贸易安全等方面的《海关认证企业标准》，明确了中国海关"认证企业"作为经认证经营者（AEO）的制度依据。同时，借鉴国际海关通行做法，将认证企业分为高级认证企业和一般认证企业。按照社会信用体系建设的总体要求，以"诚信守法便利、失信违法惩戒"为原则，根据企业经营管理、内控规范、守法守信等能够反映企业信用的客观情况，明确了高级/一般认证企业（海关高信用企业）、一般信用企业和失信企业的认定标准以及管理措施。

这样，中国海关能够更好地与国际海关进行 AEO 互认合作，使更多的中国企业能够走向世界，享受签署国海关的通关优惠，增强出口产品的国际竞争力。

（二）中欧 AEO 互认的范围

在欧盟 AEO 项目方面，包括欧盟委员会条例（EEC）No 2454/93 和欧盟理事会条例（EEC）No 2913/92 所规定的"AEO 证-安全"和"AEO 证-海关便利/安全"两类。

在中国 AEO 项目方面，用于中国海关认定的"高信用企业"（即原 AA 类企业）。

（三）互认和执行的义务

欧盟和中国的项目在此应当在兼容和等同原则下予以互认。相应项目所授予的成员地位应当相互接受。

在互认项目中海关应当保持协调。适用于项目的标准应当与以下内容兼容：

（1）授予成员地位的申请过程；
（2）申请的评估；
（3）成员地位的授予和成员地位的管理。

海关应当确保项目在《全球贸易安全与便利标准框架》范围内运营。

（四）互认的 AEO 的利益

双方各海关应当对其他海关项目下的项目成员（经认证的 AEO）提供以下等同的利益（Comparable Benefits）。利益应当尤其包括：

（1）将由其他海关所授予的项目成员地位在风险评估进行优惠考虑，减少检查或监控以及其他有关安全保障的措施；

（2）在其自身的项目下评估申请人的商业伙伴要求时，将由其他海关所授予的项目成员地位作为安全保障伙伴对待而列入考虑；

(3)如果项目成员有关于货物的优先待遇、加速处理、简化手续和加速放行,则应当将其他海关所授予的项目成员地位列入考虑;

(4)如果有关项目成员的优先货物在海关可行的范围内可以便利化或加速处理,努力建立对于由于安全警示程度增加、边境关闭和/或自然灾害,危险紧急情况或其他主要事件所造成的贸易流的阻断做出反应的共同商务连续性机制。

各海关可以在可行的范围内与其他政府部分合作,提供进一步的便利利益,包括流程化处理并增加货物放行的可预见性。

为了确保其他海关对于所授予的利益与地位的适当性的即时评估,各海关应当将有关其他海关项目成员出现的不规律的情况报告给其他海关。

(五)信息交换与沟通

为了有效地执行 AEO 互认,各海关应当促进相互沟通。它们应当通过以下方式进行信息交换并培养有关其项目的沟通:

(1)相互提供项目下的细节内容;

(2)以及时的方式提供其项目运营和发展的更新;

(3)有关供应链安全政策和趋势的信息交换;

(4)确保欧盟税务与海关联盟总司与中国海关总署的部门间的有效沟通,以增进项目成员的供应链安全的风险管理业务。信息和相关数据应当通过电子方式以系统的方式进行交换。

项目成员所交换的信息应当限于:

(1)项目成员的名称;

(2)项目成员的地址;

(3)项目成员的地位;

(4)中止和撤销;

(5)唯一的授权号码(如 EORI 或 AEO 号码);

(6)在适当情况下根据任何必要的保障,海关之间可以互相决定的其他具体内容。

(六)对于数据的措施

任何 AEO 互认安排下交换的信息,包括任何个人数据,应当仅有海关为了执行本决定的唯一目的而获得、使用与处理。以任何形式交换的信息应当根据各方可使用的规则属于保密或限制性信息,并且应当属于官方的(正式的)保密义务。

海关应当确保所交换的信息是准确的并定期更新,且具有适当的删除程序。如果某海关决定根据本决定提供的信息应当被修改,提供该信息的海关应当立即通知收到该信息的海关有关修改。一旦通知该修改,收到信息的海关立即记录该修改。信息可以处理并保存的时间可以长于用于执行本决定之目的的时间。

如果交换具有个人数据的信息,海关应当采取适当的措施来进行数据保护,确保安全、隐私和完整。海关应当尤其确保以下内容:

(1)具有安全保障措施(包括电子保障),保障措施在须知的基础上控制根据本决定从其他海关获得的信息访问,并且该信息只能用于本决定的目的。

(2)根据本决定从其他海关所获得的信息获得保护,除了在执行第3项的适当范围内,不被非经授权的访问、扩散、替换、删除或销毁。

(3)根据本决定从其他海关所获得的信息不会被传送到任何其他人,任何第三国或国际组织或在没有提供信息的海关的书面同意的情况下,传送给其他任何公共部门。任何有事先同意而传送的信息,应当根据本决定所具体规定的条件并根据提供信息的机构规定的限制而使用。

(4)根据本决定从其他海关所获得的信息,应当在所有的时间内存储于安全的电子和/或纸质的存储系统中。应当对从其他海关获得信息的所有访问,以及处理和使用保留记录和文档。

三、中欧班列的"安智贸"合作项目

中欧安全智能贸易航线试点计划项目(以下简称"安智贸",英文缩写 SSTL),旨在通过海关之间、海关与企业的合作,完善中国、欧盟之间贸易供应链安全与便利的规则,建立安全便利智能化国际贸易运输链而实施的一个试点项目。"安智贸"项目是全球范围内第一个全面实施世界海关组织(WCO)《全球贸易安全与便利标准框架》的国际合作项目,是中欧海关最具实质意义的重大合作项目,也是欧方与非欧盟国家首次在相关领域开展的合作。具体内容包括:

一是选取参与企业:中欧双方以企业自愿为前提,参照世界海关组织(WCO)关于经授权的经营者(AEO)的标准选定参与试点的企业。参与"安智贸"项目实施的中方企业应具有稳定的对欧进出口业务和相对固定的欧方贸易伙伴。原则上应选择高级认证企业参与安智贸。二是数据交换:中欧双方通过提前交换和共享议定数据,实现对进出口货物的前置风险分析,为建立统一的分析规则和实现监管结果互认提供基础。三是监管结果互认:海关之间相互认可对方海关的监管结果,但保留对进口货物的查验权。四是运用共同的风险规则:中欧双方海关执行协商一致的最低监管标准和共同风险规则。

"安智贸"项目与中欧班列的关系是有限的,目前,仅重庆口岸列入了"安智贸"项目的第二阶段,所以"渝新欧"国际班列才具有加入"安智贸"项目的可能性。

2011年5月,重庆作为中国内陆唯一港口加入了"安智贸"项目第二阶段,并于2012年4月成功启动了"安智贸"首票转关货物试点。2012年5月,经过积极争取,中欧"安智贸"第十九次工作组会议决定,推动以"渝新欧"国际货运班列为代表的铁路运输方式尽快纳入"安智贸"试点。2013年7月,首批试点货物——价值172.7万美元的4992台笔记本电脑已办结所有海关手续,搭乘"渝新欧"班列出口欧洲。此举标志着重庆海关正式启动中欧"安智贸"项目。

四、沿线国通关监管互认

(一)"一带一路"地域国家监管互认的法律依据

监管互认是海关国际合作步入成熟阶段的一项重要标志,在当前国际海关界受到广泛关注和尝试应用。《全球贸易安全与便利标准框架》直接涉及海关监管互认的地方共有5处,它们分别是:

第一,在《全球贸易安全与便利标准框架》一旦通过将给海关带来的"益处"中提到:"《全球贸易安全与便利标准框架》文件还规定各海关在具体形势下相互承认监管"。

第二,"标准条款7-布控和交流"规定:海关应提供联合布控和检测,布控采用标准化的做法和可兼容的交流与/或信息交换工作机制,这些要素将有助于相互承认监管结果这一制度的建立。

第三,附件1对标准条款1的范围所做的技术说明中规定,一体化海关监管制度还包含了为加强整体安全和放行程序而实施的海关风险评估和海关监管的跨境合作。作为合作的一部分,海关应当同意相互认可监管/查验结果和经授权的经营者项目。

第四,附件1对标准条款1的风险评估的技术说明中规定,互认监管结果的目的,是避免不必要的重复监管。要实现互认监管结果有三个条件,相互间有一致的监管和风险管理标准、共享情报和风险信息以及相互提供海关数据制度化。互认监管的协议应考虑到"世界海关组织全球信息和情报战略"的实施,并具有前瞻性、方便性、易于监督的特点。

第五,附件1对标准条款1的出口监管所做的技术说明规定,供应链中的各海关都应同意使用电子信息系统(尤其针对高风险货物)进行海关数据、监管结果和到货通知的交换。

(二)"一带一路"地域国家监管互认的实践及内容

从广义的角度来看,监管互认也包括对相关企业进行监管的结果。《全球贸易安全与便利标准框架》确立的两大支柱之一"海关与商界的合作"中,"标准3-授权认证"明确指出,"海关应和商界代表一起设计一套确认体系或者资质鉴定制度,使企业通过获取经认证经营者(AEO)资格而得到激励"。企业在满足《全球贸易安全与便利标准框架》规定的安全伙伴标准后,经海关认证可获得AEO资格,进而有权在提供最低限度的信息后使用简化和快速验放制度,获得最大限度的国际贸易供应链的安全与便利。AEO制度的三大核心要素即"标准、便利和互认"。在世界海关组织的相关技术说明中明确提到,"各海关应对经认证经营者地位予以相互承认"。由此可见,世界海关组织推行AEO制度的一个重要目的是加强各国海关的相互合作,实行AEO资格的相互认证,从而形成一个通关便利化的国际化链条。近年来,随着海关国际合作的发展,AEO已经从一个陌生的名词变为"时尚"的代言,得到了世界海关组织成员国海关的广泛关注和认可,在世界海关组织的推动下,包括中国在内的很多国家在AEO互认合作的道路上不断探索与实践。

针对"一带一路"地域国家的监管互认问题,中国海关可以先从部分领域的查验结果互认开始入手。验证单货相符是各国海关查验的主要内容,即便目前无法全部满足"互认监管结果"的三个条件(即相互间有一致的监管和风险管理标准,共享情报和风险信息,相互提供海关数据制度化),仍然可以找到基本满足上述条件的合作领域,即找到单货相符的共同点。虽然《全球贸易安全与便利标准框架》确定的申报内容或者其他国家海关现有的申报内容,与中国现行海关要求的申报内容不相符,中国企业申报数据项有40余项,而《全球贸易安全与便利标准框架》确定的简单申报的数据项为17项,且其中承运人识别信息、通知方、途经国、联合国危险品代码以及单一货物代码号等数据项,中国海关没有要求申报人申报,但目前各国海关的查验并不是针对全部申报项目。因此,完全可以认可对方海关的某种验货方式或针对某个申报数据的查验结果。例如,可以认可对方海关的取样送检结果(有助于确定货物性质和归类)、数量核查结果、重量核查结果、原产地核查结果、品名查验结果等,可以认可对方海关对于车体的 X 光检查结果(可确认车体没有夹层夹藏),只要对方能够提供有关查验记录和封志标识情况等信息,完全可以得到中国海关的认可。当然中国也可以通过共同查验获得查验结果互认。

附录

附录1 《国际货约》

《国际铁路货运合同的统一规则》(CIM)

第1部分 总 则

第1条 适用范围

§1 这些统一规则适用于每一个以营利为目的的,货物接收和指定的货物交付地点位于两个不同成员国的货物铁路承运合同,不管承运合同双方的经营场所在哪里,或是哪国的国籍。

§2 这些统一规则也适用于以营利为目的的,货物接收和指定的货物交付地点位于两个不同国家的货物铁路承运合同,其中至少有一个国家是成员国,并且承运合同双方同意该合同服从于统一规则。

§3 当国际运输作为一个统一合同的主体包括作为跨境铁路运输补充的成员国国内的道路或内陆水路运输时,这些统一规则也适用。

§4 当国际运输作为一个统一合同的主体包括作为铁路运输补充的海运或跨境内陆水路运输时,如果海运或内陆水路运输是服务于公约第24条§1提供的服务清单,这些统一规则也适用。

§5 这些统一规则不适用于车站基础设施均由属于其中一个国家的一个或几个基础设施管理机构管理的、相邻国家境内两个车站间的运输。

§6 任何与这些统一规则类似的与国际铁路货物联运有关的协议的成员国,在申请加入本公约时,可以声明其将只在境内部分铁路基础设施上进行的运输中适用这些统一规则。这部分铁路基础设施必须精确划定,并且与一个成员国的铁路基础设施相连接。如果一个国家已经做了上述声明,那么这些统一规则只在以下条件下适用:

a)承运合同中,接收或指定的交付货物的地点,以及指定的线路在所划定的基础设

施之上,或者

b) 所划定的基础设施与两个成员国的基础设施相连接,并且被承运合同指定为运输线路。

§7 已经根据§6做过保留的国家随时可以通知存约人撤销保留。该撤销在存约人把这个消息通知给各成员国之日起一个月以后生效。如果§6第一句提到的协议在那个国家不再执行,有关声明即不再有效。

第2条 国际公法的规定

适用这些统一规则的运输活动仍应服从国际公法的规定,尤其是与危险货物运输有关的规定以及海关法的规定和与动物保护有关的规定。

第3条 定义

就这些统一规则而言,以下术语的定义为

a) "承运人"系指托运人根据这些统一规则与之签订了承运合同的合同承运人,或是根据该合同负有义务的接续承运人;

b) "替代承运人"系指没有与托运人签订承运合同的,但受 a) 项所指的承运人委托,全部或部分履行铁路运输责任的承运人;

c) "一般承运条件"系指以一般条件形式表示的承运人条件,或者是在各成员国内依法有效的标准,且通过签订承运合同已经成为承运合同不可或缺的一部分;

d) "多式联运单元"系指集装箱,可交换车体,半拖车或其他用于多式联运的类似装载设备。

第4条 部分废除

§1 对于在国境线两边的两个车站间进行的运输,而且中间没有任何其他的车站,成员国间可以签订部分违背统一规则的协议。

§2 对于在两个成员国间进行的,过境一个非成员国家的运输,涉及的国家可以签订违背统一规则的协议。

§3 §1和§2涉及的协议,以及它们的生效应通知国际铁路运输政府间组织。该组织的秘书长应通知各成员国和与这些通知有关的企业。

第5条 强制性法律

除非统一规则另有规定,任何直接或间接违背统一规则的规定都是无效的。上述规定的无效不应导致承运合同里其他条款的无效。但是一个承运人可以承担比这些统一规则所规定的更大的责任和更繁重的义务。

第2部分　运输合同的签订和履行

第6条　承运合同

§1　根据承运合同,承运人以营利为目的,将货物运至目的地,并在那里将货物交付给收货人。

§2　承运合同必须用一份符合统一样式的托运单确认。但是,托运单的缺失、不规整或遗失不影响合同的存在或有效性,合同仍需服从这些统一规则。

§3　托运单应经托运人和承运人签字。签名可用盖章、会计机打印或其他适合的方式代替。

§4　承运人必须以正确的方式在托运单副本上证明已接收货物,并将该副本还给托运人。

§5　托运单不具提货单的功能。

§6　每笔托运都需单独开具托运单。除非托运人和承运人间有相反的约定,一份托运单不可涉及超过一车的货物。

§7　在欧共体单独关税区,或在采用相同过境手续的地区进行运输,每笔托运都必须伴有一份满足第7条要求的托运单。

§8　国际承运人协会应和客户所在的国际协会和有资格负责成员国客户事务的机构,以及任何有资格采用自己的海关法律的区域性经济一体化政府间组织一起协议制定统一样式的托运单。

§9　托运单及其副本可以以电子数据登记的方式制作,并可以转换成清晰的书面版本。用于登记和进行数据处理的程序从功能的角度来讲必须是等价的,尤其是对这些数据代表的托运单的凭证价值来讲。

第7条　托运单用语

§1　托运单必须包含以下特定内容：

a) 出具托运单的地点和日期；

b) 托运人的名字和地址；

c) 签订承运合同的承运人的名字和地址；

d) 实际接收货物的人的名字和地址,如果他不是c)分项所指的承运人的话；

e) 接收货物的地点和日期；

f) 交付地点；

g) 收货人的名字和地址；

h) 货物性质和包装方法的描述；如果是危险货物的话，根据《国际铁路危险货物运输规则》(RID)的规定进行的描述；

i) 货件的数量，以及在托运货物不满一车时，为了便于辨认所使用的必要的特殊的标识和数字；

j) 货物满载时，提供货车的数量；

k) 作为货物移交的，自带车轮的铁路车辆的数量；

l) 此外，如果用的是多式联运单元，其种类、号码或其他用于识别的特征；

m) 货物的总重量或以其他方式表达的货物数量；

n) 海关或其他管理机构所需的，附加在托运单后的，或由承运人携带，凭其在正式指定的机构的办事处，或在合同指定的机构使用文件的详细清单；

o) 收货人必须支付的与承运有关的费用（运输费、附带成本、关税和从合同签字到交付期间发生的其他费用），或其他关于有关费用应由收货人支付的声明；

p) 一个即使有相反的条款，本次承运也服从统一规则的声明。

§2 必要时，托运单还必须包括以下特定内容：

a) 如果运输是由接续承运人实施的话，在必须交货的承运人同意的情况下，将其信息包括在托运单上；

b) 托运人同意支付的费用；

c) 货到付款收费金额；

d) 货物价值以及特别交付利息额的申报；

e) 商定的运送期限；

f) 商定的路线；

g) 交给承运人的，没有包括在§1之n)分项里的文件的清单；

h) 托运人添加的有关他在货车上所加封条的数量和描述的信息。

§3 合同双方可在托运单上加入任何其他他们认为有用的特定信息。

第8条 托运单上的详细责任

§1 以下原因造成的承运人的所有费用、损失或损害，应由托运人负责：

a) 托运人在托运单上加入的信息不规范、不正确、不完整，或在指定位置以外的地方填写，或者

b) 托运人省略了《国际铁路危险货物运输规则》(RID)规定必须加入的内容。

§2 如果承运人应托运人的要求在托运单上加入某些内容，除非有相反的证据，应认为他是替托运人添加的。

§3 如果托运单不包含第7条§1之p)分项规定的声明,因为这个省略给权利人造成的花费、损失或损害,应由承运人负责。

第9条 危险货物

如果托运人未按《国际铁路危险货物运输规则》(RID)规定登记,承运人可以在任何时候将货物卸载或销毁,或根据情况需要,对其进行无害化处理,而不支付任何赔偿,除非承运人在接收货物时就意识到它们的危险性。

第10条 支付费用

§1 除非托运人和承运人之间另有约定,相关费用(运输费、附带成本、关税和其他在合同签订至货物交付期间发生的费用)应由托运人支付。

§2 如果托运人和承运人凭借他们之间的协议规定收货人应该支付有关费用,而收货人并没有接收托运单,没有根据第17条§3主张自己的权利,也没有根据第18条修改承运合同,则托运人仍有义务支付有关费用。

第11条 查验

§1 承运人有权在任何时候查验承运条件是否得到遵守,托运物是否与托运人在托运单上填写的内容相一致。如果查验涉及托运物的内容,则应尽可能在权利人在场的情况下进行;如果无法做到,则承运人应该要求两位独立见证人在场,除非查验进行地所在国的法律法规另有规定。

§2 如果托运物与托运单上的信息不符,或者如果与运输货物有关的条款没有得到遵守,那么查验结果将记录在与货物在一起的托运单的复印件上;如果承运人仍然持有托运单的副联的话,检查结果也应该记录在上面。在这种情况下,将对这些货物收取查验费,如果该费用还没有被立即支付的话。

§3 托运人装载货物时,有权要求承运人查验货物的状况和它们的包装,以及托运单上与货件的数量、标记、号码以及货物总重量,或以其他方式表达的数量有关的陈述是否准确。承运人只在有适当查验手段的情况下才有义务进行查验。承运人可以要求支付查验费用。查验结果应记录在托运单上。

第12条 托运单凭证价值

§1 托运单是承运合同的签订和承运合同条件以及承运人已接收货物的初步证据。

§2 如果承运人已经装载完货物,托运单应是托运单上所描述的货物状况和它们的包装情况的初步证据,或者,如果没有这些描述的话,则是货物被承运人接收时显然处于的良好状况和托运单上关于货件数量、标识、号码以及货物总重量,或以其他方式表达的数量有关陈述的准确性的初步证据。

§3 如果托运人已经装载完货物,托运单应是托运单上所描述的货物状况和它们的包装情况的初步证据,或者,如果没有这些描述的话,只有在承运人已经查验了货物,并将与托运单信息符合的查验结果记录在托运单上的情况下,托运单才是货物显然的良好状况和§2指出的陈述准确性的初步证据。

§4 然而,如果托运单上注有合理的声明时,托运单则不能作为初步证据。声明的原因可能是承运人没有适当手段对托运物是否与托运单记录的信息相符进行查验。

第13条 货物的装卸

§1 托运人和承运人应约定谁负责货物的装卸。如果没有这个约定的话,则货件的装卸由承运人负责,而整车货物的装载由托运人负责,交付后的卸载由收货人负责。

§2 托运人应对自己进行的不当装载所造成的全部后果负责,尤其必须赔偿因此对承运人造成的损失或损害。不当装载的举证责任在承运人一方。

第14条 包装

因货物包装缺失或缺陷对承运人造成的任何损失或损害以及费用应由托运人负责,除非缺陷很明显,或承运人在接收货物时已经知道包装有缺陷而没有就此提出声明。

第15条 行政手续的办理

§1 为了办理海关和其他管理部门要求的、必须在货物交付前完成的手续,托运人必须随托运单附上必要的文件,或者将这些文件和必要的信息提供给承运人。

§2 承运人没有责任检查这些文件和信息是否正确或充分。因这些文件和信息的缺失或不充分,或文件和信息中的任何不规范导致的任何损失或损害,托运人应对承运人负责,除非是由承运人的过失造成的。

§3 承运人应对在托运单中提到的,或伴随托运单的,或保存在承运人处的文件的丢失或滥用所造成的任何后果负责,除非文件的丢失,或因文件滥用导致的损失或损害是由承运人无法避免的情况造成的,并且其后果是承运人没有能力防止的。尽管如此,任何应支付的赔偿都不能超过在货物丢失的情况下应提供的补偿。

§4 托运人通过在托运单上说明,或者收货人通过发出第18条§3所说的指令,可以要求:

a)在办理海关或其他行政手续时亲自或由代理人到场,以便提供任何所需的信息或解释;

b)亲自或由一位代理人办理海关或其他行政手续,只要办理地所在国的法律和法规允许的话;

c) 在他或他的代理人在场时,或在办理海关或其他行政手续时缴纳关税和其他收费,只要办理地所在国的法律和法规允许上述支付的话。

在这种情况下,无论是托运人,还是有处置权的收货人,或是两位的代理人都不可将货物据为己有。

§5 如果托运人为办理海关或其他行政手续所指定的地方所执行的法律和法规不允许办理,或者如果他为上述目的所规定的任何其他程序无法执行,承运人应以他认为最符合权利人利益的方式行事,并应把所采取的措施通知托运人。

§6 如果托运人同意支付关税,则承运人可选择在途中或在目的地办理海关手续。

§7 然而,如果收货人在目的地执行的法规规定的期限内没有领取托运单,则承运人可以依§5处理。

§8 托运人必须遵守海关或其他管理机构对于货物包装和包覆的规定。如果托运人没有按照这些规定包装或包覆货物,承运人则有权力这样做;产生的费用应对货物收取。

第16条 转运期

§1 托运人应和承运人约定运送期限。如果没有这样的约定,则运送期限不得超过用§2至§4的方法计算得出的时间。

§2 根据§3和§4,最长运送期限应为:

a) 对于整车货物托运:

1. 托运期限12小时,

2. 运输期限,每400公里或不足400公里24小时;

b) 对于不满一车货物的托运:

1. 托运期限24小时,

2. 运输期限,每200公里或不足200公里24小时。

距离应是约定路线的距离,如果没有约定路线的话,取最短线路的距离。

§3 在以下情况下,承运人可规定增加具体时段的运送时限:

a) 托运物经以下方式运输:

1. 经不同轨距的线路,

2. 经海上或内陆水上航道,

3. 在没有铁路联络线的地方经公路运输;

b) 特殊情况导致的运输的特别增加,或特别的运输困难。运送期限另外增加的时长必须包括在一般运输条件里。

§4 运送期限应从接到货物后开始计算;如因非承运人的过失导致停留时间的增

加,运送期限应延长。遇周日和法定节假日,运送期限应暂停计算。

第 17 条　交付

§1　承运人必须交出托运单,在指定的交付地点,在根据承运合同收到收据和应缴费用后,将货物交付给收货人。

§2　根据目的地所在地执行的法规,以下情况应等同于已经交付给收货人:

a) 货物已交至不受承运人监管的海关或货物入市税征收部门的场地或仓库;

b) 货物已交至承运人、送货代理人或公共仓库处储存。

§3　货物到达目的地后,收货人可要求承运人交出托运单,并将货物交付给他。如果确定货物发生丢失,或者如果货物在第 29 条 §1 规定的期限到期后仍未到达,收货人可以他自己的名义,根据承运合同向承运人主张自己的权利。

§4　若收货人要求对货物可能的丢失或损害进行确认检查,只要该检查还没有实施,即使在收到托运单和支付完承运合同规定的费用后,权利人仍可拒绝接收货物。

§5　在其他方面,货物的交付应根据目的地所在地执行的法规进行。

§6　如果是货到付款,但承运人在没有收款的情况下就交付了货物,那么承运人有义务在不损害自己对收货人的追索权的情况下,向托运人赔偿最多不超过货到付款价的金额。

第 18 条　货物处置权

§1　托运人有权处置货物并通过提供后续指令更改承运合同。其中包括,他可以要求承运人:

a) 停止货物运输;

b) 推迟交付货物;

c) 向托运单指定的收货人以外的另一个收货人交付货物;

d) 将货物交付到托运单指定的目的地以外的另一个地点。

§2　尽管托运人持有托运单的副联,他更改承运合同的权利在以下情况下失效:

a) 收货人已经拿到托运单;

b) 收货人已经接受货物;

c) 收货人已经根据第 17 条 §3 主张自己的权利;

d) 收货人根据 §3 有权发出指令;从那时起,承运人应听从收货人的命令和指示。

§3　从托运单起草之时起,收货人就有权更改承运合同,除非托运人在托运单上有相反的指示。

§4　在以下情况下,收货人更改承运合同的权利失效:

a) 收货人已拿到托运单;

b) 收货人已接受货物；

c) 收货人已根据第 17 条 §3 主张自己的权利；

d) 根据 §5，收货人已经指示将货物交付到另一人处，如果那个人已经根据第 17 条 §3 主张自己的权利。

§5 如果收货人已经指示将货物交付给另一个人，那个人无权更改承运合同。

第 19 条 货物处置权的行使

§1 如果托运人，或者，在第 18 条 §3 的情况下，收货人希望通过发出后续指令更改承运合同，他应该向承运人出示托运单的副联，以便将更改记录在上面。

§2 托运人，或者，在第 18 条 §3 所说的情况下，收货人必须对承运人因执行后续更改发生的费用和受到的损失进行赔偿。

§3 在后续更改的指令到达执行更改的人那里时，其实施必须是可能的、合法的并且合理的，尤其既不能干扰承运人企业的正常运行，也不能损害其他托运物的托运人和收货人的利益。

§4 后续修改不得造成托运物的分割。

§5 当因为 §3 规定的条件，承运人不能执行收到的指令时，他应立即通知发出指令的人。

§6 如果因承运人的过失，他应对未能执行，或未能正确执行指令的后果负责。然而，任何应付的赔偿不应超过货物丢失情况下所应提供的赔偿。

§7 如果承运人在没有要求托运人提供托运单副联的情况下执行了他要求的后续更改，如果托运单副联已经交给了收货人，收货人因此遭受的损失或损害应由承运人负责。然而，任何应付的赔偿不应超过货物丢失情况下所应提供的赔偿。

第 20 条 妨碍运输情况

§1 当意外妨碍了货物的运输，承运人应决定是否优先考虑理所当然地更改路线继续运送，还是为了权利人的利益合理地征求他的指示，同时向他提供承运人掌握的任何信息。

§2 如果继续运送货物已经不可能，承运人应征求对这些货物有处置权的人的指示。如果承运人无法在合理的时间内获得有关指示，他必须采取他认为最符合权利人利益的步骤对货物进行处置。

第 21 条 妨碍交货的情况

§1 当有妨碍交付情况的发生，承运人应立即通知托运人，并征求他的指示，除非托运人在托运单上已经说明，要求在有妨碍交付的情况出现时理所当然地应将货物退还给他。

§2 如果妨碍交付情况在承运人收到托运人的指示前就消失了,则货物应交付给收货人。必须立即将这个情况通知托运人。

§3 如果收货人拒收货物,则托运人应有权给予指令,即使他已经无法提供托运单的副联了。

§4 如果妨碍交付的情况在收货人根据第18条§3至§5对承运合同进行更改后发生,承运人必须通知收货人。

第22条 妨碍运送和交货情况的后果

§1 承运人有权收回以下情况导致的费用:

a) 征求指示;

b) 执行收到的指示;

c) 征求的指示没有到达,或没有及时到达;

d) 没有征求指示,根据第20条§1做了决定。

除非上述费用是由他自己的过失造成的。承运人尤其可以收回与所走的线路相应的运输费用,并且应该给予走这条线路相应的运送期限。

§2 在第20条§2和第21条§1的情况下,承运人可立即卸下货物,费用由权利人承担。至此,运输应视为已经结束。这时,承运人应替权利人照看货物。但是,他可以把货物委托给第三方,只在该第三方选择的前提下负责对货物进行合理的照顾。根据承运合同应付的费用和所有其他费用应对货物收取。

§3 根据货物的易腐性或具体状况,或者如果储存费用对于货物的价值来讲将不成比例,承运人可着手出售这些货物,而不必等候权利人的指示。在其他情况下,若出售货物对承运人是可能被要求做的合理的事情,如果在合理的时间内承运人没有收到权利人给出相反的指示的话,承运人也可以着手出售货物。

§4 如果货物已被出售,销售收入在减去对货物应收的费用之后,必须归权利人处置。如果销售收入少于那些费用,托运人必须支付差额。

§5 销售程序应根据货物所在地现行的法律和法规,或根据当地的习惯决定。

§6 在有妨碍运输或交付的情况发生时,如果托运人未能在合理的时间内给出指示,并且如果无法根据§2和§3消除妨碍运输或交付的情况,承运人可将货物退给托运人,或者,如有必要,将货物销毁,损失由托运人承担。

第3部分 责 任

第23条 责任的基础

§1 承运人应对从接到货物到交付之时这段时间内发生的货物全部或部分丢失和

损坏造成的后果负责,并对超过运送期限造成的后果负责,不管使用的是什么铁路基础设施。

§2　如果损失或损害,或超过运送期限是由权利人的过失、权利人给的指令造成的,而不是由承运人的过失、货物的内在缺陷(腐败、损耗等),或是由承运人无法避免的、其后果是其没有能力阻止的情况造成的,承运人应免除责任。

§3　如果损失或损害是由以下一种或几种情况下存在的内在特殊风险造成的,承运人将免除责任:

a) 根据一般承运条件,或明确同意并写入运单使用敞篷货车运送;货物长期暴露空气中受到损害,多式联运和用货车运送装在封闭公路车辆中的货物,不能算作使用敞篷货车运送;如果托运人对用敞篷货车进行运输的货物进行了覆盖,承运人承担的责任与用敞篷货车运输没有覆盖的货物时的责任是一样的,即使对根据一般承运条件不是用敞篷货车运输的货物也是一样的;

b) 当货物包装缺失,或包装不恰当时,由于无包装或不恰当包装导致货物因自身性质易于遭受损失或损害的;

c) 托运人进行装载,或收货人进行卸载;

d) 货物本身就特别容易因为破损、生锈、内部或自然腐败、脱水或损耗等原因遭受完全或部分损失或损害的;

e) 货件或编号描述不规范、不正确或不完整;

f) 运输活的动物;

g) 根据现行条款或写进托运单里的托运人和承运人之间的约定,须有一位押运员伴随的运输,如果正是这位押运员应负责避免的风险导致了损失或损害的。

第 24 条　铁路车辆作为货物运输的责任

§1　如果是自带车轮的铁路车辆作为货物被托运,在接收货物至交付货物这段时间内,因车辆或其移动部件的丢失或损坏造成的损失或损害,以及因超过运送期限造成的损失或损害应由承运人负责,除非承运人证明损失或损害并非由于他的过失造成的。

§2　对于在车辆或随车货物清单里双方都未指明的附件的丢失所造成的损失或损害,承运人不负任何责任。

第 25 条　举证责任

§1　证明丢失、损害或超过运送期限是第 23 条 §2 所指出的原因造成的举证责任在承运人。

§2 当承运人证明,考虑到一个特定案例的情况,丢失或损害可能是因第23条§3所列的特殊风险中的一个或几个风险造成的,就应该推定,丢失或损害确实是这样造成的。然而,权利人有权证明丢失或损害完全不是,或部分不是上述任何一个风险造成的。

§3 如果丢失的数量大得不正常,或者整个货件都丢失了,那么根据§2所做的推定不适用于第23条§3之a)分项规定的情况。

第26条 接续承运人

如果一个单独合同下的运输由几个接续承运人完成,每个承运人,从接过货物以及托运单的那一刻起,根据该文件的条款,就成了本承运合同中的一方,应承担由此带来的义务。在这种情况下,每个承运人都应对通往交付的整个运输路线负责。

第27条 替代承运人

§1 当承运人将运输任务的完成全部或部分委托给一个替代承运人,无论是否是根据承运合同所赋予的权力,该承运人仍需对整个运输过程负责。

§2 统一规则中所有规定承运人责任的条款也都适用于替代承运人,针对他所完成的运输所负的责任。如果有人对替代承运人所雇佣的、为完成运输工作提供服务的员工和任何其他人员提起诉讼,应适用第36条和第41条。

§3 任何要求承运人接受统一规则施加的义务以外的义务的,或要求承运人放弃统一规则所赋予的权力的特殊协议,对于没有明确地以书面的方式接受该协议的替代承运人都是无效的。无论替代承运人是否已经接受该特殊协议,承运人仍须受该特殊协议要求的义务和弃权的约束。

§4 如果承运人和替代承运人在何处或在多大程度上有责任,他们的责任应该是连带且分别的。

§5 承运人、替代承运人和他们雇佣的为完成运输工作提供服务的员工和任何其他人员应付的赔偿总额不应超过统一规则规定的限度。

§6 本条款不应损害可能存在于承运人和替代承运人之间的追索权。

第28条 转托运情况下的灭失或损坏推定

§1 如果一个按照统一规则办理托运的托运物被按照同样的规则进行了转托运以后,确认发生了部分灭失或损坏,如果托运物仍然在承运人的管理之下,应推定灭失或损坏是发生在最近的一个承运合同下的,在从原地点到达此地进行转托运时就已经是这种状况了。

§2 若转托运前签订的合同不适用统一规则,但如果从托运起始地到目的地之间直达托运时可适用统一规则,则此推定同样适用。

§3 这个推定同样适用于若转托运前签订的承运合同适用与统一规则类似的国际铁路货运联运相关的协议,且该协议的法律推定与根据统一规则办理的托运的法律推定相同,则此推定同样适用。

第29条 货物丢失的推定

§1 如果运送期限到期后30天内没有将货物交付给收货人,或将货物交与他处置,权利人不需要提供进一步证据,就可以认为货物已经丢失。

§2 收到丢失货物的赔偿款后,权利人可以书面形式要求一旦货物在支付赔偿后一年内找到,应立即通知权利人。承运人应以书面形式确认收到这个请求。

§3 收到§2所说的通知后30天内,权利人可在付清承运合同产生的费用并退还收到的赔偿酌情减去可能包括在内的成本后,要求将货物交付给他。但是,他应保留对超过第33和第35条所规定的运送期限提出赔偿的权利。

§4 在没有§2所说的请求的情况下,或者没有在§3指定的期限内收到指示,或者如果货物是在支付赔偿一年以后找回的,承运人应根据货物所在地国家现行的法律法规对货物进行处置。

第30条 丢失赔偿

§1 如果发生货物全部或部分丢失,除了所有其他的赔偿,承运人必须按照商品交易所的报价,或者如果没有该报价的话,根据当前市场价格,或者,如果既没有上述报价,也没有上述价格的话,根据当天,接受货物地点本地相同的,同等质量的商品的一般价值进行计算赔偿。

§2 丢失货物总重量每公斤的赔偿额不得超过17个记账单位。

§3 如果作为货物托运的自带车轮的铁路车辆发生丢失,或者联运单元,或它们的可移动部件发生丢失,除了所有其他的赔偿,赔偿的限额为车辆或联运单元,或它们的移动部件在丢失当日、当地的一般价值。如果无法确定是哪天或在什么地方丢失的,赔偿的限额为承运人接收这些车辆当日和当地的一般价值。

§4 另外,承运人必须退还运输费,已交的关税和其他已经支付的和丢失货物运输有关的费用总和,除暂缓纳税程序下运输的货物的消费税以外。

第31条 途中损耗的责任

§1 对于本身性质决定,一般容易在运输过程中发生损耗的货物,承运人只对超过以下允许范围的损耗负责,无论运输的路线有多长:

a)液体货物或在湿润状态下托运的货物总重量的百分之二;

b)干燥货物总重量的百分之一。

§2 如果某个特定案例的情况证明损失不是可造成上述损耗的原因引起的,则§1 规定的责任范围不可使用。

§3 如果几个货件在同一个托运单下运送,如果托运货件的重量在托运单上是分别显示的话,运输中的损耗应对每个货件分别计算,或者可以以其他方式确定。

§4 如果发生货物全部丢失,或丢失整个货件的情况,在计算赔偿时,不应再计算运输途中的损耗。

§5 本条款不应违背第 23 条和第 25 条。

第 32 条 损坏赔偿

§1 如果发生货物损坏,除了所有其他的赔偿,承运人必须支付等于货物失去的价值的赔偿。金额应根据在目的地发现的损失的价值对根据第 30 条定义的货物的价值的百分比计算。

§2 赔偿不得超过:

a) 如果因为损坏的全部托运物都失去了价值,赔偿额应是在货物全部丢失的情况下应支付的金额;

b) 如果只有部分托运物因为损坏失去了价值,赔偿额应是在那部分货物丢失的情况下应支付的金额。

§3 如果自带车轮的,作为货物托运的铁路车辆,或者联运单元,或它们的可移动部件发生了损坏,赔偿的限额,除了所有其他的赔偿,为车辆或多式联运单元,或它们的移动部件修理的费用。赔偿不应超过丢失情况下应付的金额。

§4 承运人还必须按照§1 设定的比例退还第 30 条§4 规定的费用。

第 33 条 运送逾期的赔偿

§1 如果因运送逾期导致了损失或损害,承运人必须支付不超过承运费四倍的赔偿。

§2 如果发生货物全部丢失,不应在第 30 条规定的赔偿的基础上另外支付§1 规定的赔偿。

§3 如果发生货物部分丢失,§1 规定的赔偿不应超过没有丢失的那部分货物的运输费的四倍。

§4 如果货物的损坏不是因运送逾期造成的,必要时,应在第 32 条规定的赔偿的基础上支付§1 规定的赔偿。

§5 在任何情况下,§1 规定的赔偿与第 30 条和第 32 条规定的赔偿的总额都不得超过货物全部丢失的情况下应付的赔偿。

§6 如果根据第16条§1,运送期是由协议确定的,可以在§1规定的赔偿以外约定其他形式的赔偿。如果在这种情况下,第16条§2至§4规定的运送期被逾期,权利人可以要求上述协议规定的赔偿,或§1至§5规定的赔偿。

第34条 申报价格的赔偿

托运人和承运人可以约定,托运人应在托运单上对超过第30条§2规定的限额的货物价值进行声明。在这种情况下,声明的金额不得替代上述限额。

第35条 交货利息的赔偿

托运人和承运人可以约定,托运人可以通过在托运单上提供一个小写金额,声明在遇到损失、损害或中转期逾期时支付的特殊交货利息。一旦声明了交货利息,除第30、32和第33条规定的赔偿之外,还可以对经证实的损失或损害进一步提出声明金额以内的赔偿。

第36条 行使责任限制的失权

如果证实损失或损害是由作为或不作为造成的,是承运人故意为之,或意在造成这样的损失或损害,或在知道这样的损失或损害很可能会发生的情况下仍然鲁莽行事造成的,在这种情况下不适用第15条§3、第19条§6和§7、第30条和第32至第35条所规定的责任限定。

第37条 货币换算和利息

§1 当计算赔偿需对用外币表示的金额进行换算时,应使用赔偿支付当天,当地现行汇率进行换算。

§2 权利人可以要求支付赔偿金的利息,从第43条规定的索赔日的那一天起,按每年百分之五的利率计算。如果没有做上述索赔的话,从提起法律诉讼的那一天算起。

§3 如果权利人没有在给予他的合理的时间内向承运人提交所需的,支持最终应支付索赔金额的文件,那么在给予他的时间到期日至他实际提交这些文件之日这段时间内,不进行利息累计。

第38条 铁路海运联运的责任

§1 在利用公约第24条§1所提到的服务进行铁路-海运联运时,任何成员国都可以要求适用统一规则的服务清单里包括一个合理的注释,加入以下的理由,以全部免除第23条规定的责任:

a) 火灾,如果承运人证明火灾不是他的行为或过失造成的,或不是船长、船员、领航员或承运人的服务人员造成的;

b) 在海上抢救,或试图抢救生命或财产;

c)在船的甲板上载货,如果托运人已经在托运单上同意这样做,并且货物不是装在货车里的话;

d)海上或在其他通航水域上的风险、危险和事故。

§2 承运人只有在证明损失、损害或转运逾期发生在海上航行过程中,在货物装上船至货物卸下船之间这段时间内发生的,才可以要求适用§1提到的免责理由。

§3 即便依赖§1提到的免责理由,如果权利人证明损失、损害或转运逾期是承运人、船长、船员、领航员或承运人的服务人员的过失造成的,承运人还是要承担有关的责任。

§4 如果同一条海上航道上有几家公约第24条§1的服务清单中包括的企业提供服务,适用于该条航道的责任机制对于所有这些企业必须是相同的。另外,如果这些企业是应成员国的要求包含在上述清单里的话,是否采用上述机制必须取决于这些国家间事先达成的协议。

§5 根据§1和§4采取的措施应通知秘书长。最早在秘书长将有关信息通知其他成员国后30天到期时,这些措施才能生效。已经在途中的托运货物不受这些措施的影响。

第39条 核事故责任

根据统一规则,在因核事故造成损失或损害时,如果该核设施的运营者,或另外一个代替他的人根据一个国家指导核能领域责任的法律法规,对有关损失或损害负责时,承运人应免除责任。

第40条 承运方责任承担人

对于雇佣来利用其服务完成运输工作的服务人员和其他人员,如果这些服务人员和其他人员在他们职责范围内行事,承运人应为他们的行为负责。进行运输的铁路基础设施的管理人员应视为被承运人利用其服务完成运输工作的人员。

第41条 其他诉讼

§1 对于所有适用统一规则的情况,不论依据为何,对承运人责任提起的诉讼,只能服从统一规则制定的条件和限制。

§2 这同样适用于任何针对承运人根据第40条对其负有责任的服务人员和其他人员的诉讼。

第4部分 权力维护

第42条 部分丢失或损坏的认定

§1 如果承运人发现或推定,或者权利人声称,发生了部分丢失或损坏,承运人应立即,如果可能的话当着权利人的面,根据丢失或损坏的性质,起草一个货物状况、重量说明,并尽可能描述丢失或损坏的程度,发生的原因和时间。

§2 必须向权利人免费提供一份报告副本。

§3 如果权利人不接受报告中的调查结果,他可以要求指定一位专家对货物的状况、重量,及丢失或损坏的原因和金额进行确定。专家可由承运合同当事双方指定,也可由法院或法庭指定。所应遵守的程序应服从鉴定发生地所在国的法律和法规。

第43条 索赔

§1 与承运合同有关的索赔必须以书面形式送达可能被提起诉讼的承运人处。

§2 索赔可以由有权对承运人提起诉讼的人提出。

§3 为了进行索赔,托运人必须提供托运单的副联。如果无法提供,他必须提供一份收货人的授权,或提供收货人拒绝接受货物的证明。

§4 如果托运单已经交给了收货人,为了进行索赔,收货人必须提供托运单。

§5 托运单、托运单幅联和任何其他权利人认为应和索赔请求一起提交的文件必须提交原件或复印件,如果必要的话,复印件应承运人的要求需进行官方确认。

§6 支付索赔时,承运人可要求提供托运单原件、托运单副联,或货到付款凭证,以便在这些文件上背书,说明支付已经完成。

第44条 可能对承运人提起诉讼的人

§1 根据§3和§4,依据承运合同在以下情况下可提起诉讼:

a)托运人向收货人提起诉讼:

1. 收货人已经拿到托运单,

2. 收货人已经接收货物,或者

3. 收货人已经根据第17条§3或第18条§3主张自己的权利;

b)收货人从以下时间开始可以提起诉讼:

1. 已经拿到托运单,

2. 已经接收货物,或者

3. 已经根据第17条§3或第18条§3主张自己的权利。

§2 收货人提起诉讼的权利从收货人根据第18条§5指定人拿到托运单,接收了货物,或根据17条§3主张了自己的权利时起即消失。

§3 要求收回根据承运合同已经支付的费用的诉讼只能由支付有关费用的人提起。

§4 有关货到付款费用的诉讼只能由托运人提起。

§5 为了提起诉讼,托运人必须出示托运单的副联。如果不能提供,应提供收货人的授权,或提供收货人拒绝收货的证明。必要的话,托运人必须证明托运单缺失或已丢失。

§6 如果收货人已经拿到托运单,为了提起诉讼,收货人必须提供托运单。

第45条 可能会被起诉的承运人

§1 根据§3和§4,基于承运合同的诉讼只能针对第一个承运人、最后一个承运人或对负责导致诉讼发生事件发生的那段运输的承运人提起。

§2 若运输由接续承运人完成,且负责交付货物的承运人信息经本人同意已记入托运单,那么可以根据§1向这个承运人提起诉讼,即使他并没有接到货物或托运单。

§3 要求收回根据承运合同已支付的费用的诉讼可以向收取这笔费用的承运人,或替代其收取这笔费用的承运人提起。

§4 有关货到付款费用的诉讼只能向在托运办理处接到货物的承运人提起。

§5 可以向§1至§4所指的承运人以外的承运人以反诉或例外诉讼的方式就基于同一个承运合同的主诉提起诉讼。

§6 如果统一规则也适用于替代承运人,也可以向他提起诉讼。

§7 如果原告有权在几个承运人中选择,这个选择权在向其中任何一位提起诉讼时立即消失;这同样适用于原告可以在一个或几个承运人以及一个替代承运人中选择的情况。

第46条 法庭

§1 基于统一规则的诉讼可以向当事方约定的指定成员国的法院或法庭提起,或者向以下国家的法院或法庭提起:

a)被告在这个国家有住宅或惯常居所,有主要的经营场所,或者签署承运合同的分支机构或代理机构在这个国家;或者

b)承运人接收货物,或指定的交付地点所在的国家。

不得使用其他法院或法庭。

§2 当一个基于统一规则的诉讼正根据§1在管辖法院或法庭审理时,或者管辖法院或法庭已经对该诉讼给出了判决,相同的当事方不可基于同样的理由提起新的上诉,除非受理第一次诉讼的法院或法庭所做的判决在新诉讼提起的国家不能执行。

第47条 诉讼失权

§1 一旦权利人接收了货物,他对承运人因承运合同获得的,就部分丢失、损害或运输逾期提起诉讼的权利自行消失。

§2 但在以下情况下,诉讼权不会消失:

a)在部分丢失或损害的情况下,如果:

1.在权利人接收货物前,丢失或损害就已经根据第42条确定了,

2.单纯因为承运人的过失,原本应该进行的确定工作被省略了;

b)丢失或损害不明显,权利人在接收货物以后才发现其存在,如果他:

1. 收到货物 7 天以内,发现丢失或损害后,立即根据第 42 条要求进行鉴定,而且

2. 证明丢失或损害是在交付托运和交给收货人这段时间内发生的;

c)在运输逾期的情况下,如果权利人在 60 天内根据第 45 条 §1 向承运人之一主张自己的权利;

d)如果权利人证明丢失或损害是因为作为或不作为造成的,是意在造成这样的丢失或损害,或者知道这种丢失或损害很可能会发生而仍然鲁莽行事。

§3 如果货物根据第 28 条被转托运,针对部分丢失或对因前面的承运合同造成的损害的诉讼权消失,等同于只有一个统一的承运合同。

第 48 条 诉讼时效

§1 与承运合同有关的诉讼时效为一年。然而在以下情况下诉讼时效为两年:

a)收回收货人已经支付给承运人的货到付款费用;

b)收回承运人销售货物的收入;

c)对因作为或不作为造成的,意在造成这样的损失或损害,或者知道这种损失或损害很可能会发生而仍然鲁莽行事而造成的丢失或损害进行的诉讼;

d)在第 28 条所说的情况下,针对转托运前的承运合同之一进行的诉讼。

§2 诉讼时效开始时间:

a)对全部丢失的赔偿,运输期限到期后第 30 天起;

b)对部分丢失、损害或运输预期的赔偿,从交付之日起;

c)在所有其他情况下,从可以行使诉讼权的那天起;

d)表明诉讼时效开始的那一天不包括在诉讼时效里。

§3 诉讼时效在根据第 43 条提交了的书面索赔申请后应中断,直到承运人通过书面通知拒绝索赔申请,并将与索赔申请一起提交的文件退回的那一天。如果索赔申请部分被接受,诉讼时效应针对仍然存在争议的部分重新开始。收到索赔申请或收到回复和退回的文件的举证责任在依赖有关事实的那一方。对相同标的物的进一步索赔不应使诉讼时效中断。

§4 已经失去时效的诉讼权不可继续行使,即使以反诉或例外的形式也不可以。

§5 其他方面,诉讼时效的中止和中断应服从国家法律。

第 5 部分 承运人之间的关系

第 49 条 结算

§1 任何承运人,在收取了或应该已经收取了承运合同引起的收费或其他费用后,

无论是在出发时或是到达时收取的,都必须向其他有关的承运人支付他们各自的那一份收费。支付方法应通过承运人之间的协议确定。

§2 第12条也应适用于接续承运人之间的关系。

第50条 追索权

§1 依据统一规则已支付赔偿金的承运人依据以下规定对其他参与运输的承运人有追索权:

a)造成丢失或损坏的承运人应对所造成的丢失或损坏完全负责;

b)由数名承运人造成的丢失或损坏,每位承运人应分别对自己所造成的丢失或损坏负责。无法区分的,应依据c)分项分摊赔偿金;

c)不能证明是由哪位承运人造成丢失或损坏的,参与运输的所有承运人应分摊支付赔偿金,除非能证明该丢失或损坏不是由其造成。赔偿金的分摊应该按照各承运人在运费中所占的比例进行。

§2 在任一承运人无法偿付债务的情况下,未支付部分应按照各承运人在运费中所占的比例在其他所有承运人间分摊。

第51条 追索程序

§1 在法院或法庭已确定赔偿金金额,且被追索的承运人已收到诉讼通知并已给予机会介入诉讼程序的情况下,被追索的承运人不得对依据第50条行使追索权的承运人所给出的支付有效期提出争议。主诉法院或法庭应确定送达诉讼通知和介入诉讼程序的时间。

§2 行使追索权的承运人必须对未与其达成和解的所有承运人在同一诉讼中提出索赔,否则他将对未被提起诉讼的承运人丧失追索权。

§3 法院或法庭必须在同一个判决中对所有追索权索赔做出裁决。

§4 欲行使追索权的承运人必须向参与运输的承运人之主要营业场所,或分支机构或签署运输合同的代理机构所在地的国家提起诉讼。

§5 必须对数名承运人提起诉讼时,原告承运人有权在§4所述有资格的法院或法庭中选择其提交诉讼的法院或法庭。

§6 追索诉讼不可与运输合同权利人的赔偿诉讼一并提出。

第52条 追索权协议

承运人可以在不遵守第49条和第50条规定的情况下达成协议。

附录 2 《国际货协》和《国际货约》条文对比

条款	《国际货约》	条文	《国际货协》	条文
总则	第 1 条 适用范围	1. 货物接收和交付地点位于两个不同成员国，不论合同双方经营地和国籍。 2. 货物接收和交付地点位于不同国家，其中至少一个是成员国。 3. 当国际运输作为一个统一合同的主体包括作为跨境铁路运补充的成员国国内的道路或内陆水路运输时，这些统一规则也适用。 4. 当国际运输作为一个统一合同的主体包括作为铁路运输补充的海运或跨境内陆水路运输时，如果海运或内陆水路运输服务于公约第 24 条第 1 项提供的服务清单，这些统一规则也适用。 6. 签署其他类似协议的成员国可声明其境内铁路部分适用此规则。这部分铁路必须精确划定，并与一个成员国相连	第 3 条 协定的适用范围	第 2 项 国际铁路直通联运中的货物运送在本协定各方根据国内法律开办货运业务的车站之间办理，而国际铁路轮渡直通联运中的货物运送还需经过海路水运各方公布的办理此类运送的线路运送。 第 3 项 如协定各方同时是规定铁路货物运输合同法律标准的其他国际协定的参加方，则上述各方铁路车站之间的运送可按这些协定的条件办理
	第 2 条 公共法律的规定	适用于本统一规则的运输仍应服从公共法律的规定，尤其是与危险货物运输有关的规定以及海关法的规定与动物保护有关的规定	第 5 条 国内法律的适用	如本协定中无相关规定，则适用权利人行使权利时所在国的国内法律
			第 7 条 运送的预先商定	缔结运输合同以前，货物运送按下列办法预先商定： 1. 发货人和缔约承运人之间，根据国内法律预先商定； 2. 缔约承运人和接续承运人之间，根据相互商定的办法预先商定

续上表

条款	《国货约》	条文	《国际货协》	条文
总则	第2条 公共法律的规定		第8条 货物运送规则	第1项 本协定条件的适用办法，以及某些货物的特殊运送条件，由《货物运送规则》(本协定附件第1号)规定。发货人、收货人和参加运送的承运人之间的合同可以规定货物特殊运送条件。这些特殊条件优先于《货物运送规则》中所载的条件
	第3条 定义	对以下4个术语进行了定义： 1. "承运人"； 2. "替代承运人"； 3. "一般承运条件"系指以一般条件的承运人的条件，它已经通过签订运输合同而成为运输合同不可或缺的组成部分； 4. "多式联运单元"	第9条 危险货物的运送	第2项 国际铁路轮渡直通联运中的危险货物运送，还应遵循《国际海运危险货物规则》的要求
			第2条 术语	对以下24个术语进行了定义：汽车运输、运价货币、车辆所属者、货物、缔约承运人、铁路、运输单元、多式运输、滞纳金、基础设施（铁路基础设施）、违约金、国际铁路直通联运中的货物运送、国际铁路轮渡直通联运中的货物运送、运送用具、一批货物、货物运送、国际铁路轮渡直通联运中的货物运送、承运人、封印、接续承运人、收货人、运送费用、运价规程、运输设施管理者、运送参加方、电子文件
	第4条 例外	1. 对于在国境线两边的两个车站间进行的运输，而且中间没有其他车站，成员国间可以达成部分违背本统一规则的协议。 2. 对于在两个成员国间进行的，需过境一个非成员国的运输，相关国家可以签订部分违背本统一规则的协议。 3. 第1项和第2项所提到的协议，以及这些协议的生效应通知国际铁路运输政府间组织。该组织的秘书长应通知各成员国及相关企业		无

续上表

条款	《国际货约》	条文	《国际货协》	条文
总则	第5条 强制性法律	除非本统一规则另有条款规定，任何直接或间接违背本统一规则的规定应视为无效。有关规定的无效，不应导致运输合同中其他条款的无效。尽管如此，承运人应可以承担超出本统一规则所规定的责任和义务	第6条 强制性法律	任何直接或间接违反偏离本协定的运输合同条款均无效且失去法律效力，但本协定规定的情况除外。上述条款的无效不会导致运输合同其他条款无效
运输合同的签订和履行	第6条 承运合同	3. 托运单应经托运人和承运人签字。签名可用盖章、会计机显示或其他适合的方式代替。 4. 承运人必须以恰当的方式在托运单副本上证明已接收货物，并将该副本交给托运人。 5. 托运单不具有提货单的用处。 6. 每笔托运都需开具一份托运单，除非托运人和承运人之间另有约定，同一份托运单只能涉及一辆货车的装载。 7. 在欧盟领地或采用共同过境手续的领土上进行的运输，每笔托运都必须伴有一份满足第7条要求的托运单。 8. 国际承运商协会和国际客货协会应采用自己的海关法律的区域性经济一体化政府间组织一起协定统一样式的托运单，以及所有权为主管机构的方式制作，并可以登记和进行数据处理的托运单。 9. 托运单及其副本可以以电子数据登记的方式制作，并可以转换成清晰的书写符号。用于登记和进行数据处理的程序从功能的角度来讲必须是对等的，尤其是涉及这些数据代表的托运单的证明力时	第14条 运输合同	第2项 如符合下列条件，承运人按本协定的条件办理货物运送： 1. 承运人或发货人拥有办理运送所需的运输工具； 2. 发货人履行本协定的条件； 3. 承运人虽有无法预防和无力消除的情况，但并不妨碍运送； 4. 货物运送经路上的承运人已商定运送。 第5项 每一接续承运人自接收附有运单的货物时起，即参加了运输合同，并承担由此而产生的义务。 第6项 运送货物的车辆应是准许在国际联运中运行的车辆。运送用的车辆由方可使用纸质或电子文件履行其运作权利和义务。 第7项 运送参加方可使用纸质或电子文件履行其运输权利和义务。当参加运送的承运人之间有协议时使用电子文件

续上表

条款	《国际货约》条文	《国际货协》条文
运输合同的签订和履行	第 7 条 托运单内容 §1 托运单必须包含以下显示内容： a) 编制托运单的地点和日期； b) 托运人的名字和地址； c) 签订承运合同的承运人的名字和地址； d) 实际接收货物的人的名字和地址，如果不是 c) 项所指的承运人的话； e) 接收货物的地点和日期； f) 交付地点； g) 收货人的名字和地址； h) 货物性质和包装方式的名称；对于危险货物，根据《国际铁路危险货物运输规则》（RID）所规定的名称； i) 货件的数量，以及不分区分零散货物的必要的特殊标记和数字； j) 整车运输的情况下，提供货车的编号； k) 自带车轮移动的铁路车辆作为货物进行运输时，提供其编号； l) 此外，如果使用多式联运所要求的，其种类、号码或其他用于识别的必要特征； m) 货物的总重量或以其他形式表示的货物总量； n) 海关或其他行政管理机构所要求的，附加在托运单后或由承运人在正式指定的当局或合同指定的机构所需文件的详细清单； o) 收货人必须支付的与承运有关的费用（运输费、附加费、关税，从合同签署到交付期间发生的其他费用），或关于有关费用应由收货人支付的所有其他说明； p) 一个即使有相反条款，承运也服从本统一规则的说明	第 15 条 运单 第 1 项 运单中应记载下列事项： 1. 发货人名称及其通信地址； 2. 收货人名称及其通信地址； 3. 缔约承运人名称； 4. 发送路及发站名称； 5. 到达路及到站名称； 6. 国境口岸站名称； 7. 货物名称及其代码； 8. 批号； 9. 包装种类； 10. 货物件数； 11. 货物重量； 12. 车辆（集装箱）号码，运送货物的车辆由何方提供（发货人或承运人）； 13. 发货人附在运单上的添附文件清单； 14. 关于支付运送费用的事项； 15. 封印数量和记号； 16. 确定货物重量的方法； 17. 缔结运输合同的日期

续上表

条款	《国际货约》	条文	《国际货协》	条文
运输合同的签订和履行	第7条 托运单内容	§2 必要时，托运单还应包括以下说明： 在运输由一些接续承运人实施的情况下，在应交货承运人同意的情况下，将其接运信息登记在托运单上； a) 由托运人支付的费用； b) 货物交付时应收取的金额； c) 货物的声明价值以及交付特别利息的金额； d) 商定的运送期限； e) 商定的路线； f) 交给承运人的，未包含在§1之n)分项里的文件清单； g) 托运人登记的有关其在货车上所加封的数量和名称 §3 运输合同相关各方可在托运单上加入他们认为有用的任何其他指示	第15条 运单	第2项 除本条第1项所列事项外，必要时运单中还应记载下列事项： 1. 接续承运人名称； 2. 发货人有关货物的声明； 3. 港口附近的铁路车站和移交水运的港口； 4.《货物运送规则货物运送规则》所规定的其他信息 第3项 运单用纸的印制及运单的填写，应采用铁组正式语文(中文、俄文)中的一种，即： …… 运单用纸及运单各栏或某些栏的填写内容，可附其他语文的译文。 经运送参加方商定，运单的填写可采用其他任何一种文字。 第4项 运单可以办理成纸质文件(纸质运单)或电子文件(电子运单)的形式

续上表

条款	《国际货约》		《国际货协》	
		条文		条文
运输合同的签订和履行	第8条 托运单上文字说明的相关责任	§3 如果托运单不包含第7条§1之p)分项提到的声明,因为这个省略而给权利人造成的花费和损失,应由承运人负责	第16条 对于运单中记载事项的责任	第2项 在缔结运输合同前,如运人发现运单中的事项不正确、不确切或不完备,且根据《货物运送规则》,不允许修改运单中记载的事项和声明,则发货人必须填制新运单。 第3项 在缔结运输合同以后,如运人发现运单中记载的事项和声明不正确,不确切或不完备目存在下列情况,则发货人应向承运人支付违约金: 1.承运的货物中有禁止通过运送应经由国家中任何一国的国境运送的物品; 2.承运了危险货物且未遵守其运送条件; 3.发货人装车的货物超过车辆最大载重量; 4.运送费用额度过低; 5.出现了危及行车安全的情况。 本项第1,2,4,5款的违约金的规定,根据本协定第31条运送费用和违约金的支付的规定,按发现违约上述运人运费的5倍核收。 本项第3款的违约金,根据本协定第31条运送费用和违约金的支付的规定,按发现超载的承运人运费多出部分的运费的5倍核收。 承运人有权核收发货人或收货人根据本协定条件支付的其他能损失和发货人根据本协定所规定的违约金,而不管赔偿可违约金如何
	第9条 危险货物	如果托运人未按《国际铁路危险货物运输规则》(RID)的规定进行登记,承运人可以根据情况,在任何时候将货物卸载或将其毁坏,或对其进行无害化处理,而不支付任何赔偿,除非承运人在接收货物时就意识到它们的危险性	第9条 危险货物的运送	第1项:危险货物的运送根据《危险货物运送规则》(本协定附件第2号)办理。对《危险货物运送规则》中未规定的事宜,适用本协定相关条款和本协定第8条货物运送规则所述的《货物运送规则》

续上表

条款	《国际货约》	条文	《国际货协》	条文
运输合同的签订和履行	第10条 费用支付	§1 除非托运人和承运人之间另有约定，相关费用（运输费、附加费、关税和其他在合同签订至货物交付期间发生的费用）应由托运人支付。 §2 如果根据托运人和承运人之间的协议，规定由收货人支付相关费用，而收货人并没有接收货物取运单，没有根据第17条§3主张自己的权利，也没有根据第18条修改承运合同，则托运人仍有义务支付有关费用	第31条 运送费用和违约金的支付	第1项 如运送参加方之间的协议未作另规定，则应按下列规定支付运送费用： 1. 对参加货物运送的承运人办理的运送，应由发货人支付运送费用，但交付货物的承运人的承运人除外； 2. 对交付货物的承运人办理的运送，应由收货人支付运送费用。对违约金适用同样的办法。 第2项 如发货人或收货人将本条第1项中规定的义务转加给第三者履行，则发货人应在运单中注明此人为支付人，且该支付人应与相应承运人签有协议。 第3项 如收货人未领取货物且未行使本协议第25条运输合同的变更第3项和第26条货物的交付第2项规定的权利，或不到场领取货物，则根据该运输合同支付运送费用的义务由发货人承担。 第4项 如运送费用和计算不正确，则少收的款额应当追补，多收的款额应当退还。 第5项 运送费用和违约金按办理支付所在国的国内法律规定的办法支付给承运人。 第6项 承运人有权要求在运送开始前支付运送费用

续上表

条款	《国际货约》	条文	《国际货协》	条文
运输合同的签订和履行	第11条 查验	§1 承运人有权在任何时候查验承运条件是否得到遵守，托运单与托运人在托运单上填写的内容相符。如果查验涉及托运物的内容，则应尽可能在托运人在场的情况下进行；如果无法做到，则承运人应该在权利人在场见证人在场，除非查验进行地所在国的法律法规另有其他规定。 §2 如果托运物与托运单上的信息不符，或者如果与运输货物有关的条款没有得到遵守，那么查验结果将记录在与货物在一起的托运单的副本中。如果承运人仍然持有这种情况下，将对货物收取查验费用，除非费用被立即支付。 §3 托运人装载货物时，有权要求承运人验货物的状况及其包装，以及托运单上与货件的数量、标记、号码以及货物总重量或其他方式表达的数量的陈述是否准确。承运人只在具备适当查验手段的情况下才有义务进行查验。查验结果应记录在托运单上。	第23条 货物的检查	第1项 承运人有权检查发货人是否遵守了运送条件以及货物与发货人在运单中记载的事项是否相符。检查按国内法有关规定的办法进行。 第2项 如发货人没有遵守运送条件或者货物与运单中记载的事项不符，则根据本协定第31条运送费用和违约金的支付，第32条与货物运费规定的办法向承运人赔偿有关票据凭证的所有检查费用

续上表

条款	《国际货约》	条文	《国际货协》	条文
运输合同的签订和履行	第12条 托运单的证明力	§1 如无相反证明,托运单是承运合同签订、承运合同条件以及承运人接收货物的证明。 §2 如果承运人执行装载,如无相反证明的话,托运单应是有这些描述的货物及其包装状况的证明,如果没有这些描述的话,则是承运人接收时的表面良好状况和托运单上关于货件数量、标识、号码以及货物总重量或以其他方式表达的数量有关陈述的准确性的证明。 §3 如果托运人进行装载,如无相反证明的话,托运单应是有这些描述的货物及其包装状况的证明,如果没有这些描述,只有在承运人已经验了货物,并将相符的查验结果记录在托运单上的情况下,托运单才是货物表面良好状况和§2指出的陈述准确性的证明。 §4 然而,如托运单上注有合理的声明时,托运单则不能作为证明。声明的原因可能是承运人没有适当手段对托运单是否与托运单记载的信息相符进行查验	第14条 运输合同	第3项 运单为缔结运输合同的凭证。 第4项 运单中记载的事项不正确或不准确,或者承运人丢失运单,均不影响运输合同的存在及效力
	第13条 货物的装卸	§1 托运人和承运人应约定谁负责货卸。如果没有这个约定,则包裹货物的装卸由承运人负责,而整车货物的装载由托运人负责,卸载由收货人负责。 §2 托运人应对自己进行的不当装载所造成的全部后果负责,尤其必须赔偿因此对承运人造成的损失。不当装载的举证责任在承运人一方	第19条 货物的装车及其重量的确定	第1项 货物装载到技术状态良好且适于运送该种货物的已清扫净的车辆内。 第2项 由何方装车(承运人或发货人),按发送国的国内法律规定办理。多式运输单元和汽车运输工具内的货物装载,由发货人进行。 第3项 装车人应负责确定车辆是否适用于运送具体货物,保证遵守车辆、多式运输单元和汽车运输工具内货物装载和加固所要求的技术要求,并对装车不合要求的一切后果负责。 第4项 如运单中没有记载由何方装车,则认为是由发货人装车。 第5项 货物的重量根据《货物运送规则》确定

续上表

条款	《国际货约》	条文	《国际货协》	条文
运输合同的签订和履行	第14条 包装	因货物包装缺失或缺陷对承运人造成的任何损失以及费用应由托运人负责,除非缺陷很明显或承运人在接收货物时已经知道包装有缺陷而没有就此提出保留意见	第18条 容器、包装和标记	第1项 为防止货物在运送中灭失、毁损、腐坏和降低质量防止运输工具或其他货物受到毁损、污染,以及避免对人员、动物、环境和铁路基础设施造成损害而需装入容器或运输工具内的货物,托运时必须符合上述要求的容器或包装。 第2项 发货人应保证货件上所作或粘挂的标记、表示牌或货签的正确性,以及发货人在车辆、多式运输单元和汽车运输工具上所作的表示牌的正确性。 第3项 如通过外部检查发现所托运货物的容器(包装)存在缺陷,可能导致货物和运输工具无法承运或货物灭失、短少、毁损(腐坏),则承运人可拒绝承运货物或只按特殊运输合同条件承运货物。如货物容器或包装的状态不能保证继续运送,则按本协定第28条货物运送和交付阻碍的规定处理货物。 第4项 发货人对没有容器包装,或者其状态不合要求所产生的后果,以及没有标记、表示牌或货签,或者其不正确所产生的后果负责,尤其是,发货人应向承运人赔偿由此而产生的损失
	第15条 行政手续的履行	§3 承运人应对在承运人处的文件的丢失或随托运单的,或保存在承运人处的文件的丢失,或因文件滥用导致的损失负责,除非文件的丢失、滥用是由承运人无法避免的情况造成的,并且其后果是承运人没有能力防止的。尽管如此,由此可能支付的赔偿不能超过在货物丢失的情况下应提供的补偿。	第22条 行政手续的履行	第6项 为进行边防和海关检查及卫生、动植物和其他检验而将车辆、多式运输单元或汽车运输工具启封,由承运人编制启封记录。

续上表

条款	《国际货约》	条文	《国际货协》	条文
运输合同的签订和履行	第15条 办理手续行政手续的履行	§5 如果托运人为办理海关或其他管理部门要求的手续而指定地方的现行规定不允许办理,或者如果承运人所规定的履行这些手续的所有其他方式都无法执行,承运人应以他认为最符合权利人利益的方式所采取的措施通知托运人。 §6 如果托运人已支付关税,则承运人可选择在线路途中或在目的地办理海关手续。 §7 然而,如果收货人在目的地现行法规所规定的期限内没有领取托运单,则承运人可以依§5处理。 §8 托运人必须遵守海关或其他管理机构对于货物包装遮盖和遮盖的规定。如果托运人没有按照这些规定对货物或遮盖货物,承运人则有权力这样做;产生的费用应针对货物收取	第22条 行政手续的履行	第7项 进行边防和海关检查及卫生、动植物和其他检验后,由海关部门或承运人施加的完好封印与最初施加的封印同样有效
	第16条 运送期限	§1 托运人和承运人应约定运送期限。如果没有这样的约定,则运送期限不得超过根据§2至§4所得出的时间。 §2 除了§3和§4的情况外,最长运送期限应为: a)对于整车 1. 运送期限为12小时,(委托期限) 2. 每400公里或不足400公里,运输期限为24小时;	第24条 货物的运送期限	第1项 如发货人和承运人未另行商定,则按货物运送全程确定运到期限,且不得超过根据本条所述标准计算的期限。 第2项 货物运送到期限根据下列标准确定: 集装箱,每150公里——1昼夜; 其他货物,每200公里——1昼夜。

续上表

条款	《国际货约》	条文	《国际货协》	条文
运输合同的签订和履行	第16条 运送期限	b) 对于零星散运 1. 运送期限为24小时（委托期限） 2. 每200公里或不足200公里，运输期限为24小时。 距离应根据约定路线，如果没有约定路线的话，取最短线路的距离。 §3 在以下情况下，承运人可规定明确的补充期限： a) 托运途经 1. 不同轨距的线路， 2. 海路或内河航道， 3. 如果没有铁路线，经公路运输； b) 特殊情况导致的运输进展异常，或异常的运输困难。 运送补充期限应从接收货物后开始计算。遇周日和法定假日，运送期限应延长。 §4 运送期限致的停留时间，运送期限应暂停计算。	第24条 货物的运到期限	对因自身技术特性需速运行的货物，超限货物及采用单独机车牵引的专列运送的货物，运到期限由承运人确定。 对国际铁路-轮渡直通联运中运送的货物，其水运区段的运送期限由办理该区段运送的承运人确定。 第3项 货物发送作业，货物运到期限在下列情况下延长两昼夜：货物运到期限换装车辆时或每次将货物换装到其他机距的车辆时； 车辆，自轮装转货物每次更换另一机距的转向架时； 在国际铁路-轮渡直通联运中运送货物时，每次向水运区段移交货物时。 第4项 对于由于承运人无关的原因在运送途中滞留全部时间，应相应延长运到期限。 第5项 货物运到期限，自结运输合同的次日零时起计算，至货物到通知单移交收货人之时为止，且不足1昼夜按1昼夜计算。 第6项 如运送途中需将货物分开，则运到期限按随运单到达的那部分货物计算。 第7项 如货物在运到期限期满前到达且承运人通知收货人货物到达日可以交给收货人处理，即认为运到期限业已履行。关于通知收货人的方法，按货物交付地现行的国家法律确定

续上表

条款	《国际货约》		《国际货协》	
		条文		条文
运输合同的签订和履行	第17条 交付	§1 承运人必须交出托运单，在指定的交付地点，在根据承运合同收到清偿和支付的款项后，将货物交付给收货人。 §2 根据目的地所在地的现行法规，以下情况应等同于已经交付给收货人： a) 货物被交给海关或市税管理机构的发货地或其仓库，不受承运人的看管； b) 货物已至承运人、发货代理人或公共仓库处储存。 §3 货物到达目的地后，如果货物交付给他、并将货物交付给他。如果确定货物发生丢失，或者如果货物在第29条§1规定的期限到期后仍未到达，收货人可以他自己的名义，根据承运合同向承运人主张自己的权利。 §4 若权利人要求对货物可能在收到托运单并支付完承运合同规定的费用后，权利人仍可拒绝接受货物。 §5 在其他方面，货物的交付应根据托运单支付所在地的现行规定执行。 §6 如果是货到付款，那么承运人在没有收款的情况下交付了货物，那么承运人有义务向托运人进行赔偿，除非其对收货人使用了追索权。	第26条 货物的交付	第1项 货物到达站后，承运人必须将运单和货物交付收货人，收货人必须领取货物和运单。 第2项 收货人只在货物由于承运人的过错而使质量发生变化，以致部分货物或全部货物不能按原用途使用时，方可拒绝领取货物。 第3项 如相互同协议付的运送费用后办理运单所有货物的运送费用，即使是运单中所记载的货物部分短少时，承运人向收货人付清一切应支付的运送费用后办理运单所有货物的运送。收货人应支付运单中所记载的货物部分短少时。 第4项 如货物由收货人卸车，在下列情况下，承运人应参加货物件数、状态或重量的检查： 1.货物运至到站时，有根迹表明车辆、多式运输单元或汽车运输工具内的货物可能被触及，但发货人封印未毁损，其记号与运单中的记载相符； 2.货物运至到站时，车辆、多式运输单元或汽车运输工具上的封印短缺，毁损或其发货人封印与运单中的记载不符；在这种情况下，只要发货记号与运单中的记载相符，封印止货物被触及，封印记号与运单中的检查。 3.用敞车类货车运送的货物，通过外部检查可以确定存在短少、毁损（腐坏）的痕迹。 4.易腐货物超过运到期限到达； 5.承运人对由其照管的机械冷藏车未遵守保温制度； 6.由承运人装车。 第5项 货物卸车后将车辆、集装箱返还承运人时，收货人应保证车辆、集装箱的清洁

275

续上表

条款	《国际货约》		《国际货协》	
		条文		条文
运输合同的签订和履行	第18条 货物处置权	§1 托运人有权处置货物并通过提交后续指令修改承运合同。托运人尤其可以要求承运人： a) 停止货物运输； b) 推迟货物交付； c) 向托运单指定的收货人以外的一个收货人交付货物； d) 将货物交付到托运单指定的目的地以外的另一个地点。 §2 尽管托运人持有托运单的副联，他修改承运合同的权利在以下情况下失效： a) 收货人已经拿到托运单； b) 收货人已经接收货物； c) 收货人已经根据第17条§3有权发出指令； d) 收货人根据第17条§3有权听从收货人的命令和指示。 §3 从托运单草立之时起，收货人就有权更改承运合同，除非托运人在托运单上有相反的指示。 §4 在以下情况下，收货人更改承运合同的权利失效： a) 收货人已拿到托运单； b) 收货人已接受货物； c) 收货人根据第17条§3主张了自己的权利； d) 根据§5，收货人要求将货物交付给第三人，并且那个人已经根据第17条§3主张了自己的权利。 §5 如果收货人要求将货物交付第三人，那个人无权更改承运合同	第25条 运输合同的变更	第1项 向承运人作出有关货物的指示，属于发货人的权利，而收货人向交付货物的承运人缔约承运人提出申请。发货人向运输合同的承运人作下列变更提出申请。 第2项 发货人对运输合同可作下列变更： 1. 变更货物到站； 2. 变更收货人。 第3项 收货人只可在到达国范围内对运输合同作下列变更： 1. 变更货物到站； 2. 变更收货人。 收货人只可在货物尚在到达国的进口国境站，根据本协议的条件通过到达国办理运输合同的变更。如货物已通过到达国的进口国境站，则收货人只能按到达国现行国内法律办理运输合同的变更。 第5项 发货人的运输合同变更权，从收到运单时起，或从货物到达到达国进口国境站（如承运运单时起）即告终止，或从接到收货人关于变更运输合同的申请书时起，即告终止。

续上表

条款	《国际货约》		《国际货协》	
		条文		条文
运输合同的签订和履行	第19条 处置权的行使	§1 如果托运人，或者，在第18条§3的情况下，收货人，希望通过发出后续指令更改承运合同，他应该向承运人出示托运单的副联，上面应记录更改情况。 §2 托运人，或者，在第18条§3的情况下，收货人，应对承运人因执行后续更改所发生的费用和受到的损失进行赔偿。 §3 在后续更改的指令到达相应执行人那里时，更改指令的实施必须是可能的并且合理的，合法的正常运营，也不能对其他托运的托运人和收货人造成损害。 §4 后续修改不得造成托运物的分割。 §5 当因为§3规定的条件，承运人不能执行收到的指令时，他应立即通知发出指令的人。 §6 如果因承运人的过失，他应对未能执行，或未能正确执行后续更改指令的后果负责。然而，任何应付的赔偿不应超过货物丢失情况下所应提供的赔偿。 §7 如果承运人要求出示托运单副联的情况下就执行了托运人没有要求出示托运单副联已经传递给了收货人，收货人因此遭受的损失应由承运人负责。然而，任何应付的赔偿不应超过货物丢失情况下所应提供的赔偿	第25条 运输合同的变更	第4项 变更运输合同时，不准将一批货物分开办理。 第5项 托运人自变更运输合同之时起，即承担运输合同中规定的发货人义务。 第6项 收货人根据收货人的申请书而变更运输合同时，发货人对由此而产生的后果概不负责。 第7项 承运人只在下列情况下，才有权拒绝变更运输合同或延续执行这一变更： 1. 承运人在接到变更运输合同申请书后无法执行时； 2. 可能违反铁路运营管理时； 3. 变更到站后，货物的价值不值抵偿不能立即缴付或能保证支付这种费用款额时除外； 4. 在变更到站的情况下，运单上记载的承运人发生了变化，但新承运人未商定运送时。 第9项 承运人有权要求支付附加运送费用和由于其变更运输合同而产生的费用

续上表

条款	《国际货约》	条文	《国际货协》	条文
运输合同的签订和履行	第20条 妨碍运输的情况	§1 在运输受到妨碍的情况下，承运人应决定是否优先考虑更改路线继续运送货物，还是为了权利人的利益合理地征求其他的指示，同时向他提供承运人掌握的所有有用信息。 §2 如果继续运送货物已经不可能，承运人应征求对这些货物有处置权的人的指示。如果承运人无法在有效的时间内获得有关指示，他必须采取他认为最符合权利人利益的措施对货物进行处置。		
	第21条 妨碍交货的情况	§1 在交付受到妨碍的情况下，承运人应立即通知托运人，并征求他的指示，除非托运人在托运单上已经说明，要求在有妨碍交付的情况出现时应征求收货人的指示。 §2 如果妨碍交付的情况消失了，则货物应交给收货人。必须立即就此通知托运人。 §3 如果收货人拒收货物，则托运人有权给予指令，即使他无法提供托运单的副联。 §4 如果妨碍交付的情况在收货人根据第18条§3至§5对运合同进行更改后发生，承运人应通知收货人。	第28条 货物运送和交付阻碍	第1项 如货物运送由于与承运人无关的原因发生阻碍，则承运人应决定是否征求发货人的指示，或者将货物变更运送经路运至到站。 第2项 如承运人由于自身无关的原因不能变更运送经路运送货物，继续运送或将货物交付收货人，则承运人应立即征求发货人的指示。 第3项 向发货人发出征求指示的通知书后，如在8昼夜内（易腐货物为3昼夜内，动物为2昼夜内），未收到发货人关于货物的任何指示或收到不可行的指示，则承运人有权处理货物。 第4项 货物状态要求立即采取措施，即处理货物。 第5项 如发货人在运单中已作出关于货物处理的指示，和交付发生阻碍时应如何处理货物的指示，如货运发生阻碍，则应按本条第1～3项的规定办理。这些指示不可能执行，则承运人根据这些指示不可能执行。 第6项 如由于与承运人无关的原因发生阻碍运送或交付阻碍，则应向承运人支付附加运送费用和因该阻碍给承运人带来的费用，以及国内法律规定的违约金
	第22条 妨碍运输和交货的后果	§1 承运人有权要求由以下情况对其造成费用的清偿： a) 征求指示； b) 执行收到的指示； c) 征求的指示没有到达，或没有及时到达； d) 没有征求指示，根据第20条§1做了决定。 除非上述费用是由他自己的过失造成的，承运人尤其可以收取与所走路线相应的运输费用，并设置相应期限。		

续上表

条款	《国际货约》	条文	《国际货协》	条文
运输合同的签订和履行	第22条 妨碍运输和交货的后果	§2 在第20条§2和第21条§1的情况下,承运人可立即卸下货物,费用由权利人承担。至此,运输应视为已经结束。这时,承运人为权利人照看货物。但是,他可以把货物委托给第三方,并只对选择第三方的合理性负责。根据承运合同应付的费用和所有其他费用仍应对货物收取。 §3 根据货物的易腐性或具体状况,或者如果照管费用相对于货物价值来讲已不成比例,承运人可着手出售这些货物,而不必等候权利人的指示。在其他情况下,如果在合理期间内承运人没有收到权利人给出相反的合理指示的话,承运人也可以着手出售货物。 §4 如果货物已被出售,销售收入在减去对货物应收的费用之后,应归权利人处置。如果销售收入少于应收费用,托运人应支付差额。 §5 销售方式应根据货物所在地现行的法律和法规,或根据当地的惯例确定。 §6 在有妨碍运输或交货的情况发生时,如果托运人未能在合理期间内给出指示,并且如果无法根据§2和§3消除妨碍运输或交货的情况,承运人可将货物退给托运人,或者,如理由充分,可将货物销毁,费用由托运人承担		
责任	第23条 责任依据	§1 承运人应对从接收货物到交付之时这时间段内发生的货物全部或部分丢失和损坏所造成的损失负责,并对超过运送期限造成的损失负责,不管使用的是什么铁路基础设施	第37条 承运人的责任	第1项 承运人按本协定规定的办法和范围,对发货人或收货人承担仅由运输合同产生的责任。 第2项 承运人自承运货物时起,至交付货物时为止,对货物灭失、毁损、短少、毁损(腐坏)所造成的损失负责。对于承运人负有责任的货物灭失、短少、毁损(腐坏)情况,应以商务记录作为证明。 第3项 承运人对货物运到逾期负责

续上表

条款	《国际货约》		《国际货协》	
		条文		条文
责任	第23条 责任依据	§2 如果丢失、损坏，或超过运送期限是由权利人的过失、权利人给的指令（而不是由承运人的过失）、货物的自身缺陷（内部变质、损耗等）或是由承运人无法避免，也没有能力阻止其后果的情况造成的，承运人应免除责任。 §3 如果丢失或损坏是由以下一种或几种情况下存在的内在特殊风险造成的，或能证明确商定使用敞口货车运送并写人托运单；除了货物由于空气影响受到损失，多式联运运输的货物和用敞口货车运送装在密闭公路车辆中的货物，不能算作使用敞口货车进行的货物运送；对于用敞口货车进行的货物运输，如果承运人使用篷布进行了覆盖，承运人承担的责任与用敞口货车运输没有覆盖的货物时的责任是一样的，即使承运人根据一般承运条件、不用承运条件、不用敞口货车运输的货物也是一样。 a) 当货物包装缺失或包装不当时，由于无包装或包装不善包装导致货物因自身性质易于遭受损失或损坏的。 b) 由托运人进行货物装载，或由收货人进行货物卸载。 c) 某些货物本身性质就容易就容易因为破碎、生锈、内部自然变质、干化、损耗等原因在其自然自然损失或损坏的。 d) 货件的名称或编号不规范、不正确或不完整。 e) 运输活着的动物。 f) 根据约定，运输员或进押运员伴随，如果损失或损坏是由这位押运员力求避免的风险所导致的	第39条 承运人的责任范围	第1项 承运人的责任范围不应超过货物灭失时承运人应支付的赔偿额度。 第2项 规定了10种承运的货物灭失、短少、毁损（腐坏）承运人不予负责的情况。 第3项 如承运合同条件运送货物时，承运人对此不予负责，且这些特殊合同条件作应对免责事宜作出规定。 第4项 规定了6种承运的货物短少对货物短少不负责的情况。 第5项 用敞车类车承运的货物，如货物在运送途中未经换装毁损（腐坏）的痕迹，则承运人对货物毁损不予负责。 第6项 规定了3种承运的货物灭失、短少、毁损（腐坏）运到逾期不负责的情况。 第7项 规定了3种承运的货物在国际铁路-轮渡直通联运中发生灭失、短少、毁损（腐坏）或运到逾期承运人对货物灭失、短少、毁损（腐坏）或运到逾期不负责任的情况，和引用此免责条款的限制

续上表

条款	《国际货约》	条文	《国际货协》	条文
责任	第24条 将铁路车辆作为货物进行运输的运输的责任	§1 如果是自带车轮的铁路车辆作为货物进行运输，在接收货物至交付货物这段时间内发生车辆或其部件的丢失或损坏所造成的损失，以及因超过运送期限造成的丢失或损坏所造成的损失，以及因超过运送期限造成的损失应由承运人负责，除非承运人证明损失并非由于其他的过失造成的。 §2 对于在车辆两侧未标记，或在随车清单里未提及的配件的丢失所造成的损失，承运人不承担责任	第51条 车辆灭失或毁损时的责任	第1项 如果不能证明车辆灭失或毁损不是因其过错所导致，则承运人应承担自承运时起至交付时止因车辆灭失或毁损的责任。 第2项 如果在车辆两侧外壁未涂上有关可拆卸部件的信息，则承运人对车辆可拆卸部件的灭失不承担责任。 第3项 如发生车辆灭失，则承运人支付的赔偿款额应限制在根据承运人支付的赔偿款所确定的车辆剩余部分价值以内。 第4项 如发生车辆毁损，则承运人支付的赔偿款额应限制在修复车辆所支付的费用以内，且数额不得超过车辆灭失时应得的款额
	第25条 举证责任	§1 证明丢失、损坏或超过运送期限是由第23条§2所指出的原因之一造成的，则举证责任在承运人。 §2 当承运人证明，考虑到事实情况，丢失或损坏可能是因第23条§3所列的一个或几个特殊风险造成的，就应该推定，丢失或损坏是这样造成的。然而，权利人保留证明损失完全不是，或部分不是任何一个风险造成的权利。 §3 如果丢失的数量大得不正常，或者整个货件都丢失了，那么根据§2所做的推定不适用于第23条§3之a)分项所规定的情况	第41条 举证的责任	第1项 对由于第39条承运人的责任范围第2项第1款和第4款所述情况而发生的货物灭失、短少、毁损（腐坏），由承运人负责举证。 第2项 如查明，货物的灭失、短少、毁损（腐坏）可能是由于第39条承运人的责任范围第2项第2款、第3款所造成，以及第7项第2款和第3款所述的情况而造成，则在发货人或收货人未提出其他证明时，即认为损失是由于这些情况而造成的。 第3项 对货物运到逾期不是由于承运人的过失而造成的，由承运人负责举证

续上表

条款	《国际货约》	条文	《国际货协》	条文
责任	第 26 条 接续承运人	如果一个单独运输合同下的运输由几个接续承运人完成，每个承运人，从接收货物以及托运单的那一刻起，根据托运单的条款，就成了本承运合同的参与方，应承担由此带来的义务。在这种情况下，每个承运人都应对执行直到交付的的整个路程上的运输负责	无	—
	第 27 条 替代承运人	§ 1 当承运人将运输任务的执行全部或部分委托给一个替代承运人，无论是否是根据承运合同对其赋予的权利，承运人仍需对整个运输过程负责。 § 2 统一规则中所有规定承运人责任的条款也都适用于替代承运人，针对他所执行的运输所负的责任。如果有人对替代承运人所雇佣的、为完成运输工作提供服务的受委托人和任何其他人员提起诉讼，应适用第 36 条和第 41 条。 § 3 任何要求承运人履行本统一规则施加的义务以外的义务，或要求承运人放弃统一规则所赋予的权利的特殊协议，对于没有明确以书面方式接受该协议的替代承运人，都是无效的。无论替代承运人是否已经接受该特殊协议，承运人仍须受该特殊协议所产生的义务和弃权的约束。 § 4 当承运人和替代承运人都要承担责任时，他们的责任是连带的。 § 5 承运人、替代承运人和他们雇佣的其他人员以及为完成运输工作而提供服务的员工和任何其他人员应付的赔偿总额不应超过本统一规则规定的限度。 § 6 本条款不应损害可能存在于承运人和替代承运人之间的追索权	无	—

续上表

条款	《国际货约》	条文	《国际货协》	条文
责任	第 28 条 转运情况下的损失推定	§ 1 当一个按照本统一规则进行了转运的货物，又按照本统一规则进行了转运并在此次转运后确认发生了部分灭失或损坏，如果托运人的承运在到达了转运地之后就进行了转运，则应推定部分灭失或损坏是发生在最近后的一个承运合同下。 § 2 当转运前的运输合同不适用于本统一规则，但托运首发地到转运最终目的地之间的直达托运适用于本统一规则，则应推定同样适用。 § 3 若转运前的运输合同适用于本统一规则相关协议，且该协议对于转运适用本统一规则的货运具有同样的法律推定，则此推定也适用	第 40 条 运输合同法律规范变更情况下的推定	从不适用本协定的国家运送货物，在因运输合同法律规范变更而按本协定条件办理改运单以后，如查明货物毁损（腐坏）或短少，但承运人没有提出异议即接到了货物，则在提出相反证明之前，认为货物的毁损（腐坏）或短少发生在执行后一运输合同之时
	第 29 条 货物丢失的推定	§ 1 如果运送期限到期后 30 天内没有将货物交付给收货人，或没有将货物交由其他处置，权利人不需要提供其他证据，就可以认为货物已经灭失。 § 2 收到丢失货物的赔偿款后，权利人可在书面形式要求于货物在支付赔偿款后一年内确认收到这个请求。一旦货物在支付赔偿款后一年内找到，权利人应以书面形式确认收到这个请求。 § 3 收到 § 2 所说的通知后 30 天内，权利人可在付清承运合同产生的费用、退还收到的赔偿款并酌情减去可能包括在内的成本后，要求将货物交付给他。但是，他可保留对超过第 33 条和第 35 条所规定的运送期限提出索赔的权利。 § 4 在没有 § 2 所说的指示，或者如果货物是在支付赔偿一年指定的期限内收回的，承运人应根据货物所在地的现有法律法规对货物进行处置	第 27 条 关于货物灭失的推定	第 1 项 如在货物运到期限期满后 10 天内未将货物交付收货人，发货人或收货人有权向缔约承运人或交付货物的承运人提出货物查寻申请书。申请查寻货物不等于提出货物灭失的赔偿请求。 第 2 项 如在货物运到期限期满后 30 天内未将货物交付收货人，则认为货物已灭失。 第 3 项 如货物在货物运到期限期满 30 天后到达车站，则承运人应将此事通知收货人。如收货人应于领取，并将承运人已满 6 个月内到达，则收货人应于领取，运送费用退还款和有关货物运送的其他费用退还承运人。 如货物灭失赔偿已付给发货人，则发货人必须将该赔款退还承运人。 在这种情况下，对支付货物运到逾期违约金，以及对货物重量不足、毁损（腐坏）或质量降低，保留向承运人提出赔偿请求的权利

283

续上表

条款	《国际货约》	条文	《国际货协》	条文
责任	第30条 丢失情况下的赔偿	§1 如果发生货物全部或部分丢失,除了其他损失赔偿,承运人还应按照当时交易所的市价,根据当前市场商品交易所的市价所付的价格,或者,如果既没有上述市价,也没有上述价格的话,根据接收货物当地的同等性质、同等质量货物的惯常价值进行计算赔偿。 §2 丢失货物总重量每公斤的赔偿额不得超过17个记账单位。 §3 如果作为一个联运单元的自带车轮的铁路车辆发生丢失,或者它们的部件发生丢失,或它们所有的联运单元或车辆或其他部件所有的联运单元或它们的部件发生丢失,赔偿的限额为车辆或其部件在丢失当日,当地的惯常价值。如果无法确定丢失的日期或地点,赔偿的限额为承运人接收货物当日和当地的惯常价值。 §4 另外,承运人应退还运费,已交付的关税和其他已经支付和丢失货物运输有关的费用,暂缓纳税除外。货物的国内消费税除外	第42条 货物灭失或短少的赔偿额	第1项 如果协定规定承运人应向发货人或收货人赔偿因货物灭失、短少所造成的损失,则损失赔偿额根据货物价格确定。 当有声明价格的所运货物灭失、短少时,承运人应按声明价格,或相当于货物灭失部分的声明价格的款额向发货人或收货人赔偿。 第2项 除本条第1项规定的赔偿外,灭失货物或其灭失部分的运送费用,以及发货人(收货人)收取的与运送有关的其他费用,如未纳入货物价格内,则均应予以退还。 第3项 在交付货人的货物,包括运送途中换装的货物时,如发现按一份运单运送的货物短少,而按另一份运单运送的货物多出,则在计算运送途中换装货物重量抵补不足的重量时,承运人可用多出的重量抵补不足的重量
	第31条 途中损耗的责任	§1 由于自身性质决定,易在运输过程中发生损耗的货物,承运人只对超过以下许限度的损耗部分负责,无论运输的路线有多长: a) 对于液体货物或以湿润状态下托运的货物,总重量的百分之二; b) 对于干燥货物,总重量的百分之一。 §2 如果事实情况证明损失不是由可造成上述损耗的原因引起的,则不可援引§1所规定的责任约束。	第43条 货物重量不足时的责任范围	第1项 货物在运送中,因其本身的自然特性发生减量时,不限货物的行经里程,承运人仅对超过下列标准的货物重量不足部分负责: 1. 对于液体的或水鲜的(潮湿的)货物,为重量的2%。 2. 对于干燥货物,为重量的1%。对于堆装、灌装货物,如在运送途中换装一次,则每换装或上述标准再增加0.3%。

续上表

条款	《国际货约》		《国际货协》	
		条文		条文
责任	第31条 途中损耗的责任	§3 如果几个货件在同一个托运单下运送，如果托运货件的重量在托运单上是分别显示的话，运输中的损耗应对每个货件分别计算，或者可以以其他方式确定。 §4 如果发生货物全部丢失，或丢失货件的情况，在计算赔偿时，不扣除运输途中的损耗。 §5 本条款不违背第23条和第25条	第43条 货物重量不足时的责任范围	第2项 货物在运送中，因其本身的自然特性不发生减量时，不限货物的行经里程，承运人仅对超过0.2%的货物重量不足部分负责。 第3项 按一份运单运送数个货件时，如每件的重量在运单内已经注明或可用其他方法确定，则减量标准按每件分别计算。 第4项 在计算货物全部灭失或数个货件灭失的赔款时，对于灭失货物或灭失货件的重量，不扣除本条第1项和第2项规定的减量
	第32条 损坏赔偿	§1 如果发生货物损坏，除了所有其他的赔偿，承运人应支付相当于货物贬值价值的赔偿。金额应根据第30条所确定的货物价值，在目的地所确认的贬值的百分比进行计算。 §2 赔偿不得超过： a) 如果全部丢失的情况下应支付的金额； b) 如果只有部分托运货物因为损坏而贬值，赔偿应是在货物贬值部分丢失的情况下应支付的金额。 §3 如果自带车轮的，或它们的部件发生了损坏，赔偿的限额，应为车联运单元或车辆或联运式多装情况下丢失的部件修复的费用。赔偿不应超过丢失按照§1所确定的比例退还第30条§4所规定的费用 §4 此外，承运人还应支付§4所规定的费用	第44条 货物毁损（腐坏）的赔偿额	第1项 在本协定规定承运人应向发货人或收货人赔偿货损（腐坏）损失的情况下，损失赔偿额应相当于货物价值降低部分的款额。 第2项 当运送声明价格的货物由于货损（腐坏）而降低价格时，承运人应按照运送声明价格相当的百分比，支付作为声明价格部分的赔款。 第3项 本条第1项和第2项规定的赔款额，按照第42条货物灭失或短少时的赔偿额第1项规定，并参考根据到地国内法律确定的货物价格降低额度确定

续上表

条款	《国际货约》		《国际货协》	
		条文		条文
责任	第33条 运送逾期的赔偿	§1 如果因运送逾期导致了损失或损坏，承运人应支付不超过运费4倍的赔偿。 §2 如果发生货物全部丢失，§1规定的赔偿不应与第30条规定的赔偿进行累加。 §3 如果发生货物部分丢失，§1规定的赔偿不应超过没有丢失的那部分货物的运输费的4倍。 §4 如果货物的损坏不是因运送逾期造成的，如有必要，§1规定的赔偿可与第32条规定的赔偿相累加。 §5 在任何情况下，§1规定的累加额不应超过货物全部丢失时应付的赔偿额。 §6 如果根据第16条§1，运送期限是由协议约定其他的赔偿方式的，可以在§1规定的赔偿方式以外约定被逾期，如果超过§4规定的运送期被逾期，权利人可以要求上述协议规定的赔偿额代替§1至§5规定的赔偿	第45条 货物运到逾期的赔偿额	第1项 如承运人未遵守根据第24条货物运到期限计算的货物运到期限，则承运人应以违约金的形式支付对货物运到逾期的赔偿。 货物运到逾期的违约金的金额，根据造成运到逾期的运送到期限（期限）的比例确定，即逾期不超过总运到期限1/10时，为运费的6%；逾期超过总运到期限1/10，但不超过3/10时，为运费的18%；逾期超过运到期限3/10时，为运费的30%。 第2项 货物运到逾期的运到逾期违约金和对货物灭失损坏（腐坏）的赔偿款额应按货物的运到部分来确定。 第3项 在本协议规定承运人应支付货物灭失损失的情况下，不支付货物运到逾期的违约金。 如货物短少，货物运到逾期的额度应按货物运到部分来确定。 如货物毁损（腐坏），除第44条货物毁损运到逾期运费的赔偿款外，还应支付运到逾期赔偿款规定的赔偿金的违约金
	第34条 申报价值的赔偿	托运人和承运人可以约定，托运人应在托运单上标注一个数额，提出在超过第30条§2规定限额的货物价值进行声明。在这种情况下，声明的金额替代上述限额	第42条 货物灭失或短少的赔偿额	第1项 当有声明价格的所运货物灭失、短少时，承运人应按声明价格，或相当于货物灭失部分的声明价格的款额向发货人或收货人赔偿
	第35条 交货利息声明的赔偿	托运人和承运人可以约定，托运人可以通过在托运单上标注一个数额，提出在遇到丢失货损坏，以及支付逾期时支付的特殊交货利息。如果声明交货利息，除了第30,32和第33条规定的赔偿之外，还可以对经证实的额外损失进一步提出不超过声明金额的赔偿	无	—

续上表

条款	《国际货约》		《国际货协》	
		条文		条文
责任	第36条 责任限定权利的失效	如果能证明损失是因为承运人的行为或疏忽造成的,或者是承运人故意想造成该损失,或者是在意识到可能会造成损失的情况下仍鲁莽大意,则不适用第15条§3、第19条§6和§7、第30条和第32至第35条所规定的责任限度	无	—
	第37条 换算和利息	§1 当计算赔偿需要对用外币单位表示的金额进行换算时,应使用赔偿支付当日,当地现行汇率进行换算。 §2 权利人可以要求支付赔偿金的利息,按每年5%的利率计算。或者,如果没有做定的索赔日起,从提起法律诉讼之日算起。 §3 如果权利人没有在给予他的合理时间内向承运人提交索赔最终结算所需的证明文件,那么在给予他的时间到期日至他实际提交这些文件之日这段间内,不计算利息	无	—
	第38条 铁—海运输责任	依据公约第24条§1所提到的海运线路进行铁—海联运时,任何成员国都可以适用本统一规则的线路清单里包含一个合理的注释,加入以下的理由,以免除第23条规定的责任: a)火灾。只要承运人证明火灾不是其他的行为或过失造成的,不是其他船长、船员,领航员,或试图抢救生命或财产; b)在海上救援,或试图抢救生命或财产; c)在船的甲板上载货,只要托运人已经在托运单上同意这样做,并且货物不是装在货车里;	第39条 承运人的责任范围	第7项 如承运的货物,由于下列原因在国际铁路一轮渡直通联运中发生灭失、短少、毁损(腐坏)或运到逾期,则承运人对货物灭失、短少、毁损(腐坏)或运到逾期也不负责任: 1. 由于火灾。如承运人能证明火灾不是由于其过失,也不是由于其履行运输合同时为其提供服务的其他人在履行职责时的过失造成。

287

续上表

条款	《国际货约》		《国际货协》	
	条文	条文		条文
责任	第38条 铁海运输责任	d) 海上或在其他通航水域上的风险、损坏或其他通航水域上的风险、危险或事故。 §2 承运人只有在证明损失、损坏或转运逾期是发生在海上航行过程中，即在货物装上船至货物卸下船之间这段时间内发生的，才可以使用§1提到的免责理由。 §3 即便依赖§1提到的免责理由，如果权利人证明损失、损害或运送逾期是承运人、船长、船员、领航员或承运人职员的一个过失造成的，承运人还是要承担有关的责任。 §4 如果对于同一段海上航程，由几家公约第24条§1的线路清单中登记的企业提供服务，适用于该段航程的责任机制对所有这些企业必须是相同的。另外，如果这些企业是应几个成员国的要求才能含在上述清单里的话，只有在这些国家间事先达成一致的情况下，才能采用上述机制。 §5 根据§1和§4采取的措施应通知秘书长。最早在秘书长将有关信息通知其他成员国之日起30天期满时，这些措施才能生效。已经在途中的托运货物不受这些措施的影响	第39条 承运人的责任范围	2. 为拯救生命而采取的措施或为抢救财产而采取的合理措施。 3. 风险、危险或不幸事故。 同时，承运人仅在能够证明货物灭失、短少、毁损（腐坏）或货物运到逾期发生在水路运送区段上，即从车辆上的货物装到水运交通工具上开始直至从水运交通工具卸下为止的期间内时，才可引用上述免责原因
	第39条 核事故的责任	根据本统一规则，在因核事故造成损失时，承运人应免除责任。根据一个国家指导核能领域或承担责任的法律法规，该核设施的运营者，或另外一个代替他们的人应对该损失负责	无	—
	第40条 由承运人负责的人员	承运人雇佣或要求助员工和其他人员，通过他们的服务成运输工作，在这些人员行使职责的过程中，承运人应对其负责。用于运输的铁路基础设施的管理人应视为被承运人利用其服务完成运输工作的人员	第38条 运输合同各方的行为由运输合同各方负责的人员	第1项 运输合同各方对各自工作人员以及各自为履行运输合同而利用其服务的其他人在履行职责时的行为负责。 第2项 铁路基础设施管理者应看作是承运人为履行运输合同而利用其服务的人

续上表

条款	《国际货约》	条文	《国际货协》	条文
责任	第41条 其他诉讼	§1 在所有适用本统一规则的情况下,所有对承运人提起的责任诉讼,不论以什么名义,都必须在统一规则规定的条件和限度内。 §2 这同样适用于任何针对承运人根据第40条对其负有责任的员工和其他人员的诉讼	无	—
	第42条 查验笔录	§1 如果承运人发现或推定,或者权利人声称发生了了丢失或损坏,承运人应立即,描述丢失或损坏的性质、货物状态,可能的话一份查验笔录,并尽可能描述丢失或损坏的程度、发生原因和时间。 §2 应向权利人免费提供一份查验笔录副本。 §3 如果权利人不接受查验笔录中的查验结果,他可以要求由运输合同相关方或通过法律渠道指定一位专家对货物的状态和重量,以及丢失损坏的原因和数额进行查验。所应遵守的程序应服从查验发生地所在国的法律法规	无	—
行使权力	第43条 索赔	§1 与承运合同有关的索赔必须以书面形式送达可能被提起法律诉讼的承运人处。 §2 索赔应由有权对承运人提起诉讼的人提出。 §3 为了进行索赔,他必须提供托运单的副本。如果无法提供,他必须提供一份收货人的授权,或提供收货人拒绝接收货物的证明。 §4 如果托运单已经交给了收货人,为了进行索赔,收货人必须提供托运单。	第46条 赔偿请求	第1项 发货人和收货人有权向承运人提出赔偿请求。 根据本协定第31条运送费用和违约金的支付第2项支付了运送费用的人,有权根据本协定第31条运送费用和违约金的支付第4项提出返还运送费用多收款额的赔偿请求。 提出要求的权利不得让与他人。 第2项 赔偿请求应附有相应依据并注明赔偿款额,由发货人向缔约承运人、收货人向交付货物的承运人提出。赔偿请求以纸质形式提出,当运送参加方之间有协议时,以电子形式提出。

续上表

条款	《国际货约》	条文	《国际货协》	条文
行驶权力	第43条 索赔	§5 托运单 托运单副联和任何其他权利人认为应和索赔请求一起提交的文件必须提交原件或复印件,如果必要的话,复印件应承运人的要求需进行合规证明。 §6 支付索赔时,承运人可要求提供托运单原件,以便在这些文件上写明支付已完成单副联或偿付收据。	第46条 赔偿请求	第3项 赔偿请求按每批货物分别提出,但下列情况除外: 1. 提出返还运送费用多收额的赔偿请求时,这项赔偿请求可按数批货物提出; 2. 当数批货物编造一份商务记录时,应按商务记录中记载的全部批数提出赔偿请求。 第4项 如一批货物的赔偿请求额在23瑞士法郎以内(包括23瑞士法郎),则不予满足。如提出的赔偿请求额超过23瑞士法郎,而承认的应赔款额在23瑞士法郎以内(包括23瑞士法郎),则这项款额也不付给赔偿请求人。 第5项 赔偿请求人应根据《货物运送规则》提出赔偿请求的理由。 第6项 如所受理的赔偿请求不符合本条第3项和第5项的规定,则承运人不予审查并应在收到赔偿请求之日起的15天内将其退还赔偿请求人,但应注明退还原因。在这种情况下,不按第48条时效期间第3项规定的中止时效期间办理。如承运人寄送该赔偿请求退还赔偿请求书晚于15天期限,则自上述期限满期后次日起到承运人向赔偿请求人退还此种赔偿请求书之日止中止时效期间。承运人不等于拒绝赔偿请求,也不赋予赔偿请求人向司法机关提起诉讼的权利。 第7项 承运人必须进行审查,并给赔偿请求人以答复,在全部或部分承认赔偿请求时,向赔偿请求人支付应付款额,天内对其进行审查,并给赔偿请求人以答复,在全部或部分承认赔偿请求时,向赔偿请求人支付应付的款额。

续上表

条款	《国际货约》	条文	《国际货协》	条文
	第43条 索赔		第46条 赔偿请求	第8项 如部分或全部拒绝赔偿请求，承运人应向赔偿请求人告知拒绝赔偿请求的理由。如赔偿请求人还应退还赔偿请求书上所附的文件。 第9项 在适用本协定规定的条件下和范围内向承运人提出赔偿请求仅以书面形式提出，则承运人还应退还赔偿请求书上所附的文件。任何对承运人的工作人员以及对第38条其行为由承运合同各方负责的人规定的由承运人负责的人提出的赔偿请求，也适用该项规定
行使权力	第44条 可能对承运人提起诉讼的人	基于承运合同的法律诉讼属于： a)托运人，直到收货人： 1.已经拿到托运单， 2.已经接收货物，或者 3.已经根据第17条§3或第18条§3主张自己的权利； b)收货人，从以下时间开始： 1.已经拿到托运单， 2.已经接收货物，或者 3.已经根据第17条§3或第18条§3主张自己的权利。 §2 收货人提起法律诉讼的权利从收货人根据第18条§3指示人拿到托运单，接收了货物或根据17条§3自己的权利时起即消失。 §3 要求收回支付的有关费用的法律诉讼只能由根据承运合同已经支付了费用的人提起。 §4 有关清偿的法律诉讼，托运人只能由托运人提起。 §5 为了提起法律诉讼，托运人必须出示托运单的副本。如果无法提供，应提供收货人的授权，或提供证明托运人拒绝收货或丢失的证明。如有必要，托运人必须证明托运单缺失或丢失，为了提起法律诉讼，收货人必须提供托运单	第47条 根据运输合同提出要求，司法管辖	第1项 只有提出相应赔偿请求后，才可提起诉讼，且只可对受理赔偿请求的承运人提起诉讼。凡有权根据本协定提起诉讼

291

续上表

条款	《国际货约》		《国际货协》	
	条文	条文		条文
行驶权力	第45条 可能会被起诉的承运人	§1 根据§3和§4，基于承运合同的法律诉讼只能针对第一个承运人，或最后一个承运人，或对导致诉讼事件发生的那部分运输的承运人提起。 §2 若运输经本人同意由接续承运人完成，且负责交付货物的承运人信息已登记入托运单，那么可以根据§1向这个承运人提起诉讼，即使他并没有接到货物或托运单。 §3 要求收回根据承运合同已支付的费用的法律诉讼，可以向收取这笔费用的承运人，或为其收取这笔费用的承运人提起。 §4 有关清偿的法律诉讼只能向在托运办理处接收货物的承运人提起。 §5 在基于同一运输合同的主诉中，可以针对§1至§4所指的承运人以外的承运人，以反诉或例外的方式提起法律诉讼。 §6 如果本统一规则也适用于替代承运人，也可以向他提起诉讼。 §7 如果原告有权在几个承运人中选择，其选择权在向其中任何一位承运人提起法律诉讼时立即消失；这同样适用于原告可以向一个承运人以及一个替代承运人中选择的情况	第47条 根据运输合同提出要求，司法管辖	第1项"且只可对受理赔偿请求的承运人提起诉讼。"

续上表

条款	《国际货约》	条文	《国际货协》	条文
行驶权力	第46条 诉讼	§1 基于本统一规则的法律诉讼可以向相关各方一致约定的指定成员国国的司法机关提起,或者向以下国家的司法机关提起: a) 被告在其境内有住宅或惯常居所,主要经营场所,或者签署承运合同的分支机构或代理机构在这个国家,或者 b) 接收货物的地点,或指定的货物交付地点所在的国家。 不可提交给其他司法机关。 §2 当一个基于本统一规则的诉讼正在符合§1情况的司法机关进行审理时,或者该司法机关已经对该诉讼作出了判决,相同的当事方不可同样基于不可诉讼的理由在提起新诉讼,除非受理第一次诉讼的司法机关所做的判决不能执行	第47条 根据运输合同提出要求,司法管辖	第4项 应向被告所在地的相应司法机关提起诉讼
	第47条 诉讼权失效	§1 一旦权利人接收了货物,他对承运人因承运货物的部分丢失,损坏或运送逾期提起诉讼的权利的全部消失。 §2 然而,在以下情况下,诉讼权不会失效: a) 在部分丢失或损失货物的情况下,如果 1. 在权利人接收货物前,已根据第42条确定了丢失或损失; 2. 单纯因为承运人的过失,查验工作被省略了; b) 损失不明显,权利人在接收货物以后才发现其存在,如果他	第47条 根据运输合同提出要求,司法管辖	第3项 在下列情况下,可以提起诉讼: 1. 如承运人没有在规定的赔偿请求审查期限内对赔偿请求做出答复; 2. 如在赔偿请求审查期限内已将全部或部分拒绝赔偿请求一事通知请求人

续上表

条款	《国际货约》	条文	《国际货协》	条文
	第47条 诉讼权失效	1. 在发现损失后，并最迟于收到货物7天以内，立即根据第42条要求进行查验，而且； 2. 证明损失是在货物交付托运和送达期间发生的： c) 在运输逾期的情况下，如果权利人在60天内根据第45条§1向承运人主张自己的权利； d) 如果权利人证明损失是因为一项行为或疏忽造成的，或者是故意想造成损失，或者是在意识到可能会造成该损失的情况下仍鲁莽大意。 §3 如果货物根据第28条进行了转运，针对因前面的承运合同造成的部分丢失或损害的诉讼权消失，就相当于只有唯一一个承运合同		
行使权力	第48条 时效	§1 与承运合同有关的诉讼，时效为两年。然而对于以下诉讼，时效为一年： a) 收回货款人已经支付给承运人的货到付款费用； b) 收回承运人销售货物的收入； c) 损失是因为一项行为或疏忽造成的，或者是故意造成该损失的，或者是在意识到可能会造成该损失的情况下仍鲁莽大意。 d) 在第28条所说的情况下，针对转托前的承运合同之一进行的诉讼。	第47条 根据运输合同提出要求，司法管辖	第2项 有权提出赔偿请求和诉讼的期限按下列规定计算： 1. 关于货物短少、毁损（腐坏），以及运到逾期的赔偿请求自货物交付收货人之日起计算； 2. 关于货物灭失的赔偿请求自货物运到期限期满后30天起计算； 3. 关于退还运送费用多收款额的赔偿请求自支付运送费用之日起计算； 4. 对于其他要求自查明提出赔偿请求依据的情况之日起计算

附录 / 附录2 《国际货协》和《国际货约》条文对比

续上表

条款	《国际货约》	条文	《国际货协》	条文
行使权力	第48条 时效	§2 诉讼时效开始时间： a) 对全部丢失的赔偿：交货期限到期后第30天起； b) 对部分丢失、损失或运输逾期的赔偿：从交货之日起； c) 在所有其他情况下：从可以行使诉讼权之日起。 表明诉讼时效开始的那一天不包括在诉讼时效期限里。 §3 诉讼时效在根据第43条提交了书面索赔申请后应中断，直到承运人通过书面通知拒绝索赔并将申请部分或部分退回的那一天。如果索赔申请被部分接受，诉讼时效应针对仍然存在争议的部分重新开始。收到索赔申请或答复回复的举证责任在提出诉讼有关事实的那一方。对相同索标的物的进一步索赔不应使诉讼时效中断。 §4 由于时效而解除的诉讼权不可继续行使，即使以反诉讼的例外的形式也不可以。 §5 此外，诉讼时效的中止和中断应服从国家法律	第48条 时效期间	第1项 在下列期间内，可根据本协定向承运人提起诉讼： 1. 关于货物运到逾期的诉讼在2个月期间内提出； 2. 其他理由的诉讼在9个月期间内提出。 第2项 本条第1项所述的期限自本协定第47条根据运输合同提出要求，司法管辖第2项规定的提起诉讼权利产生之时起计算。 第3项 从根据本协定第46条规定提出赔偿请求之时起，本条第1项规定的时效期间即行中止。 从承运人将关于全部或部分第46条赔偿请求的通知赔偿请求人之日起，或从本协定第46条赔偿请求第7项规定的期间满时起（如对赔偿请求未予答复），时效期间仍然继续。 以同一理由重复提出的赔偿请求，不中止本条第1项规定的时效期间。 第4项 时效期间已过，可作为拒绝要求的理由。
承运人之间的关系	第49条 结算	§1 任何承运人，在收取了或应该收取了承运合同引起的收费或其他费用后，无论是在出发还是在到达时收取的，都必须向有关的承运人支付他们各自应得的那一份收费。支付方法应通过承运人之间的协议确定。 §2 第12条也应适用于承运人间缔结的关于清算关系的协议	第35条 承运人之间的清算	第1项 如果承运人已收到或应该收到由运输合同产生的，属于参加运送的其他承运人应得的运送费用，则他必须将这些支付给这些承运人。 第2项 承运人间由于适用本协定所发生的清算事宜，根据承运人间缔结的关于清算办法的协议办理

续上表

条款	《国际货约》	条文	《国际货协》	条文
承运人之间的关系	第50条 追索权	§1 依据本统一规则已支付赔偿金的承运人,依据以下规定,对其他参与运输的承运人有追索权: a) 造成损失的承运人应对所造成的损失独自担责; b) 由多位承运人造成损失,每位承运人应分别对自己所造成的损失负责。无法区分的,应依据c) 分项分摊赔偿金; c) 如果不能证明是由哪位承运人造成损失,参与运输的所有承运人应分摊赔偿金,除非能证明该损失不是由其造成。赔偿金应按照各承运人所得运费的比例进行分摊。 §2 在某一承运人无法偿付的情况下,应由其承担却未能支付的部分按照各承运人所得运费的比例在所有其他承运人间分摊。	第36条 承运人之间已付赔偿款额的返还要求	第1项 在本协定规定的情况下并根据本协定向发货人、收货人支付了赔偿款的承运人,有权向参加运送的其他承运人提出返还赔偿要求,即: 1. 如损失的原因是由于一个承运人的过失造成,则该承运人为此负完全责任; 2. 如损失是由于参加运送的数个承运人的过失造成,则每一承运人各自对其造成的损失负责; 3. 如不能证明损失是因一个或数个承运人过失所造成,则承运人责任分摊办法,由其间按商定责任分担分摊,除非能证明损失不是由其过失所造成的承运人除外。如承运人间的责任分担按该批货物在各承运人进行运送时实行经营的运价公里比例分担,但能够证明每一承运人过失所造成的损失的承运人除外。 第2项 在返还因货物运到逾期的赔偿款时,如因数个承运人的过错而发生货物运到逾期,则应根据第45条"货物运到逾期的赔偿额"第2项的规定,按运送全程的总逾期日数,确定计算逾期日数,并按运费计算逾期的每一承运人所收的运费计算
	第51条 追索程序	§1 在已依法确定赔偿金额,且被追索的承运人已被正式传唤并依据第50条行使追索权所给出的合理性提出异议。法官应确定送达诉讼通知和介人诉讼程序的给予时限。 §2 行使追索权的承运人必须对未与其达成和解的所有承运人在唯一同一诉讼中提出请求,否则他将对未被传唤的承运人丧失追索权。	第36条 承运人之间已付赔偿款额的返还要求	第3项 如赔偿业经司法机关判决,并且受理还赔偿要求的承运人事先已经得知司法机关的审理,对于提出返还要求的承运人所付的赔款是否正确,无权争辩。 第4项 关于返还赔偿请求按赔偿请求已付款额的实际支付之日起75天以内提出。关于司法机关判决应付款额的返还赔偿要求,应从该判决生效之日起75天以内提出

续上表

条款	《国际货约》	条文	《国际货协》	条文
承运人之间的关系	第51条 追索程序	§3 法官必须在唯一且同一个判决中对所有追索权索赔做出裁决。 §4 欲行使追索权的承运人必须向参与运输的承运人之一的主要营业场所，或分支机构所在地国家的司法机构或签署运输合同的代理机构所在地国家的司法机构提起诉讼。 §5 如果对多名承运人提起诉讼，行使追索权的承运人应在§4所述有资格的承运人的司法机构中选择其提交诉讼的司法机构。 §6 追索诉讼不可与运输合同权利人的赔偿诉讼一并提出	无	—
	第52条 追索权协议	承运人之间可以自由达成违背第49和第50条的条款	无	—

附录3 统一铁路法的法律规定

第1章 一般规定

第1条 适用范围

§1 本法律制度适用于铁路货物运输合同。

  1. 当货物接收地和指定交货地位于本法律制度缔约国的两个不同国家时,以及

  2. 如果运输合同规定合同受本法律制度管辖,以及

  3. 如果CIM或SMGS的规定或缔约国之间的双边或多边协议均不适用于全程合同。

§2 运输合同还可以规定,本法律制度适用于除国际铁路运输(多式联运)以外的其他运输方式进行的运输作业。

  1. 如果该协定不与管辖此种额外运输的任何国际条约相抵触,以及

  2. 除非其法律适用于该多式联运合同的缔约国已宣布将不对该法律适用于多式联运合同。

§3 两个或两个以上缔约国可订立协议,宣布本法律制度适用于其国家之间的铁路运输合同,但在第1款和第2款规定以外的其他情况下适用。

第2条 定义

在这个法律制度中:

  1. "运输合同"指承运人根据本法律制度规定的条件承运货物并将货物交付收货人的合同。

  2. "承运人"指合同承运人或后续承运人。

  3. "合同承运人"指与托运人订立运输合同的承运人。

  4. "后继承运人"指承运人未与托运人订立运输合同,但凭托运单接收货物的行为而成为运输合同的一方。

  5. "发货人"指与合同承运人订立运输合同的人。

  6. "合同各方"指承运人和发货人。

  7. "收货人"指承运人必须按照合同向其交付货物的人。

8."有权享有的人"指有权处置货物的人。

9."货"指承运人根据运输合同承诺运输的各种货物、商品和物品,包括非由承运人或其代表提供的包装、任何设备和联运装置。空车也可以被视为货物。

10."寄售"是指根据单一运输合同将要运输的全部货物。

11."托运单"指确认运输合同的订立和内容的文件。

12."电子托运单"是指以电子通信形式建立并保证电子通信的真实性和完整性的托运单。

13."与运输有关的费用"是指为履行合同而合理和必要的,从订立合同到交付所发生的运输费用和伴随费用、关税和其他附加费用。

14."运费"指为履行运输合同而应支付给承运人的合同报酬。

15."关税"指依法有效或由承运人的服务成本决定的承运人定价制度,在此基础上形成运输合同项下的运费水平。

16."危险品"指根据 RID 或 SMGS 附件 2 的规定,不得或仅在可能运输的条件下运输的任何材料和物质。

17."联运单位"指用于联运货物运输的集装箱、可运输罐或平板、交换体、半挂车或其他类似装载装置。

第 3 条 强制性法律

§1 除本法律制度另有规定外,运输合同中任何有损于本法律制度的规定均无效。此种规定的无效,不涉及当事人约定的运输合同其他条款的无效。

§2 然而,承运人可以承担比本法律制度规定的更大的赔偿责任和更重的义务。此外,托运人根据第 7 条和第 11 条应支付的赔偿,可通过减少第 1 款而受到数额限制,但不得少于承运人根据本法律制度有权就货物全损而援引的数额。

第 4 条 公法规定

这一法律制度只适用于运输合同当事人因该合同而产生的权利和义务。本法律制度适用的运输仍应遵守公法的规定,特别是规范的公法规定。

1. 危险货物的安全运输以及其他安全问题;
2. 海关手续;
3. 保护动物。

第 2 章　运输合同的订立和履行

第 5 条　运输合同

§1 根据运输合同,承运人有义务将货物运至目的地并交付收货人。根据第 8 条要求,发货人有义务支付与运输有关的费用。

§2 运输合同应当以托运单确认。铁路部门的有关国际协会可共同制定托运单的标准模式,同时考虑到海关事项。

对于一批货物,即使货物的全部由几个部分组成或是用几辆货车运输,也只能开出一张运单。

运单的不存在、不正常或丢失不应影响运输合同的存在或有效性,运输合同仍应遵守本法律制度。

§3 托运单由托运人和合同承运人签名。作为签名,可以使用印记、印章或会计机条目。

承运人必须以适当的方式在托运单上证明货物的接收,并将拟交给托运人的托运单正本交还托运人。

§4 托运单可以电子通信的方式建立或者使用。电子托运单的使用应由参与货物运输的各方商定。具有与托运单相同功能的电子记录应视为等同于托运单,但必须始终保证记录的真实性和完整性。

第 6 条　托运单的内容

§1 托运单必须载明下列事项:

　　(a)发出日期及地点;

　　(b)发货人的姓名或名称及地址;

　　(c)合同承运人的名称和地址;

　　(d)货物实际移交给的人的姓名或名称和地址,如果他不是合同承运人;

　　(e)接收货物的地点和日期;

　　(f)指定的交货地点;

　　(g)收货人的名称和地址;

　　(h)对货物的性质和包装方法的说明,如属危险货物,则为一般公认的说明;

　　(i)包装件数及其特殊标志和编号;

　　(j)运载该批货物的货车的数目;

(k)如果使用联运单位,则应说明其类别、数量或其他识别所必需的特征;

(l)以其他方式表示的货物的总质量或数量;

(m)海关或其他行政当局要求的、附在运单上或由承运人在正式指定的当局或合同中指定的机构的办事处处置的文件的详细清单;

(n)运输费用和与运输有关的其他费用由收货人支付。

§2 在适用的情况下,托运单还必须包含以下细节:

(a)托运人承诺支付的与运输有关的运输费用和其他费用;

(b)约定的交货时间;

(c)商定的路线;

(d)交给承运人的§1(m)款中未提及的单证清单;

(e)托运人提供的有关其在货车上所附封条的数目及说明的资料;

(f)有关处理包括危险品在内的货物的具体规定的补充资料。

§3 当事人认为有用的有关运输的其他事项,可以在托运单上记载。

第7条 发货人的责任

§1 托运人应对承运人因下列原因而遭受的一切费用、损失或损害负责:

(a)托运人或其代表在托运单或第12条所述其他文件中所作的记项不正确,或

(b)托运人没有提供关于公认的危险货物说明的必要资料。

§2 托运人在有过错的范围内,还应当对承运人因托运人未提供有关货物处理的具体要求的必要资料而遭受的一切费用、损失或者损害承担责任。

§3 托运人未披露货物的危险性质或者与货物装卸有关的具体要求的,承运人可以根据情况和潜在风险的需要,随时卸下或者销毁货物或者使其无害化。在这种情况下,承运人可以就所采取的措施所必需的费用提出索赔,并且没有义务就货物的灭失或损坏支付赔偿。

§4 承运人知道货物的危险性质或者接收货物的具体要求的,不得要求赔偿费用或者费用,并有义务依照第19条的规定赔偿货物的灭失或者损坏。

第8条 支付与运输有关的费用

§1 除托运人与承运人另有约定外,运输费用由托运人支付;其他与运输有关的费用,因承运人不能控制的情形造成的,由托运人支付。除另有约定外,承运人有权在运输开始前要求收取运输费用。

§2 如果收货人没有根据第 14 条 §2 和 §3 取得托运单,也没有根据第 15 条取得交货,也没有主张其权利,也没有根据第 15 条修改运输合同,根据发货人与承运人之间的协议,则发货人仍应负责支付这些费用。

§3 如果运输费用是根据运价计算的,则计算应以在订立运输合同之日有效的运价为基础,并以根据国际运输适用运价确定的货币为基础。运输费用由每一参与承运人根据其路线的区段以及其定价制度和费率分别计算。

§4 必须向承运人偿还与运输有关的所有费用,这些费用在适用的运价中是不可预见的,是由承运人无法控制的情况造成的。这些费用在每批货物发生之日分别登记,并由相关文件证明。

第 9 条　审查

§1 承运人有权检查运输条件是否得到遵守,托运是否与托运人在托运单上的记项相符。如果检查涉及托运货物的内容,应尽可能在有权的人在场的情况下进行;如果不可能,承运人应要求两名独立证人在场,除非检查所在国的法律和规定另有规定。

§2 如果托运货物与托运单上的条目不符,或者没有遵守公法的规定,则必须在托运单上输入检查结果。在这种情况下,如果没有立即支付检验费用,检验费用应从货物中扣除。

§3 托运人装载货物时,有权要求承运人检查货物及其包装的状况,以及托运单上关于包装件数、标记和编号以及货物毛重或者以其他方式表示的数量的说明的准确性。承运人只有在有适当的方法进行检验时,才有义务进行检验。承运人可以要求支付检验费用。检验结果应记录在运单上。

第 10 条　运单的证据价值

§1 根据第 5 条 §3 签署的托运单,除有相反证明外,应为运输合同的订立和条件以及承运人对货物的接收的初步证据。

§2 如果根据第 5 条 §3 签署的运单中没有承运人的具体保留,则在没有相反证据的情况下,假定货物及其包装在被承运人接收时显然处于良好和适当的运输状态。

§3 如果承运人已装载货物或对货物进行了检验,则除相反证明外,运单应为运单上所示货物及其包装状况的初步证据,或者在没有此种迹象的情况下,它们在被承运人接管时的明显良好和适当的状况,以及托运单上关于包装件数、标记和号码以及货物总质量或以其他方式表示的数量的陈述的准确性。

但是,在没有合理保留的情况下,即使没有相反证明,也不能将其作为表面证据。

第 11 条　包装、装载

§1 托运人对因货物包装、标签有缺陷或者标记有缺陷而造成的任何损失、损坏和费用,应当向承运人承担责任,除非该缺陷在承运人接收货物时是明显的或者承运人知道的,并且托运人对该缺陷不作任何保留。

§2 托运人应对其进行的有缺陷装载所造成的一切后果负责,特别是必须赔偿承运人因此而遭受的损失或损害,除非该缺陷在承运人接管货物时是明显的或承运人知道的,并且托运人对此不做保留。托运单上没有装货物的人的资料的,视为托运人已装。

§3 如果货物的包装、标签或装载明显或已知有缺陷,承运人可以根据具体合同条件接受货物运输。

第 12 条　办理行政手续

§1 为办理货物交付前必须办理的海关手续或者其他手续,托运人应当将必要的单证附在托运单上或者提供给承运人,并应当事先以电子通信或者其他方式向承运人提供所需的全部资料。

§2 承运人没有义务检查这些文件和这些资料是否正确和充分。托运人对因缺少、不充分或者不符合规定而造成的损害,应当向承运人承担赔偿责任,但因承运人的过失造成损害的除外。

§3 承运人应对所提供的单证的缺失或不正确使用所造成的任何损害负责,除非单证的缺失或不正确使用是由于承运人无法避免的情况和他无法防止的后果造成的。承运人应当支付的赔偿不得超过货物损失时规定的赔偿额。

第 13 条　交货期

承运人应当在运输合同约定的时间内交付货物。未约定交付时间的,应当在承运人合理要求的时间内交付,并考虑运输情况。

第 14 条　交付

§1 在交货地点,承运人应在收到并支付根据运输合同应支付的所有款项后,将运单交给收货人。

§2 货物损失成立或者货物毁损、迟延交付的,收货人有权以自己的名义向承运人强制执行运输合同规定的权利或者补偿。

§3 在其他方面,货物的交付应按照目的地有效的要求进行。

§4 本法律制度不影响承运人根据运输合同或适用法律可能存在的保留货物以确保支付应付款项的权利。

第15条　货物处分权

§1 发货人有权处分货物,并有权通过下达后续命令修改运输合同,特别是要求承运人停止运输中的货物,或者不交付货物,或者在货物接收地交还货物,或者改变交货地点,或者将货物交付给运单上注明的收货人以外的收货人。

§2 托运人的处分权应当按照托运人在托运单上载明的时间移交给收货人。除发货人另有约定外,货物到达目的地后,处置权转移给收货人。

§3 如果收货人在行使其处置权时已下令将货物交付给另一人,则该另一人无权命名其他收货人。

§4 收货人或者收货人指定的其他人从承运人取得托运单,接受货物或者要求交付货物的,处分权消失。

第16条　货物处分权的行使

§1 有权修改运输合同的人必须向承运人发出必要的指示。如果托运单有此规定,则有权的人必须向承运人出示其托运单原件,并在其上输入新的指示。

§2 除非有可能、合法和合理的要求,承运人没有义务执行指示。特别是,指示不得干扰承运人承诺的正常工作,也不得损害其他托运的托运人或收货人。任何指示均不具有分批装运的效力。

§3 因本条§1和§2的规定,承运人不执行收到的指示时,应当立即通知发出指示的人。

§4 如果承运人有过失,没有适当执行本条规定的指示的承运人,应对有权给承运人提起任何损失或损害的人负责。如果在§1第2句中提到的情况下,承运人在不要求出示托运单正本的情况下执行了指示,则他应对有权对承运人提起任何损失或损害的人承担责任。由此造成的应付赔偿金不得超过货物丢失时的赔偿额。

§5 除非承运人有过错,承运人有权要求支付额外的运输费用和执行指示所产生的费用。

第17条　妨碍运输和交付的情形

§1 货物被承运人接收后,明显不能按照合同履行运输或者交付的,承运人应当向有权的人请示,或者在情况不利于交付的情况下,向托运人请示。在减损第一句时,如果货物到达目的地国后明显不能按照运输合同进行运输,承运人应向收货人请求指示。

§2 如果收货人已指示将货物交付给另一人,则本条§1应适用,如同收货人是发货人而另一人是收货人一样。

§3 通过变更航线可以避免妨碍运输的情形的,承运人应当决定是否应当变更或者是否符合有权向其请求指示的人的利益。

§4 如果在托运人向承运人发出指示之前,不再存在妨碍交货的情况,则应将货物交付给收货人。应立即通知发货人。

第 18 条　妨碍运输和交付情况的后果

§1 承运人有权就其请求指示或执行指示所引起的费用或他已根据第 17 条§3 作出决定的事实得到赔偿,除非此种费用是由其过失引起的。承运人特别可以追偿适用于所遵循的路线的运输费用,并应当允许适用于该路线的交货时间。

§2 如果承运人不能在考虑到货物的不同情况的合理时间内获得合法和合理的指示,他应采取可能符合有权享有货物的人的最佳利益的措施。例如,他可以将货物退回发货人或为有权的人卸货。因此,运输应被视为结束。然后,承运人应代表有权享有货物的人持有货物。同时他可将其委托给第三方,在该情况下,除在选择该第三方时行使合理谨慎外,他无须承担任何责任。根据运输合同应支付的费用和所有其他运输费用仍应向货物收取。

§3 如果货物的易腐性或状况证明这是合理的,或者如果储存费用与货物的价值不相称,承运人可以在不等待有权人指示的情况下出售货物。在其他情况下,如果在规定的时间内没有收到有权作出相反指示的人的指示,承运人也可以着手销售货物;在这种情况下,承运人可以销毁不可用的货物。必须根据现行法律采取一切措施。

§4 如货物已售出,则在扣除应向货物收取的费用后,出售所得应交由有权支配的人支配。如果销售收入低于这些费用,承运人有权获得差额。

第 3 章　责任

第 19 条　责任基础

§1 合同承运人应对货物在接收时至交付时之间的全部或部分损失或损坏以及迟延交付所造成的损失或损坏负责。

§2 单个合同运输由后继承运人履行的,合同承运人和后继所有承运人的赔偿责任为连带责任。

§3 如果损失、损坏或迟延交付是由有权人的过失造成的,或者由有权人发出的指示造成的,而不是由承运人的过失造成的,或者是由于货物的固有缺陷造成的,或者是由于承运人无法避免的后果,则承运人应免除此责任。

第 20 条　货物损失推定

§1 有权对承运人提起诉讼的人,可以在交货期届满后三个月内,在不需要提供进一步证明的情况下,认为货物在未交付或者未到达收货人处交付时已经损失。

§2 该人在收到丢失货物的赔偿后,可以书面要求,如果货物在支付赔偿金后一年内被追回,应立即通知他。承运人应当书面承认该请求。

§3 在收到此种通知后 30 天内,有权对承运人提起诉讼的人,可以要求在支付运输合同所产生的费用和退还所收到的赔偿金减去可能已包括的费用后,将货物交付承运人。其中,他应保留第 25 条规定的对迟延交货要求赔偿的权利。

§4 在没有§2 所述请求或在§3 规定的期限内发出指示的情况下,或者如果货物在支付赔偿金后一年以上被收回,承运人有权根据货物所在地现行的法律和规定予以处理。

§5 收货人接受追回货物的义务,应受指定交付地所在国的法律的约束。

第 21 条　损失赔偿

§1 如果货物全部或部分损失,承运人应在接管运输之日和地点赔偿货物的价值。如果部分货物已经交付,应从赔偿额中扣除留给有资格的人的价值。

§2 货物的价值应根据其被接管地点的市场价格确定,或者如果没有市场价格,则应根据相同种类和质量的货物的通常价值确定。如果货物是在即将被接管运输之前就已售出的,则应假定卖方发票上注明的购买价格减去运输中包含的运输费用即为市场价格。

§3 除非当事方根据第 3 条§2 另行商定,否则赔偿不得超过每千克毛重 17 个会计单位。

§4 承运人还应退还运输费、已经支付的关税和其他与运输有关的费用。如果部分货物已经交付,则以类推适用§1 第二句。

§5 如果联运运输单位或其可移动部件丢失,则赔偿额应限于该单位或其可移动部件在损失发生之日和当地的正常价值。如果无法确定损失的日期或地点,则赔偿应限于当日和承运人接管单位的通常值。如果丢失了空货车,则该空货车将根据运输合同作为货物运输。

§6 无须支付进一步的损坏。

第22条 账户单位

§1 第21条所指的账户单位是根据国际货币基金组织的指示定义的特别提款权。第21条所指的数额,应根据判决或裁决之日或当事各方协定之日的货币价值,换算成一国的本国货币。如果计算金额需要转换以外币表示的金额,则转换应采用当日和付款地点适用的汇率。

§2 就属于国际货币基金组织成员的该法律制度的缔约国而言,就本国特别提款权而言,其本国货币的价值应根据所采用的估值方法进行计算。由国际货币基金组织在有关日期对其业务和交易有效。按照本国非国际货币基金组织成员的法律制度,在特别提款权方面的缔约国本国货币的价值应由该国确定。

第23条 运输过程中的浪费责任

§1 对于因其性质通常仅由运输事实造成浪费的货物,无论路线的长度如何,承运人仅应承担以下浪费:

(a)液态货物或潮湿状态下托运的货物的质量的百分之二;

(b)干货质量的百分之一。

§2 如果在考虑到特定情况下证明损失不是由合理的免税额引起的,则不得援引§1规定的责任限制。

§3 如果在单个托运单上载运多个包裹,则在托运单上单独显示其托运质量或可以确定运输时的浪费时,应对每个包裹分别计算。

§4 如果发生货物全部丢失或包裹丢失的情况,则在计算赔偿额时不得扣除运输过程中的浪费。

§5 本条不得减损第19条§3的规定。

第24条 损害赔偿

§1 如果发生货物损坏,承运人应赔偿货物的价值损失。金额应根据专门知识或通过应用根据第21条§2定义的商品的价值来计算,而价值损失的百分比应在目的地处注明。假定降低和修复损坏的成本与价值损失相对应。

§2 承运人还应按本条§1规定的比例退还第21条§4规定的费用。

§3 赔偿额不得超过:

(a)如果全部货物因损坏而失去价值,则在全部损失的情况下应赔偿的金额;

(b)如果只有部分货物因损坏而损失了价值,则在受影响部分损失的情况下应支付的金额。

§4 如果根据运输合同将作为货物运输的空货车或联运运输单位或其可移动部件损坏,则赔偿应限于维修费用。§3 应类推适用。

§5 无须支付任何进一步的赔偿。

第25条 延误赔偿

§1 延误赔偿的,索赔人证明造成损害的,承运人应当赔偿不超过运输费用一半的赔偿。

§2 如果货物因部分丢失或损坏而丢失或价值损失,则不应支付延误赔偿。

§3 在任何情况下,延误的赔偿以及对货物的部分损失或损坏的赔偿均不得超过在货物全部损失的情况下应支付的赔偿。

§4 如果交货时间是通过协议确定的,则可以约定除§1中规定的其他形式的赔偿。如果在这种情况下,也超过了第13条所规定的交货时间,则有权对承运人提起诉讼的人可以要求协议中规定的赔偿或本条中规定的赔偿。

第26条 承运人负有责任的人

承运人在其职责范围内行事时,应对其使用的服务的仆人和其他人负责。经营在其上进行运输的铁路基础设施的经营者或机构,应被视为承运人为执行运输而利用其服务的人。

第27条 其他诉讼

§1 在适用本法律制度的所有情况下,仅在遵守本法律制度规定的条件和限制的情况下,才可以针对承运人提起任何与赔偿责任有关的诉讼。

§2 如果根据第26条对承运人应负赔偿责任的仆人或其他人提起诉讼,则也只能在本法律制度规定的条件和限制下提起诉讼。

第4章 理赔

第28条 损坏通知

§1 如果货物的部分损失或损坏是显而易见的,并且收货人或发货人最迟在交付货物时未通知损坏,则假定货物已在符合以下条件的情况下交付与合同。该通知必须充分清楚地说明损坏情况。

§2 在部分损失或损坏不明显的情况下,如果在交货后7天内未通知损坏,则也应适用§1所述的推定。

§3 如果收货人在货物交付后 60 天内未将延迟交付通知承运人,则延迟交付索赔将失效。

§4 如果在交付时通知损失、损坏或延误,则足以通知交付货物的人。交货后,任何损坏通知均应以文本形式(例如电子邮件)发送给承运人。在适用的通知期内发送就足够了。

第 29 条 索赔

§1 与运输合同有关的索赔必须以书面形式向可能对其提出诉讼的承运人提出。有权对承运人(索赔人)提起诉讼的人可以提出索赔。

§2 在对承运人提起诉讼之前必须提出索赔的,应继续遵守提起诉讼的国家/地区适用的法律。

§3 当索赔人为托运人时,必须出示托运单的正本。否则,他必须出示收货人的授权或提供收货人拒绝接受货物的证据。如有必要,托运人必须证明托运单正本的缺失或丢失。

§4 当索赔人为收货人时,如果移交给他,则必须出示用于货物陪同的托运单正本。

§5 索赔人认为适合随索赔一起提交的托运单和任何其他文件,必须以正本或副本的形式出示,如果承运人有此要求,副本应酌情得到适当证明。

§6 在解决索偿要求时,承运人可以要求以原始形式出示托运单,以便可以将其背书为已完成索偿。

§7 索赔人可以根据适用的国家法律,从将索赔书面发送给承运人之日起,或者(如果未提出索赔时)从提起法律诉讼之日起,要求赔偿利息。

第 30 条 对承运人提起诉讼的权利

§1 只要收货人或第三方没有根据 §2 享有的权利,或者存在阻止交付的情况,则托运人可以提起诉讼。

§2 收货人有权根据第 15 条处置货物之时提起诉讼。第一句适用于收货人以外的其他人,但前提是该人已获得货物处置权。

§3 根据运输合同追回已付款项的诉讼只能由付款人提出。

第 31 条 可以对其提起诉讼的承运人

§1 根据运输合同提起的诉讼可以针对合同承运人或已交付货物的承运人,也可以针对履行该事件的部分承运人引起诉讼的发生。

§2 可以向已收取该款项的承运人或代其收取的承运人提起根据运输合同追回的款项的诉讼。

§3 在基于同一运输合同的与主要索偿有关的诉讼中,通过反诉或例外方式提起诉讼可对另一承运人提起诉讼。

§4 如果原告可以在多个承运人之间进行选择,则他对任何承运人提起诉讼后,其选择权应立即消失。

第5章 承运人之间的关系

第32条 账目结算

任何承运人在启程中或到达时已经收取或应收取的运输合同产生的费用或其他费用,必须向有关承运人支付各自的份额。付款方式应由运营商之间的协议确定。

第33条 追索权

§1 根据本法律制度已支付赔偿金的承运人,对根据以下规定参加运输的承运人具有追索权:(第33条第1款)

(a) 造成损失或损害的承运人应全权负责;

(b) 如果损失或损害是由数个承运人造成的,则每个承运人应对其造成的损失或损害承担责任;如果无法区分,则应按照(c)在其之间分配赔偿;

(c) 如果无法证明是哪个承运人造成了损失或损坏,则应赔偿参加该运输的所有承运人之间的赔偿,但证明损失或损坏不是由他们造成的除外。这种分摊应按其各自的运输费用份额成比例。

§2 如果其中任何一家承运人破产,应将应付给他的未付份额按参加运输的其他所有承运人的比例分摊。

第34条 关于追索权的协议

承运人可以订立减损第32条和第33条的协议。

附录4　统一铁路法与其他法律条文的对比

统一铁路法法律条文草案(URL)	CIM 1999、SMGS 2015、URL 2015 的比较备注摘要
项目1 适用范围	
第一条　适用范围 §1 本法律制度适用于铁路货物运输合同。 1. 当货物接收地和指定交货地位于两个不同的缔约国时本法律制度的缔约方,以及 2. 如果运输合同规定合同受本法律制度管辖,以及 3. 如果 CIM 或 SMGS 的规定或缔约国之间的双边或多边协议均不适用于全程合同。 §2 运输合同还可以规定,本法律制度适用于除国家间铁路运输(多式联运)以外的其他运输方式进行的运输作业。 1. 如果该协定不与管辖此种额外运输的任何国际条约相抵触,以及 2. 除非其法律适用于此种多式联运合同的缔约国声明其将不适用于多式联运合同的这一法律制度。 §3 两个或两个以上缔约国可订立协议,宣布本法律制度适用于其国家之间的铁路运输合同,但在第1款和第2款规定以外的其他情况下适用	如果运输合同仅涵盖 CIM 区域(或 SMGS 区域)内的运输,则 CIM(或 SMGS)适用。因此,从 CIM 区域到 SMGS 区域(或反之亦然)的传输需要 CIM 区域中的 CIM 合同和 SMGS 区域中的 SMGS 合同,并在两个区域的边界重新签署。如果只有一个贯穿合同涵盖两个领域(未经重新签署),CIM 和 SMGS 都不适用。 如果 CIM 和/或 SMGS 适用,则 URL 不适用。因此,URL 需要一个贯穿两个领域的合同,而不需要在 CIM 和 SMGS 之间的边界进行重新签署;合同各方必须同意,他们的合同受 URL 的约束。 CIM、SMGS 和 URL 以不同的方式包括多式联运: CIM 包括在某些情况下的公路、内河或海上运输; SMGS 包括国际直达铁路轮渡交通; URL 除了在某些情况下的国际铁路运输外,还包括其他运输方式。 CIM、SMGS 和 URL 对它们在特殊情况下的适用性有不同的规定

续上表

统一铁路法法律条文草案（URL）	CIM 1999、SMGS 2015、URL 2015 的比较备注摘要
项目 2 定义 1."运输合同"是指承运人承诺在本法律制度规定的条件下凭付款方式运输货物并将货物交付收货人的合同。 2."承运人"是指合同承运人或后续承运人。 3."合同承运人"是指与托运人订立运输合同的承运人。 4."后继承运人"是指未与托运人订立运输合同，但因凭托运单接收货物的行为而成为运输合同一方的承运人。 5."托运人"是指与合同承运人订立运输合同的人。 6."合同当事人"是指承运人和发货人。 7."收货人"是指承运人必须按照合同向其交付货物的人。 8."有权人"是指有权处置货物的人。 9."货物"是指承运人承诺在合同运输条件下运输的各种货物、商品和物品，包括非由承运人或其代表提供的包装、任何设备和联运单位。空车也可以被视为货物。 10."托运"是指根据单一运输合同将要运输的全部货物。 11."托运单"是指确认运输合同的订立和内容的单据。 12."电子托运单"是指以电子通信形式建立的托运单，该托运单保证电子通信的真实性和完整性。 13."与运输有关的费用"是指运输费用、杂项费用、关税和其他为履行合同合理必要的额外费用。 14."运输费"是指应支付给履行运输合同的承运人。 15."资费"是指具有法律效力或由运营商的服务成本决定，形成了运输合同项下的运费。 16."危险品"是指任何物质和物质，根据 RID 或 SMGS 附件 2 的规定，不得或仅在一定条件下可能会被运输。 17."多式联运单位"是指集装箱、可运输的储罐或平板式、交换式车身、半挂车或其他类似的装载单元多式联运中的货物运输	SMGS 和 URL 有许多可供使用的定义，而 CIM 只有四个定义。 尽管措辞不同，但三个法律制度中的定义在使用同一术语时基本上是相同的。 SMGS 中的一些定义不会在 URL 中出现，而是很自然的。URL 没有处理"罚款（罚款）"和"密封"项。 SMGS 和 URL 不知道在 CIM 中可以找到的"替代载体"。关于 SMGS 和 URL，替代载体只是一个"承运人对其负有责任的人"（参见 SMGS 第 38 条和 URL 第 26 条）

续上表

统一铁路法法律条文草案（URL）	CIM 1999、SMGS 2015、URL 2015 的比较备注摘要
项目 3 强制性法律、公法或国内法的适用	
第三条　强制性法律 §1 除本法律制度另有规定外，运输合同中任何有损于本法律制度的规定均无效。此种规定的无效，不涉及当事人约定的运输合同其他条款的无效。 §2 然而，承运人可以承担比本法律制度规定的更大的赔偿责任和更重的义务。此外，托运人根据第7条和第11条应支付的赔偿，可通过§1减损规定而受到数额限制，但不得少于承运人根据本法律制度有权就货物全损而援引的数额。 第四条　公法规定 这一法律制度只适用于运输合同当事人因该合同而产生的权利和义务。本法律制度适用的运输仍应遵守公法的规定，特别是关于： 1. 危险货物的安全运输以及其他安全问题， 2. 海关手续，或 3. 保护动物	原则上，约定（CIM 和 SMGS）和 URL 都是强制性的。因此，在运输合同当事人约定使用 URL 作为其全程合同的法律基础后，就必须遵守这一法律制度。 例外情况下，CIM 和 URL 允许承运人扩大其责任和义务，偏离适用的法律制度。此外，URL 允许对发货人的责任进行限制。SMGS 允许承运人根据特殊合同条款确定其对货物灭失或损坏的责任的一般豁免。这一豁免在实践中的相关性应当得到澄清（另见下文《标准管理办法》第8条）。 URL 对各类货物运输的补充规定和特殊条件未做明确规定。但在一些条款中，该法律制度指的是双方已达成一致的条件（参见第6条§3、第8条§1和2、第13条或第14条§4URL）。当然，合同自由作为 URL 的基础，允许合同当事人在不违反法律制度的情况下，详细界定合同的条件和履行。需要重申的是，只有符合 CIM 和 SMGS 不适用的全程运输合同的 URL，双方才会选择该 URL。 即使第9条仅提及危险货物的运输，也应假定适用该条的运输也仍受公法规定的约束。 URL 一般不像 CIM 和 SMGS 那样引用国家法律。但在这一新的法律制度中，有一些条款在特殊情况下提及国内法（参见第9条§1、第14条§4、第18条§3、第20条§4和第5条、第29条§2和7）。CIM 和 SMGS 在一些情况下也涉及国家法律

续上表

统一铁路法法律条文草案（URL）	CIM 1999、SMGS 2015、URL 2015 的比较备注摘要
项目4 运输合同	
第五条　运输合同 §1 根据运输合同,承运人有义务将货物运至目的地并交付收货人。除第8条另有规定外,托运人有义务支付与运输有关的费用。 §2 运输合同应当以托运单确认。 §2第2句： 铁路部门的有关国际协会可共同制定托运单的标准模式,同时考虑到海关事项。 对于一批货物,即使货物的全部由几个部分组成或是用几辆货车运输,也只能开出一张运单。 §2第3小段： 运单的不存在、不正常或丢失不应影响运输合同的存在或有效性,运输合同仍应遵守本法律制度。 §3 托运单由托运人和合同承运人签字。作为签名,可以使用印记、印章或会计机条目。 承运人必须以适当的方式在托运单上证明货物的接收,并将拟交给托运人的托运单正本交还托运人。 §4 托运单可以电子通信的形式建立或使用。电子托运单的使用应由参与货物运输的各方商定。具有与托运单相同功能的电子记录。 §2第3句： 只要记录的真实性和完整性在任何时候都得到保证,则视为等同于托运单	《海上货物运输规则》第7条似乎是对货物运输合同前阶段的履行情况的描述。CIM 和 URL 下不应该有其他内容,尽管这些法律制度没有提到运输的预合同阶段。 根据这两项公约和新的法律制度,运输合同以合同当事人之间的协议为基础。接收货物和/或运单不是运输合同的一个条件。 只有 SMGS 仍然包含运输货物的法律义务,而根据 CIM 和 URL,只存在合同义务。 此外,除非运输合同各方同意 URL 的适用性,否则 URL 不适用。 托运单不是运输合同的一个条件,但它确认了即使不能向法院或法庭提交托运单也存在的合同。 即使尚未就 URL 建立托运单的标准模式,货物运输也可以由 URL 管辖。双方可使用寄售票据的现有模型之一（例如 CIM/SMGS 寄售票据;参见 SMGS 第13条）并添加"URL"。 SMGS 没有提及运单的"不存在",但根据三种法律制度,运单的"损失"不应影响运输合同的存在或有效性,运输合同只能由运单"确认"。 SMGS 第14条§6提到了运输的必要准备。在 CIM 和 URL 下同样有效

续上表

统一铁路法法律条文草案(URL)	CIM 1999、SMGS 2015、URL 2015 的比较备注摘要
项目5 托运单的内容	
第六条 运单内容 §1 托运单必须包含以下细节： (a)托运日期和地点； (b)托运人的名称和地址； (c)合同承运人的名称和地址； (d)如果货物不是合同承运人，则已有效移交给货物的人的名称和地址； (e)接收货物的地点和日期； (f)指定的交货地点；(参见§2 c) (g)收货人的名称和地址； (h)关于货物性质和包装方法的描述，以及在涉及危险货物的情况下，对其一般公认的描述； (i)包装件数及其特殊标志和编号； (j)托运货物的货车数量； (k)如使用联运装置，其种类、号码或识别所需的其他特征； (l)以其他方式表示的货物的总质量或数量； (m)海关或其他行政当局要求的文件的详细清单，该清单应附在托运单上或由承运人处置，由承运人在适当指定的当局或合同指定的机构的办公室存放； (n)必须由收货人支付的运输费用和与运输有关的其他费用。 §2 在适用的情况下，托运单还必须包含以下细节： (a)托运人承诺支付的运输费用和其他与运输有关的费用； (b)约定的交货时间； (c)商定的路线； (d)交给承运人的§1m 中未提及的单证清单； (e)托运人就其在货车上所附封条的数目及种类而提供的资料； (f)关于与货物(包括危险货物)装卸有关的具体要求。 (参见§2 e) §3 当事人可以在托运单上记载其认为有用的其他有关运输的事项	公约和 URL 在运单上输入的细节没有太大差异。它们都区分了在任何情况下都必须输入的细节(§1)和在适用或适当的情况下必须输入的细节(§2)。此外，根据 CIM 和 URL，当事方还可以在托运单中输入他们认为有用的与运输有关的其他详细信息(§3)。 CIM／SMGS 托运单对于在 URL 下运输货物也可能有用

续上表

统一铁路法法律条文草案（URL）	CIM 1999、SMGS 2015、URL 2015 的比较备注摘要
项目6 发货人的责任	
第七条　托运人的责任 §1 托运人应对承运人因以下原因而承担的一切费用、损失或损坏承担责任： （a）托运人或代表托运人在托运单或所涉及的其他文件中所作的记项第12条中的规定有误，或； （b）托运人未提供有关公认的危险货物描述的必要信息。 §2 由于托运人未提供有关搬运货物的特定要求的必要信息，托运人还应当对有过错的承运人承担全部责任，包括承运人承担的所有费用、损失或损坏。 §3 托运人未披露货物的危险性质或者与货物装卸有关的具体要求的，承运人可以根据情况和潜在风险的需要，随时卸下或者销毁货物或者使其无害化。在这种情况下，承运人可以就所采取的措施所必需的费用提出索赔，并且没有义务就货物的灭失或损坏支付赔偿	三种法律制度之间没有实质性差异。 第16条§2 SMGS的消息在CIM和URL下也应有效。 与CIM和URL不同，SMGS在某些情况下包含罚款
项目7 支付与运输有关的费用	
第八条　与运输有关的费用的支付关于费用的支付 §1 除托运人与承运人另有约定外，运输费用由托运人支付；其他与运输有关的费用，因承运人不能控制的情形造成的，由托运人支付。 §1 第2句： 除非另有协议，否则承运人有权在开始运输之前要求运输费用。 §2 当根据发货人与承运人之间的协议，收货人应支付与运输有关的费用时，如果收货人未持有托运单或尚未收货，发货人仍应负责支付费用 根据第14条§2和§3主张其权利，也未根据第15条修改运输合同。	关于费用的支付，这三个法律制度包含合同自由。 CIM仅在第3条第c款中的"一般运输条件"的定义中提及"关税"，而在SMGS中，运输费用的计算是基于关税的。URL尊重SMGS的解决方案。

续上表

统一铁路法法律条文草案（URL）	CIM 1999、SMGS 2015、URL 2015 的比较备注摘要
项目7 支付与运输有关的费用	
§3 如果运输费用是根据关税计算的，则计算应以在订立运输合同之日有效的关税为基础，并以根据国际运输适用关税确定的货币为基础。 （第8条§3）第2句： 运输费用由每一参与承运人根据其航线区段和其定价系统和费率分别计算。 §4 必须向承运人偿还与运输有关的所有费用，这些费用在适用的运价中是不可预见的，并且是由承运人无法控制的情况造成的。这些费用在每批货物发生之日分别登记，并由相关文件证明。 第十八条§1 第2句： 承运人特别可以追偿适用于下列路线的运输费用……	只有 CIM 允许货到付款（另请参见 CIM 第44条§4,第45条§4,第48条§1） 由于根据 SMGS,运输费用应根据关税计算,因此 SMGS 中的相应规定比 CIM 和 URL 中的规定更为详细
项目8 考试	
第九条　审查 §1 承运人有权检查是否已遵守运输条件，以及托运货物是否与托运人在托运单上的记载相对应。如果检查与托运的内容有关，则应在有资格的人员在场的情况下尽可能地进行；在不可能的情况下，承运人应要求两名独立证人在场，除非进行检查的国家的法律和规定另有规定。 §2 如果托运货物与托运通知书中的条目不符，或者未遵守公法规定，则必须在托运通知书中输入检查结果。在这种情况下，如果尚未立即付款，则应从货物中收取检验费用。 §3 托运人装载货物时，他有权要求承运人检查货物的状况及其包装，以及托运单上关于包装数量，包装数量的声明的准确性。标记和编号，以及商品的毛重或其他表示的数量。承运人只有在有适当手段进行检查的情况下才有义务进行检查。承运人可以要求支付检查费用。检查结果应记录在托运单上	由于 SMGS 不包含规定托运单证据价值的处方，因此 SMGS 中没有必要规定授权发货人要求承运人检查货物的条款

续上表

统一铁路法法律条文草案（URL）	CIM 1999、SMGS 2015、URL 2015 的比较备注摘要
项目9 运单的证据价值	
第十条　运单的证据价值 §1 根据第5条§1署的托运单应为表面证据，另加相反的证据，是运输合同和接管合同的条件和条件。货物由承运人。 §2 如果根据第5条§3签署的托运单中未包含承运人的具体保留，则假定没有相反的证据，则表明货物及其包装显然处于良好和适当的状态。目前已由承运人接管。 §3 如果承运人已装载或检查过货物，则托运单应为表面状况的初步证据，但相反的除外，应为托运单上指明的货物及其包装的状况，或没有这样的迹象，在承运人接管它们时，它们似乎还不错，情况适当，以及托运单中有关包裹数量，其标志和数量以及毛重的声明的准确性表示的货物或数量。但是，在没有合理保留的情况下，即使没有相反证明，也不能将其作为表面证据	SMGS 不包含处理托运单证据价值的处方
项目10 包装、装载、办理行政手续	
第十一条　装、装载 §1 托运人对因货物包装、标签有缺陷或者标记有缺陷而造成的任何灭失、损坏和费用，应当向承运人承担责任，除非该缺陷在承运人接收货物时是明显的或者承运人知道的，并且托运人对该缺陷不作任何保留。 §2 托运人应对托运人进行的装货有缺陷的一切后果承担责任，特别是必须赔偿承运人因托运人造成的损失或损害，除非托运人明显或已知的缺陷。承运人在他接管货物时，对此没有保留。如果托运单中没有关于装货人的信息，则托运人应将其视为已装货。 §3 如果出现明显的或已知的包装、标签或装载缺陷，承运人可以在特定的合同条件下接受运输。	CIM 和 URL 未指定货物的包装，标签和装载要求，但规定了发货人对包装，标签和装载有缺陷的责任（请参阅下文第11条，第45、46页）。

续上表

统一铁路法法律条文草案（URL）	CIM 1999、SMGS 2015、URL 2015 的比较备注摘要
项目10 包装、装载、办理行政手续	
第十二条 办理行政手续 §1 为了在交付货物之前必须完成的海关或其他手续，托运人应将必要的文件附在托运单上或提供给承运人，并向承运人提供事先通过电子通信或其他方式获得他所需的所有信息。 §2 承运人没有义务检查这些文件和此信息是否正确和充分。托运人应对因缺少此类文件和信息而造成的任何损坏或对托运人负责，除非因托运人的过失造成损坏。 §3 承运人应对因提供给他的文件丢失或使用不当而造成的任何损害负责，除非文件的丢失或使用不当是由于勤奋的承运人无法避免的情况和后果他无法阻止。承运人应支付的赔偿金不得超过货物丢失时的赔偿金	CIM 包含有关完成行政手续的非常详细的规定
项目11 交货期	
第十三条 交货期 承运人应当在运输合同约定的时间内交付货物。未约定交付时间的，应当在勤勉承运人合理要求的时间内交付，并考虑运输情况	在交货期方面，三大法系均以合同自由为优先。如果没有约定交付时间，CIM 和 SMGS 会非常详细地调整交付时间，而 URL 则遵循 CMR 的更一般的规则
项目12 交付	
第十四条 交付 §1 承运人应在交付地点移交托运单，并将货物交付收货人，以根据运输合同接收并支付所有应付款。 §2 如果发现货物损失，或者货物损坏或延误交付，收货人有权以自己的名义对承运人强制执行运输合同所产生的任何权利或补救措施。 §3 在其他方面，应按照目的地的现行规定交付货物。 §4 本法律制度不影响承运人根据运输合同或适用法律可能存在的保留货物以保证应付款额的权利	SMGS 明确规定，即使部分货物丢失，收货人也必须支付全部运输费用。CIM 和 URL 包含相同的规定（"所有款项的支付"，请参见上文§1）。URL 的第 21 条 §4 和第 24 条 §2 以及 CIM 和 SMGS 的相应规定对费用的退还进行了规定。 必须将 CIM 的第 17 条 §4 与 CIM 的第 47 条联系起来考虑。 SMGS 包含关于承运人参与卸货的详细规定，而 CIM 和 URL 指的是目的地有效的规定；这可能导致相同的解决方案

续上表

统一铁路法法律条文草案（URL）	CIM 1999、SMGS 2015、URL 2015 的比较备注摘要
项目13 货物处置权 第十五条　处置货物的权利 §1 托运人有权通过发出随后的命令，特别是要求承运人停止运输途中的货物或不交付货物，来更改货物并修改运输合同。在收货地点将其交还给收货人，或更改交货地点或将其交付给收货单中未指定的收货人。 §2 托运人的处置权应在托运人在托运单中指定的时间移交给收货人。除非发货人另有规定，否则货物到达目的地后，处置权应移交给收货人。 §3 如果收货人在行使其处置权时已下令将货物交付给另一人，则该另一人无权指定其他收货人。 §4 当收货人或收货人指定的其他人已经从承运人手中取得了托运单并接受了货物或要求交付货物时，任何处置权均应予废除。 第十六条　货物处置权的行使 §1 如果有资格的人希望修改运输合同，则必须向承运人提供必要的指示。如果托运单如此规定，则有资格的人必须向承运人出示托运单的正本，并在该正本上输入新的说明。 §2 承运人没有义务执行指示，除非它们是可能的、合法且合理的要求。指示不得妨碍承运人的正常工作，也不得损害其他货物的发货人或收货人。… （第16条§2）句子2： 任何指示均不得分割货物。 §3 由于本条§§1和2的规定，承运人将不执行收到的指示时，应立即通知发出该指示的人。 §4 如果承运人有过失，没有正确执行本条规定的指示的，应对有权对承运人提起诉讼的人承担赔偿责任。如果在§1第2句中提到的情况下，承运人在不要求出示托运单正本的情况下执行指示，则对有权对承运人提起任何损失或损害的诉讼人负有责任。由此造成的应付赔偿金不得超过货物丢失时的赔偿额	在三种法律制度中，对货物的处置权都有不同的细节规定，特别是在该权利的消灭以及其从发货人到收货人的转移方面

续上表

统一铁路法法律条文草案（URL）	CIM 1999、SMGS 2015、URL 2015 的比较备注摘要
项目 13 货物处置权	
§5 除非承运人有过失，否则承运人有权要求支付额外的运输费用和因执行给定的指示而产生的费用	
项目 14 妨碍运输和交付的情况	
第十七条　禁止运输和交付的情形 §1 如果承运人接管货物后，显然不能按照合同进行运输或交付，应向有权交付的人或者有障碍交付情形的托运人请示。承运人减损第一句的意思是，货物到达目的国后，如果明显不明按照运输合同履行运输，应当向收货人请示。 §2 如果收货人已发出将货物交付给另一人的指示，则本条第1款应适用，就好像收货人是发货人而另一人是收货人一样。 §3 如果可以通过修改路线来避免阻碍运输的情况，则承运人应决定是否进行修改，或者是否符合有权向他要求指示的人的利益。 §4 如果在托运人向承运人发出指示之前尚未存在阻止交货的情况，则应将货物交付给收货人。应立即通知发货人。	在 SMGS 和 URL 中，防止运输和交付的情况是在一篇文章中规定的，而 CIM 包含关于这些项目的两篇文章。
第十八条　阻止运输和交付的情况的后果 §1 承运人有权就其请求指示或执行指示所引起的费用，或他已根据第17条§3作出决定的事实得到赔偿，除非此种费用是由其过失引起的。承运人特别可以追偿适用于所遵循的路线的运输费用，并应当允许适用于该路线的交货时间。 §2 如果承运人不能在合理的时间内考虑到货物的不同条件而获得合法合理的指示，则他应采取看来符合权利人最大利益的措施。他可以例如将货物退还给发货人或将其卸下来作为有权利的人的账户。随即，运输应视为已结束。然后，承运人应代表有资格的人持有货物。但是，他可以将其委托给第三方，在这种情况下，除了在选择该第三方时应谨慎行事外，他不承担任何责任。根据运输合同应支付的费用和所有其他运输费用应继续从货物中扣除。	CIM 和 URL 各包含一篇关于阻止运输和交付的情况的后果的单独文章，而 SMGS 仅在一篇文章中对这些项目以及运输和交付本身的障碍进行了规定，其详细程度低于 CIM 和 URL

续上表

统一铁路法法律条文草案(URL)	CIM 1999、SMGS 2015、URL 2015 的比较备注摘要
项目 14 妨碍运输和交付的情况	
§3 如果由于货物的易腐性质或状况是正当的,或者如果仓储成本与货物的价值不成比例,则承运人可以在不等待有资格的人指示的情况下出售货物。在其他情况下,如果他没有在合理时间内被合理地要求执行的有权利相反的指示的人收到他的指示,他也可以着手进行货物的销售;在这种情况下,承运人可能会销毁无法使用的货物。必须按照现行法律采取所有措施。 §4 如果货物已售出,则在扣除应收货物的费用后,出售收益应由有资格的人处置。如果销售收益少于这些成本,承运人应有权获得差额	
项目 15 责任	
第十九条 赔偿责任的基础 §1 合同承运人应对在接收货物和交付之间以及由于延迟而造成的全部或部分损失或损坏造成的损失或损坏承担责任。 §2 如果由单个合同管辖的运输是由后续承运人进行的,则合同承运人和所有后续承运人的责任应为连带责任。 §3 如果承运人的损失或损坏或延误是由于权利人的过失或由权利人给出的指示而不是由承运人的结果引起的,承运人应免除此责任。承运人的过错、货物的固有缺陷或承运人无法避免的情况以及他无法避免的后果。 第二十条 货物损失的推定 §1 有权对承运人提起诉讼的人,可以在货物交付期间满三个月内,未交付或到达交付给卖方的情况下,将货物视为损失,而无须提供进一步的证据。	CIM 和 SMGS 在承运人对丢失、损坏或交货延迟的责任方面具有共同的基础。但是,赔偿责任和赔偿的详细规定有所不同:SMGS 不知道赔偿额的限额,而 CIM 通常就货物的损失或损坏规定这样的限额。延迟交货的补偿规定不同(请参见下面的第 26 页)。 URL 提供了一个统一的解决方案,同时兼顾了两种法律制度的要素。结合下面的相应规定来解释细节。SMGS 没有明确提及后续承运人的责任,但是存在该责任。参加运输的承运人之间的追索权在"承运人之间的关系"一章中的三种法律制度中受到统一规定。与 URL 相比,CIM 和 SMGS 对责任的排除进行了详细规定。URL 包含涵盖大部分相关案例的原则。URL 不会减轻运输作为货物运输的铁路车辆时承运人的责任(如在 CIM 中所做的那样),但包含有关在空运货车丢失或损坏的情况下赔偿的规定。作为货物(参见第 21 条 §5 和第 24 条 §4URL),SMGS 仅提供"作为运输工具的货车运输规则……"。 由于 URL 并没有像 CIM 和 SMGS 那样详细规定排除责任,因此 URL 不需要关于举证责任的特殊规定

续上表

统一铁路法法律条文草案（URL）	CIM 1999、SMGS 2015、URL 2015 的比较备注摘要
项目 15 责任 § 2 该人可以在收到对丢失的货物的赔偿后，可以书面要求在支付赔偿后一年内将货物收回后立即通知他。承运人应书面确认该请求。 § 3 在收到此类通知后的三十天内，有权对承运人提起诉讼的人可要求将货物交付给他，以支付运输合同所产生的费用和退款。收取的费用可能会酌情减少。他应保留其权利要求赔偿第 25 条所规定的延迟交货的赔偿。 § 4 如果没有第 2 节所述的要求或第 3 节规定的期限内发出的指示，或者如果货物被追回，支付赔偿金后的一年内，承运人有权按照货物所在地的现行法律和规定处理这些货物。 § 5 收货人接受回收货物的任何义务应受指定交付地点所在国适用法律的约束	
3. 补偿	
第二十一条 损失赔偿 § 1 如果货物全部或部分损失，承运人应在接管运输之日和地点赔偿货物的价值。如果部分货物已经交付，应从赔偿额中扣除留给有资格的人的价值。 § 2 货物的价值应根据其被接管地点的市场价格确定，或者如果没有市场价格，则应根据相同种类和质量的货物的通常价值确定。如果货物是在即将被接管运输之前就已售出的，则应假定卖方发票上注明的购买价格减去运输中包含的运输费用即为市场价格。 § 3 除非当事方根据第 3 条 § 2 另行商定，否则赔偿不得超过每千克毛重[17]个会计单位。 § 4 承运人还应退还运输费、已经支付的关税和其他与运输有关的费用。如果部分货物已经交付，则以类推适用第 1 条第二句。	SMGS 不包含金额上限。URL 包含在方括号中的提案，该提案尚未确认

323

续上表

统一铁路法法律条文草案(URL)	CIM 1999、SMGS 2015、URL 2015 的比较备注摘要
项目 15 责任 3. 补偿 §5 如果联运运输单位或其可移动部件丢失,则赔偿额应限于该单位或其可移动部件在损失发生之日和当天的正常价值。如果无法确定损失的日期或地点,则赔偿应限于当日和承运人接管单位的通常值。如果丢失了空货车,则该空货车将根据运输合同作为货物运输。 无须支付进一步的损坏。 第二十二条 账户单位 §1 第二十一条所指的账户单位是根据国际货币基金组织的指示定义的特别提款权。第二十一条所指的数额,应根据判决或裁决之日或当事各方协定之日的货币价值,换算成一国的本国货币。如果计算金额需要转换以外币表示的金额,则转换应采用当日和付款地点适用的汇率。 §2 就属于国际货币基金组织成员的该法律制度的缔约国而言,就本国特别提款权而言,其本国货币的价值应根据所采用的估值方法进行计算。由国际货币基金组织在有关日期对其业务和交易有效。按照本国非国际货币基金组织成员的法律制度,在特别提款权方面的缔约国本国货币的价值应由该国确定。 第二十三条 运输过程中的浪费责任 §1 对于因其性质通常仅由运输事实造成浪费的货物,无论路线的长度如何,承运人仅应承担以下浪费: (a)液态货物或潮湿状态下托运的货物的质量的百分之二; (b)干货质量的百分之一。 §2 如果在考虑到特定情况的情况下证明损失不是由合理的免税额引起的,则不得援引第 1 条规定的责任限制。 §3 如果在单个托运单上载运多个包裹,则在托运单上单独显示其托运质量或可以确定运输时的浪费时,应对每个包裹分别计算。	任何法律制度均不赔偿因货物灭失或损坏对其他物体或受害人的财产造成的损害(《国际货物贸易公约》第 36 条规定的豁免)。 在满足这些条款条件的情况下,承运人还可以参考其他 URL 条款或 CIM,以减轻其在运输过程中造成的浪费责任。 法律制度不对其他物品或受害人的财产损失给予赔偿。

续上表

统一铁路法法律条文草案(URL)	CIM 1999、SMGS 2015、URL 2015 的比较备注摘要
项目 15 责任 3. 补偿 §4 如果发生货物全部丢失或包裹丢失的情况,则在计算赔偿额时不得扣除运输过程中的浪费。 §5 本条不得减损第 19 条 §3 的规定。 第二十四条　损害赔偿 §1 如果发生货物损坏,承运人应赔偿货物的价值损失。金额应根据专门知识或通过应用根据第 21 条 §2 定义的商品的价值来计算,而价值损失的百分比应在目的地处注明。假定降低和修复损坏的成本与价值损失相对应。 §2 承运人还应按本条 §1 规定的比例退还第 21 条 §4 规定的费用。 §3 赔偿额不得超过: (a)如果全部货物因损坏而失去价值,则在全部损失的情况下应赔偿的金额; (b)如果只有部分货物因损坏而损失了价值,则在受影响部分损失的情况下应支付的金额。 §4 如果根据运输合同将作为货物运输的空货车或联运运输单位或其可移动部件损坏,则赔偿应限于维修费用。§3 应类推适用。 §5 无须支付任何进一步的赔偿。 第二十五条　延误赔偿 §1 延误赔偿的,索赔人证明造成损害的,承运人应当赔偿不超过运输费用一半的赔偿。 §2 如果货物因部分丢失或损坏而丢失或价值损失,则不应支付延误赔偿。 §3 在任何情况下,延误的赔偿以及对货物的部分损失或损坏的赔偿均不得超过在货物全部损失的情况下应支付的赔偿。 §4 如果交货时间是通过协议确定的,则可以约定除 §1 中规定的其他形式的赔偿。如果在这种情况下,如果也超过了第十三条所规定的交货时间,则有权对承运人提起诉讼的人可以要求协议中规定的赔偿或本条中规定的赔偿	SMGS 对交货延迟给予非常低的补偿,但以罚款的形式。CIM 可以提供更高的赔偿金,但必须证明损失。URL 遵循 CIM,但百分比较低。根据 SMGS 确定罚款金额相当复杂。 URL 不包含有关值声明的规定。 SMGS 和 URL 均未包含有关交付中的利益声明的规定。 URL 遵循《蒙特利尔公约》,并且没有关于在严重过失的情况下丧失援引责任范围的权利的规定。如果发生货物丢失或损坏,SMGS 不需要这样的规定,因为在这些情况下,金额没有限制。即使在承运人严重过失的情况下,延迟交货的罚款仍然有限

续上表

统一铁路法法律条文草案(URL)	CIM 1999、SMGS 2015、URL 2015 的比较备注摘要
项目 15 责任	
4. 特殊责任案件	
	URL 仅规定根据运输合同作为货物运输的空货车的损失或损坏(请参见 URL 第 21 条 §5 和第 24 条 §4,以及 CIM 第 24、30 §3 和 32 §3 条
5. 承运人应对之负责的人	
第二十六条 承运人负有责任的人 承运人在其职责范围内行事时,应对其使用的服务的仆人和其他人负责。经营在其上进行运输的铁路基础设施的经营者或机构,应被视为承运人为执行运输而利用其服务的人	在 SMGS 和 URL 中,没有关于替代承运人的特殊规定。替代承运人属于承运人有责任的人(见上文),可以参考 SMGS 的第 46 条 §9 第 2 句或 URL 的第 27 条 §2
6. 其他行动	
第二十七条 其他诉讼 §1 在适用本法律制度的所有情况下,仅在遵守本法律制度规定的条件和限制的情况下,才可以针对承运人提起任何与赔偿责任有关的诉讼。 §2 如果根据第二十六条对承运人应负赔偿责任的仆人或其他人提起诉讼,则也只能在本法律制度规定的条件和限制下提起诉讼	
项目 16 索赔的解决	
第二十八条 损坏通知 §1 如果货物的部分损失或损坏是显而易见的,并且收货人或发货人最迟在交付货物时未通知货物,则假定货物已在符合以下条件的情况下交付与合同。该通知必须充分清楚地说明损坏情况。 §2 在部分损失或损坏不明显的情况下,如果在交货后 7 天内未通知损坏,则也应适用 §1 所述的推定。 §3 如果收货人在货物交付后 60 天内未将延迟交付通知承运人,则延迟交付索赔将失效。	CIM 和 SMGS 要求承运人起草正式报告,而 URL 则要求收货人或发货人如果要避免推定货物已经按照运输合同交付的情况,则通知承运人损害。使用此解决方案,URL 遵循其他国际公约(请参阅 CMR)。 CIM 的解决方案非常复杂,对于收货人或发货人来说是相当危险的(参见 CIM 第 47、42、17 §4 条)。

续上表

统一铁路法法律条文草案(URL)	CIM 1999、SMGS 2015、URL 2015 的比较备注摘要
项目 16 索赔的解决 §4 如果在交付时通知损失,损坏或延误,则足以通知交付货物的人。交货后,任何损坏通知均应以文本形式(例如电子邮件)发送给承运人。在适用的通知期内发送就足够了。 第二十九条 索赔 §1 与运输合同有关的索赔必须以书面形式向可能对其提出诉讼的承运人提出。有权对承运人(索赔人)提起诉讼的人可以提出索赔。 §1 第 2 句: ……在对承运人提起诉讼之前必须提出索赔的,应继续遵守提起诉讼的国家/地区适用的法律。 §3 当索赔人为托运人时,必须出示托运单的正本。否则,他必须出示收货人的授权或提供收货人拒绝接收货物的证据。如有必要,托运人必须证明托运单正本的缺失或丢失。 §4 当索偿人为收货人时,如果移交给他,则必须出示用于货物陪同的托运单正本。 §5 索赔人认为适合随索赔一起提交的托运单和任何其他文件,必须以正本或副本的形式出示,如果承运人有此要求,副本应酌情得到适当证明。 §6 在解决索偿要求时,承运人可以要求以原始形式出示托运单,以便可以将其背书为已完成索偿。 §7 索赔人可以根据适用的国家法律,从将索赔书面发送给承运人之日起,或者(如果未提出索赔时)从提起法律诉讼之日起,要求赔偿利息。 第三十条 可以提起诉讼的托运人 §1 只要收货人或第三方没有根据§2 享有的权利,或者存在阻止交付的情况,则托运人可以提起诉讼。 §2 收货人有权根据第十五条处置货物之时提起诉讼。…… 第一句适用于收货人以外的其他人,但前提是该人已获得货物处置权。	根据 CIM 和 URL 可以提出索赔;根据 SMGS,应提出索赔,因为"只有在提出索赔后,才可对提出索赔的承运人提起诉讼"(《SMGS》第四十七条§1)。 在这三种法律制度中,提起诉讼的权利在发货人和收货人之间以不同的方式共享。必须遵守的手续也有所不同。

续上表

统一铁路法法律条文草案（URL）	CIM 1999、SMGS 2015、URL 2015 的比较备注摘要
项目 16 **索赔的解决**	
§3 根据运输合同追回已付款项的诉讼只能由付款人提出。 第三十一条 可以对其提起诉讼的承运人 §1 根据运输合同提起的诉讼可以针对合同承运人或已交付货物的承运人，也可以针对履行该事件的部分承运人引起诉讼的发生。 §2 可以向已收取该款项的承运人或代其收取的承运人提起根据运输合同追回的款项的诉讼。 §3 在基于同一运输合同的与主要索偿有关的诉讼中，通过反诉或例外方式提起诉讼可对另一承运人提起诉讼。 §4 如果原告可以在多个承运人之间进行选择，则他对任何承运人提起诉讼后，其选择权应立即消失	应针对特定承运人提起诉讼。"如果原告可以在多个承运人之间进行选择，则他对任何承运人提起诉讼后，其选择权应立即消失"。 URL 没有预见到有关管辖权的规定，而 SMGS 提供了一个简短的句子，而 CIM 提供了完整的条款（请参阅 CMR 第 31 条）。 只有 CIM 包含关于诉讼权灭绝的单独规定，而 SMGS 则在第 48 条中对时效期限进行了规定。URL 并未预见有关行动限制的规定，但将此项留给了适用的国家法律
项目 17 **承运人之间的关系**	
第三十二条 账目结算 任何承运人在启程中或到达时已经收取或应收取的运输合同产生的费用或其他费用，必须向有关承运人支付各自的份额。 付款方式应由运营商之间的协议确定。 第三十三条 追索权 §1 根据本法律制度已支付赔偿金的承运人，对根据以下规定参加运输的承运人具有追索权： （a）造成损失或损害的承运人应全权负责； （b）如果损失或损害是由数个承运人造成的，则每个承运人应对其造成的损失或损害承担责任；如果无法区分，则应按照（c）在其之间分配赔偿；	承运人之间的关系在所有法律制度中都有规定。 由于合同承运人和后续承运人的共同责任，追索权很重要。

续上表

统一铁路法法律条文草案(URL)	CIM 1999、SMGS 2015、URL 2015 的比较备注摘要
项目 17 承运人之间的关系	
（c）如果无法证明是哪个承运人造成了损失或损坏，则应赔偿参加该运输的所有承运人之间的赔偿，但证明损失或损坏不是由他们造成的除外。这种分摊应按其各自的运输费用份额成比例。 §2 如果其中任何一家承运人破产，应将应付给他的未付份额按参加运输的其他所有承运人的比例分摊。 第三十四条　关于追索权的协议 承运人可以订立减损第三十二条和第三十三条的协议	URL 并未规定求助程序，而 CIM 提供了详细的条款，而 SMGS 对两段感到满意

附录5　联合国贸易和发展会议/国际商会多式联运单证规则及 FIATA 多式联运文件

目　录

A. 联合国贸易和发展会议/国际商会多式联运单证规则 …………………… 331

B. FIATA 多式联运文件 …………………………………………………… 336

一、关于可转让 FIATA 多式联运提单的标准条件(1992 年) …………… 336

二、多式联运提单的解释性说明指出:"FIATA 多式联运提单是一套
承运人类型的运输单证" ……………………………………………… 343

三、FIATA 多式联运运单标准条件(1997 年) …………………………… 344

四、FBL 的解释说明指出:"FIATA 多式联运运单(FWB)是一种承运人
类型的运输单据" ………………………………………………………… 351

A. 联合国贸易和发展会议/国际商会多式联运单证规则

1. 规则的适用

1.1　不论以书面、口头或其他方式将"贸发会议/国际商会多式联运单证规则"纳入运输合同,不论是订有涉及一种运输方式或者多种运输方式的合同,也不论是否签发了单证,本规则将予以适用。

1.2　在作出1.1款的这种纳入后,当事各方同意,本规则应当超越任何与本规则抵触的多式联运合同附加条款,除非这些条款增加多式联运经营人的责任或义务。

2. 定义

2.1　"多式联运合同",是指以至少通过两种不同的运输方式运送货物的合同。

2.2　"多式联运经营人"(MTO)是指签订一项多式联运合同并以承运人身份承担完成此项合同责任的任何人。

2.3　"承运人"是指实际完成或承担完成此项运输或部分运输的人,不管他是否与多式联运经营人属于同一人。

2.4　"托运人"是指与多式联运经营人签订多式联运合同的人。

2.5　"收货人"是指有权从多式联运经营人接收货物的人。

2.6　"多式联运单证"是指证明多式联运合同的单证,该单证可以在适用法律的允许下,以电子数据交换信息取代,而且

(a)以可转让方式签发,或者

(b)表明记名收货人,以不可转让方式签发。

2.7　"接管"是指货物已提交给多式联运经营人运送并由其接受。

2.8　"交付"是指:

(a)将货物交给收货人,或者

(b)按照多式联运合同或者交付地适用的法律或特殊贸易习惯,并货物置于收货人的支配之下,或者

(c)根据交付地适用的法律或规定,将货物交给必须交给的当局或第三方。

2.9　"特别提款权"(SDR)是指国际货币基金的记账单位。

2.10　"货物"是指任何财产,包括活动物,也包括非由多式联运经营人提供的集装箱货盘或类似的装载或包装工具,不论它们将要或已经装在舱面或舱内。

3. 载入多式联运单证的资料的证据效力

载入多式联运单证的资料应当是多式联运经营人按照此种资料接管货物初步证据，除非已有相反的注明，例如"托运人的重量、装载和计数""托运人装载的集装箱"或类似表述已在单证上以印就文本或批注作出。

在多式联运单证已经转让或者等同的电子数据交换信息已经传输给收货人并经其接受，收货人又是善意信赖并据以行动的情况下，多式联运经营人提出的反证不予接受。

4. 多式联运经营人的责任

4.1 责任期间

按照本规则，多式联运经营人对于货物的责任期间自其接管货物之时起到交付货物之时为止。

4.2 多式联运经营人为其受雇人、代理人和其他人负担的赔偿责任

多式联运经营人应当对其受雇人或代理人在其受雇范围内行事时的行为或不为负赔偿责任，或对其为履行多式联运合同而使用其服务的任何其他人的行为或不为负赔偿责任，一如其自己的行为或不为一样。

4.3 向收货人交付货物

多式联运经营人为保证货物的交付，负责履行或安排履行下列必要的事项：

(a)如多式联运单证是以可转让方式"向持单人交付"签发的，则应向提交一份正本单证的人交付货物；

(b)如多式联运单证是以可转让方式"按指示交付"签发的，则应向提交一份经背书的单证的人交付货物；

(c)如多式联运单证是以可转让方式"向记名人交付"签发的，则应向提交一份正本单证和本人身份证明的人交付货物；如果此种单证已以"按指示交付"或空白背书转让的，(b)项规定应予适用；

(d)如多式联运单证以不可转让方式签发的，向单证上记名的收货人凭其身份证明交付货物；

(e)没有签发单证的，应向托运人所指示的人交付，或者向按多式联运合同已获得托运人或收货人的权利的人所作出的此种指标的人交付货物。

5. 多式联运经营人的赔偿责任

5.1 赔偿责任基础

除规则5.4和规则6所规定的免责事项外，多式联运经营人应当对货物的灭失、损

坏和延迟交付负赔偿责任,如果造成货物的灭失、损坏或延迟交付的事故发生在规则4.1所规定的货物由其接管的期间,除非多式联运经营人证明,其本人、受雇人、代理人或规则4所规定的任何其他人对造成此种灭失或损坏或延迟交付没有过失或疏忽。但是,多式联运经营人不应当对货物延迟交付所造成的损失负赔偿责任,除非托运人对如期交付的利益作出声明,并经多式联运经营人接受。

5.2 延迟交付

货物未在明确协议的时间内交付的,或者虽无此种协议,但未在按照具体情况,对一个勤勉的多式联运经营人所能合理要求的时间内交付的,即为延迟交付。

5.3 延迟交付转为灭失

如果货物未在按照规则5.2确定交付日期届满后连续九十日内交付,在无相反证据的情况下,索赔人即可认为该货物已经灭失。

5.4 海上或内河运输的免责条款

尽管有规则5.1的规定,多式联运经营人对在海上或内河运输中由于下列原因造成的货物灭失或损坏以及延迟交付不负赔偿责任:

承运人的船长、船员、引航员或受雇人在驾驶和管理船舶中的行为、疏忽或过失,火灾,除非由于承运人的实际过失或私谋所造成。

但是,只要货物的灭失或损坏是由于船舶不适航所造成的,多式联运经营人就要证明,他已经谨慎处理使船舶在航次开始时适航。

5.5 赔偿额的估算

5.5.1 货物灭失或损坏的赔偿额应按交付给收货人的地点和时间或者按照多式联运合同应当交付的地点和时间的货物价值估算。

5.5.2 货物的价值应按当时商品交换价格计算,或者无此价格时,按照当时市场价格,或者上述两种价格都没有时,则按同类和同质量的货物正常价格计算。

6. 多式联运经营人的赔偿责任限制

6.1 除非在多式联运经营人接管货物之前,已由托运人对货物的性质和价值作出声明并已在单证上注明,多式联运经营人在任何情况下对货物灭失或损坏的赔偿额不得超过每件或每单位666.67SDR或者毛重每公斤2SDR,以其高者为准。

6.2 如果一个集装箱、货盘或类似运载工具载有一件或一个单位以上的货物,则在单证上列明的装载在此类运载工具中的件数或货运单位数即视为计算限额的件数或货运单位数。未按上述要求列明者,此种运载工具应作为该件或单位。

6.3 尽管有上述规则,如果按照多式联运合同,多式联运不涉及海上或内河运输的,多式联运经营人的赔偿责任以不超过灭失或损坏货物毛重每公斤8.33SDR为限。

6.4 如果货物的灭失或损坏发生在多式联运中的某一特定区段,则适用于该区段的国际公约或强制性的国家法律规定了另一项责任限额,如同对这一特定区段订有单独的运输合同一样,则多式联运经营人对此种灭失或损坏的赔偿责任限制应当按照此种公约或强制性国家法律的规定计算。

6.5 如果多式联运经营人对于延迟交付引起的损失或者非属货物灭失或损坏的间接损失,负有赔偿责任,则其赔偿责任应当以不超过根据多式联运合同计收的多式联运运费为限。

6.6 多式联运经营人的赔偿责任总额,不超过货物全部灭失的责任限额。

7. 多式联运经营人责任限制权利的丧失

如经证明货物的灭失或损坏或延迟交付是由于多式联运经营人本人故意造成,或者知道可能造成而毫不在意的行为或不为所引起的,则多式联运经营人就无权享受赔偿责任限制的利益。

8. 托运人的赔偿责任

8.1 多式联运经营人接管货物时,托运人应当视为已向多式联运经营人保证,他或以他的名义在多式联运单证中所提供的货物品类、标志、件数、重量、体积和数量,以及货物的危险特性(如果适用的话),概属正确。

8.2 托运人应当向多式联运经营人赔偿因上述事项的不正确或不适当而引起的任何损失。

8.3 即使托运人已将多式联运单证转证,托运人仍应负赔偿责任。

8.4 多式联运经营人取得这种赔偿的权利丝毫也不限制他按照多式联运合同对托运人以外的任何人应负的赔偿责任。

9. 货物灭失或损坏的通知

9.1 除非收货人在货物交付给他时,将说明灭失或损坏的一般性质的货物灭失或损坏书面通知送交多式联运经营人,否则,此种货物的交付即为多式联运经营人已将多式联运单证所载明的货物交付给收货人的初步证据。

9.2 在货物的灭失或损坏不明显时,如果在货物交付收货人之日后连续六日内未送交书面通知,则应当适用上述初步证据的效力。

10. 诉讼时效

除另有明确协议外除非在九个月内提起诉讼,多式联运经营人应当被解除按本规则规定的赔偿责任。上述时限从货物交付之日或货物应当交付之日起算,或者按照规则5.3规定,由于未交付货物,收货人有权视为货物灭失之日起算。

11. 本规则对侵权行为的适用

本规则适用于对多式联运经营人提出的有关履行多式联运合同的所有索赔,不论其索赔基于合同还是侵权行为。

12. 本规则适用于多式联运经营人的受雇人、代理人和受雇于他的其他人

本规则适用于向多式联运经营人的受雇人、代理人或者为了履行多式联运合同所使用为其服务的其他人提出的有关履行多式联运合同的索赔,不论索赔基于合同还是侵权行为。多式联运经营人、其受雇人、代理人以及其他人的赔偿责任总额,不得超过规则6所规定的赔偿责任限额。

13. 强制性法律

本规则只在不违反适用于多式联运合同的国际公约或国家法律的强制性规定的范围内生效。

B. FIATA 多式联运文件

一、关于可转让 FIATA 多式联运提单的标准条件(1992年)

定义

— "货运代理人"是指签发本《货运单》并在单面注明姓名的多式联运经营人,并作为承运人承担履行多式联运合同的责任。

— "货方"是指并包括托运人、发货人、收货人、本 FBL 持有人、收货人和货物所有人。

— "发货人"是指与货运代理公司签订多式联运合同的人。

— "收货人"是指有权从货运代理处接收货物的人。

— "接管"是指货物已在本《联邦货物清单》所证明的收货地点交给货运代理并由其接受运输。

— "货物"是指任何财产,包括活体动物以及集装箱、货盘或类似的运输物品或包装,而不是由货运代理提供的,无论该财产是在甲板上还是在甲板下运输。

1. 适用性

尽管有"FIATA 多式联运提单(FBL)"的标题,但如果只使用一种运输方式,这些条件也应适用。

2. 签发本《货运代理合同》

2.1 货运代理公司签发本《货运单》后,即表示

(a)承诺履行和/或以自己的名义安排履行整个运输,从负责接收货物的地点(本底价合约所证明的收货地点)到本底价合约所指定的交货地点。

(b)承担这些条件中规定的责任。

2.2 在符合本信用证条件的前提下,货运代理应对其雇员或代理人在其雇佣范围内的行为和不行为负责,或对其为履行本信用证所证明的合同而使用其服务的任何其他人的行为和不行为负责,就像这些行为和不行为是他自己的一样。

3. 可转让性和货物所有权

3.1 除非标有"不可转让"字样,否则本底单以可转让形式签发。它应构成对货物

的所有权,持有者通过背书本底单,应有权接收或转让上述货物。

3.2　本《联邦货物清单》中的信息应作为货运代理接收该信息所述货物的初步证据,除非本《联邦货物清单》的印刷文本中或本《联邦货物清单》上有相反的说明,如"托运人的重量、装载量和计数""托运人包装的集装箱"或类似的表述。但是,如果本货运单已经以有价值的代价转让给收货人,而收货人善意地依赖本货运单并据此行事,则相反的证据不可接受。

4. 危险货物和赔偿

4.1　货方应遵守国家法律或国际公约规定的有关危险性货物运输的强制性规则,在任何情况下都应在货运代理负责运输危险性货物之前,以书面形式告知货运代理危险的确切性质,并在必要时向其说明应采取的预防措施。

4.2　如果货方没有提供上述信息,而货运代理不知道货物的危险性和应采取的必要预防措施,并且在任何时候,如果这些货物被认为对生命或财产有危害,则可根据情况需要,在任何地方将其卸下、销毁或使其无害化,而无须赔偿。货方应向货运代理公司赔偿因货物被接管、运输或任何附带服务而造成的一切损失、损害、责任或费用。

货方应承担证明货运代理知道上述货物运输所构成的危险的确切性质的责任。

4.3　如果任何货物对生命或财产构成危险,可以同样的方式将其卸下或降落在任何地点,或将其销毁或使其无害。如果这种危险不是由于货运代理人的过失和疏忽造成的,他不承担任何责任,货方应赔偿由此产生的所有损失、损害、责任和费用。

5. 货物的说明和货方的包装和检查

5.1　托运人应被视为已向货运代理保证,在货运代理接收货物时,他或代表他提供的关于货物的一般性质、标记、数量、重量、体积和数量以及(如适用)关于货物危险性的所有细节都准确无误地列入了底线。

托运人应赔偿货运代理因该等详情不准确或不充分而造成的一切损失、损害和费用。

即使发货人已将 FBL 转让,发货人仍应承担责任。

货运代理享有该等赔偿的权利,不得以任何方式限制其在本信用证下对发货人以外的任何人士的责任。

5.2　对于因货物包装不完善或不充分,或因集装箱或其他运输装置内的装货或包装不充分而造成的任何损失、损害或费用,如果装货或包装是由货方或代表货方的人而不是由货运代理公司进行的,或由货方提供的集装箱或其他运输装置存在缺陷或不适合,或如果由货运代理公司提供的集装箱或其他运输装置存在缺陷或不适合,而货方在合理检查时本会发现这些缺陷或不适合,则货运代理公司不应承担责任。

货方应赔偿货运代理公司由此造成的一切损失、损害、责任和费用。

6. 货运代理的责任

6.1 根据这些条件,货运代理对货物的责任涵盖货运代理收取货物后至货物交付前这段时间。

6.2 如果造成货物损失、损坏或延迟交货的事件发生在第2.1(a)条定义的货物由货运代理负责期间,货运代理应对货物的损失、损坏和延迟交货负责,除非货运代理证明其本人、其雇员或代理人或第2.2条所述的任何其他人没有过失或疏忽造成或促成该损失、损坏或延迟交货。然而,货运代理只有在发货人已作出对及时交货有兴趣的声明,且该声明已被货运代理接受并在本底单中说明的情况下,才会对延迟交货造成的损失负责。

6.3 货运代理不保证到达时间。但是,如果货物没有在明确约定的时间内交付,或者在没有约定的情况下,没有在要求勤勉的货运代理考虑到案件情况的合理时间内交付,则发生延迟交付。

6.4 如果在第6.3条确定的交货日期后连续九十天内仍未交货,在没有相反证据的情况下,索赔人可将货物视为损失。

6.5 如果货运代理人证明,根据案情,损失或损害可归因于本条款(a)~(e)项所述的一个或多个原因或事件,则应推定损失或损害是由这些原因或事件造成的,但索赔人应始终有权证明,损失或损害事实上并非全部或部分由一个或多个此类原因或事件造成。

(a)货方或代表货方行事的货运代理人以外的人或货运代理人负责从其处提取货物的人的作为或不作为;

(b)容器或标记和/或编号不足或有缺陷;

(c)货方或任何代表货方行事的人对货物的搬运、装载、储存或卸载;

(d)货物的固有缺点;

(e)罢工、停工、停产或限制劳动。

6.6 海上或内陆水道运输的防御措施。

尽管有第6.2、6.3和6.4条的规定,但对于海上或内陆水道运输的货物在运输过程中因下列原因造成的损失、损坏或延迟交货,货运代理人不承担任何责任:

（a）船长、航海员、领航员或承运人的受雇人在船舶航行或管理中的行为、疏忽或过失；

（b）火灾，除非是由承运人的实际过失或私情造成的，但总是规定，凡是由于船舶不适航造成的灭失或损坏，货运代理人可以证明在航行开始时已经尽了最大努力使船舶适航。

7. 最高条款

7.1 这些条件只有在不违反适用于本 FBL 所证明的合同的国际公约或国家法律的强制性规定的情况下才会生效。

7.2 1924 年 8 月 25 日《统一提单若干规则的国际公约》所载的《海牙规则》，或在已经生效的国家中，1968 年 2 月 23 日《布鲁塞尔议定书》所载的《海牙－维斯比规则》，经装运国颁布后，应适用于所有海上货物运输，也适用于内河航道货物运输，这些规定应适用于所有货物，不论是甲板上还是甲板下运输。

7.3 美利坚合众国《海上货物运输法》应适用于甲板上或甲板下的海上货物运输，如果该法强制适用于本底舱单，或如果不是根据本底舱单上的说明在甲板上运输货物，则该法应适用。

8. 货运代理人的责任限制

8.1 对货物灭失或损坏的赔偿额的评估，应参照货物在交付收货人之时或根据本底价合约本应交付之时和地点的价值进行。

8.2 货物的价值应根据当前的商品交换价格确定，如果没有这种价格，则根据当前的市场价格确定，如果没有这种价格，则参照同名同质货物的正常价值确定。

8.3 在遵守第 8.4～8.9 条规定的前提下，货运代理在任何情况下都不应对货物的任何损失或损坏承担超过相当于每件或每单位 666.67 特别提款权或每公斤毛重 2 特别提款权的赔偿责任，以较高者为准，除非货物的性质和价值已由货运代理申报。每件或每单位 67 特别提款权或每公斤货物毛重 2 特别提款权，以较高者为准，除非发货人在收取货物前已申报货物的性质和价值，并为货运代理所接受，或已支付从价运费，且货运代理在《联邦货物清单》中说明了该价值，则该申报价值为限额。

8.4 如果集装箱、托盘或类似的运输物品装载了一个以上的货包或单位，则装在该运输物品中的、在底价合约中列举的货包或其他运输单位被视为货包或运输单位。除上述情况外，该运输物品应被视为包件或单位。

8.5 虽有上述规定，但如果根据合同，多式联运不包括海上或内陆水路货物运输,则货运代理的赔偿责任应限于每公斤货物毛重不超过8.33特别提款权的损失或损坏。

8.6 （a）如果货物的灭失或损坏发生在多式联运的某一特定阶段,而适用的国际公约或强制性国家法律规定,如果为该特定阶段的运输订立了单独的运输合同,则货运代理人对该灭失或损坏的责任限额应参照该公约或强制性国家法律的规定确定。

（b）除非商户已申报货物的性质和价值,并将其列入本底单,而且已支付从价运费,否则货运代理在COGSA下的责任,在适用的情况下,不得超过每包500美元,如果货物不是以包装方式运输,则不得超过每个习惯运费单位。

8.7 如果货运代理对延迟交货造成的损失,或除货物损失或损坏以外的间接损失或损坏负有责任,货运代理的责任应限于不超过相当于本信用证多式联运合同下多式联运运费两倍的金额。

8.8 货运代理的总责任不得超过货物全损的责任限额。

8.9 如果证明损失、损害或延迟交货是由于货运代理的个人行为或不行为造成的,其目的是为了造成这种损失、损害或延迟,或明知可能造成这种损失、损害或延迟而轻率行事,则货运代理无权享受责任限制的好处。

9. 对侵权行为的适用性

这些条件适用于就履行本信用证所证明的合同而向货运代理提出的所有索赔,无论该索赔是基于合同还是侵权行为。

10. 雇员和其他人员的责任

10.1 本条件适用于与履行本货运单所证明的合同有关的任何雇员、代理人或其他人员(包括任何独立承包商)为履行合同而使用其服务而提出的索赔,无论该等索赔是基于合同还是基于侵权行为,货运代理公司及该等雇员、代理人或其他人员的总责任不得超过第8条的限制。

10.2 货运代理在签订本合同时,在这些规定的范围内,不仅代表自己,而且还作为这些人的代理人或受托人,这些人在此范围内应成为或被视为本合同的当事方。

10.3 但是,如果证明货物的损失或损坏是由于第10.1条所述人员的个人行为或不行为造成的,而这种行为或不行为是有意的,或明知可能造成损坏而轻率地进行的,则该人员无权享受第8条规定的责任限制。

10.4 从货运代理人和第2.2和10.1条所述人员处收回的款项总额不得超过本条件规定的限额。

11. 运输方法和路线

货运代理人有权在不通知商户的情况下,在甲板上或在甲板下运输货物,并选择或替代处理、堆放、储存和运输货物所应遵循的手段、路线和程序。

12. 交付

12.1 当货物已按照本《联邦货物清单》移交或交由收货人或其代理人处置时,或当货物已移交给根据交货地点适用的法律或法规必须向其移交货物的任何当局或其他当事方时,或当货运代理有权要求货方接收货物的其他地点时,货物应被视为已交付。

12.2 货运代理还有权储存货物,风险完全由货方承担,货运代理的责任终止,货方应在提出要求后向货运代理支付此类储存费用。

12.3 如果在任何时候,本信用证项下的运输受到或可能受到任何种类的障碍或风险(包括货物的状况)的影响,而这些障碍或风险并非由货运代理或第2.2条所述人员的任何过失或疏忽引起的。如已作出合理努力仍无法避免,则货运代理可:放弃本货运单据项下的货物运输,并在合理可能的情况下,将货物或其任何部分放置在货运代理认为安全和方便的任何地点供货方处置,届时将被视为已交付,货运代理对该等货物的责任即告终止。

在任何情况下,货代公司都有权获得本FBL项下的全额运费,货方应支付因上述情况而产生的任何额外费用。

13. 运费和收费

13.1 运费应以现金支付,不得因任何索赔而减少或推迟。

反诉或抵销,不论是预付还是在目的地支付;

运费在货代拿货时即视为货代赚取,无论如何不得退回。

13.2 运费和本提单中提到的所有其他款项应以本提单中指定的货币支付,或由货运代理选择以发货国或目的地国的货币支付,以发货当日预付运费的银行即期汇票的最高汇率支付,而在目的地应付的运费,则以货方收到货物到达目的地的通知之日或收回交货订单之日(以较高者为准)的最高汇率支付,或由货运代理在本提单日期选择支付。

13.3 与货物有关的所有会费、税费或其他费用均应由货方支付。

如果设备是由货运代理提供的,货方应支付所有非因货运代理的过错或疏忽造成的滞期费和费用。

13.4 因战争、战时行动、流行病、罢工、政府指令或不可抗力造成的任何性质的偏离、延误或任何其他费用的增加,货方应按运费比例向货运代理报销。

13.5 货方保证货物的内容、保险、重量、尺寸或价值申报的正确性,但货运代理人有权要求检查货物并核实重量、尺寸或价值。如果在检查中发现申报不正确,双方同意向货运代理支付相当于正确数字与所收运费差额的五倍,或正确运费减去所收运费的双倍,以较小的金额为准,作为违约赔偿金,以补偿货运代理的检查费用和其他货物的运费损失,尽管本信用证上有任何其他应支付运费的金额。

13.6 尽管货运代理接受指示,向任何其他人收取与本信用证项下的运输有关的运费、收费或其他费用,但在收到要求支付的证据后,无论出于何种原因没有支付,货方仍应对这些款项负责。

14. 留置权

货运代理对货物及任何相关文件享有留置权,以获取货方在任何时候应向货运代理支付的任何款项,包括仓储费和追讨费用,并可以其认为合适的任何合理方式执行该留置权。

15. 一般平均数

货方应就可能向货运代理提出的任何一般性质的索赔向货运代理作出赔偿,并应提供货运代理在这方面可能要求的担保。

16. 通知

16.1 除非收货人在根据第 12 条将货物交付给收货人时,以书面形式向货运代理人发出货物损失或损坏的通知,并说明这种损失或损坏的一般性质,否则,这种移交是货运代理人交付本《联邦货物清单》所述货物的初步证据。

16.2 在损失或损坏不明显的情况下,如果在根据第 12 条将货物交付给收货人之日后连续 6 天内未发出书面通知,则应适用同样的表面证据效力。

17. 时间条

除非另有明确约定,否则货运代理应解除本条件下的所有责任,除非在货物交付后 9 个月内,或在货物本应交付之日,或在根据第 6.4 条的规定,未能交付货物将使收货人有权将货物视为丢失之日提起诉讼。

18. 部分无效

如任何条款或其一部分被认定为无效,则本《财务条例》及其余条款或其一部分的有效性不受影响。

19. 管辖权和适用法律

对货运代理的诉讼只能在本 FBL 背面所述的货运代理营业地提起,并应根据该营业地所在国家的法律进行裁决。

国际商会的标志表明,国际商会认为本文件符合贸发会议/国际商会的《多式联运文件规则》。国际商会的标志并不意味着国际商会认可本文件,也不以任何方式使国际商会成为因使用本文件而可能采取的任何法律行动的当事方。

二、多式联运提单的解释性说明指出:"FIATA 多式联运提单是一套承运人类型的运输单证"

由 FIATA 制定,供作为多式联运经营人的货运代理使用。FBL 也可作为海运提单签发。

除非标明"不可谈判",否则本文件可以谈判。国际商会认为该文件符合国际商会在其第 481 号小册子中公布的《贸发会议/国际商会多式联运文件规则》。因此,《联邦陆路运输单据》上印有国际商会的标志和有关国家或地区的货运代理协会的标志。

可转让的 FIATA 多式联运提单符合国际商会《跟单信用证统一惯例指南(UCP 600)》(国际商会出版物第 600 号)的要求,作为符合第 19 条的多式联运单证或作为符合第 20 条的提单签发,是一种可接受的运输单证。

货运代理人作为多式联运经营人(MTO)或签发 FBL 的海上承运人,负责完成运输。货运代理人不仅对在目的地交付货物负责,而且对其雇用的所有承运人和第三方负责完成整个运输,包括交付。

货运代理在签发 FBL 时,接受每件或每单位 666.67 特别提款权的基本责任限额,或每公斤货物损失或损坏的毛重 2 特别提款权,以较高者为准(FBL 条件第 8.3 条),如果多式联运不包括海上或内陆水路货物运输,则每毛重 8.33 特别提款权的基本责任限额(FBL 条件第 8.5 条)。当货物损失或损坏可归咎于多式联运业务中的某一特定运输阶段时,货运代理的赔偿责任根据适用于这一运输阶段的强制性国家法律或国际法加以限制[联邦铁路货运条件第 8.6(a)条]。

货运代理在签发 FBL 时,应确保:

1. 他/她已接管其中所述的货物,这些货物的处置权完全归他/她所有;

2. 货物看起来似乎状况良好;

3. 文件上的细节与他/她收到的指示相符;

4. 已与发货人商定货物保险责任;以及

5. 明确规定发出多少份原版的 FBL。

货运代理公司签发的信用证必须按照信用证条件投保责任险。

三、FIATA 多式联运运单标准条件(1997 年)

定义

— "货运代理"是指签发本运单(FWB)并在票面上具名的个人/多式联运经营人,并作为承运人承担履行本合同的责任。

— "货方"是指并包括托运人、发货人、收货人、接收人和货物所有人。

— "发货人"是指与货运代理公司签订本 FWB 的人。

— "收货人"是指在本运输合同中指定或可识别的人。

— "接管"是指货物已在本 FWB 所证明的收货地点交给货运代理并由其接受运输。

— "货物"是指任何财产,包括活体动物以及集装箱、货盘或类似的运输物品或包装,而不是由货运代理提供的,无论该财产是在甲板上还是在甲板下运输。

1. 适用性

如果本《公平竞争条约》所述的运输仅以一种运输方式进行,这些条件也应适用。

2. 本 FWB 的签发

2.1 本 FWB 的签发,即表示货运代理公司

(a)承诺履行和/或以自己的名义安排履行运输,从负责接收货物的地点(本周转箱中证明的收货地点)到本周转箱中指定的交货地点。

(b)承担本条件中规定的作为承运人的责任。

2.2 在符合本 FWB 条件的前提下,货运代理应对其雇员或代理人在其雇佣范围内的行为和不行为负责,或对他为履行本 FWB 所证明的合同而使用其服务的任何其他人的行为和不行为负责,就好像这些行为和不行为是他自己的一样。

3. 机构

3.1 发货人在签订本运输合同时,不仅代表自己,而且还作为收货人的代理人,并向货运代理人保证他有权这样做。

3.2 如果而且只有在适用于本运输合同的法律有必要使收货人能够就此提起诉讼并被起诉的情况下,才应适用本规则。收货人所承担的赔偿责任不应大于其在运输合同

有提单或类似所有权文件的情况下所承担的责任。

4. 控制权

4.1 除非发货人已根据下文第4.2条行使其选择权,否则他将是唯一有权就本运输合同向货运代理发出指示的一方。除非适用法律禁止,否则他有权在任何时候更改收货人的名称,直至收货人在货物到达目的地后要求交付货物,但他必须以书面形式或以货运代理接受的其他方式向货运代理发出合理的通知,从而承诺赔偿货运代理因此而产生的任何额外费用。

4.2 发货人应有权选择将控制权转让给收货人,并在不迟于货运代理人收到货物时行使。该选择权的行使必须在货运代理公司签发之前或之时在货运单据上注明。如果选择权已被行使,收货人将拥有上文第4.1条所述的权利,而发货人将不再拥有此类权利。

5. 危险货物和赔偿

5.1 货方应遵守国家法律或国际公约规定的有关危险性货物运输的强制性规则。
并应在任何情况下,在货运代理接管危险性质的货物之前,以书面形式告知货运代理危险的确切性质,并在必要时向其说明应采取的预防措施。

5.2 如果货方没有提供上述信息,而货运代理不知道货物的危险性和应采取的必要预防措施,并且在任何时候,如果货物被认为是对生命或财产的危险,则可根据情况需要,在任何地方将其卸下、销毁或使其无害化,而无须赔偿。货方应向货运代理公司赔偿因货物被接管、运输或任何附带服务而造成的一切损失、损害、责任或费用。

货方应承担证明货运代理知道运输上述货物所构成的危险的确切性质的责任。

5.3 如果任何货物对生命或财产构成危险,可以同样的方式将其卸下或降落在任何地点,或将其销毁或使其无害。如果这种危险不是由于货运代理人的过失和疏忽造成的,他不承担任何责任,货方应赔偿由此产生的所有损失、损害、责任和费用。

6. 货物的说明和货方的包装和检查

6.1 本《货运单》中的信息应是货运代理接收该信息所述货物的初步证据,除非本《货运单》的印刷文本或叠加文本中已作出相反的说明,如"托运人的重量、装载和计数""托运人包装的集装箱"或类似的表述。

6.2 托运人应被视为已向货运代理人保证,在货运代理人接收货物时,他或代表他提供的关于货物的一般性质、标记、数量、重量、体积和数量以及(如适用)关于货物危险性的所有细节都准确无误地列入了FWB。

托运人应赔偿货运代理因该等详情不准确或不充分而造成的一切损失、损害和费用。

6.3 货运代理对因货物包装不完善或不充分，或因集装箱或其他运输装置内的装载或包装不充分而造成的任何损失、损害或费用，如果该装载或包装是由货方或代表货方的人而非货运代理进行的，或因货方提供的集装箱或其他运输装置存在缺陷或不合适而造成的，或如果由货运代理提供的集装箱或其他运输装置存在缺陷或不合适，而货方在合理检查后就会发现。货方应向货运代理公司赔偿由此造成的所有损失、损害、责任和费用。

6.4 货运代理根据第6.2和6.3条获得赔偿的权利，绝不应限制其在本FWB下对发货人以外的任何人的责任。

7. 货运代理的责任

7.1 根据这些条件，货运代理对货物的责任涵盖货运代理收取货物后至货物交付前这段时间。

7.2 如果造成货物损失、损坏或延迟交货的事件发生在货物由货运代理负责期间，货运代理应对货物的损失、损坏和延迟交货负责，除非货运代理证明其本人、其雇员或代理人或第2.2条所述的任何其他人的过失或疏忽没有造成或促成这种损失、损坏或延迟交货。然而，只有在发货人已作出对及时交货感兴趣的声明并被货运代理接受的情况下，货运代理才会对延迟交货造成的损失负责。

7.3 货运代理人不保证到达时间。但是，如果货物没有在明确约定的时间内交付，或者在没有此类约定的情况下，没有在考虑到案情后对勤勉的货运代理提出的合理要求的时间内交付，则发生延迟交付。

7.4 如果在第7.3条确定的交货日期后连续九十天内仍未交付货物，在没有相反证据的情况下，索赔人可将货物视为丢失。

7.5 如果货运代理人证明，根据案情，损失或损害可归因于本条款(a)~(e)项所述的一个或多个原因或事件，则应推定损失或损害是由这些原因或事件造成的，但索赔人应始终有权证明损失或损害事实上并非全部或部分由一个或多个此类原因或事件造成。

(a) 货方或代表货方行事的货运代理人以外的人或货运代理人负责从其处提取货物的人的作为或不作为。

(b) 容器或标记和/或编号不足或有缺陷。

(c)货方或任何代表货方行事的人对货物的处理、装载、储存或卸载。

(d)货物的固有缺点。

(e)罢工、停工、停产或限制劳动。

7.6 海运或内河运输的抗辩理由。

尽管有第7.2、7.3和7.4条的规定,但对于海上或内陆水道运输的货物在运输过程中因下列原因造成的损失、损坏或延迟交货,货运代理人不承担任何责任:

(a)船长、航海员、领航员或承运人的受雇人在船舶航行或管理中的行为、疏忽或过失;

(b)火灾,除非是由承运人的实际过失或私情造成的,但总是规定,凡是由于船舶不适航造成的灭失或损坏,货运代理人可以证明在航行开始时已经尽了最大努力使船舶适航。

8. 最高条款

8.1 这些条件只有在不违反适用于本FWB所证明的合同的国际公约或国家法律的强制性规定的情况下才会生效。

8.2 1924年8月25日布鲁塞尔《统一提单若干规则的国际公约》中所载的《海牙规则》,或在已经生效的国家中,1968年2月23日布鲁塞尔议定书中所载的《海牙-维斯比规则》,在装运国颁布,应适用于所有海上货物运输和内河水路货物运输,这些规定应适用于所有货物,不论是在甲板上还是在甲板下运输。

8.3 美利坚合众国《海上货物运输法》(US COGSA)应适用于海上货物运输,无论是在甲板上还是在甲板下运输,如果该法强制适用于本《无障碍通行证》,或如果货物不是根据本《无障碍通行证》上的声明在甲板上运输,则该法也将适用。

9. 货运代理人的责任限制

9.1 对货物损失或损坏的赔偿评估,应参照货物交付给收货人的地点和时间或根据本周转箱本应交付的地点和时间的价值进行。

9.2 货物的价值应根据当前的商品交换价格确定,如果没有这种价格,则应根据当前的市场价格确定,如果没有这种价格,则应参照同类和质量货物的正常价值确定。

9.3 根据第9.4~9.9条(包括本条)的规定,货运代理在任何情况下都不应对货物的任何损失或损坏承担超过相当于每件或每单位666.67特别提款权或每公斤货物毛重2特别提款权的赔偿责任,以较高者为准,除非货物的性质和价值已由货运代理申报。每件或每单位67特别提款权或每公斤货物毛重2特别提款权的损失或损坏,以较高者为准,除非货物的性质和价值已由发货人申报,并在货物由其负责接收前由货运代理接受,或已支付从价运费,且货运代理在 FWB 中说明了该价值,则以该申报价值为限。

9.4　如果集装箱、托盘或类似的运输物品装载了一个以上的包件或单位,则装在该运输物品中的《无害环境运输工具》所列举的包件或其他运输单位被视为包件或运输单位。除上述规定外,该运输物品应被视为包件或单位。

9.5　虽有上述规定,但如果根据合同,运输不包括海上或内陆水路货物运输,则货运代理的赔偿责任应限于每公斤货物毛重不超过 8.33 特别提款权的损失或损坏。

9.6　(a)如果货物的灭失或损坏发生在运输的某一特定阶段,而适用的国际公约或强制性国家法律规定,如果为该特定阶段的运输订立了单独的运输合同,则货运代理人对该灭失或损坏的责任限额应参照该公约或强制性国家法律的规定确定。

(b)除非货物的性质和价值已由货方申报并列入本 FWB,且已支付从价运费,否则货运代理根据美国 COGSA(如适用)承担的责任不得超过每件 500 美元,如果货物不是以包装形式运输,则不得超过每个习惯运费单位。

9.7　如果货运代理对延迟交货造成的损失,或除货物损失或损坏以外的间接损失或损坏负有责任,货运代理的责任应限于不超过相当于本 FWB 下运输运费两倍的金额。

9.8　货运代理的总责任不得超过对货物全损的责任限额。

9.9　如果证明损失、损害或延迟交货是由于货运代理的个人行为或不行为造成的,其目的是造成这种损失、损害或延迟,或明知可能造成这种损失、损害或延迟而轻率行事,则货运代理无权享受责任限制的好处。

10. 对侵权行为的适用性

这些条件适用于就本 FWB 所证明的合同的履行而向货运代理提出的所有索赔,无论该索赔是基于合同还是侵权行为。

11. 雇员和其他人员的责任

11.1　凡是向任何雇员、代理人或其他人员(包括任何人)提出与履行本《财务工作手册》所证明的合同有关的索赔时,这些条件均适用。

独立承包人的服务被用于履行合同,无论该等索赔是基于合同还是基于侵权行为,货运代理公司及该等雇员、代理人或其他人员的总责任不得超过第 9 条的限制。

11.2　货运代理人在订立本合同时,在本《联邦工作计划书》的范围内,不仅代表自己,而且还作为这些人的代理人或受托人行事,这些人在此范围内应成为或被视为本合同的当事方。

11.3 但是,如果证明货物的损失或这种损失或损坏是由于第11.1.条中提到的人的个人行为或不行为造成的,这种行为或不行为是有意造成损坏的,或者是明知可能造成损坏而轻率地造成的,则该人无权享受第9条规定的责任限制。

11.4 可从货运代理公司和第2.2和11.1条所述人员处收回的金额合计不得超过本条件规定的限额。

12. 运输方法和路线

在不通知商户的情况下,货运代理有权在甲板上或甲板下运输货物,并选择或替代处理、堆放、储存和运输货物的手段、路线和程序。

13. 交付

13.1 当货物已按照本FWB或在交货地适用的特定行业的法律或惯例移交或交由收货人或其代理人处置时,或当货物已移交给根据交货地适用的法律或条例必须向其移交货物的任何当局或其他当事方时,或当货运代理有权要求货方交货的其他地点时,货物应被视为已交付。

13.2 如果证明不可能履行或促使履行确保交付货物所需的一切行为,货运代理人也应有权储存货物,风险由货方承担,货运代理人的责任应予终止,货方应根据要求向货运代理人支付此类储存费用。

13.3 货运代理对不正确的交付不负责任,除非他没有采取合理的谨慎措施以确定声称是收货人的一方实际上是该方。

13.4 如果在任何时候,本FWB项下的运输受到或可能受到非因货运代理或第2.2条所述人员的任何过失或疏忽而产生的任何种类的障碍或风险(包括货物的状况)的影响,并且通过合理的努力无法避免,货运代理人可以:放弃本FWB项下的货物运输,并在合理的情况下,将货物或其任何部分放置在货运代理人认为安全和方便的任何地点由货方处置,此时应被视为已经交付,货运代理人对该货物的责任应终止。

13.5 在任何情况下,货运代理公司都有权根据本FWB获得全额运费,货方应支付因上述情况而产生的任何额外费用。

14. 运费和收费

14.1 货运代理公司适用的关税条款和条件(如有)已纳入本协议。货运代理可应要求提供相关条款和条件的副本。如果本货运代理与适用运价不一致,应以货运代理的运价为准。

所有与货物有关的会费、税费或其他费用均应由货方支付。

如果设备是由货运代理提供的,货方应支付所有非因货运代理的过错或疏忽造成的滞期费和费用。

14.2 运费应以现金支付,不得因任何索赔、反索赔或抵销而减少或推迟支付,无论是预付还是在目的地支付。运费应视为货运代理在收取货物时赚取的费用,在任何情况下都不得退回。

14.3 运费和本 FWB 中提到的所有其他款项应以本 FWB 中指定的货币支付,或由货运代理选择以发货国或目的地国的货币支付,以发货当日预付运费的银行即期汇票的最高汇率支付,而在目的地应支付的运费,则以货方收到货物到达目的地的通知之日或收回交货订单之日(以较高者为准)的最高汇率支付,或由货运代理在本 FWB 日期选择支付。

14.4 货方应按运费的比例向货运代理报销因战争、战争行动、流行病、罢工、政府指令或不可抗力造成的任何性质的偏离、延误或任何其他费用增加的费用。

14.5 货方保证货物的内容、保险、重量、尺寸或价值申报的正确性,但货运代理人有权要求对货物进行检查,对重量、尺寸或价值进行核实。如果在检查中发现申报不正确,双方同意向货运代理支付相当于正确数字与所收运费差额的五倍,或正确运费减去所收运费的双倍,以较小的金额为准,作为违约赔偿金,以补偿货运代理的检查费用和其他货物的运费损失,尽管本 FWB 上已注明任何其他金额为应付运费。

14.6 尽管货运代理接受指示,向任何其他人收取运费、收费或其他费用,但在收到要求付款的证据后,无论出于何种原因没有付款,货方仍应对这些款项负责。

15. 留置权

货运代理对货物及任何相关文件享有留置权,以获取货方在任何时候应向货运代理支付的任何款项,包括仓储费和追讨费用,并可以其认为合适的任何合理方式执行该留置权。

16. 一般平均数

货方应就可能向货运代理提出的任何一般性质的索赔向货运代理作出赔偿,并应提供货运代理在这方面可能要求的担保。

17. 通知

17.1 除非收货人在根据第 13 条将货物交付给收货人时,以书面形式向货运代理人发出货物损失或损坏的通知,并说明这种损失或损坏的一般性质,否则,这种移交是货运代理人交付本《联邦工作计划书》所述货物的初步证据。

17.2 在损失或损坏不明显的情况下,如果在根据第 13 条将货物交付给收货人之日后连续 6 天内未发出书面通知,则应适用同样的表面证据效力。

18. 时间条

除非另有明确约定,否则货运代理应解除本条件下的所有责任,除非在货物交付后 9 个月内,或在货物本应交付之日,或在根据第 7.4 条,未能交付货物将使收货人有权将货物视为丢失之日提起诉讼。

19. 部分无效

如果任何条款或其中的一部分被认定为无效,则本 FWB 和其余条款或其中一部分的有效性不受影响。

20. 管辖权、仲裁和适用法律

除非另有书面约定,针对货运代理的诉讼只能在本 FWB 背面所述的货运代理营业地提起,并应根据该营业地所在国的法律进行裁决。

国际商会的标志表明,国际商会认为本文件符合贸发会议/国际商会的《多式联运文件规则》。国际商会的标志并不意味着国际商会认可本文件,也不以任何方式使国际商会成为因使用本文件而可能采取的任何法律行动的当事方。

四、FBL 的解释说明指出:"FIATA 多式联运运单(FWB)是一种承运人类型的运输单据"

由 FIATA 提供,作为多式联运运营商的货运代理使用。

FWB 也可以作为海上航标使用。

本文件不可转让。国际商会认为该文件符合国际商会在其第 481 号小册子中公布的《贸发会议/国际商会多式联运文件规则》。因此,FWB 在国家/区域货运代理协会的标志旁印有国际商会的标志。

不可转让的 FIATA 多式联运运单(FWB)符合国际商会《跟单信用证统一惯例指南》(UCP 600)的要求(国际商会出版物第 600 号),符合第 21 条的规定,作为海运运单签发,是一种可接受的运输单据。

担任 MTO 或签发 FWB 的海运承运人的货运代理人负责完成运输。货运代理人不仅要负责选择在目的地交付货物的代理人,而且要对其雇用的所有承运人和第三方承担整个运输的责任。与 FIATA 多式联运提单不同的是,收货人在目的地交付货物时无须出示 FWB。

根据单据背面的条款,货运代理签发了货运单据,一般接受每件或每单位666.67特别提款权的基本赔偿责任限额,或每公斤货物损失或损坏毛重2特别提款权,以较高者为准,除非申报了更高的价值(货运单据条件第9.3条)。如果多式联运不包括海上或内河货物运输,则适用每公斤毛重8.33特别提款权的基本责任限额(FWB条件第9.5条)。当货物损失或损坏可归咎于多式联运业务中的某一特定运输阶段时,货运代理的赔偿责任将根据适用于这一运输阶段的强制性国家、领土或国际法加以限制(《无障碍通行证》条件第9.6条a款)。

在签发FWB时,货运代理应确保:

1. 他/她已接管其中所述的货物,这些货物的处置权完全属于他/她;
2. 货物看起来显然是在良好的秩序和条件。
3. 文件上的细节与他/她收到的指示相符;以及
4. 已与发货人商定了货物保险责任。

签发FWB的货运代理必须按照FWB的条件投保责任险。

附录6　部分国家关于多式联运单证的法律规定

目　录

国家	页码
阿根廷	354
奥地利	356
玻利维亚	357
巴西	360
中国	361
哥伦比亚	363
厄瓜多尔	363
埃塞俄比亚	363
德国	367
印度	370
哈萨克斯坦	372
墨西哥	374
缅甸	375
尼泊尔	377
荷兰	379
巴拉圭	382
秘鲁	383
菲律宾	384
新加坡	386
泰国	388
越南	392

阿 根 廷

阿根廷是安第斯共同体和南方共同市场的成员。1993年3月4日,安第斯共同体关于多式联运的第331号决定适用于其所有成员国的相关规定,有关规定请见"玻利维亚"部分。关于1995年4月27日《南方共同市场货物多式联运便利化部分协定》的相关规定,请见"巴拉圭"部分。

此外,阿根廷颁布了关于多式联运的特别立法:1998年1月12日,《官方公报》关于货物多式联运的第24.921号法律。该法相关条款的非正式译文如下:

第2条 本法律中的术语定义如下:

a)(运输)货物多式联运。根据多式联运合同,通过单一经营人使用至少两种不同的运输方式进行的运输,该经营人必须为整个业务签发单一单据,接收单一货物,并对其履行承担责任,但不影响这样一个事实,即除运输本身之外,运输还包括货物在目的地的收集、单元化或去单元化、储存、处理或交付给收货人的服务,包括在始发地和目的地签订的服务,包括货物的合并和解除合并,符合现行法律规定;

(…)

d)保存人。在执行多式联运合同的过程中接收货物进行储存的人;

(…)

i)多式联运合同。多式联运经营人承诺履行货物多式联运或协商履行多式联运的协议;

j)多式联运单据。证明多式联运合同成立并证明多式联运经营人已将货物交其保管并同意按照合同交付货物的单据;

第3条 签发

多式联运经营人或其代表必须在收到运输货物后的二十四(24)小时内,凭已签署的临时收据签发多式联运单据。多式联运单据的签发并不妨碍在执行多式联运过程中可能提供的与运输或服务有关的其他单据,但这些单据不能取代多式联运单据。

第4条 形式

当多式联运单据以可转让的形式签发时,它可以是凭指示签发的、不记名的或记名的,并且可以按照法律为上述每一类商业单据规定的手续和效力进行转让。如果签发了一套多份正本,组成该套正本的正本份数应在多式联运单据的正文中明确指出,每份正本必须包括"正本"字样。如果发行了副本,每份都必须注明"不可转让副本"。

第5条 内容

多式联运单据必须提及：

a) 多式联运经营人的名称和地址；

b) 发件人的姓名和地址；

c) 收货人的名称和地址；

d) 货物到达时必须通知的个人或实体的名称和地址；

e) 在签发多式联运单据时已知的计划路线、运输方式和装卸点；

f) 多式联运经营人保管货物的地点和日期；

g) 货物必须交付到目的地的日期或期限，如果该日期或期限已明确约定；

h) 表明多式联运单据是正本还是不可议付的声明。可转让的副本或原件必须由多式联运经营人和发送人签字，或由他们为此目的授权的人签字；

i) 签发的原件数量，在提交的副本中注明"不可转让副本"字样；

j) 货物的性质、识别货物所需的主要标志、关于危险、有害或污染性质的明确声明（如适用）；

k) 包装件数及其毛重（如适用）；

l) 货物的状态和外观状况；

m) 支付地点、支付货币和商定运费，细分国际部分的国内或国内部分，以便计算支付关税和税款的税基；

n) 多式联运单据的签发地点和日期；

o) 多式联运经营人或代表其签发多式联运单据的任何人的签名。

第6条 署名

多式联运单据将由多式联运经营人或其为此目的授权的人签字，其签字必须在多式联运经营人登记处登记。该条例将以保证法律安全的方式决定使用电子文件的条件。

第7条 合法持有人的权利

多式联运单据的合法持有人有权在运输过程中处置货物，并要求在目的地交货。

第8条 财产

根据多式联运单据的细节，多式联运单据的签发，在没有对下述条款作出保留的情况下，确立了货物收到时状况良好的推定。所表明的推定接受相反的证据。

但是，当多式联运单据已善意地转让给第三方，包括收货人时，上述证明将不被接受。

第9条　保留条款

当多式联运经营人合理怀疑托运人对货物的描述(品牌、数量、数量、重量、体积或任何其他可能相应的货物识别或描述)的准确性时,或者当货物或其包装不符合货物本身的需要和运输中使用的每种方式的法律要求时,多式联运经营人可以根据单据表示保留意见。

第10条　赔偿保证书

由托运人签发的保函在他和多式联运经营人之间有效,但不能善意地对抗第三方。损害第三方权利或违反法律的赔偿函无效。

奥　地　利

《奥地利商法典》中,多式联运单据相关条款的非正式译文转载如下:

一、多式联运单据的签发

第444条　UGB

托运单

承运人可以就交付货物的义务签发托运单。

二、多式联运单据的内容

第445条("UGB")托运单的内容

(1)托运单应包括:

a. 签发地点和日期;

b. 承运人的姓名和住所;

c. 发货人名称;

d. 收货人或收货人的姓名;如果运单仅用于订购,则该人应被视为寄件人;

e. 交货地点;

f. 货物的质量、数量和标志说明;

g. 运费和货物交付时的现金,如果运费已预付,则提供预付款的说明。

(2)托运单必须由承运人签字。

(3)寄件人应按承运人的要求,将其签署的托运单副本交给承运人。

三、多式联运单据的合同和证据效力

提货单和运输合同

第446条　(1)运单应确定承运人和货物收货人之间的法律关系;运单中未包括的

运输合同条款对收货人无效,除非运单明确提及这些条款。

(2)运输合同的规定应继续管辖承运人和发送人之间的法律关系。

托运单合法化

第447条 (1)有权接收货物的人是根据托运单将货物交付给的人,或者是托运单(如果按订单制作)已通过背书转让给的人。

(2)即使在货物到达交货地点之前,有权接收货物的人就货物的处置享有发送人所享有的权利,如果尚未签发运单的话。

(3)承运人只可遵从寄件人的指示,将货物截停、退回或交付给并非该托运单所确认的收货人的收货人(如该托运单已退回给他);如果他不履行这一义务,他应对货物运单的合法所有人负责。

凭托运单装运货物

第448条 承运人只有在收到证明交付货物的托运单后才有义务交付货物。

提货单和接续承运人

第449条 在第432条第1款的情况下,根据托运单接收货物的后续承运人应根据托运单承担义务。

发货单交付的效力

第450条 承运人已经接收货物的,将运单交付给有权通过运单接收货物的人,与交付货物具有相同的取得货物权利的效力。

四、多式联运单据的可转让性

参见上文第447(1)条"背书"。

电子运输记录

《货运法》("Bundesgesetzüber die gewerbsmäige Beförderung von Gütern mit Kraftfahrzeugen")

第17(1)条 企业主应确保在用于商业货物运输的每辆机动车辆中,电子或纸质收据在整个运输过程中交给司机,在运输过程中随身携带,并应要求交给监督机构,显示所运输的货物、装卸地点和负责人。

玻利维亚

安第斯共同体发布了经1996年7月9日第393号决定修改的1993年3月4日关于多式联运的第331号决定。该决定适用于安第斯共同体所有成员国。

第1章——定义

多式联运单据。证明存在多式联运合同并证明多式联运经营人已采取并承诺按照本合同条款交付。可以用电子邮件代替,并在下列情况下发出:

a) 作为流通票据;

b) 作为不可转让票据,载有收货人的名称。

第3章——多式联运合同

多式联运单据

第3条

多式联运经营人占有商品时,应当书面签发多式联运单据,该单据应由托运人选择可转让或不可转让。本文件应由多式联运经营人或其授权代表签署。签名可以是手写的、传真打印的、打孔的、盖章的、符号形式的或通过任何其他机械或电子方式记录的。

第4条

多式联运单据应包括下列资料:

a) 商品的一般性质;识别该商品所需的主要商标;关于其危险性质的明示声明(如适用);包裹或件数;以及商品的毛重或以任何其他方式表示的金额。此类数据应记录为托运人提供的数据;

b) 商品的外观状况;

c) 多式联运经营人的名称和主要机构;

d) 托运人的名称;

e) 托运人提供的收货人名称;

f) 多式联运经营人占有商品的地点和日期;

g) 交付商品的地点;

h) 如果双方明确约定,货物在交货地点的交货日期或截止日期;

i) 说明多式联运单据是可转让的还是不可转让的声明;

j) 多式联运单证签发的地点和日期;

k) 多式联运经营人或其授权代表签字的人的签字;

l) 双方明确约定的每种运输方式的装运费用,或包括应由收货人支付的付款货币在内的总装运费用,或表明应由收货人支付装运费用的任何其他迹象;

m) 多式联运单据签发时已知的计划行程、运输方式和转运点;

n) 当事人同意列入多式联运单证的任何其他资料,但不得与单证签发国的法律相抵触。

多式联运单据中遗漏上述任何信息,不影响该单证作为多式联运单证的法律性质。

第 5 条

除非另有证明,否则多式联运单据中包含的数据应确立多式联运经营人已占有货物的推定,如所引用单据中所述,除非印刷文本中包含或添加了相反的指示,如"承运人声明的重量、性质和数量""由承运人装载的集装箱"或其他类似声明。

如果多式联运单据已经转让,或同等数据的电子邮件信息已经发送给收货人,收货人已确认收到单据,并在此基础上本着诚信行事,则不接受相反的证据。

多式联运经营人的责任

第 8 条

多式联运经营人同意履行或已经履行所有必要的行为,以便交付货物:

a) 当多式联运单据已作为可转让票据签发时,"向持票人",出示该单据原件之一的人;

b) 当多式联运单据已作为可转让票据签发时,"凭……指示",向出示经正式背书的正本单据副本的人签发;

c) 当多式联运单证已作为可转让票据签发给某一特定的人时;在证明其身份并出示单证的一份正本后,发给该人。如果文件已背书"按顺序"或空白,则应适用 b) 的规定;

d) 多式联运单证已作为不可转让票据签发的,在证明其身份后发给单证上指定为收货人的人;

e) 未出具书面单证的,按照多式联运合同的约定,发给托运人发出的指示中指明的人或者取得托运人或者收货人发出该指示的权利的人。

多式联运经营人责任限制

第 13 条

除非货物的性质和价值在多式联运经营人接管之前由托运人申报并记录在多式联运单据中,否则多式联运经营人对货物灭失或者损坏所造成的损害的赔偿责任,最高限额为每捆或者每单位 666.67 特别提款权,或者每公斤灭失或者损坏的货物毛重 2.00 特别提款权(如果数额较大)。

第 14 条

如果一个集装箱、一个托盘或类似的运输单元装载了一个以上的包裹或单元,则根据多式联运单据,包含在该运输单元中的所有运输货物包裹或单元应视为一个运输货物包裹或单元。如果有关文件中遗漏了该信息,则该运输要素中包含的所有商品应视为运输的单个货物单元。

托运人的责任

第20条

无论是直接还是通过中间人,当多式联运经营人占有货物并将其列入多式联运单据时,托运人应向多式联运经营人保证关于货物一般性质、商标、数量、重量、体积和数量以及(如果适用)危险性质的所有信息的准确性。多式联运经营人占有货物列入多式联运单据时,向多式联运经营人支付。

托运人应当赔偿多式联运经营人因前款所列数据不准确或不充分而造成的损失,即使多式联运单据被转让,托运人也应当继续承担责任。

多式联运经营人获得赔偿的权利不得以任何方式限制其根据多式联运合同对托运人以外的任何人承担的责任。

补充条款

第26条

多式联运单据中的任何规定,如果直接或间接偏离本章的规定,特别是对托运人或收货人不利,则应无效,不具有任何效力。本规定不影响本文件的其他规定。尽管有前款规定,多式联运经营人经托运人同意,可以根据本决定的规定增加赔偿责任和义务。

巴　西

巴西发布了1995年7月19日第1563号法令,执行1995年4月27日《南方共同市场便利货物多式联运部分协定》。关于南方共同市场协定的有关规定,请参见"巴拉圭"部分。

此外,巴西还颁布了1998年2月19日关于货物多式联运的第9611号法律。以下是该法有关条款的非正式译文:

第3章　运输合同

第8条

多式联运提单可以是可转让的,也可以是不可转让的,由托运人自行决定,它是多式联运合同的凭证,管辖从收到货物到目的地交货的整个运输过程。

第9条

多式联运经营人签发多式联运提单并收货,多式联运合同生效。

§1　多式联运经营人在收到货物后,必须在提单中作出保留,如果:

Ⅰ—发现托运人对货物的描述不准确;

Ⅱ—根据运输的特殊需要,货物或其包装的物理状况不理想。

§2 任何分包商在收到多式联运经营人或另一分包商的货物后,如果上一段所述的任何条件得到验证,即使有另一份单据支持,也必须在多式联运提单中作出保留。

§3 多式联运经营人的分包商签发的单据将始终代表后者。

第10条

多式联运货物提单将呈现通常的特征和特殊的单据,例如,表明在巴西和国外提供的服务的价值,并包含:

Ⅰ—原件上注明"可转让"或"不可转让",可签发其他不可转让的副本;

Ⅱ—签发人、发货人、货物收货人或必须通知的人的名称或公司名称和地址(如果不是名义上的);

Ⅲ—签发日期和地点;

Ⅳ—出发地和目的地;

Ⅴ—货物性质、包装、包装或货物本身(未包装时)的特殊标志和识别号的说明;

Ⅵ—体积或零件的数量及其毛重;

Ⅶ—运费价值,注明"在原产地支付"或"在目的地支付";

Ⅷ—双方同意的其他条款。

中 国

一、中华人民共和国海商法

第四章 第八节 多式联运合同的特别规定

第一百零二条 本法所称多式联运合同,是指多式联运经营人以两种以上的不同运输方式,其中一种是海上运输方式,负责将货物从接收地运至目的地交付收货人,并收取全程运费的合同。

前款所称多式联运经营人,是指本人或者委托他人以本人名义与托运人订立多式联运合同的人。

第一百零三条 多式联运经营人对多式联运货物的责任期间,自接收货物时起至交付货物时止。

第一百零四条 多式联运经营人负责履行或者组织履行多式联运合同,并对全程运输负责。

多式联运经营人与参加多式联运的各区段承运人,可以就多式联运合同的各区段运输,另以合同约定相互之间的责任。但是,此项合同不得影响多式联运经营人对全程运输所承担的责任。

第一百零五条　货物的灭失或者损坏发生于多式联运的某一运输区段的,多式联运经营人的赔偿责任和责任限额,适用调整该区段运输方式的有关法律规定。

第一百零六条　货物的灭失或者损坏发生的运输区段不能确定的,多式联运经营人应当依照本章关于承运人赔偿责任和责任限额的规定负赔偿责任。

二、交通部、铁道部国际集装箱多式联运管理规则(1997年)

第三章　多式联运单据

第十四条　多式联运单据的内容

(一)多式联运单据应当载明下列事项:

1. 货物名称、种类、件数、重量、尺寸、外表状况、包装形式;

2. 集装箱箱号、箱型、数量、封志号;

3. 危险货物、冷冻货物等特种货物应载明其特性、注意事项;

4. 多式联运经营人名称和主管业所;

5. 托运人名称;

6. 多式联运单据表明的收货人;

7. 接受货物的日期、地点;

8. 交付货物的地点和约定的日期;

9. 多式联运经营人或其授权人的签字及单据的签发日期、地点;

10. 交接方式,运费的交付,约定的运达期限,货物中转地点;

11. 在不违背我国有关法律、法规的前提下,双方同意列入的其他事项;

(二)多式联运单据缺少本条第一款所指事项中的一项或数项,并不影响该单据作为多式联运单据的法律效力,但是应当能证明具有第四条(四)项的规定内容。

第十五条　多式联运经营人接收货物时,应由本人或其授权的人签发多式联运单据。多式联运单据上的签字,可以是手签、盖章或双方确认的电子数据。

签发一份以上正本多式联运单据时,应注明正本份数。副本单据应注明不可转让。

第十六条　多式联运单据的转让依照下列规定执行:

(一)记名单据:不得转让;

(二)指示单据:经过记名背书或者空白背书转让;

(三)不记名单据:无须背书,即可转让。

三、中华人民共和国民法典

第十九章　运输合同

第四节　多式联运合同

第八百三十八条　多式联运经营人负责履行或者组织履行多式联运合同,对全程运输享有承运人的权利,承担承运人的义务。

第八百三十九条　多式联运经营人可以与参加多式联运的各区段承运人就多式联运合同的各区段运输约定相互之间的责任;但是,该约定不影响多式联运经营人对全程运输承担的义务。

第八百四十条　多式联运经营人收到托运人交付的货物时,应当签发多式联运单据。按照托运人的要求,多式联运单据可以是可转让单据,也可以是不可转让单据。

第八百四十二条　货物的毁损、灭失发生于多式联运的某一运输区段的,多式联运经营人的赔偿责任和责任限额,适用调整该区段运输方式的有关法律规定;货物毁损、灭失发生的运输区段不能确定的,依照本章规定承担赔偿责任。

哥伦比亚

哥伦比亚执行了安第斯共同体1993年第331号和1996年第393号决定。有关规定请参见玻利维亚。

厄瓜多尔

厄瓜多尔执行了安第斯共同体第331和393号决定。有关规定请参见玻利维亚。

埃塞俄比亚

多式联运货物公告,2007年,联邦公报,公告。第548号,第13年,第59号。

第二部分:多式联运单据

第4条——多式联运单据的签发

1.货物由多式联运经营人保管时,经营人应当签发多式联运单据,托运人可以选择采用可转让或者不可转让的形式。

2.多式联运单据应由多式联运经营人或其授权人签字。

3. 多式联运单据上的签名可以是手写的、传真的、盖章的、符号的或任何其他机械或电子方式的。

4. 埃塞俄比亚民法典第1727(2)条不适用于本公告的规定。

第5条——不可转让多式联运单据

1. 如果托运人同意,不可转让的多式联运单据可以通过使用任何机械和电子手段或保存第8条所述细节记录的其他手段签发,该记录应包含在多式联运单据中。

2. 在本条第(1)款所述的情况下,多式联运经营人在接管货物后,应向托运人交付一份包含所记录的所有细节的可读单据,就本公告的规定而言,该单据应被视为多式联运单据。

3. 如果多式联运单据是以不可转让的形式签发的,则应注明指定的收货人。

4. 如果多式联运经营人将货物交付给不可转让多式联运单据中指定的收货人或他通常以书面形式正式指示的其他人,则应解除其交付货物的义务。

第6条——可转让多式联运单证

以可转让方式签发多式联运单据的形式:

1. 应按指示或向持票人发出。

2. 如果是按订单制作,则可通过背书转让。

3. 如为持票人,则无须背书即可转让。

4. 如果一套正本不止一份,则应注明该套正本的份数。

5. 如果签发了任何副本,每份副本应标明"不可转让副本"。

第7条——多式联运单据被视为所有权凭证

1. 在可转让或不可转让多式联运单据中指定的每一个收货人和该单据的每一个被背书人,视情况而定,其中提到的货物的财产应转移给他们,在每次托运或背书时或由于每次托运或背书的原因,应具有发货人的所有权利和责任。

2. 本条第(1)款的任何规定均不得损害或影响多式联运经营人向托运人索赔运费的权利,也不得因收货人或被背书人是收货人或被背书人而强制其承担任何责任。

第8条——多式联运单据的内容

1. 多式联运单据应包含下列细节:

(a)货物的一般性质,识别货物所需的主要标志,关于货物的危险性质、包装或件数、货物的毛重或以其他方式表示的数量的明示声明(如适用),托运人提供的所有这些细节;

(b)货物的外观状况;

(c) 多式联运经营人的名称和主要营业地;

(d) 托运人的名称;

(e) 收货人,如果由发货人指定;

(f) 多式联运经营人接管货物的地点和日期;

(g) 交货地点;

(h) 交货地点交货的日期或期限,如果双方明确同意;

(i) 多式联运单据的签发地点和日期,表明多式联运单据可转让或不可转让的声明;

(j) 多式联运经营人或其授权人的签字;

(k) 每种运输方式的运费,如果双方明确约定,或运费,包括其货币,以收货人应支付的金额为限,或以其他方式表明运费由收货人支付;

(l) 在签发多式联运单据时已知的预期的旅行路线、运输方式和转运地点;

(m) 如果与埃塞俄比亚适用的法律法规不一致,双方同意在多式联运单据中插入的任何其他细节;

(n) 多式联运单据中缺少第 8 条所指的一项或多项细节,不影响单据作为多式联运单据的法律性质,但条件是单据符合第 2 条第 4 款的要求。

第 9 条——多式联运单据中的保留

1. 如果多式联运单据载有关于货物的一般性质、主要标志、包装或件数、重量或数量的细节,而多式联运经营人或代表其行事的人知道或有合理理由怀疑这些细节并不准确地代表实际负责的货物,或者如果他没有合理的手段检查这些细节,多式联运经营人或代表其行事的人应在多式联运单据中插入一项保留,具体说明这些不准确之处、怀疑的理由或缺乏合理的检查手段。

2. 如果多式联运经营人或代表其行事的人未能在多式联运单据上注明货物的表面状况,则认为他已在多式联运单据上注明货物表面状况良好。

第 10 条——多式联运单证的证据效力

除了根据第 9 条允许提出保留的细节和范围外:

1. 多式联运单据应是多式联运经营人接管其中所述货物的"初步"证据;

2. 如果多式联运单据是以可转让的形式签发的,并且已经转让给第三方,包括收货人,该第三方善意地依赖于单据中货物的描述,则多式联运经营人提出的相反证明不可接受。

第 11 条——故意的错误陈述或遗漏

当多式联运经营人意图欺诈,在多式联运单据中提供有关货物的虚假信息或遗漏第 8 条(a)或(b)款或第 9 (1)和(2)条要求包括的任何信息时,他应对第三方(包括收货人)因依赖签发的多式联运单据中的货物描述而发生的任何损失、损害或费用负责,但不享有本公告规定的责任限制。

第 12 条——托运人担保

1.在货物由多式联运经营人负责时,托运人应被视为已向多式联运经营人保证,由他提供的有关货物的一般性质、标记、数量、重量和数量以及(如适用)货物的危险性质的细节是充分和准确的,以供插入多式联运单据。

2.托运人应赔偿多式联运经营人因本条第 1 款所述细节不准确或不充分而造成的损失。即使多式联运单据已由托运人转让,托运人仍应承担责任。

3.多式联运经营人对本条第(1)款所指的赔偿的权利不得以任何方式限制其在多式联运合同项下对收货人以外的任何人的责任。

第 13 条——其他文件

根据适用的国际公约或国内法,多式联运单据的签发并不排除在必要时签发与多式联运所涉及的运输或其他服务有关的其他单据。但是,此类其他单据的签发不应影响多式联运单据的法律性质。

第三部分:多式联运经营人的责任和义务

第 14 条——交付货物

1.货物的交付可向多式联运经营人或代表其行事的人要求,但条件是在必要时提交经适当背书的可转让多式联运单据。如果多式联运单据是不可转让的,只有在交货时。

2.如果多式联运单据是以一套多于一份正本签发的,多式联运经营人或代表其行事的人在提交其中一份正本时善意地交付了货物,则多式联运经营人应解除其交付货物的义务。

第 23 条——扩展责任

多式联运经营人与托运人协议,可以在多式联运单证中确定超过第 20 条和第 21 条规定的赔偿责任限额。

第五部分:通知和行动

第 32 条——明显灭失或损坏的通知

除非收货人在货物移交给收货人之日后的工作日内以书面形式向多式联运经营人发出损失或损坏通知,说明这种损失或损坏的一般性质,否则这种移交是多式联运经营人交付多式联运单据所述货物的"初步"证据。

第39条——多式联运经营人对货物和单据的留置权

多式联运经营人对货物和任何与货物有关的单据,对多式联运单据项下应付给多式联运经营人的所有款项,包括仓储费,以及收回这些款项的费用,享有留置权。

第41条——管辖权

根据本公告的规定,在与多式联运有关的司法诉讼中,原告可选择在一个有管辖权的法院提起诉讼,该法院位于下列地点之一:

(…)

(d)多式联运合同中为此目的指定并在多式联运单据中证明的任何其他地点。

第六部分:附则

第42条——无效规定

1.多式联运合同或多式联运单据中的任何规定,只要直接或间接背离本公告的规定,即属无效。这种规定的无效不影响它所构成的合同或文件的其他规定的有效性。

2.将货物保险利益转让给多式联运经营人的条款或任何类似条款无效。

第44条——强制遵守本公告的规定

多式联运单据应包含一项声明,声明多式联运受本公告规定的约束,本公告取消任何减损本公告的规定,损害发货人或收货人的利益。

德 国

德国于1998年颁布了《多式联运改革法》(《运输改革法》)。相关条款的非正式译文如下(《商法》,关于货运业务的第四节,第一小节(总则)):

第408节 托运单

(1)承运人可要求出具包含下列信息的运单:

1.发货地点和日期;

2.托运人的名称和地址;

3.承运人的名称和地址;

4.接收货物的地点和日期以及指定的交货地点;

5.收货人的名称和地址以及任何申报地址;

6.货物性质和包装类型的通俗名称,就危险货物而言,为《危险货物条例》规定的名称,否则为公认的名称;

7. 包装的数量、标志和编号;

8. 货物的毛重或其他规定的数量;

9. 交货时到期的运费和交货前发生的费用,以及运费付款单;

10. 交货时收取的任何付款的金额;

11. 海关和其他部门处理货物的指示;

12. 在没有覆盖防水布或甲板的敞篷车上运输的协议。托运单可包含双方认为合适的其他细节。

(2)托运单正本一式三份,由托运人签字。托运人可以要求承运人也在托运单上签字。通过印刷或盖章复制手写签名即可。一份给托运人,一份随货物,一份由承运人保留。

(3)履行与托运单相同功能的电子记录应被视为等同于托运单的凭证,前提是确保记录的真实性和完整性(电子托运单)。联邦司法和消费者保护部在联邦内政、建筑和生态部的同意下,有权通过法令对电子运单的签发、携带和提交细节以及随后在电子运单中输入的程序进行管理,这不需要联邦参议院的同意。

第409节 托运单的证据价值

(1)双方签署的运单应作为运输合同的订立以及承运人接收货物的证据,除非相反证明成立。

(2)双方签署的托运单还应推定承运人接收货物时,货物及其包装状态良好,并且包装数量及其标记和编号与托运单中的声明一致。但是,如果承运人在运单中提出了合理的保留,则运单不应产生这种推定;保留也可能基于承运人没有合理的手段来确保检查细节的准确性。

(3)如果货物的毛重、数量、包装以及其他内容已由承运人检查,并且检查结果已记入双方签署的运单,则推定重量、数量或内容与运单中的陈述一致。如果托运人提出要求,并且承运人有合理的检查手段,承运人有义务检查重量、数量或内容物;承运人应有权要求报销其检查费用。

第413节 随附文件

(1)在交付货物之前,托运人应向承运人提供官方检查特别是清关所需的所有文件和信息。

(2)承运人应当对交给他的单证的灭失、损坏或者不正确使用所造成的损害承担责任,除非该灭失、损坏或者不正确使用是由于承运人无法避免的情形及其无法防止的后果所造成的。但是,他的责任应限于货物丢失时应付的金额。

第443节　提单

(1)承运人可以就交付货物的义务签发提单;提单应包含第408节第1段中规定的细节。提单应当由承运人签字;通过印刷或盖章承运人自己的复制签名即可。

(2)如果提单是凭订单开具的,它应包含货物交付给其订货人的姓名。如果没有注明名称,提单应被视为按照发货人的订单制作。

(3)履行与提单相同功能的电子记录应被视为等同于提单,前提是确保记录的真实性和完整性(电子提单)。联邦司法和消费者保护部经与联邦内政部、建筑和社区部达成协议,不需要联邦参议院同意的法令,特此授权对电子提单的签发、出示、返还和转让,以及随后在电子提单中输入的详细程序。

第444节　提单的效力合法化

(1)提单确立了承运人已经按照提单所述接收货物的推定;第409条第2款和第3款第1句比照适用。

(2)承运人不得反驳第1款关于提单中指定的收货人的推定,除非收货人在提单签发时知道或由于重大过失不知道提单中的信息不正确。这同样适用于提单已转让给的第三方。如果根据提单享有权利的人根据第437节向实际承运人提出索赔,并且提单既不是由实际承运人签发的,也不是由授权代表其签署提单的人签发的,则第1句和第2句不适用。

(3)提单证明的货运合同项下的索赔只能由提单项下的权利人提出。提单的合法持有人应被视为提单项下的权利人。提单的合法持有人是持有提单的人,即①是以持有者的名义,②指定持有人为收货人或通过一系列不间断的背书确认其身份。

第445节　凭提单返还交货

(1)货物到达交货地点后,提单的合法持有人有权要求承运人交付货物。如果他行使这一权利,他有义务根据第421条第2款和第3款支付运费和其他报酬。

(2)承运人只有在收到经证明已交货的提单并支付了第421条第2款和第3款规定的未付货款后,才有义务交付货物。但是,如果他因重大过失而知道或不知道提单的合法持有人不是提单下的权利人,他不得将货物交付给提单的合法持有人。

(3)如果承运人将货物交付给提单的合法持有人以外的人,或者在第2款第2句的情况下,交付给提单下的权利人以外的人,承运人应对由此给提单下的权利人造成的损害承担责任。责任仅限于货物丢失时应付的金额。

印　度

1993年货物多式联运法(indiankanoon.org)

第7节　多式联运单据的签发。

(1)凡付货人与多式联运经营人已订立多式联运合同,而多式联运经营人已接管货物,他须按付货人的选择,发出可转让或不可转让的多式联运单据:(但多式联运经营人须在取得有效的保险承保后及在有效的保险承保存续期间发出多式联运单据。)

(2)多式联运单据应由多式联运经营人或其正式授权的人签字。

第8节　多式联运单据被视为所有权凭证

(1)在可转让或不可转让多式联运单据中指定的每一个收货人和该单据的每一个被受让人,视情况而定,其中提到的货物中的财产应转移给他们,或由于这种托运或背书,应具有发货人的所有权利和责任。

(2)第(1)款的规定不得损害或影响多式联运经营人向发货人索赔运费的权利,也不得因收货人或被受让人是收货人或被受让人而强制其承担任何责任。

第9节　多式联运单据的内容

多式联运单据应包括下列细节,即:

(a)货物的一般性质、识别货物所需的主要标志、货物(包括危险货物)的性质、包装或单位的数量以及发货人申报的货物的毛重和数量;

(b)货物的外观状况;

(c)多式联运经营人的名称和主要营业地;

(d)付货人的姓名;

(e)收货人的名称,如由发货人指明;多式联运经营人接管货物的地点和日期;

(f)交货地点;

(g)发货人和多式联运经营人之间明确约定的多式联运经营人交付货物的日期或期限;

(h)它是可转让的还是不可转让的;

(i)发货的地点和日期;

(j)托运人或收货人(视情况而定)应支付的运费,只有在托运人和收货人双方明确同意的情况下才能提及;多式联运经营人或其正式授权的人的签字;

(k)预定的旅行路线、运输方式和转运地点,如果在签发时知道的话;装运条款和一

份声明,表明该单据是根据本法签发的;

(1)双方可能同意在单据中插入的任何其他细节,如果任何此类细节不与任何现行法律相抵触(但上述任何细节的缺失不应影响多式联运单据的法律性质。)

第10节　多式联运单据中的保留

(1)多式联运经营人或代表其行事的人知道或有合理理由怀疑发货人在多式联运单据不能准确地代表实际负责的货物,或者如果多式联运经营人没有合理的手段检查这些细节,多式联运经营人或代表其行事的人应在多式联运单据中插入一项保留,具体说明不准确之处,如果有的话,怀疑的理由或缺乏检查细节的合理手段。

(2)如果多式联运经营人或代表其行事的人未能在多式联运单据中插入与货物的表面状况有关的保留,他应被视为在表面状况良好的情况下接受了货物。

第11节　多式联运单据的证据效力(除第10节另有规定外)

(1)多式联运单据应是多式联运经营人已按单据所述接管货物的初步证据;

(2)如果多式联运单据是以可转让的形式签发的,并且已经传送给收货人或由收货人转移给第三方,如果收货人或第三方依据单据中的货物描述诚信行事,则多式联运经营人提出的相反证据不予接受。

第20节　货物灭失或损坏的通知

(1)多式联运经营人向收货人交付货物,应被视为多式联运单据中所述货物交付的初步证据,除非收货人在向收货人移交货物时以书面形式向多式联运经营人发出货物灭失或损坏的一般性质的通知。

(2)如果灭失或损坏不明显,则应适用第(1)款的规定,除非收货人在货物移交给收货人之日后六天内就货物的灭失或损坏发出书面通知。

第23节　共同海损

尽管本法的任何其他条款中有任何规定,多式联运合同的当事人在多式联运单据中包括与共同海损有关的任何条款是合法的。解释——在本节中,"共同海损"是指为了避免共同危险中的财产危险和多式联运中的共同利益而合理发生的损失、损害或费用。

第25节　提起诉讼的管辖权

多式联运合同的任何一方均可向有管辖权的法院提起诉讼,该法院的管辖范围位于下列地点之一,即:

(1)被告的主要营业地,或在没有主要营业地的情况下,其惯常居住地;

(2) 多式联运合同的订立地,条件是被告在该地有营业地、分支机构或代理机构;

(3) 负责多式联运货物的地点或交货地点;

(4) 多式联运合同中规定并在多式联运单据中证明的任何其他地点。

第 26 节　仲裁

(1) 多式联运合同的当事人可以在合同中规定,根据本法的规定,与多式联运有关的任何争议应提交仲裁。

(2) 仲裁程序可在多式联运单据中规定的地点或根据多式联运单据中规定的程序提起。

哈萨克斯坦

2015 年 11 月 26 日,哈萨克斯坦颁布了《多式联运规则》,该规则是根据 1994 年 9 月 21 日《哈萨克斯坦共和国运输法》制定的。有关条款的非正式译文如下:

第 2 条——多式联运的程序和条件

第 2 条第 7 款

提供服务和履行多式联运合同的条款和条件由一份运单(单一提单)证明,运单是根据本规则附件起草的,确认经营人接受货物,并确认其根据多式联运合同条款交付货物的义务。

第 2 条第 8 款

根据多式联运合同,客户向经营人提供货物及其运输条件的信息,这是填写一份运单(一份提单)和进行运输所必需的。

第 4 条——填写单一运单(单一提单)的程序

第 4 条第 28 款

在多式联运的情况下,在接受运输货物的地点(出发地点)签发一份单一的运单(单一提单)。

第 4 条第 29 款

一份运单(一份提单)应编制成四份:

第一份副本在多式联运开始前签字时交给客户;

第二份副本在多式联运开始前签字时仍由经营人持有;

第三份副本转移给从事多式联运的第一承运人,随后再转移给下一承运人,并应在整个路线上与货物一起使用,无论承运人的数量和运输方式如何;

第四份副本应随第三份副本,并在交货时签字后交给收货人。

根据运营商和客户的决定,可以更改单个运单(单个提单)的份数。

第4条第29款

单一运单(单一提单)应采用书面形式,并包含以下信息:

(1)经营者名称及其地址;

(2)客户的名称和地址;

(3)收货人名称及其通知地址;

(4)货物的名称、一般性质、成本、标记(代码)、类型、特征、重量和识别货物所需的尺寸;

(5)经营者接受货物的日期;

(6)出发点(装货地点);

(7)目的地(货物的交货地点);

(8)货物交付目的地的时间,如果双方直接约定;

(9)签署单一运单(单一提单)的日期,经营者对货物的验收;

(10)客户附上的随附文件清单;

(11)封条的数量和标志(如果根据运输中所涉及的每种运输方式所采用的规则有封条的话);

(12)多式联运参与者的签名;

(13)使用的运输路线和运输方式;

(14)参与多式联运的承运人名称;

(15)经多式联运参与方同意,可纳入单一提单(单一提单)的其他数据,如果这些数据不违反哈萨克斯坦共和国的立法。

第4条第31款

载有本规则第30条第1款至第10款所述信息的单一运单(单一提单)的正面应由经营人填写,由客户和经营人签字,证明经营人收到货物。

第4条第32款

载有本规则第30款第(11)至(15)项规定的信息的单一运单(单一提单)的背面应由经营人填写,由经营人和从事多式联运的第一承运人签字,证明收到货物。

第4条第33款

必要时,单一运单(单一提单)应由途中承运人补充,单一运单(单一提单)背面注明的承运人数量可以变更,多式联运中相互作用合同另有规定的除外。

第 4 条第 34 款

如有必要,运输单据(一套装运单据)应按照哈萨克斯坦共和国 2001 年 12 月 8 日"关于铁路运输"的法律第 36 条和哈萨克斯坦共和国 2003 年 7 月 4 日"关于汽车运输"的法律第 30 条规定的方式,附在托运单(统一提单)上,并为起运点的运输类型签发。

墨 西 哥

1989 年 7 月 6 日颁布的国际多式联运条例

第 14 条

国际多式联运经营人在收取货物时,必须向服务的使用者询问运输单证,国际多式联运货物,如《条例》第 18 条所述。

第 15 条

如果多式联运经营人或自行行事的人有合理的理由怀疑用户没有提供实现国际多式联运所需的数据,以这种形式,他们没有准确地代表他们保管的货物,或者如果你没有合理的手段来核实这些数据,多式联运经营人,或者代表其行事的人可能在国际多式联运单据中包含一项保留,指明不准确之处、怀疑理由或缺乏核实数据的合理手段。

第 16 条

当运输经营人多式联运时,记录不准确的信息或遗漏任何应包括在单据中的信息,将对第三方或收件人因这种支出不准确或遗漏而发生的损失、损坏或费用负责。

第 17 条

如果多式联运经营人或代表其行事的人未在国际货物运输多式联运单据中注明该单据的表面状态,应理解为该单据处于良好的表面状态。

第 18 条

运输单证国际多式联运货物必须具备下列数据:

a.货物的一般性质、识别所需的主要标志、关于其危险性质的明示声明(如适用)、包装或零件的数量和毛重或以其他方式表示的数量,以托运人提供的方式记录的数据;

b.商品的外观状况;

c.国际多式联运经营人主要机构的名称和地址;

d.托运人的名称和地址;

e.收件人的姓名(如果已由托运人告知);

f. 国际多式联运经营人接管货物的日期；

g. 货物的交货地点；

h. 双方明确约定的交货日期或时间；

i. 表明多式联运单据是否可转让的声明一份；

j. 国际货物多式联运单据的签发日期和地点；

k. 国际多式联运经营人或其授权的人的签字；

l. 各种运输方式的运费，如果双方当事人已明确约定，或运费，包括付款货币，由收货人支付，或运费由收货人支付的任何进一步指示；

m. 计划的路线、运输方式和转运点（如果在签发多式联运单据时已知）；

n. 在某种意义上说，国际多式联运已被本文件吸收和检验，受适用立法的规定，特别是本条例的规定的约束；

o. 双方同意包含在多式联运单据中的与适用法律不矛盾的任何其他数据。

第 19 条

根据适用的法律，国际多式联运单据的签发独立于单一方式签发的单据。

缅　　甸

第 3/2014 号皮杜古苏法律——《多式联运法》

第六章——多式联运单据的签发（第 11 ~ 15 条）

第七章——多式联运经营人的义务和责任（主要内容：第 18 条）

第六章 多式联运单证的签发

11. 当多式联运经营人根据合同接管货物时，他应签发多式联运单证，该单证可由发货人选择提及，其形式应为不可转让或可转让。

12. 多式联运单据应由多式联运经营人或由其根据第 11 节授权的人签署。

13. 多式联运单证应当载明下列事项：

（a）货物的一般性质；货物所需的标记；货物的标识；并酌情就下列事项作出明确说明货物的危险性或易腐性；包装件数；货物的毛重或数量；发货人提供的所有此类细节；

（b）货物的表面状况；

（c）多式联运企业的名称和主要营业地区；

（d）发货人的姓名；

（e）发货人指定的收货人；

(f)合同规定的多式联运承运人收取货物的地点和日期；

(g)货物的交货地点；

(h)当事人明确约定的交货日期或期间；

(i)表明多式联运单证是否可转让；

(j)多式联运单据的签发地点和日期；

(k)多式联运经营人或拥有其授权的签字；

(l)每种运输方式的运费,如果关于当事人或运费有特殊的约定。在收货人应支付的范围内,或在收货人可支付货物的其他指示下；

(m)计划的运输路线、运输方式和转运地点,如果多式联运单据签发时已经知道。

(n)在不与单据签发地的现行法律相抵触的情况下双方当事人可以约定在合同中加入任何其他事项。

14.多式运输单据中缺少第13条中所述的一项或多项事项,不影响该单据作为第2条第(h)款中所定义的多式运输单据的法律性质。

15.(a)多式联运单据应初步证明多式联运经营人接受单证中所述的货物,除非单证上已印制或加印"托运人重量、装载和件数、托运人包装的集装箱"等相反的说明。

(b)在多式联运的情况下,不应接受相反的证明运输单据已经转移,或同等的电子单据已经传送给收货人,并已被收货人确认,收货人已善意地信赖并据此行事。

第七章　多式联运经营者的义务与责任

16.多式联运经营人对货物的责任期限为自多式联运经营人领取货物之日起至货物交付之日止。

17.多式联运经营者负责他的雇员或代理人在代理范围内的业务行为和遗漏。

18.为确保货物的交付,多式联运经营者实施或促成下列必要行为：

(a)当多式联运单据以可转让的形式开出时：

如果签发的多式联运单据是可转让的,抬头为"持票人",承运人应当保证将货物交付给提交多式联运单据的人。

当多式联运单据以可转让的形式"订货人"发出时,承诺向该人交付一份经适当背书的单据。

当多式联运单证已以可转让的形式发出时,该单证已不提及"空白转让"的名称,应保证按照上述规定履行。

(b)当多式运输单据已以不可转让的形式签发时：

如果多式联运单据是不可转让的。

填写为"持票人"的表格,应将货物交付给多式联运单据上署名的人作为收货人,以其身份为收货人。

取得发货人书面授权的,应当将货物交付给该授权所指定的人。

(c)在未发出单证的情况下,应当将货物交给已取得收货人或收货人在多式联运合同下的权利的人所指示的人。

尼 泊 尔

2006年《货物多式联运法案》

第3章——多式联运单据和货物交付

第7条 多式联运单据的签发

(1)多式联运经营人在向托运人收取货物进行运输时,应当签发多式联运单据。

(2)根据第(1)款签发的多式联运单据,根据托运人的选择,可以是可转让的或不可转让的。

(3)在多式联运单据中指明收货人的,该收货在签发可转让多式联运单据并通过背书转让给被受让人的情况下,该被受让人或该运输单据的持票人,应被视为对该运输单据中提及的货物具有所有权。

第8条 待签署的多式联运单据

(1)多式联运经营人应签署多式联运单据。

(2)多式联运单据上的签字可以是手写的,也可以通过现行法律认可的任何其他方式。

第9条 多式联运单据的内容

多式联运单据应包括下列内容:

(1)货物的性质、货物的识别标志、危险货物的细节(如有)、包装或单位的数量、货物的毛重和数量,以及发货人提供的其他细节;

(2)货物的外观状况;

(3)多式联运经营人的名称和主要营业地;

(4)发货人的名称和地址;

(5)收货人的名称,如果由发货人指定;

(6)多式联运经营人接管货物的地点和日期;

(7)多式联运合同双方当事人约定的交货地点、日期和期限；

(8)多式联运单据是可转让的还是不可转让的；

(9)多式联运单据的签发地点和日期；

(10)多式联运经营人或经经营人正式授权的人的签字；

(11)托运人或收货人应支付的运费,如果运费已经支付,还应提供运费细节；

(12)多式联运合同双方约定的运输路线和方式；

(13)多式联运合同各方可能同意在多式联运单据中插入的其他内容。

第10条　可转让多式联运单据的签发

可转让多式联运单据应以下列方式签发：

(1)签发给指示人或持票人；

(2)向该订单签发的可转让多式联运单据可通过背书转让给被受让人；

(3)签发给持票人的可转让多式联运单据可以转让给没有被受让人的另一人；

(4)如果签发了一份以上的多式联运单据,应在此种运输单据中提及该事项。

第11条　通过可转让多式联运单据交付货物

(1)任何多式联运经营人或其代理人或代表均可根据第10条签发的可转让多式联运单据向任何收货人或其代理人或代表交付货物。

(2)凡货物是依据第(1)款交付的,则该等货物须当作已妥当交付。但在签发不可转让的多式联运单据的情况下,不得通过获得发货人的书面授权而阻止向该授权中指定的任何其他人交付货物。

第12条　多式联运单据中的保留

(1)多式联运经营人或代表其行事的人知道或有合理理由怀疑发货人在签发多式联运单据时在该单据中提供的货物的性质、识别标志、包装或单位数量、重量或数量不准确地代表实际掌管的货物,或者如果经营人没有合理的手段核对此种细节,多式联运经营人或代表其行事的人应在多式联运单据中加入一项保留,指明此种不准确之处,如果有的话,怀疑的理由或缺乏核对细节的合理手段。

(2)尽管第(1)款有任何规定,不得仅因多式联运单据中提及或未提及该款中的任何一项或一项以上的细节,而以任何方式对该单据的法律效力产生不利影响。

第13条　通过指示保留来接管货物

(1)尽管第12条中有任何规定,如果多式联运经营人或其授权的代理人从托运人或托运人授权的代理人或代表处接管货物时,怀疑运输单据中提供的货物细节实际上不代表货物,则经营人或其授权的代表可通过指示保留来接管货物。

(2)如果多式联运经营人或其授权的代表从托运人或其授权的代理人或代表处接管货物进行运输,而没有根据第(1)款表明任何保留,则运输单据中提及的货物应被视为处于良好状态。

第14条 多式联运单据是初步证据

多式联运经营人从托运人处收取多式联运单据中所述货物的,该单据应是经营人已如此收取货物的初步证据。

第15条 运输单证中所述货物细节的保证

在货物移交给多式联运经营人运输时,发货人、其授权的代理人或代表应被视为已对多式联运单证中所述货物的细节和如此移交的货物的细节提供了一般保证。

第16条 货物的交付方式根据多式联运合同向收货人交付货物时,多式联运经营人应当按照下列方式交付货物:

(1)在可转让多式联运单据已经签发的情况下,通过向出示本单据的人交货;

(2)在订单的可转让多式联运单据已经签发的情况下,通过向出示经适当背书的多式联运单据的人交货;

(3)在签发了指明收货人的不可转让多式联运单据的情况下,向出具合理证据证明其为发货人书面授权中指明的收货人的人交货。

荷　　兰

《荷兰民法典》第8卷:"运输法和运输工具"。

一、一般规定

8.2 与运输有关的一般规定

8.2.2 货物联合运输合同(40-59)[第8:53~8:59条保留给荷兰运输法内的未来立法]

第8:40条 多式联运合同的定义

多式联运合同是指承运人(联合承运人)根据一项单一合同向发货人承诺通过海运、内河运输、公路运输、铁路运输、航空运输、管道运输或任何其他运输方式进行部分运输的运输合同。

第8:41条 适用于多式联运合同的法律

在多式联运合同的情况下,运输的每一部分应受适用于该部分的法律规则的管辖。

第 8:42 条　多式联运承运人的赔偿责任

(1)如果多式联运承运人没有按照其收到货物的状态在目的地交货,并且没有确定造成灭失、损坏或迟延的事件发生,则承运人应对由此造成的损害负责,除非他证明他对可能发生灭失、损坏或迟延的运输的任何部分不负责任。

(2)任何背离本条款的规定(条款)都是无效的。

第 8:43 条　最高赔偿额

(1)如果多式联运承运人对、全部或部分货物损失、迟延或任何其他造成货物损坏的事件所造成的损坏负有责任,并且尚未确定导致该事件发生的地点,则根据规则确定其责任适用于可能发生事故并造成最高损失的运输部分的法律。

(2)任何背离本条款的规定(条款)都是无效的。

第 8:44 条　合同文件

(1)根据发货人在货物交由承运人处置之前提出的要求,承运人可以起草一份运输单据,该单据由发货人注明日期并签字,并签发给发货人。签名可以是印刷的,也可以用邮票或任何其他特征代替。

(2)合同文件应包含以下细节:

a.发货人;

b.接收运输的货物,并根据公认的描述说明其共同性质;

c.关于 b 项所述货物的下列一项或多项数据:1.数量;2.毛重;3.体积;4.品牌名称;

d.多式联运承运人收到运输货物的地点;

e.多式联运承运人接受的货物将被运送到的地方;

f.收货人(姓名和地址),根据发货人的决定,由发货人或其他人的指示,或由持票人指示。"订购"一词被视为表示发货人在这方面的订单;

g.多式联运承运人的名称和地址;

h.如果签发了一份以上的原件,文件的原件份数;

i.多式联运承运人和发货人都认为有用的其他数据。

(3)第 2 款 a 项至 c 项所指的细节,是根据发货人提供的数据在合同文件中提及的,在协议上多式联运承运人不需要披露或提及合同文件中的任何数据,只要他有合理的理由认为这些数据没有描述他实际收到的货物或他没有合理机会检查的货物。如果货物被存放(倾倒)或泵出,联合承运人被认为没有合理的机会检查货物的数量和毛重。发货人保证他提供的数据在承运人收到货物时是正确的。

(4)承运人和发货人有义务相互赔偿因缺乏第 2 款所要求的一项或多项数据而遭

受的损害。

第8:45条 合同文件的可转让原件

合同文件可协商正本文件表明这些正本文件中有多少已经整体发行,适用于所有人。不可协商的原件必须注明。

第8:46条 合同文件——提单、运单或空运单

(1)根据双方之间的合同,运输的一部分将通过海运或内河运输进行,运输合同文件被视为提单。

(2)根据双方之间的合同,对于将通过公路进行的运输部分,运输合同文件被视为托运单。

(3)根据双方之间的合同,对于将通过铁路或航空进行的运输部分,只要涉及这些运输方式,运输合同文件被视为铁路托运单或航空货运单,前提是它也满足为此目的设定的要求。

第8:47条 多式联运合同先于多式联运单证。

如果已经订立了多式联运合同,并且另外签发了多式联运单证,则多式联运承运人和发货人之间的法律关系应受多式联运合同的条款和条件管辖,而不是受多式联运单证的条款和条件管辖,但第8:51条第2款第二句中的规定除外。除第8:51条第1款规定的要求外,对于单据的持有人,该单据应仅作为多式联运承运人已收到货物的证明。

第8:48条 合同文件的证据(证明)价值

(1)合同文件应证明,除反证(反证)外,多式联运承运人已收到货物,如合同文件所述。如果文件已被转让给善意的第三人(善意行事的人),则不接受针对合同文件的反证。

(2)如果合同文件包括"性质、重量、数量、体积或品牌未知"的条款或任何其他此类条款,则合同文件中规定的关于货物这些细节的其他声明不约束联合承运人,除非证明其知道或应当知道货物的性质、重量、数量、体积或品牌。

(3)未提及货物的外部可见状态或状况的合同文件构成法律推定,即只要从外部可见,多式联运承运人已收到货物,且货物状况良好,但也可能针对善意第三人(善意行事的人)出示反证。

(4)合同文件中关于货物价值的声明构成法律推定,但须反证,但对成功质疑该声明的多式联运承运人没有约束力。

(5)合同文件中对其他地方的规定(条款)的引用应被视为仅将那些对这些规定(条

款)提出上诉的人可清楚识别的规定(条款)加入合同文件中。只有在被上诉人或可能被上诉人提出书面请求,并立即将相关规定(条款)转发给该人的情况下,才能提出上诉。

(6)本条款不影响赋予提单、运单更大的证据(证明)价值的条款。

(7)任何背离本条第5款的规定(条款)都是无效的。

第8:49条 合同文件——订货人

应按照《民法典》第3.4.2节规定的方式交付一份CT单据。

第8:50条 CT单据的交付

在承运人交付其中所述货物之前交付CT单据,视为交付货物。

第8:51条 CT单据持有人的认证

(1)如果已签发了一份CT单据,则只有该单据的正常持有人才有权根据对联合承运人规定的义务向联合承运人主张交付货物,除非该持有人尚未合法成为该文件的持有人。在不影响这一交货权的情况下,只有这类持有人(而不是其他人)有权要求损害赔偿,只要联合承运人有责任在其收到货物的款件下,不在目的地国履行不迟延交付货物的义务。

(2)对于不是托运人的CT单据持有人,合并承运人受CT单据中的规定(款款)的约束,他可以对他援引这些规定(款款)。他可以对CT单据的任何持有人行使从该CT单据中明确可识别的付款权利。此外,联合承运人也可针对作为托运人的CT单据持有人援引联合运输货物合同所产生的规定(款款),并可就其与托运人的个人关系提出上诉。

(3)正常持有人是指提交文件的人,包括一系列连续的签注。

第8:52条 持有CT单据不同原始指纹的人

当有更多的不同的原始持有人打印相同的CT文件,以下持有人应有最好的权利:持有原始印刷品的持有人,在作为所有这些原始印刷品持有人的共同前签注人之后,立即作为第一个持有人,并在获得该原始印刷品时,以诚意行事,并为获得(非致失性获得)该原始印刷品有所思考。

巴 拉 圭

作为南方共同市场的成员国,巴拉圭通过第10号法令执行了南方共同市场《促进多式联运部分协定》。该协议为1997年4月16日第16.927号决议。

以下是南方共同市场协定有关条款的非正式译文:

第一章:定义

第 1 款

本协议的目的,理解为:

a)多式联运:

根据多式联运合同,通过至少两种不同的运输方式运输货物,从一个缔约国境内的一个地点,多式联运经营人将其保管的货物运到另一个缔约国境内指定交付的另一个地点,除运输本身外,还包括按目的地收集、统一货物的处理或解除货物的处理、储存、装卸和交付给收货人的服务,包括在原产地和目的地之间签订的服务,包括货物的合并和解除。

b)多式联运合同:

多式联运经营人凭此协议承担支付运费以及履行国际货物多式联运合同或安排履行的义务。

c)多式联运文件或知识:

证明履行多式联运合同并证明多式联运经营人已将货物交由他保管并同意按照该合同条款交付货物的文件。

第三章:多式联运单证或知识

第 3 款

多式联运经营人在将货物交由其保管后,将以书面形式签发多式联运单据或提单,由托运人酌情签发可转让或不可转让。

其形式和内容将是目前国际公认的多式联运中使用的形式和内容,必须由多式联运经营人或其有效授权的人注明日期并签字。

第 5 款

除非另有证明,否则多式联运单据中包含的数据将证明多式联运经营人按照单据中的描述将货物置于其监管之下。

多式联运经营人在考虑货物的描述(品类、数量、质量、重量等)时,或者货物由托运人造成不准确,或者当它或它的包装不符合运输中使用的每种方式的特殊需要和法律要求时,可以根据提单或单据明示预订。

根据多式联运经营人的指示介入的所有自然人或法人签发的提单和/或单据将始终代表后者。

秘 鲁

秘鲁是安第斯共同体的成员,该国有关规定见玻利维亚。

菲 律 宾

菲律宾与柬埔寨、印尼、老挝、缅甸、泰国和越南一起批准了2005-ASEAN-Framework-Agreement-on-Multimodal-Transport.pdf。该协定的相关规定转载如下：

第二章：适用范围

第3款

在本协议和为实施本协议而采用的规则中，只要使用下列任何术语："多式联运""多式联运经营人""多式联运合同"或"多式联运单据"，均应理解为"国际性"。

第三章：多式联运单证

第4款

1. 当货物由多式联运经营人保管时，多式联运经营人应当出具多式联运单据，根据托运人的选择，该单据可以为可转让单据，也可以为不可转让单据。

2. 多式联运单据应当由多式联运经营人或者其授权的人签字。

3. 多式联运单据上的签字可以是手写、打印、穿孔、盖章、符号的形式，也可以是任何其他机械的或电子的形式，但不得与多式联运单据签发国的法律相抵触。

第5款

1. 多式联运单据应包括下列内容：

a. 货物的一般性质；识别货物所必需的标志；对货物的危险性质或者易腐性质，如适用，作出明确的说明；件数；货物的毛重或者以其他方式标明的数量，以及由托运人提供的一切详情；

b. 货物的外观状况；

c. 多式联运经营人的名称和主要营业地；

d. 托运人的名称；

e. 收货人（如由托运人指定）；

f. 多式联运经营人对货物负责的地点和日期；

g. 交付货物的地点；

h. 在交货地点交货的日期或期限，如双方明确约定；

i. 表明多式运输单据是可以转让的还是不可转让的声明；

j. 多式联运单据的签发地点和日期；

k. 多式联运经营人或其授权的人的签字；

l. 双方明确约定的每种运输方式的运费,或收货人应支付的范围内的运费,包括运费的货币,或收货人应支付运费的其他指示;

m. 在签发多式联运单据时已知的预定旅行路线、运输方式和转运地点;

n. 双方同意在多式联运单据中添加的任何其他细节,如果不违反单据签发国的法律的话。

2. 多式运输单据中没有本款第一条规定的一项或者多项事项的,不影响该单据作为多式联运单据的法律性质。

第6款

1. 多式联运单据应是该单据所述多式联运经营人负责货物的初步证据,除非在印刷文本中或在单据上加上相反的指示,如"托运人的重量、装载量和数量""托运人包装的集装箱"或类似的表述。

2. 当多式联运单据已经转移,或等效的电子数据交换电文已经传送给收货人并已被收货人确认,收货人已善意地信赖并据此行事时,相反的证明不予受理。

第四章 多式联运经营人的责任

第9款

多式联运经营人承诺履行或采取履行确保货物交付所需的一切行为:

a. 多式联运单据以可转让形式发给"持票人"时,发给交出单据正本的人,或

b. 多式联运单据以可转让形式签发时,应"下令"向交出经正式认可的单据正本的人,或

c. 多式联运单据以可转让形式发给被授权的人时,在证明其身份并交出一份原始单据后发给该人;如果此种单据已"按订单"或空白转让,则适用上文b的规定,或

d. 多式联运单据以不可转让形式签发时,应在证明其身份的文件中指定为收货人,或

e. 在没有签发单据的情况下,按照托运人的指示,或根据多式联运合同获得托运人或收货人发出此种指示的权利的人的指示。

第六章:托运人的责任

第21款

1. 托运人应视为保证多式联运经营人的准确性,当时货物是由多式联运经营人负责,所有的事项有关货物的一般性质,它们的标志,数量,重量,体积和质量,如果适用的话,货物的危险特性体现在由他或代表他插入的多式联运单证上。

(…)

7. 即使多式联运单据已由托运人转移,托运人仍应承担责任。

第七章:管辖和权限

第 25 款

1. 在根据本协定进行的与国际多式联运有关的司法诉讼中,原告可选择向法院提起诉讼,根据法院所在国的法律,法院有权并在其管辖范围内位于下列地点之一。

 a. 主营业地,如无主营业地,被告的惯常居所;或

 b. 多式联运合同订立地,前提是被告有订立合同的营业地、分支机构或代理机构;或

 c. 负责多式联运或交货地点的货物接收地;或

 d. 多式联运合同中为此目的指定并在多式联运单据中证明的任何其他地点。

(…)

第 27 款

1. 多式联运单据中的任何规定,如果直接或间接偏离本协议的规定,特别是如果作出了不利于托运人或收货人的规定,则无效。这不影响文件中的其他规定。

2. 尽管有本款第 1 款的规定,多式联运经营人经托运人同意,可以增加其在本协议规定下的责任和义务。

新 加 坡

多式联运运输法案,第一号法案 42/202012

第一部分——初步

"多式联运单证"是指证明文件,即:

(a)任何货物的国际多式联运的多式联运合同;

(b)由合同的多式联运经营人负责货物;

(c)多式联运经营人承诺按照合同条款交付货物。

第二部分——多式联运单据

第九款　签发多式联运单据

(1)多式联运经营人根据多式联运合同在新加坡交接货物时,多式联运经营人必须向货物托运人签发多式联运单据。

(2)多式联运单据必须由货物托运人选择可转让或不可转让形式。

(3)多式联运单据必须由多式联运经营人或由多式联运经营人授权的人签署。

(4)向持票人签发的多式联运单证可以通过交付方式进行转让。

(5)发出订单的多式联运单据可由通过交付完成的持有人签注转让。

(6)多式联运单证所证明的多式联运合同标的货物的收货人拥有并被赋予一切诉讼权利,并对这些货物承担一切责任,就好比收货人是合同的当事方。

(7)第(6)款规定的权利和责任属于收货人,但须遵守:

(a)本法的规定;

(b)多式联运单据的规定,但第5部分托运人的义务和责任不适用于收货人。

第10款　多式联运单证的内容

(1)多式联运单证必须载明可能规定的事项。

(2)如果有证据证明在第2(1)款中多式运输术语的定义是多式联运单证,即使没有任何规定的细节,该单证仍是多式运输单据。

第11款　多式联运单据作为初步证据

(1)多式联运经营人签发的多式联运单据是证明多式联运经营人已按该单据所述负责货物的初步证据,除非在单据的印刷文本中或在该单据上叠加了"托运人的重量、装载和计数""托运人包装的集装箱"或类似的表述等相反的说明。

(2)如果多式联运单据已被转移或通过电子数据交换传送给:

(a)已确认收到单据的货物托运人;

(b)已真诚地依赖该单据并对其采取行动,则不能接受相反的证据。

(3)在本节中,"电子数据交换"是指电子传输数据从一台计算机到另一台计算机,使用国际公认的标准安全电子传输的数据由多模态运输运营商达成一致,货物的托运人,和任何其他方参与国际多式联运的货物。

第四部分——多式联运经营人的责任

第14款　多式联运经营人确保货物交付

任何货物的国际多式联运的多式联运合同的多式联运经营人被视为已向下列人员承诺履行或促成履行确保货物交付所必需的一切行为:

(a)与合同有关的多式联运单据以可转让的形式发给持票人的,则交给多式联运经营人一份单据正本;

(b)以可转让形式签发与合同有关的多式联运签注,以便向多式联运经营人交出一份经正式认可的单证原件;

(c)与合同有关的多式联运单证以可转让形式签发给被授权的人,并向多式联运经营人交出一份单证原件的人的身份证明;

(d)与合同有关的多式联运单据已以可转让的形式签发给授权人,并已按指示转让或以空白转让给该人,但该人须向多式联运经营人提交一份经正确签注的单据正本;

(e)当与合同有关的多式联运单据以不可转让的形式签发时——签发给单据中指定的货物收货人,但须证明该人的身份;

(f)如未向货物的托运人或已获得多式联运合同下的托运人或收货人权利的人发出此种指示,则应向该托运人或收货人发出此种指示。

第五部分——托运人的义务和责任

第二十四款 托运人的责任

作为多式联运合同标的的任何货物的发货人应视为已向合同的多式联运经营人保证,在多式联运经营人接管货物时,多式联运单证中规定的下列所有细节均准确无误:

(a)货物的一般性质;

(b)货物的标志、数量、重量、体积和质量;

(c)如适用,由托运人或代表托运人提供的货物的危险特性,以填入有关合同的多式联运单据中。

(⋯)

(8)即使与合同有关的多式联运单据已被托运人转让,作为多式联运合同标的的任何货物的托运人仍有责任赔偿第(7)款规定的多式联运经营人。

(⋯)

第六部分——其他

第28款 多式联运单据如果违背本法律规定,则无效。

(1)在以下情况下,多式联运单据中与任何货物有关的任何规定均为无效:

(a)与本法规定不一致的;

(b)对货物的托运人或收货人不利的。

(2)为了避免疑问,第(1)款不影响多式联运单据中的任何其他规定。

(3)第(1)款并不妨碍多式联运合同当事人同意该合同的多式联运经营人应承担比本法规定的多式联运经营人更大的责任。

泰　　国

2005年《多式联运法案》

第4节

"多式联运提单"是指多式联运经营人向托运人签发的一份文件,作为多式联运合同的证据,其要点是,多式联运经营人负责多式联运提单中规定的货物,多式联运经营人承诺将上述货物交付给收货人或有权根据第 22 款接受货物交付的人。

第一章　多式联运合同

第 1 部分　一般规定

第 10 款

多式联运经营人在执行多式联运合同时,应当向货主签发多式联运提单。根据托运人的选择,多式联运提单可以是可转让的,也可以是不可转让的。

多式联运经营人或者经多式联运经营人授权的人应当在多式联运提单上签字。

第三段所述的签名附录应包括传真、穿孔、盖章、使用符号或机械设备或电子系统加盖的签名,或根据有关该事项的法律规定以任何其他方式出现的签名。

第 11 款

多式联运提单应包含以下细节:

(1)货物的一般性质、货物识别所必需的标志、货物的危险性说明、货物的易腐性质(如有需要)、货物的运输包装数量、毛重或其他数量,均由托运人通知或提供;

(2)货物的表面状况;

(3)多式联运经营人的名称和主要营业地点;

(4)托运人的名称;

(5)托运人指明的收货人名称;

(6)多式联运经营人负责货物的地点和日期;

(7)货物的交货地点;

(8)双方当事人明确约定在交货地点交货的日期或者期限;

(9)说明多式联运提单是可转让的还是不可转让的;

(10)多式联运提单的签发地点和日期;

(11)多式联运经营人或者多式联运经营人授权的人的签字;

(12)仅由收货人支付的运费,包括每种运输方式的应付货币或运费,或表明收货人按双方约定支付运费的声明;

(13)多式联运提单签发时已知的预定运输路线、运输方式和转运地点;

(14)双方可同意在多式联运提单中插入的任何其他细节。

如果多式联运经营人签发的任何多式联运提单不包含第一款规定的所有细节,这种多式联运提单如果包含第4款规定的多式联运提单所需的所有声明,则仍应具有多式联运提单的法律地位。

第12款

如果多式联运经营人未载有任何保留,说明不准确、怀疑的理由或准确性无法核实的情况,或者没有明确的说明,如"收货人的重量、装载和计数""托运人包装的集装箱"或多式联运提单中明示的类似进口的其他词语,则应推定多式联运经营人已按照多式联运提单所述款件负责货物。

第13款

如果在多式联运提单中未插入第12条项下的保留,并且如果所述多式联运提单或多式联运提单的电子数据已转让或传输给经善意承认并依赖所述多式联运提单信息的收货人或第三方,则不接受相反的证据。

第14款

多式联运提单签发后,多式联运经营人与收货人在多式联运提单所述一切与货物运输有关的事项上的关系,受多式联运提单的规定管辖。

第15款

海上货物运输法中关于提单的所有规定应比照适用于多式联运提单。

第2部分　托运人的责任和义务

第16款

当货物由多式联运经营人以托运人或代表托运人行事的其他人处接管时,托运人应被视为已向多式联运经营人保证货物的一般性质细节的准确性,它们的标记、编号、质量、体积、数量和危险品特征由托运人通知或由其提供以插入多式联运提单中。

如因托运人通知或者提供给多式联运经营人在多式联运提单中载明的第一款规定事项不准确而造成损害的,即使托运人已将此种提单转让给第三方,他仍然对多式联运经营人负有赔偿责任,多式联运经营人也应根据多式联运合同对该第三方承担赔偿责任。

第3部分　多式联运经营人的责任和义务

第22款

多式联运经营人应当有交货的义务,具体如下:

(1)多式联运提单以可转让形式签发给持单人的,多式联运经营人应当将货物交付给向其交出任何一份原始多式联运提单的人。

(2) 如果多式联运提单是以可转让形式签发的,则多式联运经营人应将货物交付给向其交出任何经正式认可的原始持有多式联运提单的人。

(3) 如果多式联运提单是以可转让形式签发给指定的人的,多式联运经营人应在证明其身份和该人已向其交回任何一份多式联运提单正本的情况下,将货物交付给多式联运提单中的指定的人。但多式联运提单以"订货"或"空白签注"的形式进一步协商的,适用(2)的规定。

(4) 如果多式联运提单是以不可转让的形式签发的,多式联运经营人应在证明其身份的情况下,将货物交付给多式联运提单上作为收货人的人。没有向托运人签发单证的,多式联运经营人应当按照托运人或者已经取得多式联运合同所述托运人或者收货人权利的人的指令将货物交付给该人。

第4部分　多式联运经营人的责任限制和损害赔偿的计算

第29款

在多式联运提单中规定了运输包件的数量的情况下,应认为此种多式联运提单下的货物与其中规定的运输包件数量相同,但如果装在麻袋、件、桶、柜、卷、箱、捆、箱、件或其他单位的货物在没有具体说明运输包装数量的情况下,将其组合在一个运输容器中,此类容器中的所有货物应视为一个运输包。

如果多式联运经营人未拥有或未提供的运输容器灭失或损坏,该运输容器应当视为与其所载或者所载的运输容器分开的运输容器。

第32款

下列情形不适用多式联运经营人的责任限制:

(1) 托运人在多式联运经营人收取货物之前,已经向多式联运经营人申报了货物的情况和价值,并且多式联运经营人已将该货物的情况和价值填写在多式联运提单中。

(2) 灭失、损坏或者迟延交付是由于多式联运经营人或其雇员或代理人或为多式联运经营人服务履行合同的其他人的作为或不作为而造成交货的损失、损害或延误,或者明知可能已经发生这种灭失、损坏或者迟延交付的情况下存在疏忽。

第34款

在货物灭失或者损坏的情况下,应当根据货物在交付给收货人的时间和地点的价值,或者根据多式联运合同应当向收货人交付货物的时间和地点的价值计算损害赔偿。

货物价值的计算,应当按照现行商品交换价格,没有该价格的,按照现行市场价格计算。既不存在商品交换价格,也不存在现行市场价格的,按同类商品和质量的正常价值计算。如果按照第二款计算的货物价值低于多式联运提单规定的价值,多式联运经营人应对所计算的价值负责,但如果计算的价值较高,多式联运经营人只应对多式联运提单规定的价值负责。

第三章 争端的解决

第 65 款

多式联运合同当事人可以通过提供多式联运提单或多式联运合同,约定在任何国家,根据该国法律对 48 项多式联运合同或侵权行为所产生的民事索赔具有管辖权的法院进行裁决,该法院应是有管辖权审理和案件的主管法院。

(…)

第 69 款

除非具体法律另有规定,否则多式联运提单或多式联运合同中限制根据本法向法院提起民事诉讼的权利或限制启动仲裁程序的权利的任何规定或协议均无效。

越　　南

2018 年《多式联运法》

第四章:多式联运单证(第 10~16 条)

第 10 条　签发国际多式联运单证

1. 国际多式联运经营人负责货物的,应当以托运人选定的可转让或不可转让形式签发多式联运单证,多式联运合同另有规定的除外。

2. 多式联运单证应由多式联运经营人或其代表签字。

3. 多式联运单证上的签名可以是手写的、传真打印的、穿孔的、盖章的、符号的,也可以根据现行法律以任何其他机械或电子形式制作的。

4. 多式联运单证必须在交通部登记。多式联运单证登记档案包括:

a. 书面申请登记表格(按附录四所列表格填写,此处不打印);

b. 两份多式联运单证表格。

在 3 个工作日内,交通部应在一套多式联运单证表中提供"多式联运单证表已登记"证明。

第 11 条　签发国内多式联运单证

1. 国内多式联运经营人负责货物的,应当出具多式联运单证。

2. 多式联运单证应由多式联运经营人或其代表签字。

3. 多式联运单证上的签名可以是手写的、传真打印的、打孔的、穿孔的、符号的,也可以是现行法律下的任何其他机械或电子形式的。

第 12 条　多式联运单证的格式

1. 可转让形式的多式联运单证可以下列任何一种形式签发:

a. 给持票人;

b. 给订购人;

c. 给原始文件中指定的订购人。

2. 不可转让形式的多式联运单证应以该格式发给被指定为收货人的人。

3. 国内多式联运文件的形式应经双方同意。

第 13 条　多式联运单证的转让

多式联运单证的转让规定如下:

1. 对于表格"持票人":不需要签注;

2. 对于表格"订购人":须加签;

3. 对于"向原始文件中姓名的人发出命令"的表格:需要原始文件中标明的人签注。

第 14 条　多式联运单证的细节

1. 多式联运单证包含以下细节:

a. 货物的一般性质;识别货物所必需的标志和标记;货物的危险性或易腐性包装或件数;货物毛重或其他描述的数量;

所有上述细节应由发货人提供。

b. 货物的表面状况;

c. 多式联运经营人的名称和总部;

d. 发货人的名称;

e. 如由发货人命名,提供收货人名称;

f. 多式联运经营人负责货物的地点和日期;

g. 交货地点;

h. 如果有关各方已经同意,提供在交货地点交货的日期或期限;

i. 表明多模态运输文件是可转让还是不可转让的声明;

j. 多式联运经营人的代表或其授权的人的签字;

k. 如果有关各方已经同意,提供每种运输方式的运费,或由收货人支付的运费及其货币,或其他表明运费由收货人支付的指示;

l. 如果在多式联运单据签发时已经知道计划的行程、每条路线和转运地点的运输方式,应提供这些信息;

m. 如果不违反法律,提供有关当事人同意列入多式联运单证的其他细节。

2. 本条第1款中提到的一个或多个细节的遗漏不影响多式联运单据的合法性。

第15条 多式联运单据的证明作用

1. 除非另有相反的指示,多式联运单据是多式联运经营人按照单据所述负责运输货物的初步证据。

2. 多式联运单证以可转让形式签发并已正式转让给收货人或由收货人转让给第三方的,如果收货人或第三方依赖货物的描述并就此采取行动,则不接受相反的证明。

第16条 多式联运单据预定

1. 如果多式联运单据载有关于货物的一般性质、标志、包件或单位数目、重量或数量的详细资料,多式联运经营人或其代表知道或有合理理由怀疑这些描述与实际负责的货物不符,或多式联运经营人或其代表没有适当的设备来审查这些细节,他们应在多式联运单据中写明保留意见,清楚说明不准确的描述、怀疑的理由或缺乏适当的检查设备。

2. 如果多式联运经营人或其代表未在多式联运单据中就货物的表面状况填写保留条款,该货物将被视为表面状况良好。

第五章:多式联运经营人的责任和权力(第19条、第24条)

第19条 交付货物的责任

1. 多式联运经营人应当承诺采取或促使采取一切必要的行动,以确保将货物交付给收货人。

2. 当多式联运单据已以可转让的形式签发时,视单据的形式而定,货物的交付规定如下:

a. 如果单证为"持票人"格式,则货物应交付给持有一份单据正本的人;

b. 如果单据的格式是"订购",货物应交付给交出经正式认可的单据正本的人;

c. 如果单据的格式为"命令在原始单据中点名的人",则货物应交付给能够证明他/她在单据中点名并交出一份单据原件的人。如果此种单据已转换为"订购"表格中的单据,则货物应按本条款b交付。

3. 当多式联运单据以不可转让的形式发出时,货物应交付给单据中指定为收货人的人,如果此人能证明他/她是单据中指定的收货人。

4. 当多式联运合同规定不得签发单据时,货物应按合同条款交付给发货人或收货人指定的人。

5. 多式联运经营人将货物交付给交回多式联运单据正本一份的人后,该单据的所有其他正本将不再对负责货物的人有效。

第 24 条　多式联运经营人的责任限制

1. 多式联运经营人在任何情况下都不应对货物的任何损失或损坏承担责任,其数额超过每件或每件货物 666.67 每公斤毛重或特别提款权单位和货物 2 每公斤毛重,以较高者为准,除非货物的性质和价值在多式联运经营人接管货物并列入多式联运单据之前已由发货人申报。

2. 在集装箱、托盘或类似运输物品装载多个或单位包件的情况下,多式联运单据中列举的包装或其他运输单位应视为包装或运输单位。在其他情况下,这种集装箱、托盘或运输物品或包装应视为包装或运输单位。

(…)

第六章:收货人和债权人的责任(第 25 条、第 26 条)

第 25 条　提供货物信息的责任

1. 托运人或者其代表应当向多式联运经营人准确提供下列有关货物的信息:

a. 列入多式联运单据的有关货物的详情:

– 货物的一般性质,标志,数量,重量,体积和质量;

– 货物的外观状况。

b. 与法律规定或贸易合同约定的货物有关的文件。

2. 除本条第一款规定的责任外,交付危险货物给多式联运经营人的托运人或者其代表,应当承担以下责任:

a. 向多式联运经营人提供必要的有关货物危险的文件和说明,并在必要时提供应采取的预防措施;

b. 依照条约或现行国内法之规定,标志或标示危险货物;

c. 如有危险品需要,可指定护送人员。

第 26 条　货物丢失的责任

1. 发货人应对因本法令第 25 条所述资料不准确或不充分而造成的任何损失负责。

2. 当发货人或其代表不遵守本法令第 2 条、第 25 条的规定,多式联运经营人无法了解这类货物的具体情况和危险时,托运人应赔偿多式联运经营人因运输此种货物而遭受的任何损失,即使这些货物可能由多式联运经营人卸载、销毁或无害,如果危险货物成为对生命或财产的实际危险,则视情况而定。

3. 如果货物在实际危及生命或财产时被卸载、销毁或变得无害,则多式联运经营人无须支付赔偿,除非有义务按一般平均数缴款,或多式联运经营人根据本法令第 20 条负责。

4. 发货人应赔偿多式联运经营人因本法令第 25 条规定的信息不准确或不充分而造成的任何损失。

5. 即使多式联运单据已由发货人转移,发货人仍应对本条第 1、2、3 和 4 款所述的所有损失负责。

6. 多式联运经营人有权获得本条第 2 款和第 4 款规定的赔偿,但仍应根据多式联运合同对发货人以外的任何人承担责任。

第八章:投诉和诉讼

第 30 条　关于多式联运单据的规定

1. 多式联运单证中的事项如果直接或间接偏离本法令的规定,特别是如果作出了不利于发货人和收货人的规定,则其内容将是无效的,不会产生任何影响。

2. 虽有本条第一款的规定,多式联运经营人可以经发货人同意,根据本法令增加其责任。

3. 该法令的规定不妨碍适用有关国家法律所载的关于一般平均调整的规则。

附录7　海关总署出台十条措施力助中欧班列发展

（2020年2月24日发布）

为深入贯彻落实习近平总书记在统筹推进新冠疫情防控和经济社会发展工作部署会议上的重要讲话精神，支持"一带一路"建设，进一步促进中欧班列发展，海关总署党委2月24日出台十条措施，从减少报关次数降低报关成本、加强枢纽站点建设、促进多式联运业务发展等方面，进一步促进沿线各国经贸往来。

十条措施包括：

允许企业自主选择通关模式。除按规定需在进境地口岸实施检疫外，企业可自主选择在进出境地口岸办理中欧班列货物的清关手续，也可以选择在属地办理相关手续。

减少报关次数降低报关成本。对于中欧班列舱单中运单为同一进出境口岸、同一日期、同一车次、同一境内收发货人、同一合同、同一品名的，企业可向海关申请舱单归并，减少报关次数，降低报关成本。

推动"关铁通"合作倡议实施。加大"海关—铁路运营商推动中欧班列安全和快速通关伙伴合作计划"实施力度，积极促进中欧班列沿线国家海关间数据交换、信息共享，加强海关交流合作，提升中欧班列跨境运输便利化水平。

支持建设中欧班列枢纽站点。对确有需求且具备条件的地方，支持建设中欧班列枢纽站点或集结中心，在海关监管作业场所（场地）开展组货业务及内外贸货物混编运输业务，释放中欧班列运能。

促进中欧班列多式联运业务发展。支持开展以铁路运输为纽带的多式联运业务，允许中欧班列货物通过多程转关办理海关手续，加强中欧班列运输与国际陆海贸易新通道建设对接。

支持利用中欧班列扩大进口。对确有需求且具备条件的地方，支持建设各类海关指定监管场地。加强进出境地铁路口岸的海关非侵入式检查设备的配备，积极推广智能审图，充分发挥科技设备效能，提高查验效率，一般不在进出境地口岸实施开箱查验。

支持中欧班列拓展业务范围。支持利用中欧班列开展跨境电商、快件、邮件运输业务。

加大与"一带一路"沿线国家AEO互认合作力度。加快推进与中欧班列沿线国家"经认证的经营者"(AEO)互认和通关便利措施实施,及时解决企业在中欧班列沿线遇到的通关问题,保障贸易畅通;积极开展企业信用培育和认证工作,使更多与"一带一路"沿线国家有贸易往来的企业成为海关AEO企业。

支持建设保税监管场所。支持在中欧班列关键物流节点城市,根据需要建设保税监管场所,利用保税制度优势助推中欧班列发展,高效集约开行中欧班列。

加强信息共享和互联互通。依托国际贸易"单一窗口"加强海关与铁路、场站、中欧班列承运人、货代等相关主体之间以及中欧班列各沿线节点之间的信息共享和电子数据传输交换,减少企业重复录入,优化作业流程,提高中欧班列无纸化水平和通关全链条运作效率。

参考文献

[1] 人民网.推进互联互通,构筑发展纽带(一带一路高端访谈)[EB/OL].(2017-05-14)[2017-05-25].http://politics.people.com.cn/n1/2017/0514/c1001-29273583.html.

[2] 新华网.解读习近平主席"一带一路"峰会开幕式主旨演讲[EB/OL].(2017-05-15)[2017-05-25].http://news.china.com/focus/ydyllt/news/13000509/20170515/30524349_1.html.

[3] 央视网.交通运输部:推进"一带一路"交通规划与标准对接[EB/OL].(2017-04-20)[2017-05-25].http://news.sina.com.cn/o/2017-04-20-doc-ifyepsra4878396.shtml.

[4] 商务部网站.《推进"一带一路"贸易畅通合作倡议》在京发布[EB/OL].(2017-05-18)[2017-05-25].http://finance.sina.com.cn/roll/2017-05-18/doc-ifyfkkmc9586683.shtml.

[5] 雷文晶.广西参与大湄公河次区域公路跨境便利运输合作研究[D].南宁:广西大学,2013.

[6] 朱恺.《国际道路运输公约》与中国海关制度比较[J].商业时代,2010(5):80-81.

[7] 网易新闻.中国推进"一带一路"国际道路运输便利化[EB/OL].(2016-12-06)[2017-05-25].http://news.163.com/16/1206/15/C7K6KN7T000187V8.html.

[8] 经济日报.【"一带一路"特别报道】打通腾飞双翼的血脉经络[EB/OL].(2017-04-27)[2017-05-25].http://www.ce.cn/xwzx/gnsz/201704/27/t20170427_22374800.shtml.

[9] 中国交通新闻网.以便利化促进国际道路运输提质增效升级——王水平解读《关于贯彻落实"一带一路"倡议 加快推进国际道路运输便利化的意见》(EB/OL).(2017-01-17)[2017-05-25].http://www.moc.gov.cn/jiaotongyaowen/201701/t20170102_2148615.html.

[10] 中国交通新闻网.交通运输部积极推进实施"一带一路"倡议,已与沿线国家签署130多个运输协定(EB/OL).(2017-04-21)[2017-05-25].http://www.moc.gov.cn/jiaotongyaowen/201704/t20170421_2193623.html.

[11] 李平.大湄公河次区域(GMS)合作20年综述[J].东南亚纵横,2012(2):34-38.

[13] 刘稚.GMS大湄公河次区域经济走廊建设研究[M].昆明:云南大学出版社,2009.

[14] 刘稚,卢光盛.大湄公河次区域合作发展报告[M].北京:社会科学文献出版社,2014.

[15] 刘稚.大湄公河次区域经济走廊建设与中国的参与[J].当代亚太,2009(3):58-65.

[16] 潘蕴石.泛亚铁路网对我国国际物流的作用[D].大连:大连海事大学,2012.

[17] 刘稚.命运共同体视角下的一带一路建设[EB/OL].(2015-03-19)[2015-06-20].http://news.gmw.cn/2015-03/19/content_15144983.html.

[18] 孙群.合作建设泛亚铁路中通道的意义[J].中国铁路,2014(1):91-94.

[19] 王美艳.铁路合作组织简介[J].铁路技术监督,2008,36(7):50-51.

[20] 田葆栓.国内外铁路技术标准体系的发展与分析(上)[J].铁路技术监督,2012,40(3):1-6.

[21] 高俊莉.国际铁路联盟简介[J].铁道技术监督,2011,39(5):4-15.

[22] 高俊莉,杨琦.国际铁路联盟与标准化组织的合作及在国际铁路技术体系中的作用[J].铁道技术监督,2011,39(11):1-5.

[23] 崔艳萍,马欣然.大湄公河次区域铁路联盟发展的探讨[J].铁道运输与经济,2015,37(8):69-73.

[24] 新华网.国际民用航空组织(国际民航组织)[EB/OL].(更新时间未知)[2015-08-10].http://news.xinhuanet.com/ziliao/2003-05/21/content_879727.html.

[25] 石丽娜,周慧艳,景崇毅.航空客运实用教程[M].北京:国防工业出版社,2008.

[26] 360百科.国际海事组织IMO[EB/OL].(2012-02-26)[2015-08-10].http://www.360doc.com/content/12/0226/19/235269_189821870.shtml.

[27] 维基百科.万国邮政联盟[EB/OL].(更新时间未知)[2015-08-10].http://wiki.mbalib.com/wiki/%E4%B8%87%E5%9B%BD%E9%82%AE%E6%94%BF%E8%81%94%E7%9B%9F.

[28] 晋继勇.试析联合国专门机构的政治化——以世界卫生组织为例[J].国际论坛,2009,11(1):12-18.

[29] 赵忠龙.公共交通管理与政府管制——以铁路客运为视角[J].江西社会科学,2010(11):171-174.

[30] 何塞E阿尔瓦雷斯.作为造法者的国际组织[M].蔡从燕,等,译.北京:法律出版社,2011.

[31] 百度百科.条约法[EB/OL].(2014-09-09)[2017-02-20].http://wenku.baidu.com/link?url=tspZxJ_JxbSsOcZDhhoN3iGfdmQWg0Kv-Im-4lalkSzWSh-BH43qfpfu2Rt7QH2D5MLzPcqsFKSZDtRhMMiJF6km14MMbToW911s6YyWlOu.

[32] 李响.海事国际公约的监督执行[D].上海:复旦大学,2014.

[33] 泉水.多式联运讲座(3)——第三讲:单一运输方式的国际公约(之一)[J].集装箱化,2003(2):40-42.

[34] 孙继荣.中外海事仲裁法律之比较与我国《仲裁法》的完善[D].辽宁:辽宁师范大学,2000.

[35] 杨培举.公约背后——国际海事公约"修行"之路[J].中国船检,2013(5):6-10.

[36] 微博.国际民用航空公约体系和中国加入情况[EB/OL].(2016-11-27)[2017-02-20].http://

blog. sina. com. cn/s/blog_568910620102wiez. html.

[37] 秉林忠男. 航空犯罪与国际法[M]. 苑晓利,译. 北京:法律出版社,1988.

[38] 360 百科. 国际海事组织 IMO[EB/OL]. (2012-02-26)[2017-02-20]. http://www.360doc.com/content/12/0226/19/235269_189821870. shtml.

[39] 新华网. 国际民用航空组织(国际民航组织)[EB/OL]. (更新时间未知)[2017-02-20]. http://news. xinhuanet. com/ziliao/2003-05/21/content_879727. html.

[40] 崔艳萍. 交通领域国际组织发展及启示[J]. 铁道运输与经济,2015(10):61-66.

[41] 孙彬. 中欧班列国际铁路联运采用多式联运提单对策的研究[J]. 铁道运输与经济,2016,38(4):68-72.

[42] 杨凯丽,王志芳,黄丽,等. 铁路多式联运提单风险评价与控制研究[J]. 铁路运输与经济,2017,39(10):99-104.

[43] 张彦超. CIFA 提单来了,物权属性探索中[J]. 中国航务周刊,2020(10):33-34.

[44] 林备战. 推进中欧班列铁路多式联运运单物权化[J]. 中国远洋海运,2019(7):50-51.

[45] 王军杰,申莉萍. 从运单到提单:中欧班列规则创新[J]. 西南民族大学学报(人文社科版),2020(5):73-77.

[46] 邓翊平. 签发具有物权凭证属性铁路提单的思考[J]. 金融理论与实践,2018(6):84-87.

[47] 王学峰,胡昊,晁艺荧,等. 政策网络下中欧班列提单制度体系的演进研究[J]. 大陆桥视野,2020(6):49-51.